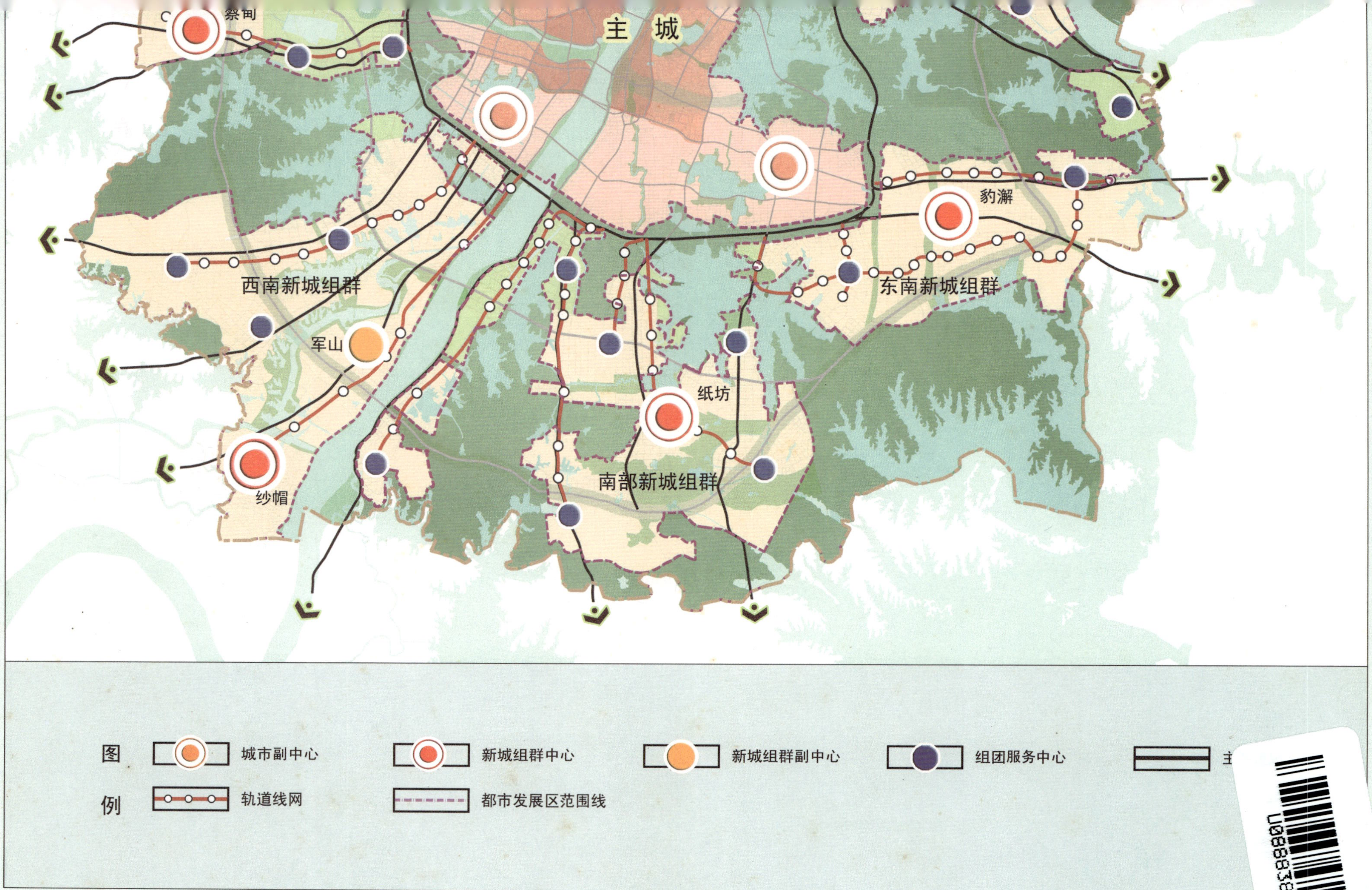
蔡甸
主 城
豹澥
东南新城组群
西南新城组群
军山
纸坊
南部新城组群
纱帽
图例
城市副中心
新城组群中心
新城组群副中心
组团服务中心
轨道线网
都市发展区范围线

武汉市国土规划年鉴

Wuhan Urban Land Resources and Planning Yearbook

（2012）

主 编　张文彤

武 汉 出 版 社

(鄂)新登字 08 号

图书在版编目(CIP)数据

武汉市国土规划年鉴. 2012/张文彤主编. —武汉：武汉出版社，2012. 12

ISBN 978－7－5430－7300－5

Ⅰ. ①武… Ⅱ. ①张… Ⅲ. ①国土规划－武汉市－2012－年鉴 Ⅳ. ①F129. 963. 1－54

中国版本图书馆 CIP 数据核字(2012)第 275186 号

主　　编：张文彤

责任编辑：黄　宇　邓冀恺

装帧设计：慧泽书业

出　版：武汉出版社

社　址：武汉市江汉区新华下路 103 号　　邮　编：430015

电　话：(027) 85606403　85600625

http: //www.whcbs.com　　E-mail: zbs@whcbs.com

印　刷：武汉新鸿业印务有限公司　　经　销：新华书店

开　本：889mm×1194mm　1/16

印　张：21　　字　数：580 千字　　插　页：12

版　次：2012 年 12 月第 1 版　　2012 年 12 月第 1 次印刷

定　价：180.00 元

《武汉市国土规划年鉴（2012）》
编 辑 委 员 会

《武汉市国土规划年鉴（2012）》
编　辑　部

编　辑　说　明

一、《武汉市国土规划年鉴（2012）》是由武汉市国土资源和规划局组编的一部例行出版的行业资料性工具书。2003 年，该局首次出版《武汉市规划国土年报》；自 2004 年起，将书名改为《武汉市规划国土年鉴》；2007 年，武汉市规划管理与国土资源管理职能分开，武汉市规划局单设，该书组编工作一度中断；2008 年，武汉市规划局再次组编该书，并将书名改为《武汉市城乡规划年鉴》；2010 年，为契合市规划局更名为市国土资源和规划局的实际情况，特将书名调整为《武汉市国土规划年鉴》。

二、《武汉市国土规划年鉴（2012）》旨在全面、系统、翔实、及时地记录 2011 年武汉市国土规划事业的发展情况，为社会各界人士和广大读者提供有关信息资料和数据，为各级领导决策及部门管理工作提供参考。

三、本书为了保持资料记载的系统性和连续性，沿袭了《武汉市国土规划年鉴（2011）》的编辑思路和体例特色。

四、本书数据一般截至 2011 年底，因统计口径不同等原因，若有关数据与本书数据不一致，采用时请予以查证。本书文字资料编辑时力求客观准确，力避主观评述。

五、本书在编辑过程中，行文一般使用第三人称，有的单位名称采用规范化简称。例如，各分（区）局用简称，多次使用时用“该分（区）局”；“《中华人民共和国城乡规划法》”简称为“《城乡规划法》”；“控制性详细规划”简称为“控规”；第七章“重要文献”基本按原文刊登。

六、本书的度量衡单位采用中文名称的全称表示。小数一般保留至小数点后两位。

七、本书的图、表均以章号、表号为序。例如，第六章第一个表为“表 6-1-1”。

八、本书数字连接符用“～”表示，如“1 ～ 5”。

九、本书在正文前配有“工作剪影”，正文中配有“规划实施”专栏图片，还在表格后配有附图，文字资料编排时酌情配有插图。

十、本书在编辑过程中，得到了有关领导及全市国土资源和规划系统各单位的大力支持，图片由局信息中心及编辑部周继林提供，在此一并表示感谢。由于水平有限，本书难免有疏漏之处，恳请批评指正，我们将不断改进和完善。

《武汉市国土规划年鉴（2012）》编辑部

二〇一二年九月

1
2

1. 2011年10月21日，中国经济工业联合会会长、上海大学教授，曾任第十届全国政协副主席、中国工程院院长、上海市市长徐匡迪，中国工程院院士邹德慈一行莅临武汉城市规划展示厅考察，副省长张通、省政协副主席涂勇、副市长孙亚等领导陪同考察

2. 2011年12月8日，国土资源部部长、党组书记、国家土地总督察徐绍史一行来武汉调研。湖北省委常委、武汉市委书记阮成发会见了徐绍史部长一行

1. 2011年1月14日，武汉市市长阮成发一行调研武汉市国土规划工作， 副市长孙亚、市政府秘书长龙正才等陪同调研

2. 2011年2月26日，武汉市市长唐良智一行到市国土资源和规划局调研，副市长孙亚、市政府秘书长龙正才等陪同调研

1
2

1
2

1. 2011年3月17日，武汉市国土资源和规划局举行武汉市土地级别与基准地价更新（2010）全国专家论证会。国土资源部总规划师胡存智、国家土地督察武汉局局长王广华、国土资源部土地利用管理司副司长窦敬丽、中国土地规划院副总工邹晓云等专家出席论证会，武汉市人民政府副市长孙亚、湖北省国土资源厅副厅长丁玉洋，市国土规划局领导张文彤、严春、汪普查到会并讲话

2. 2011年2月28日至3月1日，由住房和城乡建设部主办，武汉市国土资源和规划局承办的《城市、镇控制性详细规划编制审批办法》宣贯工作会暨城乡规划工作会在武汉召开，住建部总规划师唐凯、城乡规划司司长孙安军和副司长张勤、武汉市副市长孙亚、省住建厅副厅长占世良等领导出席会议，来自全国32个省、自治区、直辖市和各省会城市、计划单列市城乡规划管理部门的同志与会

1
2

1. 2011年7月12日，武汉市规划委员会常务委员会第一次会议召开。武汉市市长唐良智、副市长孙亚，市发改委、经信委、财政局、国土规划局等部门主要负责人，相关区政府区长和各开发区管委会主任以及市国土规划局相关处室、局属事业单位主要负责人参加了会议。会议审议并原则通过了《武汉都市发展区"1+6"空间发展战略实施规划》方案和《武汉市规委会第一次全会会议方案及规委会相关制度》方案

2. 2011年11月2日，第八届"中国光谷"国际电子博览会暨第三届武汉国际地球空间信息技术与产业发展论坛在汉隆重举行。国家测绘地理信息局副局长李朋德、湖北省测绘局局长张建仁等领导莅临市国土资源和规划局展位，视察了该局数字城市建设成果

1 | 2

1. 2011年11月10日，国家测绘地理信息局在汉组织召开数字武汉地理空间框架建设项目验收会。国家测绘地理信息局总工程师胥燕婴，国家测绘地理信息局国土测绘司副司长刘大可，湖北省测绘局局长张建仁、副局长何保国，武汉市副市长孙亚、副秘书长刘家祥，市国土资源和规划局领导张文彤、吴之凌出席会议。会上，“数字武汉地理空间框架建设项目”通过验收

2. 2011年11月10日，国家测绘地理信息局、湖北省测绘局、武汉市人民政府共同举办数字武汉地理空间框架建设项目成果发布暨应用推广会。会上，副市长孙亚代表武汉市接受国家测绘地理信息局授予的“全国数字城市建设示范市”奖牌

1. 2011年10月25~28日，第47届国际规划大会在武汉隆重举行。来自48个国家和地区的200多位权威规划专家以及中国城市规划主管部门、规划设计机构和高校规划学院代表2100多人参加了大会

2. 2011年5月10日，湖北省委宣传部副部长李子林一行到武汉市国土资源和规划局检查指导省级文明单位创建工作

1 | 2

1
2

1. 2011年6月5日，由武汉市国土资源和规划信息中心承担的国家863计划地球观测与导航技术领域"十一五"重点项目"地理空间的三维建模和分析软件及其应用示范"中的"三维GIS综合应用示范系统建设"课题顺利通过科技部验收组的验收

2. 2011年7月8日，武汉市规划编制研究和展示中心举行揭牌仪式。住建部驻武汉督察组督察员蔡汝元，市国土资源和规划局领导张文彤、何艳、吴之凌、石东文、刘锦智、马土彦以及局机关各处室、局属事业单位的负责人参加了揭牌仪式

1
2

1. 2011年6月25日，武汉市国土资源和规划局举行以“土地与转变发展方式——促节约守红线惠民生”为主题的第21个全国“土地日”宣传活动

2. 2011年1月25日，全市国土规划系统2010年工作总结大会在第二炮兵指挥学院礼堂隆重召开。全局系统近1300名干部职工及离退休局领导参加了会议。市国土资源和规划局局长张文彤在会上作全市国土资源和规划工作报告

目　录

01 分类记述

第一章

WU HAN

第一节　综　合　信　息

【阮成发市长一行到市国土规划局调研】 1月14日，市长阮成发，副市长孙亚，秘书长龙正才，副秘书长刘家祥、王太晖等一行到市国土资源和规划局调研。

市国土资源和规划局局长张文彤从近5年来国土规划工作完成情况、2011年工作思路等方面进行了汇报；副局长盛洪涛汇报了武汉城市发展战略和空间布局研究情况；副局长刘奇志汇报了《武汉近期建设规划（2011—2015年）》、50个重大建设项目规划、《2011年度建设实施规划》的编制情况，以及城市设计工作情况；党组书记何艳汇报了机构改革等有关工作情况。阮市长一行还听取了"双实"信息系统建设情况汇报。

与会领导充分肯定了市国土规划局在推动城市建设和经济社会发展中发挥的重要作用，并从提高规划编制水平、加大土地储备力度、加强干部队伍建设、打造城市特色建筑等方面提出了中肯的意见和建议。

阮成发市长在讲话中就进一步做好国土规划工作，提出要强化"城市责任"、树立"全局意识"、具备"世界眼光"的要求与期望，并从城市规划、国土管理两个方面分别提出了具体要求。市重大办主任王继连、市发改委主任郭胜伟、市财政局局长张福来以及市国土规划局领导班子参加了调研。（刘　坤）

【全市国土规划系统工作总结大会召开】 1月25日，武汉市国土规划系统2010年工作总结大会在第二炮兵指挥学院召开。全局系统近1300名干部职工及离退休局领导参加了会议。市领导肖常谷、孙亚、黄蔚堂，市政府副秘书长刘家祥，市人大城环委主任杨德桢，市政协人资委副主任郑水平，国家土地督察武汉局副局长高伟，住建部驻武汉规划督察组组长张发懋、督察员蔡汝元，省国土厅厅长杜云生，省住建厅副厅长占世良，省测绘局局长张建仁等上级部门领导应邀出席。

会议由局党组书记何艳主持。张文彤局长在会上作全市国土资源和规划工作报告。报告总结了"十一五"国土规划工作和2010年工作情况，提出了"十二五"期间国土规划工作新思路，明确了"十二五"期间国土规划工作的目标任务和全局7个方面重点工作。

（黄　玮）

【武汉市城市规划委员会2011年第一次专题会议召开】 1月29日，武汉市城市规划委员会2011年第一次专题会议召开。阮成发市长，孙亚副市长，龙正才秘书长，刘家祥副秘书长，市发改委、市城建委、市国土规划局等相关单位、部门负责人参加了会议。会议听取了市国土规划局盛洪涛副局长关于2010年三维数字地图建设的汇报。会议认为，2010年三维数字地图系统建设取得了显著成绩，在全国率先建立了最大范围的城市三维现状模型，并全面开展地下空间和城市设计三维模型建设，完成城市设计规划模型建设23片，共计150平方公里，在此基础上，加大了软件研发力度，为提升三维应用水平提供了保障。会议进一步明确了2011年三维数字地图建设的工作重点。会议还对武汉怡和房地产综合开发有限公司水游城项目等6项规划建筑设计方案进行了审议。（李　进）

【《关于加强国土资源和城乡规划工作的若干意见》颁布】 根据武汉市委、市政府的要求，从2010年10月上旬开始，武汉市国土资源和规划局牵头组织起草了《中共武汉市委武汉市人民政府关于加强国土资源和城乡规划工作的若干意见》（武发〔2011〕5号），经武汉市政府常务会议和市委常委会审议后，2011年2月9日正式颁布实施。该文是指导武汉市近期国土资源和城乡规划工作的纲领性文件。（张勇强、肖昌东）

【唐良智市长一行调研国土规划工作】2月26日，武汉市市长唐良智，副市长孙亚，秘书长龙正才，副秘书长刘家祥、王太晖等一行到市国土资源和规划局调研。

市国土资源和规划局局长张文彤从全局基本情况、“十一五”主要成绩和2010年主要工作情况、“十二五”工作目标和2011年主要工作安排等方面进行了汇报；市规划院汇报了武汉市城市总体规划和土地利用总体规划编制情况以及规划体系构建情况；市土地储备中心汇报了土地资产经营情况；信息中心演示了数字城市建设情况。何艳书记作了补充发言。

在汇报中，唐市长就生态绿楔建设、历史街区开发利用、生态用地保护、杨春湖城市副中心开发等问题进行了仔细询问，提出了具体的指导性意见。唐良智市长充分肯定了市国土规划局取得的工作成绩，并对做好国土规划工作提出了5点要求和希望。（刘　坤）

【市人大副主任肖常谷调研市国土规划工作】2月28日，市人大副主任肖常谷一行来市国土资源和规划局调研。局领导张文彤、何艳、马文涵、石东文、刘锦智、袁海军以及相关处室、单位负责同志参加了会议。

张文彤局长对市人大领导长期以来的关心和支持表示感谢，并简要介绍了全市国土规划“十一五”主要成绩和2010年工作情况、“十二五”工作目标和2011年主要工作安排。

肖常谷副主任充分肯定了市国土规划局取得的成绩，并就进一步关注民生、加强人才队伍建设和提高国土规划服务水平等方面提出了要求。（黄　玮）

【法国驻汉总领事馆官员访问市国土规划局】3月3日，法国驻武汉总领事馆副领事黄勤访问市国土资源和规划局，刘奇志副局长，编制处、规划院、交通院、地空中心、编展中心等部门和相关单位负责人参加会议。会议交流了武汉近期规划设计成果，研究了

八一路延长线

市国土规划局与法国相关学院、设计机构、政府部门开展规划技术交流和人员培训的相关工作，探讨了中法两国可持续发展合作框架、鄂法武汉城市圈可持续发展项目的进一步完善以及法国相关企业参加武汉的规划设计、建设项目的进一步安排等事宜。（梅凤雷）

【召开“治庸问责”暨优化投资环境工作推进会】 4月17日，武汉市国土资源和规划局召开“责任风暴”“治庸计划”暨优化投资发展环境工作推进会，局领导班子成员，局属各单位党政负责人，局机关各处室负责人参加了会议。会议由局党组书记何艳主持，纪检组长石东文、副巡视员袁海军，分别宣读了局优化投资发展环境和“治庸问责”工作方案。会议传达了市委十一届十一次全体（扩大）会议和“治庸”工作会议精神，局机关用地规划处、土地利用处，江岸分局、江夏区局在会上先后交流发言。局长张文彤作了重要讲话，就贯彻落实全市会议精神提出了要求。

（李　飞）

【加拿大驻上海总领事馆领事裘恩瑞访问市国土规划局】 3月24日，加拿大驻上海总领事馆领事裘恩瑞一行在市外办有关人员陪同下，到武汉市国土资源和规划局进行访问交流，刘奇志副局长，规划编制处、编展中心、规划院等单位负责同志参加了会谈。双方主要就武汉市城市总体规划及近期建设规划、城市三维数字地图建设等内容进行了交流和研讨。（祝　莹）

【武汉市国土资源和城乡规划科技发展“十二五”规划工作全面展开】 3月10日，武汉市国土资源和规划局副局长刘奇志主持召开了国土资源、城乡规划科技发展“十二五”规划研讨会，编制处，规划院、交通院、信息中心等有关单位和处室参加了会议。会议主要就该局“十二五”期间开展科技工作进行了讨论，提出了未来一段时期和当年全局科技工作的基本思路。

（王　敏）

【举办“中德绿色城市论坛”】 4月19～20日，武汉市人民政府和德国驻华大使馆在汉举办“德中同行”的后续项目“中德绿色城市论坛”，旨在加强中德两国在建设低碳可持续发展城市方面的经验交流。论坛主要就中德双方可持续发展规划、低碳建筑设计、节能材料和施工技术等方面进行了交流。

中德绿色城市论坛分为高峰论坛和专业论坛两部分。高峰论坛主要讨论低碳城市的意义及内涵，以及中德双方在低碳城市建设中的理念及具体做法。专业论坛主要讨论低碳城市建设。

武汉市人民政府唐良智市长、德国驻华大使施明贤博士，德国国务秘书扬米克等出席高峰论坛并致辞，市发改委、国土规划局和城建委领导在会上发言。市国土规划局张文彤局长在论坛上的主题发言为《生态宜居・绿色武汉》，重点从城市空间框架、绿色交通、生态建设、集约节约利用土地等方面介绍了武汉市城市规划在“生态、绿色、低碳”方面所作出的努力和取得的成果。

（王　敏）

【市政府召开武汉规划展示馆专题会议】 7月4日，市政府召开武汉规划展示馆专题会议，唐良智市长、孙亚副市长、龙正才秘书长及市发改委、监察局、财政局、编办、国土规划局、地产集团等单位主要领导及相关人员参加会议。

会议听取了武汉市国土资源和规划局围绕武汉规划展示馆布展策划、方案设计和工程建设所开展的工作汇报，原则同意了展陈大纲，并就规划展示馆布展策划和设计、经费、机构以及工作进度安排等重点问题进行了研究确定。

唐良智市长深刻阐述了规划展示馆建设的重大意义和功能作用，希望其成为武汉市一个新的亮点和未来武汉旅游的第一站，并对规划展示馆的策划提出了具体要求。

（胡忆东）

【第十八届海峡两岸城市发展研讨会在汉举行】 9月2日，第十八届海峡两岸城市发展研讨会在武汉明珠豪生大酒店隆重开幕。会议由中国城市科学研究会、台湾都市计划学会和武汉市人民政府共同主办，武汉市国土资源和规划局与东西湖区人民政府承办。会议旨在通过多方交流，促进海峡两岸在城市发展研究、低碳建设、生态治理等方面的交流与沟通，增进海峡两岸，特别是台湾和武汉市、湖北省之间的相互了解与合作。市规划院、交通院、编展中心、地空中心等单位的技术骨干参加了会议。

第十八届海峡两岸城市发展研讨会分为开幕式和专业论坛两个部分。开幕式由中国城市科学研究会副理事长李兵弟主持，中国城市科学研究会副理事长赵宝江、台湾都市计划学会理事长彭光辉、武汉市副市长邵为民、湖北省住建厅副厅长占世良、武汉市政府原副秘书长罗国风、市国土规划局局长张文彤与会。

彭光辉理事长充分肯定了研讨会的重大意义和交流成果，并对下一届研讨会提出了期待。（周艳妮）

【第 47 届国际规划大会（ISOCARP）在汉隆重举行】 10月25～28日，第47届国际规划大会（ISOCARP）在汉隆重举行。来自 48 个国家和地区的 200 多位权威规划专家以及中国城市规划主管部门、规划设计机构和高校规划学院代表 2100 多人参加了大会。大会围绕“宜居城市：世界城市化，应对新挑战”这一主题展开了为期 4 天的讨论研究。民建中央副主席、全国政协常委、人资环委员会副主任王少阶，湖北省副省长张通，住建部规划司司长孙安军，武汉市市长唐良智，国际城市与区域规划师学会主席伊斯梅尔和肯尼亚住房建设部部长伊塔·希坦达分别在开幕式上致辞，张文彤局长主持了开幕式。在闭幕大会上，大会组委会作了专题总结报告，孙亚副市长出席闭幕式并致辞。市政府被大会组委会特别授予“最佳组织奖”，国际城市与区域规划师学会与市规划院签订了关于武汉城市规划的合作备忘录。（汪　勰）

【国土资源部征地制度改革试点工作座谈会在汉召开】 10 月 21 ～ 22 日，国土资源部耕地保护司在武汉组织召开全国征地制度改革试点工作座谈会。部耕地保护司、土地勘测规划院，天津、唐山、武汉等 11 个试点城市以及所在省国土资源厅相关人员与会。

会议由部耕地保护司副司长刘明松主持，各试点城市对工作的进展情况、试点工作中存在的主要问题以及下步工作打算进行了汇报，与会人员对征地制度

楚河

改革试点工作的经验和问题进行了研讨。同时，会议还研讨了临时用地的管理问题。最后，刘明松副司长进行了总结发言，对征地制度改革试点工作提出了具体要求。（秦　涛）

【武汉二七长江大桥通车】 12月31日，由武汉市人民政府主办，市国土资源和规划局、市城投公司承办的武汉二七长江大桥通车仪式举行。省市领导李鸿忠、王国生、阮成发、唐良智及省直相关部门领导参加庆祝仪式，省长王国生宣布大桥通车。

2008年10月正式开建的武汉二七长江大桥是武汉市二环线交通枢纽的重要节点工程，设计标准为城市快速路，项目估算动态总投资47.72亿元。大桥设计长度为6507米，其中主桥2922米，引桥3585米；桥面宽29.50米，双向8车道。在二七长江大桥与解放大道、和平大道相交处各设互通立交一座。

市国土规划局作为二七长江大桥建设指挥总单位，充分发挥协调作用，为该桥的顺利通车作出了突出贡献。（梁　科）

【武汉市规划编制研究和展示中心正式揭牌】 7月8日，武汉市规划编制研究和展示中心举行了简朴隆重的揭牌仪式，住建部驻武汉督察组督察员蔡汝元，武汉市国土资源和规划局领导张文彤、何艳、吴之凌、石东文、刘锦智、马土彦等出席，市局相关处室负责人和局属各单位负责人参加了仪式。（张　冲）

【武汉规划展示馆建设工作】 武汉市成立了武汉规划展示馆建设工作领导小组，先后完成了《武汉规划展示馆展陈大纲》编写、主题词征集、总体方案征集、初步设计及施工入围招标等工作。7月4日和12月5日，唐良智市长两次召开市政府专题会，就新武汉规划展示馆总体设计方案和建设工作进行了专题研究，审定了武汉规划展示馆总体设计方案。（梅凤雷）

欢乐谷

【优化投资环境制度建设】 武汉市国土资源和规划局制定下发了《武汉市国土资源和规划局关于进一步优化投资发展环境的实施方案》，提出了 9 大项 40 个子项的具体举措并进行了责任分解。制定了预约服务制、超前服务制、首问责任制、一次告知制、工作岗位 AB 角制、去向告知制、限时办结制、并联审批制、处长窗口带班制等 9 项制度文件，制发了《关于深化全民创业加快中小企业发展的实施细则》、《武汉市出让用地容积率调整办理规则（试行）》、《武汉市国土资源和规划局建设工程规划验收办法（试行）》等法规制度。（肖 波、刘 军、孙 佳、叶 擎）

【信访件办理情况】 2011 年，武汉市国土资源和规划局共接待群众来信、来访 2268 批（件）次。其中，信访件 1683 件次，来访 585 批次、3277 人次，与 2010 年相比，来信上升了 5.80%，来访批次下降了 39.75%，来访人数下降了 32.47%。在 1683 件次信件中，含省长信箱 17 件，占 1 %；省信访局交办 5 件，占 0.30%；省国土厅交办 55 件，占 3.27%；省住建厅交办 6 件，占 0.36%；市长信箱 80 件，占 4.75%；受理市长专线 364 件，占 21.63%；市信访局交办 16 件，占 0.95%；市人大交办 2 件，占 0.12%；局长信箱 973 件，占 57.81%；群众来信受理 165 件，占 9.81%。各类信访件按时回复率 100%，按期结案率 99%。在 585 批次上访中，5 人以上集访 159 批、2258 人次，分别占批次总量和总人数的 27.18%和 68.90%；个访 426 批 1019 人次，分别占批次总量和人数的 72.82%和 31.10%。

按主要诉求分类，涉及城镇房屋拆迁类占 35.63%，规划建议和规划方案公示意见类占 14.37 %，房屋间距和采光类占 9.01%，违法建设查处类占 6.76 %，土地证办理类占 6.62%，土地转让及土地交易问题类占 6.34%，交通、市政公共设施建设类占 5.49 %，征地拆迁类占 5.21%，城中村改造类占 3.24 %，申请复查类占 2.68%，其他类占 4.65 %。（吴 敏）

【召开全市征地拆迁工作信访维稳联席会】 武汉市征地拆迁工作信访维稳联席会议分别于 4 月 28 日和 8 月 25 日两次在市国土资源和规划局召开。市委副秘书长、市信访局局长汤洪礼，市国土规划局局长张文彤，市政府重点工程督查协调办公室、市政府应急办、市信访局、市公安局和七个中心城区及东湖生态旅游风景区有关负责同志出席了会议。会议按照“属地管理”原则，结合市、区征地拆迁信访维稳联席会有关精神，有效化解了一批信访案件，并将 37 个案件移交属地区政府和有关部门。（吴 敏）

【信访工作获奖】 武汉市国土资源和规划局荣获“2011 年度全市信访工作先进单位”称号；信访处被省人力资源和社会保障厅、省信访局授予“2009 ~ 2011 年度全省信访系统先进集体”光荣称号；黄云被市委、市政府授予“2011 年度武汉市信访维稳工作先进个人”荣誉称号。（吴 敏）

【完成省市财务绩效目标】 2011 年，武汉市国土资源和规划局通过规范部门会计核算、提高财政直接支付比例、尽可能减少部门单位授权支付等举措进一步加强财务管理。在加强国土资源专项资金管理方面，全年征收耕地开垦费 1.86 亿元。严格按照鄂政发〔1999〕52 号文件要求，设立专账、专户管理耕地开垦费，并按照省厅下达的缴款通知，逐笔上缴省国土资源厅。确保了耕地“占一补一”，占补平衡。

全局累计完成土地出让净收益 68.86 亿元，占目标值 42.55 亿元的 161.83%，占挑战值 44.55 亿元的 154.58%，剔除财政平衡项目后的可用财力 45.47 亿元，圆满完成了 2011 年市级绩效任务。

2011 年，市国土规划局分别获“2011 年度全省财会工作先进集体”、“全市内部审计先进集体”、“全市行政事业单位资产管理（绩效评价）工作先进单位”和“2010 年度市直部门决算先进单位”。（陶 贞）

【非税收入征收工作】 2011 年，武汉市国土资源和规划局完成征收城市基础设施配套费 8.01 亿元，征地管理费 1.33 亿元，耕地开垦费 1.86 亿元，土地登记费 738.39 万元，罚没收入 1.08 亿元，代征新菜地开发建设基金 1.37 亿元，水利建设基金 2042.20 万元，合计 13.93 亿元，圆满完成预算目标任务。（金 涛）

【全面清理收费项目】 按照市优化办要求，武汉市国土资源和规划局对行政事业性收费、政府性基金和罚没款项目进行了清理，并将具体的收费项目、文件依据、收费标准、收费对象、征收时序及所涉相关处室单位详细归纳到《武汉市国土资源和规划局收费项目公示表》，在“数字武汉—国土资源和规划网”上予以了公示。配合勘察设计类事业单位转企脱钩改制工作，取消了与行政审批相关的经营服务性收费项目。（卫　东）

【配合做好各项审计检查工作】 武汉市国土资源和规划局积极配合审计署驻武汉特派办做好市主要领导离任经济责任审计、政府投资及土地管理专项审计；配合完成 2009 ~ 2010 年土地出让收入和土地整治相关资金专项审计；配合完成武汉市本级政府性债务专项审计；配合完成保障性住房落实情况专项审计（2008 ~ 2010 年）；完成市人大对部门预算进行的专项检查和“小金库”专项治理抽查工作。（朱　军）

【基层党组织建设】 2011 年，武汉市国土资源和规划局结合局机关实际情况，调整成立了 5 个党支部。局属各单位基层党组织共发展党员 10 人，转正 4 人。组织选送 4 名党支部书记参加市直机关工委组织部举办的党支部书记培训，15 名新党员参加了市直机关新党员培训，31 人参加了市直机关入党积极分子培训。为迎接建党 90 周年，组织开展“我身边的优秀共产党员”群众推荐活动，完成市委和市直机关工委“七一”表彰申报工作，1 名优秀党务工作者获市委表彰，1 个先进基层党组织、3 个党员先锋岗、3 名优秀党员服务明星和 1 名优秀党务工作者获市直机关工委表彰。6 月 30 日组织召开了全局系统建党 90 周年表彰大会，表彰了 5 个先进基层党组织、60 名优秀共产党员、10 名优秀党务工作者。（彭　暋）

【学习型机关建设】 2011 年，武汉市国土资源和规划局党组中心组学习 14 次，中心组成员的参学率 97%。学习做到了“四落实”（学习计划、学习时间、学习资料和讨论题目落实）和“三个有”（有签到簿、有记录簿、有笔记簿）。

七一前夕，组织全局系统开展《纪念中国共产党成立九十周年研讨活动》，并向市直机关工委和市委宣传部推荐优秀研讨论文 10 余篇，市国土规划局被评为武汉市纪念建党 90 周年机关党建工作研讨活动优秀组织单位。组队参加市直机关青年干部“我与武汉共奋进——学党史、知党情、跟党走”知识竞赛和市直机关基层党支部书记党务知识学习竞赛，市国土规划局被评为市直机关基层党支部书记党务知识竞赛组织奖。（严　晗）

【文明创建工作】 2011 年，武汉市国土资源和规划局在全局系统积极组织开展“红红火火过大年”主题志愿服务活动，在春节、元宵节、端午节期间分别组织开展“我们的节日”主题活动，进一步普及志愿理念，弘扬志愿精神，营造良好的节日气氛。细化本单位文明城市创建责任分解目标。在全局范围开展“提高市民素质、改善城市环境”宣传教育实践活动，并积极开展第三届全国道德模范投票工作。8 月，市国土规划局被授予 2009~2010 年度省级“文明单位”称号。（严　晗）

【对外宣传工作】 2011 年，武汉市国土资源和规划局在《楚天都市报》组织进行了 8 个版面的专题宣传，就基础测绘工作、三维数字地图系统建设、武汉市控规编制工作、绿道规划、“三万”活动、“治庸”“优化”承诺、“工业倍增”计划、雄楚大道改造方案、“6. 25 全国土地日”等工作策划了专版或多家媒体联合宣传。围绕第 47 届国际规划大会，精心部署主题宣传活动，会前邀请 22 家媒体召开媒体通气会，分会前预热、江滩生态出行、开幕式、武汉专场、闭幕式和人物专访六大块进行各有侧重的广泛宣传。联合信息中心对包括网络、报刊等媒体报道以《国土规划舆情专报》形式进行收集、办理，全年共收集各类报道共计 100 余条，接待协调各类媒体采访 60 余次。（彭　暋）

【结对共建与“三万”活动】 2011 年，武汉市国土资源和规划局及局属 8 个事业单位成立了由单位主要领导任组长、相关领导具体负责的活动领导小组和对口共建组，建立了值班制度，深入到与市国土规划局结对的黄陂区姚集街、祁家湾街的8个共建村开展工作。制发了《武汉市国土资源和规划局系统“百名干部进村入户”活动实施方案》，明确了宣传动员、入户对接、参加劳动、走访民情等4个阶段的工作任务和时间安排。

“三万”活动开展以来，市国土规划局组织驻村人员在驻村期间开展了入户问卷调查、民情走访，建立了民情档案，组织驻点村党员群众，围绕农户的切身利益和关注热点，对党的强农惠农政策进行了集中学习和宣讲，发放宣传资料3000余份。应黄陂区、街政府的要求，先后上门走访3319户，入户率达100%，收集群众意见建议300余条。各单位都记载了民情日志，并撰写了专题调研报告。

市国土规划局各共建组着力把实事办实。第一工作组投入7万元帮助李集村修缮生猪养殖场，修建60米硬化道路，购买村农户饲养的生猪、鸡鸭等农副产品。第二共建组投入8万元为村民新建晒谷场，引入近3000只新种鹅投放到朗德鹅养殖基地；第四共建组在驻点村选择11个家庭困难农户，拨付1.80万元资金，引入双孢菇稻田种植项目，扶持农户“造血”功能；第五共建组投入资金3万元为姚集街刘湾村送去化肥20吨，支持春耕生产，并为养殖专业户购入4万尾银鲫鱼苗和4千只种鸡，发展村级养殖经济。“三万”活动开展以来，局各共建组先后给农村困难群众发放慰问金4.60万元，兴办实事19项，资助总金额45.60万元。（彭　瞀）

【创先争优】 2011年，武汉市国土资源和规划局根据市委创先争优活动领导小组和市直机关工委关于进一步加强2011年创先争优活动的有关精神，下发了《市国土资源和规划局关于进一步加强创先争优活动的通知》。在活动中，始终把窗口单位作为创先争优活动的重中之重，学习杨善洲和身边先进人物的事迹，采取公开主动的承诺、优质规范的服务创先争优，在服

楚 河

务人民群众、树立党员形象、培育窗口服务品牌等方面做了一定的工作，得到社会好评。截至年底，局领导累计下基层、企业和园区42次，现场研究解决问题近200个，取得了很好的效果。10月19日《长江日报》以《让企业低成本“办规划”》为题对该局“三进”活动进行了报道。（彭　暋）

【工会工作会议召开】 3月9日，武汉市国土资源和规划局召开工会工作会，全面部署年度全局系统工会工作，各区（分）局、局属各单位工会负责人和机关各处（室）有关负责人参加会议。局领导袁海军出席会议，并对国土规划系统工会工作提出要求，一是局系统要建立统一大工会体制；二是各单位领导要加强对工会建设的重视；三是工会组织要关心职工生活，积极为职工排忧解难。（杜　斌）

【“职工之家”揭牌】 8月26日，武汉市国土资源和规划局“职工之家”揭牌仪式在局机关工会活动室举行，局机关各处（室）代表、局系统各单位工会负责人近50人参加揭牌仪式。局领导吴之凌、袁海军为“职工之家”揭牌，并对职工之家的建设提出了具体要求。（杜　斌）

【参加第三届公务员技能大赛】 8～10月，武汉市直机关工委举办了武汉市第三届公务员技能大赛。武汉市国土资源和规划局获优秀组织奖，刘虹进入十强决赛，被武汉市人民政府授予武汉市第十七届职业技能大赛公务员基本技能项目技术能手，同时还被武汉市人力资源和社会保障局和中共武汉市委市直机关工作委员会记三等功1次，创下该局参加武汉市公务员技能大赛以来的最佳成绩。（杜　斌）

【工会工作获奖】 2011年，武汉市国土资源和规划局被中共江岸区一元街工作委员会和江岸区人民政府一元街办事处评为“人口和计划生育工作优胜单位”；武汉市国土资源和规划局机关工会被武汉市总工会市直机关工作委员会评为“市直机关先进基层工会组织”。（杜　斌）

天河机场T2贵宾通道

【老干部工作】 2011年，武汉市国土资源和规划局在落实老干部政治生活待遇、加强老干部党支部建设和思想政治建设、结合老干部身心状况组织开展活动、为老干部“老有所学、老有所乐、老有所为”创造条件和营造尊老、爱老、助老等方面，做出了积极探索，取得了可喜的成绩。全年利用春节、重阳节等重大节日走访慰问老干部434人次；组织各类报告会6场，参加人数229人次；组织党员干部理论学习3次，71人次参加学习；参加市老干局和市老龄办组织的活动2次，参加人数108人次；组织老干部参观城市建设成果3次，125人次参加；建立了局机关老干部活动中心，场地面积由原来的60平方米增加到300平方米，由原来的单一活动功能变为现在的设有乒乓球室、电脑阅文室、健身房、棋牌室等多功能活动场地；配置了50寸电视机2台，音响、点歌器、摄像机、照相机各1部，跑步机等健身器材5部，资料柜、书报架10个。基本满足了老干部开展活动的需要。2011年，市局老干处被武汉市老干部局评为全市老干部工作目标管理“十佳”集体。（张振华）

【政务信息公开工作】 2011年，武汉市国土资源和规划局通过“数字武汉—国土资源和规划网”共发布各类信息21799条，其中相关行业信息5567条，审批进度查询4831项，发布征用土地公告、征用土地补偿安置方案公告、拆迁公告、“两书五证”批后公示、规划批前公示等各类公示公告10428项（收到批前公示反馈意见1063条），回复局长信箱来信973封，网站总访问量突破906万人次，页面浏览量3402万次。通过大屏幕公开项目办理情况4831条，通过新闻发言人或新闻发布会共118次向社会公开发布重大事项和信息。按照政务信息公开的要求，修订了《武汉市国土资源和规划局依申请公开处理规定》。开展了“土地日”、“地球日”、测绘法宣传、“治庸”、“优化”、“三万”活动等专题栏目建设。2011年，该网站被国土资源部评为市级网站第3名，武汉市国土资源和规划局第5次被评为“国土资源政务信息公开示范单位”。

（姚春晖）

【窗口服务与对外承诺】 武汉市国土资源和规划局制定了《加强窗口建设提升窗口服务质量实施方案》，提出了改善窗口服务质量“六统一”的具体要求，加强了窗口规范化建设。向社会公布了优化投资发展环境“321”公开承诺，即：简化程序“三压缩”（压缩审批事项、审批环节和审批时限）、改进作风“二提高”（提高办事效率和服务质量）、完善机制“一优化”（优化业务分工），主动接受社会监督。向建设单位发放100份征求意见函，分别组织22个机关处室、11家事业单位、16家区（分）局召开了座谈会，发放调查表91份。在全市范围内邀请了13名“两代表一委员”和11名服务对象、群众代表，组织召开了民主评议座谈会，听取意见和建议。

（肖　波、刘　军、孙　佳、叶　擎）

【推进行政审批改革】 武汉市国土资源和规划局以标准化审批体系建设为抓手，实现局业务处室从办理具体项目向制订规划、政策研究、规则制定、业务协调、监督检查等宏观管理工作的转变；项目审批工作按照分工逐步由重大项目处和分局承担。将管理重心下移，调整市局和城区分局审批权限。对管理权责范围内的原有27项审批事项，取消15项，保留12项，新增2项，经市审改办最终确定为14项审批事项。

压缩审批环节，对建设工程项目规划实行并联审批；在建设工程规划许可中取消施工图核准环节；降低供地审批层级，对于工业、保障性住房项目，采取“即来即办，办结备案”的方式进行办理。推进重点工程“四个一”办事机制（一个会议决策、一个局领导总负责、一个处室统筹协调、一个经办人全程服务）。

（肖　波、刘　军、孙　佳、叶　擎）

【压缩申报资料】 武汉市国土资源和规划局对14项审批事项的全部申报要件，由原来的138件压缩为87件，压缩率为37%。

（肖　波、刘　军、孙　佳、叶　擎）

【压缩审批时限】 武汉市国土资源和规划局对保留的14项审批事项办理时限基本达到上海等5个标杆

城市的最优水平，建设项目在该局审批的总体时间压缩达50%以上。涉及农用地转用和土地征收阶段的建设用地审批时限由原来的103个工作日压缩至49个工作日；国有建设用地审批时限由原来的85个工作日压缩至39个工作日；国有建设用地公开出让阶段，审批时限由原来的46个工作日压缩至26个工作日；建设项目审批时限由原来的84个工作日压缩至35个工作日。扩大个人土地登记“当日可取”范围，从5月30日起，从中心城区扩展到新城区、开发区，并在全市中心城区推行“即办即取”服务，全年全市共计办理“当日可取”、“即办即取”个人土地登记发证3万余本。

（肖　波、刘　军、孙　佳、叶　擎）

【工业项目审批流程再造】 武汉市国土资源和规划局按照市政府武政〔2010〕52号文意见，将工业用地土地征地转用、收购储备等工作下放到各区，中心城区、开发区工业项目除供地和招拍挂环节外，其余事项均下放到分局办理；建立了覆盖工业项目审批和服务各环节、全过程关联、多事项并行的市区一体化的网上协同办公系统，全局工业项目全电子报批，实现了申报资料、审批信息、图件的信息集成和共建共享。8月1日，新的工业项目审批流程正式运行，供地阶段的审批时限由190个工作日压缩到了33个工作日。同时，协助市优化办开展了工业项目收费事项调查清理工作，并对市优化办确定的15个重点工业项目进行重点跟踪。12月初，组织局系统16个处室和单位，完成对市优化办起草的《武汉市建设工程项目行政审批制度改革方案（试行）》和《武汉市服务业领域优化行政审批流程改革方案》的修改意见征求工作，并于12月9日向市优化办提交了修改意见稿。

（肖　波、刘　军、孙　佳、叶　擎）

楚 河

【开展新审批流程业务培训】 武汉市国土资源和规划局于5月25日、7月28日和8月23日分别组织了全局系统的相关工作人员培训，分别对地籍管理工作手册、工业项目国土规划业务办理流程优化实施细则、建筑审批及技术核查标准、建设工程规划验收办法、交通市政项目审批标准、验收规定等进行了全面培训，进一步提高了工作人员水平，营造了“零障碍、低成本、高效率”的投资发展环境。

（肖 波、刘 军、孙 佳、叶 擎）

第二节 城乡规划管理

【完善规划编制体系】 按照“两规合一、多规支撑、城乡统筹”的原则，2011年，武汉市国土资源和规划局首创了全国一流、并具有一定示范作用的“两段五层次、主干加专项”的新的规划编制体系框架，“两段”即导控型规划和实施型规划。“五层次”中导控型规划分为城市总体规划与市级土地利用总体规划、分区规划与区级土地利用总体规划、控规导则与乡级土地利用总体规划三个层次；实施型规划分为近期建设规划与中长期土地储备规划以及功能区规划、年度实施计划与年度土地储备供应计划两个层次。该规划体系是法定规划和专项规划得以落实的具体保障。

（涂 剑）

【构建规划编制管理平台】 武汉市国土资源和规划局在新规划编制体系基础上，根据规划编制管理在全市经济社会发展中的作用建立起3个平台：一是以近期建设规划和年度实施计划为主的实施规划平台，包括重点功能区实施规划、中长期土地储备计划以及年度土地利用规划等；二是以一张图为平台的法定和专项规划平台，包括控规导则和细则、交通市政专项规划、城市设计、地下空间规划、历史保护规划等；三是以科研项目库、技术标准库和规划成果库为支撑的基础技术平台。

（涂 剑）

【规划编制市域一体化建设】 武汉市国土资源和规划局以总规确定的都市发展区为抓手，全面推进规划编制市域一体化工作，组织多方力量共同编制完成了《武汉都市发展区“1+6”空间发展战略实施规划》（以下简称《1+6规划》）。《1+6规划》通过市规委会常委会、市政府常务会和市委常委会等会议审查，并于年底获市政府批复。该局在都市区范围内开展编制一体化系统研究，对轨道交通、工业园区布局、新城中心建设以及生态框架保护进行了规划，同时，深化完善了都市发展区红线、黄线、紫线等多项重点专项规划，从规划编制源头上增强了主城与新城之间的对接。

同时，组织开展了各新城组群控规导则的编制和工业示范园区控规细则的编制，并会同相关专业局开展重要专项规划的编制，包括《都市发展区中小学布局规划》、《都市发展区绿地系统规划》、《都市发展区医疗卫生设施系统规划》。

（涂 剑）

【基本生态控制线立法及划定】 按照《武汉都市发展区生态控制线管理规定》，结合《1+6规划》中关于推进“大发展”、保护“大生态”的要求，武汉市国土资源和规划局完成了武汉市生态框架规划，进一步明确了城市增长边界、生态底线“两线”和集中发展区、弹性过渡区、生态底线区“三区”的生态保护体系，推进了全市域生态框架的保护工作。该局会同市法制办开展了基本生态控制线立法及划定的相关研究，探索生态环境补偿机制，完成《武汉市基本生态控制线管理规定（报审稿）》，并上报市政府审议，同时，将基本生态控制线划定工作列入该局 2012 年规划编制计划和重点工作中。

（凌　利）

【规委会技委会及项目审议审查】 2011 年，武汉市国土资源和规划局共组织召开局技委会 28 次，审查项目 50 余项；规委会 11 次，审议项目 20 余项。包括《都市发展区空间发展战略实施规划》、《武汉市规划用地兼容性研究》、《武汉市历史街区体系规划》、《武汉市都市发展区中小学布局规划》、《武汉市主城区控制性详细规划导则》、《武汉市主城区绿地系统规划》等。其中，绝大部分项目已纳入“一张图”，作为该局规划管理的依据，部分项目已审批或已上报。

5 月和 6 月，唐良智市长主持召开两次规委会专题会议，听取并原则同意该局关于调整完善武汉市规划委员会制度的工作汇报，成立了武汉市规划委员会常务委员会；常务委员会研究审议并通过了《武汉市规划委员会组成人员名单》，对规委会全会的筹备工作提出了指导意见。（涂　剑）

【规划报批及法定化工作】 武汉市国土资源和规划局积极组织向市政府专题汇报重大规划项目，推进规划项目公示、审批和公布。全年共申请上报审查 14 个重大项目，市政府专题听取了 7 个项目，包括《武汉都市发展区“1+6”空间发展战略实施规划》、《武汉市近期建设规划》、《武汉市主城区慢行系统规划》、《武汉主城区地下空间规划导则》、《武汉市铁路沿线环境综合整治规划》、《武汉市生态框架保护规划》等。并开展了各项规划的公示工作。（涂　剑）

【控规优化及动态维护】 为提高规划管理效率，规范全市控规调整维护程序，按照控规管理中关于动态维护的相关要求，武汉市国土资源和规划局建立了全国领先的控规动态维护机制，就控规维护申请、受理、论证、更新等各环节进行了明确规定，既保证了规划的严肃性，又增加了规划灵活性，为科学、准确的管理及审批提供了技术保障。

同时，积极开展主城区控规导则主动优化及完善工作，就控规与城中村规划、中小学规划、绿线规划、红黄线规划等的衔接问题组织召开会议研讨，完善控规导则方案，为规划项目审批提供了技术保障。

（凌　利）

【重要规划项目编制与审批】 2011 年，武汉市国土资源和规划局积极组织了《汉江两岸综合规划》、《武汉楚文化产业区概念规划及黄鹂路片城市设计和实施规划》、《张公堤森林公园综合规划》等重要规划项目的编制工作，开展武汉市地方技术标准及政策研究。同时，加大力度推进重要项目的规划审批，包括《武汉市近期建设规划》、《武汉都市发展区“1+6”空间发展战略实施规划》、《王家墩西片控规调整》等规划项目。

同时，成立了方案征集工作专班，加大对研究性和城市设计项目的征集力度，面向全球组织了包括《武汉市老龄化社会研究及规划指引》、《武汉市职住平衡研究及规划指引》等在内的国际征集活动。（杨丽萍）

【全面推进“一张图”工作】 2010 年 9 月，武汉市国土资源和规划局发布了“一张图”系统。2011 年 2 月，住建部规划司专程调研一张图系统并给予了高度评价。该系统正式试行以来，广泛应用于全局各项规划编制及管理审批业务，对规范项目审批依据，杜绝规划依据不一致等方面发挥了重要的作用。该局进一步明确了“一张图”的使用要求和使用程序以及“一张图”形式和内容，建立了统一的武汉市规划管理用图编码系统，同时，理顺了与市政红黄线的关系和发布程序，真正做到了红黄线与用地的无缝衔接，初步建立了以“一张图”为核心的主城区规划编制及管理审批机制。启动了以汉南区为试点的新城区“一张图”建设。（肖　江）

【业务例会召开情况】 2011 年，武汉市国土资源和规划局共召开综合业务例会 32 次，讨论有关办事规则、审查规划选址定点项目、确定项目规划条件、研究决定其他事项共计 500 余项，形成了 14 项标准化事项。

（刘　松）

【保障性住房的计划制定及审批】 2011年，武汉市国土资源和规划局完成96个保障性住房项目的选址工作，涉及土地面积约1407.47公顷。完成34个保障性住房项目的规划审批工作，总用地面积203.85公顷，总建筑面积591.64万平方米。积极推进了公共租赁住房配建工作，形成《武汉市人民政府办公厅关于加快发展公共租赁住房的意见》，并发布实施。根据该《意见》，对在审批的住宅项目，按5%～10%的配建要求，配建了公共租赁住房13.76万～27.52万平方米。

（杜　晶、虢向阳）

【土地储备旧城改造规划】 2011年，武汉市主城区核发土地储备规划要点193项，规划设计条件213项，有力地支持了土地储备和供地工作。同时，根据武汉市2011年旧城改建计划，配合落实国有土地上房屋征收工作，对63个旧城改建项目核发了规划意见，确保了房屋征收工作顺利推进。（刘　松）

【支持重大项目建设及企业发展】 2011年，武汉市国土资源和规划局完成湖北省应急救援指挥中心、花山公共租赁住房等一大批省、市重点项目的规划审批工作，及6300亩打包土地的审核、审查工作，有力地支持了二环线，鹦鹉洲大桥，轨道3、4号线，武昌古城，大东湖生态水网，南湖水环境整治等一大批市级重点工程项目建设。

该局对工业产业项目及其他重点产业项目采取建立绿色通道、简化办事程序、特事特办的方式，加快审批。同时，组织专班到青山北湖经济开发区、汉阳黄金口工业园区进行现场服务，确保了各项具体项目顺利落地。

（刘　松）

【推进用地标准化管理】 武汉市国土资源和规划局加大了规划编制和研究工作力度，制定了相应的办事规则，逐步推行标准化管理。加强了“三边”敏感地区和商业设施规划的管理和细化工作；完成了“用

楚河

地兼容性”和“用地建设强度”两项专题研究成果，印发了《武汉市规划用地兼容性规定（试行）》和《武汉市主城区用地建设强度管理暂行规定（试行）》；研究制定了《武汉市出让用地容积率调整办理规则（试行）》，全面严格、规范了容积率调整项目审查审批程序；完成了规划条件标准化研究工作，进一步明确了规划条件的办理要求，并明确了各类用地的规划条件审批内容；起草了武汉市商业设施规划管理技术规定和武汉市三环线生态隔离带建设规划管理技术规定；研究并提出了零星单位（个人）危房改造、重建的审批程序和审批原则，完善了武汉市危房改造审批要求；加强对典型性问题和特殊案例的研究，并通过综合业务例会明确了14个标准化事项，对同类事项的处理原则和审查办法予以了明确，并纳入例会纪要作为办事依据。 （刘　松）

【《2011年度武汉市城乡规划白皮书》面世】 2011年，武汉市国土资源和规划局首次组织编写《2011年度武汉市城乡规划白皮书》，以城市总体规划为依据，对2010年城市空间发展以及居住、公共服务、工业、绿地、交通、市政设施等建设发展情况进行了分析评价，并发布了城市建成区面积、城市建设用地规模等武汉城市建设发展的重要动态信息，提出了2012年度规划编制组织和实施的建议。 （梅凤雷）

【制定建管审查与技术标准】 武汉市国土资源和规划局研究探索、制定了《建设工程规划许可市、区分工方案》、《规划（建筑）方案分级审查实施细则》、《建设工程规划许可审批标准模块》、《建设工程规划许可图件绘制要求》、《建筑后退城市规划道路红线距离规定》、《建筑工程建筑面积计算技术标准》、《武汉市建筑色彩规划管理办法》以及《武汉城市建筑色彩技术管理技术导则》等一系列相关工作方案及技术标准。为全面落实“三压缩、二提高、一优化”的工作目标奠定了基础。 （杨　蒙）

【建筑规划报建管理】 2011年，武汉市国土资源和规划局共受理建筑规划报建项目170项，完成建筑核位红线图审查630份，完成施工图审批105项，总建筑面积796.50万平方米。 （杨　蒙）

【城市设计技术预审】 2011年，武汉市国土资源和规划局对2010年城市设计财政预算项目开展了技术预审工作，完成了《汉江北岸滨水区（古田三路—晴川桥段）城市设计》、《武昌沿江地区（白沙洲大桥—一桥）城市设计》、《武昌滨江地区（长江二桥—二七大桥段）城市设计》、《东湖周边地区城市设计》、《二环线汉口段—发展大道（汉西路—二七桥）城市设计》等10个项目的预审工作。绝大部分项目对现状的把握比较准确，定位合理，具有较强的针对性。规划方案内容丰富，分析思路清晰，基本达到验收标准。

（杨　蒙）

【规划工业园区】 2011年8月，武汉市国土资源和规划局组织编制了《武汉市新型工业化发展空间规划》，通过对工业用地地均产出的深入研究和各区近5年来工业用地“批、征、供、用”情况的全面调查，结合各区资源和产业条件，在全市范围内规划了385平方公里的工业用地，在新城区划定了9个示范园区和14个一般园区，并明确了各园区产业发展的主导方向和优势产业类型，以有效引导各区开展招商引资和建设项目布局。目前，9个新型工业化示范园区控规导则和启动区控规均已通过市国土资源和规划局审查。

（肖昌东、武　桢）

【协调编制各区示范片规划】 武汉市国土资源和规划局协调各区编制完成东西湖四季吉祥、东西湖柏泉新农村建设、汉南汉洪生态片、蔡甸318国道都市农业绿色走廊、江夏107国道沿线绿色家园生态工程、黄陂湖北台湾农业创业园六指新农村示范片、新洲汪集街新农村生态家园等7个示范片规划。组织了新型城镇化绩效目标的考核，拟定《推进新型城镇化绩效目标考核办法》，进一步推动了新农村建设和新型城镇化的实施。

（武　桢、黄晓芳）

第三节 土 地 管 理

【保障工业用地及项目落地】 2011 年 5 月，在阮成发书记、唐良智市长等带领下，武汉市国土资源和规划局赴省国土资源厅争取追加武汉市规划建设用地指标，省国土厅同意原则追加 2010 ~ 2020 年规划建设用地 303 平方公里。

2011 年,武汉市共争取并获得省级农用地计划 4980 公顷。

2011 年,市政府要求,全市新增建设用地计划的 35%以上用于工业项目，新城区 50%以上用地计划用于工业项目。2011 年，全市工业用地使用 2282 公顷，占全市计划 4980 公顷的 45.82%,新城区计划的 52%用于工业项目。

2011 年，黄陂区、蔡甸区、东西湖区、江夏区等区在新型工业化示范园区内均加大了工业用地的先期储备力度，特别是黄陂区还实施先行征收工作，为工业项目及时落地提供保障。

坚持工业项目集中、节约、集约用地，示范园区新建工业项目，要求投资强度不低于 150 万元/亩，地均产值不低于 55 亿元/平方公里。用地面积小于 15 亩的工业项目原则上进标准厂房，不单独供地，规模较大的工业项目的启动区用地原则上控制在 200 亩以内；用地规模较大的项目，实行分期供地。

（周立武、武 桢）

云中桥

【统筹工业项目业务办理】 4月19日，武汉市国土资源和规划局印发了《武汉市国土资源和规划局落实工业倍增计划工作方案》，通过成立促进工业倍增计划办公室，实现了工业项目统一由一个领导分管、一个机构统筹、一个窗口办理。

8月20日，该局印发了《关于进一步推进服务工业倍增计划工作的通知》，明确将中心城区、开发区工业项目除招拍挂环节外，其余事项下放到分局办理，新城区工业项目由各新城区局直接办理。

9月15日，该局下发《关于各区（分）局成立促进工业倍增计划办公室的通知》。目前，审批权限已按要求全部下放，各区（分）局均已成立促工办，明确了工业项目推进中的各项工作及分工。

（周立武、武　桢）

【业务培训和重大项目跟踪服务】 7月29日，武汉市国土资源和规划局组织召开了工业项目国土规划审批业务流程再造培训会，局窗口、相关业务处室、二级单位、7个中心城区和6个新城区国土规划局主要负责人等近150余人接受了培训。此外，该局在市优化办的统一组织下，先后进行了6次公开授课，来自各区政务中心、工业园区、街道办事处、企业等的代办人员近1000余人接受了工业项目国土规划审批业务流程培训。

加强对重大项目的跟踪服务。一方面，积极落实了上海通用汽车、格力电器、东湖综合保税区、江夏金口台湾产业园、航空企业总部项目等一批重大项目的规划选址问题。另一方面，将武汉市优化办确定的15个重点工业项目、2011年武汉—深圳（珠三角地区）经贸交流及合作洽谈会工业签约项目以及市领导批示项目作为市局促工办重点跟踪督办的重大工业项目，实行一周一调度，特事特办。（周立武、武　桢）

【保障重点急需项目用地】 2011年，武汉市共申请使用省级农用地计划4980公顷，其主要做法：一是有保有压、确保重点项目用地。严格执行禁止供地目录和限制供地目录，严格控制高投入、高污染、高能耗和资源型“三高一资”项目用地，同时对全市重点建设项目如航空企业总部、力诺、巴登城、宜化集团、轨道融资、腾讯等，专门安排用地计划，确保项目用地。二是规模控制、分区管理。根据土地利用总体规划确定的各区年均新增建设用地规模，确定各区的用地计划分配比例。对于用地规模较大的项目，要分期供地，项目启动区用地规模原则上不超过200亩。三是引导布局、优化结构。新城区年度新增建设用地计划原则上50%以上用于工业项目，经营性住宅和商服用地计划控制在计划总量的15%以内。工业用地计划90%以上安排在工业集聚区，其中，70%以上安排在新型工业化示范园区。（周立武）

【耕地和基本农田保护】 2010年5月，武汉市政府与省政府签订新一轮耕地保护目标责任书，按照基本农田总量不减少、用途不改变、质量不降低的要求，确保武汉市辖区内耕地保有量不低于3380平方公里、基本农田保护面积不低于2645平方公里。根据《武汉市土地利用总体规划(2006—2020年)》，2010年6月，武汉市政府与各远城区签订耕地保护目标责任书，将全市辖区内耕地保有量、基本农田保护面积分解到各区，明确了保护责任。同时，在日常管理中严格按照有关规定对耕地和基本农田实行保护，确保了目标责任制的落实。截至2011年底，该市耕地保有量为3456平方公里，基本农田保护面积2950平方公里。

（陈　艳）

【高产农田建设】 3月7日，武汉市政府召开全市高产农田工作会议，明确2011年全市高产农田建设目标任务为8万亩。6月9日，张学忙副市长与各分管副区长签订高产农田建设目标责任书，分解落实2011年全市高产农田建设目标任务。通过市、区相关部门的共同督办，全年该市立项批复高产农田建设项目6个，建设规模约8.09万亩；验收批复高产农田建设项目8个，建设规模10.57万亩，超额完成了高产农田建设“双8”目标。（贺小华、陈　艳）

【城乡建设用地增减挂钩项目】 2006～2011年，武汉市共获得批准城乡建设用地增减挂钩项目11个，批复挂钩周转指标834.95公顷。其中2011年获得省国土资源厅批准的增减挂钩项目 2 个，获得周转指标 226.40 公顷。为进一步推进增减挂钩项目验收工作，按照省国土资源厅要求，武汉市国土资源和规划局代拟《省国土资源厅关于印发湖北省城乡建设用地增减挂钩项目竣工验收试行办法的通知》，经审定后，正式印发到各地市国土资源局执行。（贺小华、陈　艳）

【建设项目用地预审】 2011 年，武汉市国土资源和规划局审查建设用地预审项目 95 个，总面积约 1630 公顷，其中，上报国土资源部预审的项目 5 个，总面积约 357 公顷；上报省国土资源厅预审的项目 30 个，总面积约 626 公顷；市预审的项目 60 个，总面积约 647 公顷。为轨道交通 3 号线一期工程、轨道交通 4 号线二期、1000 千伏武汉特高压变电站项目、堤角至汉口北地方铁路工程、三环南路建设项目等一大批重点项目的立项和用地报批提供了前置条件。（隗　炜）

【农用地转用和土地征收实施方案上报获批】 2011 年 9 月，国务院批准武汉市农用地转用和土地征收年度方案，总用地面积 2064 公顷，新增建设用地 1359 公顷，农用地 1282 公顷（含耕地 679 公顷）。2011 年 12 月 31 日，武汉市国土资源和规划局分 16 个批次上报了农用地转用和土地征收实施方案，上报用地总面积 1272 公顷，新增建设用地 1073 公顷，农用地 1047 公顷（含耕地 572 公顷）。2011 年度，武汉市获得省政府的"实施方案"有 26 个批次，用地总面积 1920 公顷，新增建设用地 1675 公顷，农用地 1614 公顷（含耕地 866 公顷）。保障了二环线（武昌段、四新段、东湖段）、轨道交通三号线一期、轨道交通四号线等重大项目的用地需求。（贺小华、李　响）

【建设用地报批】 2011 年，武汉市共获批建设用地总面积 8079 公顷，其用地结构为：住宅用地 2651 公顷，工业用地 2876 公顷、交通运输用地 957 公顷、公共管理和公共服务用地 869 公顷、商服用地 654 公顷、其他用地 72 公顷。全年共上报建设用地总面积 6133 公顷，其用地结构为：住宅用地 1923 公顷，工业用地 2539 公顷、交通运输用地 580 公顷、公共管理和公共服务用地 691 公顷、商服用地 340 公顷、其他用地 60 公顷。保障了东湖保税区、航空企业总部、力诺、100 万吨煤焦油项目、鲁华粤海、博达石化等重大项目用地需求。（周立武、童秋英）

【征地项目办理】 2011 年，武汉市国土资源和规划局办理《武汉市人民政府土地征收公告》333 项，用地总面积 2827.43 公顷；发布《征收土地补偿安置方案》101 项，用地总面积 750.65 公顷；核发《武汉市建设用地批准书》132 份，用地总面积 934.45 公顷。

自 2011 年 10 月 21 日起，中心城区各分局办理 51 项，总用地面积 215.58 公顷。

全年共计拆迁 26122 户，建筑面积 783.02 万平方米。其中拆迁住宅 25987 户，建筑面积 686.55 万平方米；非住宅 135 户，建筑面积 96.47 万平方米。协助预审报建审查 345 项，面积 4219.02 公顷。

转办东西湖区批后档案 6 件，面积 19.70 公顷，转办武汉开发区批后档案 9 件，191.33 公顷，转办东湖开发区批后档案 32 件，293.38 公顷，转办蔡甸区批后档案 1 件，11.62 公顷。

开发区、新城区全年核发批准书 206 项，面积 3496.44 公顷。征地拆迁 21878 户，建筑面积 610.51 万平方米。（周　来）

【优化征地业务流程】 2011 年 4 月，武汉市国土资源和规划局进一步优化征地业务流程，提出具体工作措施：一是批前上报"年度方案"时，应将告知、确认、听证和权属调查做实。用地项目等待省厅批复过程中，由信息中心或耕保处将项目指标表转交相关处室和国土规划分（区）局，开展土地登记及补偿安置方案的拟定工作。二是下调审批层级。（周　来）

【征收土地业务流程培训】 9 月 28 日，武汉市国土资源和规划局制发了《关于试行征收土地批后管理工作流程的通知》（武土资规发〔2011〕243 号）。以及《征收土地补偿安置方案公告》，其业务流程及审批权限均发生了变更。10 月 18 ~ 19 日，征地处组织了新的征地流程业务培训。培训范围除局机关相关处室和局属相关单位外，还包括市属和各区的土地储备机构，培训规模达到 150 人。（周　来）

【规范征收土地批后环节各类附图】 2011 年，武汉市国土资源和规划局拟定了《关于进一步规范国土规划用地审批业务用图管理的通知》(武土资规发〔2011〕64号)。提出二公告附图经勘测部门测图后，其用地范围应做地籍调查和权属审核，地上建（构）物等均按现状实测，保证被征地村集体经济组织的土地权属清楚、面积准确。（周　来）

11月23日，征地处组织市勘测院国土测绘分院、信息中心召开专题会，研究征地各环节附图提供、电子图件上传、公示和历史数据整理等，并形成会议纪要。征地处在办项目已做到了电子图件及时上传。

（周　来）

【征地制度改革试点】 2010年6月，武汉市被确定为全国开展征地制度改革试点工作的11个试点城市之一。通过半年探索，2010年12月9日，市人民政府以武政函〔2010〕44号文正式向湖北省国土资源厅报送了《武汉市征地制度改革试点方案（送审稿）》。2011年4月18日，根据国土资源部反馈意见修改后再次报送省国土资源厅。2011年6月15日，国土资源部以国土资源部函〔2011〕505号文批复同意了武汉市征地制度改革方案。

10月13日，国土资源部专家组在武汉市调研征地制度改革进展情况，认为武汉经验对征地制度改革方向和指导土地法的修订具有一定意义。10月22日，国土资源部耕保司在武汉市召开全国11个试点城市征地制度改革座谈会。

11月22日，市国土规划局召开了征地制度改革工作会议，会议宣读了《关于成立武汉市国土资源和规划局征地制度改革试点工作领导小组和工作专班的通知》(武土资规发〔2011〕284号)，标志着市局正式启动征地制度改革工作。11月24日~12月9日，工作专班分赴黄陂、江夏区局和洪山分局指导试点工作，并建立了局系统内发行的征地工作专报制度。（周　来）

【集体土地房屋拆迁补偿安置调研】 武汉市国土资源和规划局征地处加快推进市人民政府令第148号修订工作，制订了《工作方案》。分别于4月、5月赴黄陂区局、江夏区局、东湖开发区分局，徐东村、铁机村等村集体项目现场开展调研，形成《武汉市集体土地房屋拆迁补偿安置现状调查和评价报告》。

（周　来）

【国土资源节约集约模范县（市）评优】 2011年，武汉市国土资源和规划局根据《国土资源部办公厅关于开展2010年度国土资源节约集约模范县（市）评选工作的通知》(国土资厅发〔2011〕33号)和《省国土资源厅关于印发〈湖北省2010年度国土资源节约集约模范县（市）达标考核及评优工作方案〉的通知》(鄂土资规〔2011〕72号)的要求，开展了全市国土资源节约集约模范县（市）评选工作，印发了《关于开展国土资源节约集约模范县（市）达标考核及评优工作的通知》(武土资规发〔2011〕138号)，对工作任务进行了部署，各新城区于6月9日按时向湖北省国土资源厅上报了考核评优申报材料。（唐华超）

【完善土地节约集约利用机制】 2011年，为贯彻落实武汉市“两型”社会建设的总体要求，根据市两型办近期改革实验重点工作任务分解及进度安排表的要求和市领导的批示，武汉市国土资源和规划局制定并发布了《武汉市城镇土地集约利用评价要点》，并选择硚口区和东西湖区分别作为中心城区和新城区的试点区，下发了《关于印发城镇土地集约利用评价试点工作方案的通知》，启动了全市城镇土地节约集约用地评价试点工作。2010年12月30日，硚口区城镇土地集约利用评价工作成果率先通过省国土厅验收。目前东西湖区试点工作也已完成，2011年9月3日顺利通过省国土厅验收。（唐华超）

【单位GDP和固定资产投资规模增长的新增建设用地消耗考核】 根据上级有关要求，武汉市开展了单位GDP和固定资产投资规模增长的新增建设用地消耗状况考核工作。建立了市国土规划局、市发改委、市财政局和市统计局的局际联席会议制度，主要对2010年度状况进行考核。形成《武汉市2010年度单位GDP和固定资产投资规模增长的新增建设用地消耗综合评

价报告》初稿，并通过局际联席会议审议，上报市人民政府审定。（唐华超）

【基准地价更新工作】 根据《国土资源部关于整顿和规范土地市场秩序的通知》（国土资发〔2001〕174号）“基准地价原则上每三年更新一次”的规定，武汉市国土资源和规划局于2010年7月启动了新一轮土地级别与基准地价更新工作。制定了《武汉市市区2010年土地定级与基准地价更新工作方案》，明确土地利用处为责任处室，地空中心、交易中心为实施单位，并成立了相应的领导小组和工作专班。

3月17日，武汉市市区土地级别与基准地价更新成果全国专家评审会在武汉成功召开。会议邀请了国土资源部、省国土资源厅和重点高校的有关专家进行成果论证评审工作。更新成果顺利通过专家评审，与会专家一致认定本轮更新工作在现有“规程”基础上有多项创新，更新成果在国内的土地定级和基准地价中处于领先水平。2011年7月20日，武汉市人民政府以武政〔2011〕51号文向社会公布土地级别与基准地价成果。（唐华超）

【武汉市土地储备机构研讨会召开】 9月9日，武汉市国土资源和规划局组织召开了武汉市基准地价更新现场会暨土地储备机构研讨会。会议分基准地价更新现场会与土地储备机构研讨会两个分会场进行，张文彤局长、汪普查总工出席会议并作重要讲话。局相关处室，市土地储备中心、交易中心、地空中心、规划院、勘测中心、登记中心、信息中心，中心城区、开发区、新城区分局，土地打包储备机构，中心城区、开发区、新城区土地储备机构共140余人参加了会议。会议的召开，加强了土地储备机构与国土规划管理部门的业务联系，打造了土地储备机构相互交流的平台，促进了土地储备工作的开展。（刘蓓蓓）

【土地供地计划编报】 2011年，武汉市国土资源和规划局根据《国土资源部关于印发〈国有建设用地供应计划编制规范〉（试行）的通知》（国土资发〔2010〕117号）的要求，结合武汉市实际需求，编制了2011年度国有建设用地供应计划。在编制该计划过程中，对2010年的供地计划执行情况进行了认真分析评价，并根据全市土地利用总体规划、城市总体规划以及“十二五”规划的目标要求，强化“两规合一、两规统筹”的理念，明确了土地供应主导空间布局，突破了“就土地谈土地”的单计划编制模式。对全市可供应土地进行了需求预测，从城市规划要求角度提出了空间布局导向策略。（甘　露）

【建设用地供地方案审批改革】 7月1日，市政府下发了《市人民政府关于委托行使国有建设用地供地方案行政审批职能的通知》（武政〔2011〕46号），正式委托市国土规划局行使国有建设用地供地方案行政审批职能。该局制定了《市国土资源和规划局国有建设用地供地例会制度》，定期召开供地例会，并根据项目具体情况，邀请市发展改革、城乡建设、财政、房管、环保等相关部门参加会议，集体决策。对确需市政府审议的供地问题，专题上报市政府决策。

（甘　露）

【土地储备和土地供应计划编制与获批】 2011年，武汉市国土资源和规划局根据国土资源部及武汉市人民政府相关要求，分别编制了《武汉市2011年度国有建设用地供应计划》和《武汉市2011年度土地储备计划》。3月31日和4月14日，市人民政府分别下达了《市人民政府办公厅关于2011年度全市国有建设用地供应计划的批复》（武政办〔2011〕63号）和《市人民政府关于2011年度全市土地储备计划的批复》（武政土字〔2011〕5号）。（甘　露、许　庆）

【供地业务审批】 2011年，武汉市国土资源和规划局全年共签订《国有土地使用权出让合同》144宗，土地面积744.53公顷；办理划拨项目92宗，土地面积303.11公顷；办理租赁项目14宗，土地面积7.61公顷。2011年，武汉市建设用地有偿使用比例为71%，超过上年有偿使用水平2个百分点。审议《武汉市国有建设用地方案》及核发供地方案批复27个批次、736个项目，土地面积达2610.78公顷。（甘　露）

【土地资产经营（市场供地）情况】 武汉市工业和经营性用地一律实行招标拍卖挂牌出让。截至12月

31日，中心城区土地一级市场成交土地104宗，土地面积9284亩，成交金额455.21亿元。

（魏步青）

【超额完成政府土地出让收益征收】 武汉市国土资源和规划局采取加快土地供应节奏，加大历史欠账的催缴力度，当局内其他处室、二级单位需要配合做工作的，由土地利用处开出工作联系单，协调配合支持其尽快办结等工作措施。截至12月31日，该局和分局收取政府土地出让净收益13.14亿元，超额完成市局绩效目标任务。（唐华超）

【土地市场动态监测监管】 2011年，武汉市国土资源和规划局根据上级有关精神，加强土地市场数据收集、整理和上报工作，积极开展土地市场运行情况分析研究。截至12月31日，中心城区土地市场动态监测与监管系统已备案250条记录，土地面积达1055.24公顷。其中，划拨92宗，面积303.10公顷；出让144宗，面积744.53公顷；租赁14宗，面积7.61公顷。

（邓胜华）

【保障性住房用地供应】 2011年，为贯彻落实国家房地产宏观调控政策，根据国土资源部《关于加强保障性安居工程用地管理有关问题的通知》（国土资电发〔2011〕53号）要求，武汉市国土资源和规划局进一步加强和规范保障性住房用地供应管理。截至12月31日，该局共完成中心城区经济适用住房（含廉租房）及划拨类公共租赁住房供应26宗，土地面积128.21公顷，规划总建设规模约313.06万平方米；拆迁还建用地供应17宗，土地面积75.50公顷，规划总建设规模约181.28万平方米；限价商品住房供应11宗，土地面积27.40公顷，规划总建设规模约81万平方米。

（罗玉华）

【加强土地供应政策重点问题研究】 2012年，武汉市国土资源和规划局积极梳理各种土地供应政策，加强重点问题研究。一是进一步加强对中小企业用地政策法规、规则、流程的研究，规范市场交易；二是积极探索划拨土地使用权、集体建设用地使用权入市的规则，努力把划拨土地、集体建设用地交易引入土地有形市场，发挥市场在土地资源配置中的基础性作用，增强土地市场流通功能；三是针对目前武汉市多元化储备格局，研究新条件、新环境下土地储备体制建设，加强优化土地储备机制课题研究；四是积极支持企业上市，建立上市企业工业项目绿色通道，按照“工业倍增”项目审批流程，实行全程跟踪，提供“一站式”服务，特事特办。（甘　露）

【农村土地产权制度改革与建设试点】 2011年，根据国土资源部批准的《武汉市农村土地产权制度改革与建设试点工作实施方案》，武汉市国土资源和规划局组建了试点工作专班，印发了《关于农村土地产权制度改革与建设试点工作有关事项的通知》，出台了《武汉市农村集体建设用地使用权流转管理办法》，以法律法规的形式，赋予集体建设用地使用权和宅基地使用权的权能，探索建立集体建设用地流转价格体系标准。确定了洪山区、黄陂区作为试点区，并初步清理了一批拟进行集体建设用地流转试点的宗地项目。目前，试点区的土地确权、土地登记等土地流转的前期准备工作已经开展。（魏步青）

【中心城区闲置土地清理处置】 2011年，武汉市国土资源和规划局共清理出历史遗留毛地项目15宗，其中，武汉海侨房地产开发建筑有限公司位于武昌区民主路、胭脂路，面积为1.33公顷的地块，已通过媒体公告形式予以收回，剩余14宗土地面积26.78公顷拟参照该次处置经验予以处置。至此，国土资源部2010年8月通报武汉闲置土地的9宗地块中，8宗土地、面积合计6.62公顷已分类处置完毕，剩余1宗天马公司用地2.44公顷正在处置。

针对2009年10月之前签订合同项目，共清理出61宗疑似闲置土地项目，经专班督促跟踪处置，部分项目开工、或主动申请解除出让合同，其中，解除合同1宗，土地面积0.85公顷。剩余19宗仍未开工土地面积89.22公顷，下达《闲置土地调查通知书》，并收集项目资料，做好了下步处置工作准备。此外，该局正在研发电子监控系统，拟通过电子监控系统实现对土地利用状态的实时监控，及时避免土地闲置行为的发生。（苏震宇）

【日常地籍管理工作】 2011年,武汉市国土资源和规划局核发土地证书共计173922本,发证面积7689.91公顷。其中,单位发证6539本,发证面积7296.10公顷;个人发证161788本,发证面积343.46公顷;集体土地使用权发证5595本,发证面积50.35公顷。

完成抵押、出租他项权利登记8196宗,抵押面积4984.43万平方米,贷款总金额862.18亿元。

受理土地使用权查(解)封登记420起。全市共调处土地权属纠纷12起。完成土地登记公开查询7843次。完成勘测定界1380宗,总面积10092.15公顷。

(汪 波)

【地籍管理工作机制创新】 根据有关文件精神,武汉市国土资源和规划局将日常土地登记发证审批权限下放各分局、土地登记中心,改原有的"区办市审"、"登记中心办市审"项目为"区办区审"、"登记中心办登记中心审",自身职能向政策研究和规范化管理方向转变。各类单位土地登记、土地抵押的办理时限较《土地登记办法》的要求压缩了50%以上,均在10日内完成。

(汪 波)

【提高个人土地登记办事效率】 2011年5月,武汉市国土资源和规划局下发了武土资规发〔2011〕113号、武土资规发〔2011〕116号文件,在2010年中心城区推行个人土地登记发证"当日可取"基础上,实现"即办即取"(即受理后1个小时内办结)。同时,进一步扩大了"当日可取"覆盖面,将新城区、开发区的个人土地登记业务纳入"当日可取"实施范围,真正实现全市覆盖。

(汪 波)

【地籍管理规范化工作】 武汉市国土资源和规划局组织相关部门编写了《地籍管理工作手册》。5月25日,全市地籍系统改善投资发展环境调整优化业务流程动员暨《地籍管理工作手册》培训会召开,并相继完成了对全市中心城区、新城区、开发区国土部门的业务培训。

(汪 波)

【农村土地基础工作】 武汉市国土资源和规划局、市财政局、市农业局联合印发了《武汉市农村集体土地确权登记发证工作方案的通知》(武土资规发〔2011〕239号)。11月9日,武汉市政府副秘书长王继连主持召开了全市"集体土地登记发证"工作部署会。市局成立了以张文彤局长为组长、汪普查总工为副组长的农村集体土地确权登记发证工作领导小组及工作专班。

出台了《武汉市集体土地确权登记试点工作指导性意见》。按照试点登记政策,烽火、红霞、白桥、石桥村等4个试点村基本完成了土地调查、确权、登记工作,其中烽火、红霞村被列入城中村改造范围,只登记不发证;出台了《武汉市集体建设用地使用权流转管理办法》。在总结黄陂区4宗集体建设用地流转的基础上,集体建设用地纳入国有土地交易平台统一进行流转。出台了《武汉市征地留用产业用地有关问题的指导意见》。试点政策正在武汉市"城中村"改造中试点推进。

(汪 波)

【第二次土地调查通过验收】 11月2～3日,湖北省第二次土地调查领导小组办公室组织省级验收专家组,对武汉市东西湖、汉南、蔡甸、江夏、黄陂、新洲等6个新城区第二次土地调查城镇土地调查成果进行了验收。验收专家组认为:6个新城区土地调查成果预检问题整改到位,成果质量符合国家和省有关技术规程与规范的要求,一致同意通过验收。

12月15～16日,湖北省第二次土地调查领导小组办公室组织省级验收专家组,对武汉市江岸、江汉、硚口、汉阳、武昌、青山和洪山7个行政区,武汉经济技术开发区及东湖新技术开发区2个开发区和东湖生态旅游风景区第二次土地调查中心城区城镇土地调查成果(含中心城区地籍调查成果)和农村土地调查市级汇总成果进行了验收。认为武汉市第二次土地调查中心城区城镇土地调查成果和农村土地调查市级汇总成果质量符合国家和省有关技术规程,达到验收标准,一致同意通过省级验收。

(江韦希)

【土地利用变更调查与遥感监测】 11月30日,武汉市2011年度土地变更调查与遥感监测工作全面展开。12月24日,第一批遥感监测影像及疑问图斑下发,疑问图斑共3414个、面积2224.26公顷。12月31日,市第二批遥感监测影像及疑问图斑下发,疑问图斑共

4126个、面积5584.12公顷。前后两次共计下发疑问图斑7540个、面积7808.38公顷，与2010年相比增加了1779个、面积2313.05公顷。其中：中心城区1443个、面积1642.05公顷，与2010年相比疑问图斑减少了655个，面积增加79.76公顷；新城区6097个、面积6166.33公顷，与2010年相比疑问图斑增加了2434个，面积增加2233.29公顷。

在领取遥感监测影像及疑问图斑后，武汉市国土资源和规划局迅速制作工作底图供各区进行调查核实。同时，登记中心派出3个工作小组，于12月30日至2012年1月2日，对武昌、青山、汉阳、洪山、黄陂、新洲区等六区占用耕地、面积较大且未收集到用地批复的疑问图斑进行了实地核实，共计核实疑问图斑180个。1月3日在完成第一轮实地核实工作情况汇总及第二批下发的疑问图斑内业分析后，1月4日又开始了第二轮实地核实工作。（江韦希）

【土地登记发证信息化建设】 武汉市国土资源和规划局研究简化了申请人表格及登记资料填写内容，实行了个人土地登记信息日报制度，并根据“即办即取”、“当日可取”工作的需要设计了新的电子审批系统和表格，按工作流程建立了网络信息平台。

该局积极开展了“银土工程”建设（银行国土信息查询系统），制订了《银行国土信息查询系统推广应用工作方案》，并按要求建立了网络查询机制。

该局地籍处、登记中心、信息中心等部门联合开展了个人土地登记发证落地的试点工作，以汉阳区为试点，进行了数据清理，初步建立了个人土地登记发证图形数据库。同时，对地籍管理信息系统进行修改完善，实现了共用宗图形信息与分户发证信息的关联。

（汪　波）

【耕地保护通过部省检查】 2011年，武汉市人民政府国土资源和规划督察办公室对各新城区耕地保护检查，对耕地保有量，基本农田保护面积是否达到省政府下达的“十一五”目标，区有关部门耕地保护履行情况，耕地保护制度是否完善，保护资料、标志牌、项目牌及界桩是否齐全等问题，进行了全面核查，要求有关部门对查出的问题认真组织整改。各新城区通过整改，顺利通过部、省“十一五”期间耕地保护检查。

（赵　林）

【高产农田建设项目督办】 武汉市政府督查室、市政府国土资源和规划督察办公室对全市2011年度高产农田建设目标的实施情况开展了联合督查。督查组深入各新城区，实地查看了高产农田项目现场，召开座谈会，听取区人民政府及区相关职能部门汇报，对项目规划、工程质量及验收等共性问题进行了认真的指导。在市、区政府共同努力下，全市2011年度高产农田建设验收8万亩、立项8万亩目标顺利完成。

（赵　林）

【组织上报土地管理形势观测点信息】 根据国土资源部要求，武汉市人民政府国土资源和规划督察办公室组织相关处室以及各区局开展了2011年土地管理形势观测点分析工作，向国家土地督察武汉局上报了各季度的观测点数据及分析材料，包括建设用地规划、计划、审批、供应、耕地占补、违法查处等一系列统计数据；对全市经济运行情况，用地需求变化，土地管理中出现的重大问题等进行了分析，形成了土地利用管理的宝贵资料，得到国家土地督察武汉局的好评。

（赵　林）

【拟定《武汉市加强土地储备业务统筹工作实施方案》】 根据《中共武汉市委武汉市人民政府关于加强国土资源和城乡规划工作的若干意见》（武发〔2011〕5号）文件要求，为维护全市土地储备和供应的整体秩序，促进土地资产保值增值和房地产市场健康发展，武汉市土地整理储备中心着力加强全市土地储备业务统筹工作制度化建设，在组织全市各土地储备责任主体讨论研究的基础上，2011年9月，起草了《武汉市加强土地储备业务统筹工作实施方案》，并上报市土地资产管理委员会办公室审批通过。（王细海）

【开展武汉市中心城区都市工业园区土地利用研究】 按照武汉市中心城区“国土规划服务园区行”活动的要求，2011年2月，武汉市经济和信息化委员会与武汉市土地整理储备中心共同对武汉市工业园区土地储备相关工作进行了研究，有针对性地对武汉市 7 个中心城区都市工业园的发展运营、用地布局、土地资产运营等现状进行综合分析，并提出拓宽融资渠道、工业园区向产业园区升级、坚持土地供应市场定价机制等一系列创新思路，并于 12 月形成《武汉市都市工业园区土地利用问题研究》成果报告。（刘彦辉）

【实施棚户区改造项目建设】 为落实武汉市住宅和房地产发展“十二五”规划，完善城市住房供应，建立以公租房为核心、“双规并行、四类并存”的新型住房保障体系，武汉市土地整理储备中心积极参与棚户区改造项目建设计划的申报工作。在 2011 年第二批棚户区改造项目建设计划中，有 9 个项目由武汉市土地整理储备中心实施，涉及拆迁面积约 858 万平方米，用地面积约 2176 万平方米。（石 莉）

【编制武汉党史馆项目资金平衡方案】 武汉党史馆和游客中心建设用地净用地面积为 4678 平方米，总建筑规模约 7000 平方米。2011 年 6 月，按照市国土资源和规划局要求和统一部署，武汉市土地整理储备中心完成武汉党史馆项目资金平衡方案的编制工作。项目资金平衡方案合理确定了土地补偿标准，科学测算土地收益，为该项目的可行性研究提供数据支撑，推进了该项目立项和开工建设。（石 莉）

【编制汉正街综合整治及搬迁改造工作方案】 武汉市土地整理储备中心积极参与汉正街区域土地储备的前期工作。按照“积极介入、重点突破、明确责任、力求平衡”的原则，经与硚口区政府和区城乡统筹办沟通和协商，于 2011 年 4 月，完成汉正街综合整治及搬迁改造工作方案的编制。汉正街综合整治及搬迁改造工作方案将中山大道以北区域作为武广商圈与汉正街的核心区相衔接的重要过渡地带，提出先期重点实施该区域土地储备的工作思路，并统筹考虑改造还建方案，在汉正街周边选取约 8 片地块进行集中拆迁还建。（石 莉）

【实施打包单位供地工作】 2011 年，武汉市土地整理储备中心进一步加强对全市各储备责任主体供地工作的统筹管理，全年分批组织上报各土地储备责任主体 20 宗拟供应地块供地方案，涉及土地面积约 1062 亩。经武汉市国土资源和规划局供地例会研究，20 宗拟供地项目完成审批并取得供地批复，有力推进各储备责任主体储备土地的入市供应，为武汉市的城市建设注入了资金。（王细海）

【高产农田建设进度】 截至 2011 年底，武汉市国土资源和规划局累计立项的高产农田建设项目 47 个，建设规模共约 67 万亩，计划投资约 11.90 亿元。其中验收 15 个，建设规模 12 万亩。（王 军）

【土地整治实行备案管理】 2011 年 7 ~ 8 月，按照省国土厅的统一部署，武汉市国土资源和规划局对全市行政区域范围内的土地整治项目施工单位进行登记备案，共上报 147 家土地整治项目施工单位在全省范围内予以公示，对施工单位进行有效的管理。（王 军）

【积极推进耕地占补平衡项目建设】 2011 年，武汉市国土资源和规划局完成项目立项 6 个，验收 29 个，新增加耕地面积 3723 亩，另与崇阳县国土资源局签订《建设用地项目补充耕地协议书》，落实耕地异地占补指标 5000 亩，为武汉市重大（点）项目耕地占补平衡工作提供了有力的保障。（王 军）

【东湖新城土地储备工作】 自 2009 年 11 月启动东湖新城土地储备项目征地拆迁工作以来，武汉市土地整理储备中心积极与洪山区政府、和平街办事处、七村一场等单位进行协商，加快推进东湖新城土地储备工作。截至 2011 年底，与洪山区重点工程建设拆迁办公室等单位签订了《房屋统迁包干协议书》，与和平街办事处等单位签订《东湖新城项目和平街七村一场集体房屋统迁协议书》，启动了东湖新城土地储备项目工业大道以东 173 万平方米的房屋拆迁工作，与北洋桥村签订了 391 亩土地预征协议。（李红太）

【朱家河综合整治项目】 朱家河综合整治工程项目位于江岸区和黄陂区滠口街朱家河沿线，土地总面积约 2446 亩。根据武汉市领导相关批示，市土地整理储备中心为朱家河综合整治项目融资主体。7 月 22 日，受市土地整理储备中心委托，武汉市水资源发展投资有限公司与武汉市水务局签订了朱家河综合整治项目一期约669亩的《国有土地使用权收回补偿协议书》。9月14日，一期约649.66亩办理完毕储备土地证。二期约1796.85亩土地于2011年11月登记发证至市水务局名下，并纳入了2011年土地储备增补计划。

（徐海南）

【推进二七沿江商务区土地储备工作】 根据《市人民政府关于2010年度全市土地储备计划和土地供应计划的批复》，为加快武汉市城建重点工程和旧城改造，武汉市土地整理储备中心积极推进二七沿江商务区的土地储备工作。2011年11月，市土地整理储备中心取得二七沿江商务区三期、三期3－1《房屋拆迁许可证》，涉及拆迁土地面积约339亩。（殷建伍）

【汉口殡仪馆土地纳入政府储备】 根据《武汉市人民政府常务会议纪要》（2010年第104号）和《武汉市人民政府专题会议纪要》（2011年第124号）精神，为加快汉口殡仪馆搬迁，支持汉口殡仪馆新馆建设，2011年9月，武汉市土地整理储备中心与汉口殡仪馆签订了《国有土地使用权收回补偿协议书》，收回位于江岸区后湖乡石桥墩38号汉口殡仪馆约35.63亩土地，土地收回补偿总额为1.30亿元。（殷建伍）

【江汉区精武路土地储备工作基本完成】 江汉区精武路片储备项目总用地面积约308.55亩，按照市政府专题会议纪要精神，项目按55亿元总额包干给江汉区政府组织实施，结余或超支部分由市、区两级按比例分担。该项目于2010年9月20日正式启动拆迁，截至2011年底，共完成居民、企事业单位签约5346户，占拆迁总户数的99.20%。武汉市土地整理储备中心累计支付精武路片拆迁资金40.90亿元。（梁维萍）

【土地招商相关工作】 2011年，武汉市土地整理储备中心完成储备土地供应1780亩，回笼资金69.53亿元。按照“城乡统筹，统一市场”的主导思想，整合储备项目，编印了2011年武汉土地招商手册。该手册收录了2011年拟供地项目及2012～2013年拟供地项目（中期）共计51宗，面积62274亩，基本实现了城乡土地招商项目全覆盖。邀请杭州滨江集团、绿城集团、绿洲房地产公司来汉考察招商项目，对供地项目进行宣传和预热，并成功引进香港上市公司佳兆业公司在土地市场取得青菱居住区项目。（秦　进）

【评估机构公开遴选招标工作圆满完成】 2011年11月15日，武汉市土地整理储备中心举行评估机构遴选入围开标会，湖北天元工程项目管理有限公司受托全权代理此次公开招标活动。经专家评委审定，有6家评估机构均符合公告要求。最终，湖北永业行评估咨询有限公司、武汉汉信地产评估咨询有限责任公司、武汉国佳不动产评估有限公司、武汉天马评估有限公司为武汉市土地整理储备中心中介服务机构中标单位。

（曾　群）

【保险融资工作取得积极进展】 为筹集保险资金，武汉市土地整理储备中心与华泰资产管理有限公司合作，拟定了“武汉市不动产项目债权投资计划”，资金规模70亿元。7月1日，武汉市土地整理储备中心与华泰资产管理有限公司签署“武汉市不动产项目债权投资计划”。2011年，华泰资产管理有限公司已将全部审批要件上报保监会，进行备案核准。武汉市土地整理储备中心正按照保监会要求积极完善项目上报所需材料，包括环评和立项批复等；华泰资产管理有限公司正进一步修改和完善计划，以保证尽快将修改后的计划上报保监会。（王才勇）

【国有土地收益基金】 为了进一步加快城市建设步伐，促进土地资产经营持续健康发展，在武汉市委、市政府的支持下，市财政部门每年将本年度土地收益超收部分核拨武汉市土地整理储备中心，用作土地资产经营发展基金。截至2011年底，市财政部门共拨入武汉市土地整理储备中心国有土地收益基金36亿元。（王才勇）

第四节 地质矿产管理

【汛期地质灾害防治】 武汉市国土资源和规划局成立了汛期地质灾害防治领导小组和工作专班，召开了工作布置会，开展了业务培训，先后下发了《关于做好2011年度汛期地质灾害防治工作的通知》（武土资规发〔2011〕101号）、《关于印发2011年度武汉市地质灾害防治方案的通知》（武土资规发〔2011〕133号）等文件，并与各区局、分局签定了2011年度地质灾害防治责任状。武汉市测绘研究院、各区局也相应成立了汛期地质灾害防治领导小组和应急小分队，指定专人24小时值班，设立专门的值班电话，将责任明确到各个环节，保障了汛期地质灾害防治工作的实施。

（于学海）

【地质灾害防治重点监测】 2011年，武汉市共确定了53个地质灾害防治重点监测点，其中省级1个、市级11个、区级41个。武汉市国土资源和规划局全年共出动1620人次、220台车次参与动态巡查，发放防灾宣传资料20012份，发放避险明白卡2350份，设置警示牌20块，发布强降雨防灾预报10条，共投入经费达650万元。 （高建国）

【利用高科技手段开展地质灾害防治】 武汉市是国家确定的岩溶地面塌陷重点示范监测区。2011年，武汉市国土资源和规划局坚持采用“土体压力监测”、“地质雷达监测”、“地下水位监测”、“长江水位监测”、“雨量监测”、“地面形变监测”、“开采井调查”等科技手段，对全市隐形岩溶带、岩溶洞以及岩溶塌陷区进行监测，为预防地质灾害防治实时掌握提供了各类相关数据，提高了岩溶带地质监测工作效率。

全年全市共发生灾害险情13次，该局都能做到及时发现、及时上报、及时组织专业机构开展应急调查、及时配合市、区政府部门开展排险工作。 （吴 超）

【矿山环境保护与治理】 武汉市国土资源和规划局按照《武汉市矿山环境保护与治理规划》，积极推进环境治理恢复工作。完成了武汉市汉阳区锅顶山矿山地质遗迹治理（一期、二期）、东湖新技术开发区凤凰山地质环境治理（一期、二期）、江夏区乌龙泉矿矿山地质环境治理和硃山采石场矿山地质环境治理工程项目4个矿区地质环境恢复治理工作。在省国土资源厅的支持下，部分新增项目进展顺利。东湖新技术开发区凤凰山三期矿山环境恢复治理工程，于6月29日通过专家评审；蔡甸区奓山矿区地质环境治理项目，获得省国土资源厅下拨专项经费200万元；江夏区凉亭山不稳定斜坡及青龙山滑坡治理项目，获省国土资源厅下拨专项经费500万元。 （高建国）

【地质灾害危险性评估】 2011年，武汉市国土资源和规划局在全市范围内开展了地质灾害危险性评估备案工作。全年共办理地质灾害危险性评估备案518宗，其中，该局办理地质灾害危险性评估二级备案177宗，各区局、分局办理地质灾害危险性评估三级备案341宗，为全市各项建设工程项目顺利实施提供了支撑，支持了武汉市经济社会发展。 （吴 超）

【木兰山国家地质公园的保护与开发】 2011年，木兰山国家地质公园管委会在武汉市国土资源和规划局与黄陂区局的具体指导下，聘请地质大学专家对木兰山国家地质博物馆进行了科学规划，扩大功能区和展示区，同时拟对博物馆进行扩建，使地质博物馆成为集科普、科教和旅游于一体的，具有木兰山地域特色的著名博物馆，拟建项目通过湖北省国土资源厅上报国土资源部审批。省财政厅、省国土资源厅《关于下达2011年国家级地质遗迹保护项目支出预算的通知》

（鄂财建发〔2011〕170号），专门为木兰山国家地质公园、国家级地质遗迹保护项目下拨专项经费400万元，促进了木兰山地质遗迹保护工作。（高建国）

【地质灾害防治工作平台建设工程】 根据国务院颁布的《关于加强地质灾害防治工作的决定》（国发〔2011〕20号），武汉市国土资源和规划局建立了武汉市气象预警预报地质灾害防治工作平台。根据气象预报确定的降雨范围，降水强度和该范围内地质灾害危险性概率进行预警预报。2011年汛期，运用该平台，10次成功地向市、区有关部门领导发送地质灾害防治气象预警预报信息，提升了武汉市地质灾害防治工作水平。编制完成了新一轮《武汉市突发地质灾害应急预案》。修编完成了《武汉市地质灾害防治规划（2011—2020年）》。启动了“武汉市城市地质调查”、“武汉市地质灾害防治信息系统”建设以及编制了《武汉市地质灾害危险性评估技术标准》。（于学海）

【地质灾害群测群防工作】 根据《国土资源部关于开展地质灾害群测群防“十有县”建设的通知》（国土资发〔2011〕36号）精神，省国土资源厅将武汉市江夏区、蔡甸区列入全国第三批地质灾害群测群防“十有县”创建名单。市、区国土规划局按照有组织、有经费、有规划、有预案、有制度、有宣传、有预报、有监测、有手段、有警示的十有内容，通过一年的努力，较好完成了创建任务，顺利通过了省国土资源厅组织的验收，为全面开展地质灾害群测群防“十有县”创建工作起到了以点带面的良好效果。

（吴　超）

【第42个“世界地球日”主题宣传活动】 为贯彻落实国土资源部《关于组织开展第42个世界地球日主题宣传活动周的通知》（国土资厅〔2011〕18号）精神，武汉市国土资源和规划局于4月16～22日，围绕“珍惜地球资源，转变发展方式”的主题，组织局机关工作人员参观木兰山国家地质博物馆，在局门户网站播放国土资源部统一制作的系列宣传海报和公益广告片，并通过局信息平台发布相关宣传资料，统一购买下发宣传资料等形式，实施宣传活动。各区局、分局也在活动中充分发挥各自的优势，采取多种形式开展了宣传活动。（叶珍凤）

【矿山企业年检】 2011年，武汉市国土资源和规划局共对全市61家持证采矿企业开展了年检工作，其中，为60家企业办理了采矿权延续手续。（叶珍凤）

【矿产资源补偿费征收】 2011年，湖北省国土资源厅向武汉市国土资源和规划局下达矿产资源补偿费征收入库的指标100万元。全年实际征收103.30万元，超额完成了矿产资源补偿费征收入库任务。

（高建国）

【建设工程项目压覆矿产资源核查】 根据国土资源部《关于规范建设项目压覆矿产资源审批工作的通知》（国土资发〔2000〕386号）精神，武汉市国土资源和规划局全年共开展建设工程项目压覆矿产资源核查工作489件，出具《建设工程项目压覆矿产资源情况说明》489份，支持了全市建设用地报批工作。

（吴　超）

【矿山资源与安全管理】 2011年，武汉市国土资源和规划局成立了以张文彤局长为组长、马文涵副局长为副组长的领导小组，研究制定了工作方案。3月下发了《关于印发武汉市国土资源和规划局严厉打击非法违法开采矿产资源行为专项行动实施方案的通知》（武土资规发〔2011〕52号）。5月下发了《关于开展严厉打击非法违法勘探、开采矿产资源专项行动的通知》（武土资规发〔2011〕104号）。各相关区局、分局迅速成立领导小组、组织工作专班，制订工作方案，集中整治无证无照经营行为和“打非”行动迅速展开。共对20多处已关闭矿山采取动态巡查、重点监管，确保了“打非”行动效果、保证了全年矿山安全。

该局利用国家首次将卫星遥感成像技术运用到矿山开采经营情况执法监察工作这一契机，通过“卫片”判读共发现图斑17个，检查确定合法的为10个，对违法行为进行了制止和查处。（叶珍凤）

第五节 国有土地上房屋征收（拆迁）管理

【房屋拆迁与征收】 2011年，武汉市国有土地房屋共核发《房屋拆迁许可证》3项，批准拆迁户数8106户，批准拆迁建筑面积124万平方米。1月21日，国务院《国有土地上房屋征收与补偿条例》颁布实施，原拆迁条例废止，全市房屋拆迁许可证停止核发。全年全市核发房屋拆迁许可证的在拆项目235项，在拆户数约44140户，在拆建筑面积约591万平方米。其中，中心城区在拆项目198项，在拆户数约41041户，在拆建筑面积约530万平方米。截至12月底，全市国有土地房屋实际拆迁户数27063户，实际拆迁建筑面积393万平方米。其中，中心城区实际拆迁户数17173户，拆迁建筑面积201万平方米。

2011年，武汉市共作出国有土地房屋征收决定12项，拟征收户数2071户，拟征收房屋建筑面积36.06万平方米。截至12月底，实际征收户数335户，征收房屋建筑面积6.69万平方米。（邝晓飞）

【制定武汉市国有土地房屋征收政策和工作程序】 武汉市国土资源和规划局成立工作专班，研究起草了房屋征收相关文件。4月8日，武汉市人民政府办公厅印发了《市人民政府办公厅关于贯彻实施〈国有土地上房屋征收与补偿条例〉的通知》（武政办〔2011〕61号）及《市人民政府办公厅关于转发武汉市国有土地上房屋征收工作操作指引（试行）的通知》（武政办〔2011〕62号），文件确定了房屋征收部门，规定了房屋征收主体，明确了房屋征收政策和工作程序，为武汉市开展和启动国有土地房屋征收与补偿工作提供了组织和制度保障。（邝晓飞）

【房屋征收培训和指导】 2011年，武汉市国土资源和规划局组织房屋征收业务培训25批次，对市直有关部门、各区房屋征收部门、项目业主单位、土地储备机构、房屋征收实施单位等负责人、业务骨干及相关工作人员进行了培训，培训人员1250人次。同时，对各区房屋征收部门和征收实施单位给予了具体指导，规范和统一了各区房屋征收行为。（邝晓飞）

【房屋征收政策研究】 按照《市人民政府办公厅关于贯彻实施〈国有土地上房屋征收与补偿条例〉的通知》要求，武汉市国土资源和规划局于2011年5月启动房屋征收政策研究工作。研究中吸纳各区政府和市直有关部门意见，结合武汉市实际并充分借鉴全国各地经验做法，拟定10个专题进行研究，形成了研究成果。9月8日，组织召开政策研究汇报暨专家研讨会，省住房和城乡建设厅、省政府法制办、市人民政府办公厅、市政府法制办、江岸区人民政府，及武汉大学、武汉理工大学等专家领导应邀参加会议并给予了具体指导。研究成果在各区房屋征收工作中进行试运作。（邝晓飞）

【编制2012年旧城改建类建设项目房屋征收计划】 2011年9月，武汉市国土资源和规划局启动2012年全市旧城改建类项目房屋征收计划的申报及编制工作，组织各区及市直有关单位编制了2012年全市旧城改建类建设项目房屋征收计划。经统计，武汉市中心城区上报各区人大会审议通过的2012年旧城改建类征收项目共89宗，拟征收总户数52225户，拟征收房屋总建筑面积约504.42万平方米，用地面积509.88公顷（7648.16亩）。征收计划的编制，为2012年房屋征收工作的开展创造了必要条件。（邝晓飞）

【房屋征收服务和支持重大项目建设】 武汉市国土资源和规划局对市政基础设施、土地储备、经济适用房和危房改造等关系民生的重大项目建立绿色审批通道，根据拆迁人申请，对重大项目拆迁办理分期验收。2011年，完成了14个重大项目、19次分期验收工作，有力地支持了东沙湖连通、首义文化区、二环线、轨道交通工程、武昌滨江商务区等重大项目建设，保障了武汉市城市建设的有序推进和纪念辛亥革命100周年等重大活动的成功举办。（邝晓飞）

第六节　勘察测绘管理

【推动《武汉市测绘管理条例》颁布实施】 2011年，武汉市国土资源和规划局积极推进《武汉市测绘管理条例》颁布实施。4月25日，《条例（草案）》经武汉市人民政府第135次常务会议讨论通过。5月24日和7月26日，市十二届人大常委会第三十二、三十三次会议分别审议《条例（草案）》和《条例（草案修改稿）》。同时，按照市委关于开展制度廉洁性评估工作的要求，市人大法制委员会还对《条例（草案）》进行了制度廉洁性评估复审。9月28日，市人大法制委员会向市十二届人大常委会第三十四次会议汇报了关于《条例（草案）》的修改情况。会议以全票通过《条例（草案表决稿）》。11月28日，省人大常委会分组讨论《条例（草案）》，11月29日，省人大投票表决《条例（草案）》。《武汉市测绘管理条例》于2012年2月1日正式实施。（张　勇）

【编制武汉红色地图与公益地图】 根据国家测绘地理信息局《关于组织开展"庆祝中国共产党成立90周年"等专题地图的编制和服务工作的通知》精神和省测绘局的文件要求，武汉市国土资源和规划局组织编制完成了《武汉红色地图》，集中展示了武汉市主要党史遗址、遗迹及爱国主义教育基地共计140余处。

10月，为配合辛亥革命100年纪念活动，组织编制了《辛亥首义百年纪念版——武汉市交通图》，从地图的视角反映辛亥革命在武汉的历史影响和现实意义。在相关辛亥革命百年纪念活动中，向全社会免费发放2万余份。同时，编制完成《公益版武汉交通指南图》、《公益版武汉观光游览图》、《公益版武汉市大专院校分布图》，投放社会并获得好评。（于江珮）

【开展全市测绘产品质量监督检查】 根据《湖北省测绘局关于加强测绘成果质量监督检查工作的意见》（鄂测〔2010〕154号）和《省测绘局关于开展全省测绘单位测绘成果质量监督检查工作的通知》（鄂测〔2011〕32号）要求，从市属测绘单位中抽取20家丙、丁级测绘单位进行质量检查。11月21日，武汉市国土资源和规划局召开2011年武汉市测绘成果质量监督检查工作总结座谈会，向省测绘局汇报此次检查工作的情况，参加检查的15名专家畅谈了本次实际检查工作的感想和建议。12月底，检查情况在外网上公布，检查报告报送省测绘局。（张　勇）

【组织全市地图市场检查暨版图意识教育座谈会】 8月18日，武汉市国土资源和规划局邀请省测绘局，联合市工商局、市新闻出版局前往华中图书交易中心和市内部分主干道对地图市场进行集中检查，并在市勘测院召开国家版图意识宣传教育和地图监管座谈会。

在华中图书交易中心，检查组主要针对上传标注敏感和涉密地理信息以及"不按规定送审、不按审查意见修改、不按要求备案"地图等违法违规行为进行检查，同时加强了对拼图玩具、地球仪、广告和教辅教材等涉及地图制品的检查。检查组还向市民及商户普及国家版图知识，号召市民自觉遵守国家地图销售的有关规定，提高市民认识地图、使用地图的能力，自觉维护国家版图的尊严，形成正确使用中国地图的社会氛围。（张　勇）

【开展测绘成果涉密检查】 根据省测绘局、省保密局《关于开展涉密测绘成果保密检查的通知》（鄂测〔2011〕109号）精神，武汉市国土资源和规划局和市保密局组成联合检查小组，在全市范围内开展涉密测绘成果保密检查。重点检查7家近年来购买涉密测绘成果的使用单位的保密情况。12月底，检查工作结束，检查总结报告报送省测绘局。（于江珮）

【开展测绘法宣传活动】 8月29日，市国土资源和规划局在武汉城市规划展示厅门前设立主会场，在中心城区和新城区设立14个分会场，开展测绘法宣传活动。省测绘局、市人大、市政府法制办以及市国土资源和规划局部分局领导及有关处室负责人参加宣传活动。此次宣传共制作展板160块，发放测绘法宣传资料5000余份。局系统近500人参与宣传，接待咨询群众万余人次。宣传活动还利用开辟专栏、发送公益短信、发放宣传环保袋等方式向广大市民进行宣传。《长江日报》、《武汉晚报》、《武汉晨报》、《长江商报》、《楚天都市报》及武汉电视台等媒体对此次宣传活动进行了采访报道。

（谭萤雪）

【资质管理与查处测绘违法案件】 2011年初，鉴于武汉炼化工程设计有限责任公司被新加坡RH集团所属RH能源（香港）有限公司收购，转变为外商独资企业，按有关政策法规，武汉市国土资源和规划局提请省测绘局依法撤销了该公司测绘资质。4月，市国土规划局收到省测绘局所转江苏省测绘局《关于协助做好武汉弘图数码科技有限公司测绘项目备案和测绘基础设施费征收工作的函》后，进行前期调查，初步认定该公司涉嫌在江苏、浙江、湖北等省无资质从事测绘活动。经立案调查后，市国土规划局联合省测绘局先后前往工商、税务部门进行了调查取证，并前往黄石、荆州等地进行了外围取证。在此基础上，到该单位进行了现场调查取证，初步认定涉案金额达40万元。（谭萤雪）

【完成日常测绘管理工作】 武汉市国土资源和规划局认真履行测绘管理职能，完成多项日常测绘管理工作，完成各类地图编制的项目登记及审批工作20项，全市行政区所辖的13家测绘单位申报测绘资质材料的初审工作，国家基础地理信息成果提供使用的初审27家和对部分损毁的GPS点、二等水准点的维护34处。接受省测绘局的工作指导，完成省测绘局、省测绘学会和协会等上级测绘部门交办的其他工作。（谭萤雪）

【聘请首位业余地图信息员】 10月20日，武汉市国土资源和规划局测绘勘察处（市测绘局）向市民刘润生颁发了地图信息员聘书，刘润生成为武汉市首位业余地图信息员。此举是市国土规划局建立面向市民的沟通互动渠道机制的一个开端，也是深入开展治庸改软活动的一个有力措施。（于江珮）

【勘测设计工作完成情况】 2011年，武汉市测绘研究院共完成各类工程勘测设计5065项。其中，国土测绘类项目1850项，规划测绘类项目2338项，地理信息开发应用项目65项，岩土工程类项目246项，其他项目566项。该院在确保完成公益性勘测任务的同时，积极参与市场竞标，取得武汉市轨道交通、江汉六桥、天河机场、汤湖大桥、鹦鹉洲长江大桥以及鄂州市吴楚大道、凤凰大桥等大型勘测任务15项。（张夏阳）

【重大项目勘测】 2011年，武汉市测绘研究院组织实施了军山第一大道、地铁3号线、《武汉都市发展区"1+6"空间发展战略实施规划》、三环线、四环线、二七长江大桥、天兴洲长江大桥、江汉六桥、"城中村"改造、武汉市污水管道改造等一批重大项目的勘测工作，还为东湖新技术开发区、武汉新区、武汉经济技术开发区等重点项目提供了勘测保障。（张夏阳）

【勘测服务保障工作】 2011年，武汉市测绘研究院完成了《武汉都市发展区"1+6"空间发展战略实施规划》3261平方公里的工作底图更新工作；完成《武汉市绿道网络系统规划》全市域8549平方公里的1∶10000数字规划地理底图的编制，蔡甸区56平方公里绿道规划1∶2000数字图应急更新，以及建设大道沿线、东湖生态旅游风景区、汉阳龙阳湖沿线450平方公里1∶2000影像地理底图制作工作；完成主城区控制性详细规划导则规划1000平方公里的1∶2000规划数字地理底图编制、1∶2000影像地理底图制作工作；建立了地下管线"一张图"系统，完成了1458幅市政管线审批图纸的扫描建库工作；建成了一套地下空间三维模型集成管理和展示的软件平台；完成武汉市主城区约667平方公里范围内的电力、通讯、排水、给水和燃气5大类管线三维模型；全年共完成建筑红线定位660项、管线红线定位319项，提供各类图件5387幅次。（张夏阳）

【测绘生产信息化建设】 2011年，武汉市测绘研究院有效推进"勘测一张图"建设，提高各部门档案调用、招投标文件编制、工程资料利用的工作效率，并对全局系统开放；推进地上地下三维"一体化"建设，完成具有真实高程起伏的地表道路模型、地下管线三维模型、地质钻孔三维模型的制作工作，初步搭建地下空间三维展示平台；为三环线范围内加油（汽）站以及架空线缆等专项规划提供了基础调查资料；完成基准地价查询系统建设并投入运行，在提高基准地价计算工作效率的同时，还可提供web服务，方便市民了解武汉市基准地价的情况；继续推广地理信息公共服务平台的应用，在稳定市级委办局单位的应用同时，开拓区一级政府的应用，成功在硚口区、洪山区、武昌区进行拓展。 （张夏阳）

【基础测绘工作】 2011年，《武汉市基础测绘"十二五"发展规划》获得了武汉市人民政府审批，"十二五"基础测绘工作进入全面实施阶段。武汉市勘测设计研究院于9月启动"十二五"基础测绘经费概算评审工作，落实"十二五"基础测绘投资经费2.84亿元，并于10月启动"十一五"经费决算审计工作；组织启动"十二五"基础测绘5大工程37个子项目中的21项；完成2011年度基础测绘招标工作。

（张夏阳）

【测绘科技进步成果】 2011年，武汉市测绘研究院参与完成的"测绘基准和空间信息快速获取关键技术及其在灾害应急测绘中的应用"获国家科技进步二等奖；主持完成的"全景地图系统设计与研究"获中国地理信息科技进步二等奖；"武汉市环境数据中心"、"武汉市建设地理信息平台"获中国地理信息优质工程银奖；"不同地图图式数据转换方法研究"等3个项目分获武汉市科技进步一、二、三等奖；"城市地下三维建模与应用研究"等一批科研成果通过市科技局组织的专家鉴定或评审，新增5个软件著作权和1个国家实用新型专利。 （张夏阳）

第七节 重大项目建设

【全面参与市重点工程建设】 2011年，武汉市国土资源和规划局充分发挥规土合一的工作优势，牢牢把握综合服务重点项目建设的工作重心，全面介入、全程参与全市城建重点工程建设，为武汉国际博览中心、武汉新港、武汉大道、二七长江大桥、市行政服务中心、王家墩商务区、首义文化区、长江传媒大厦、东沙湖连通工程、华侨城、汉正街整体改造搬迁、辛亥百年庆典路网改造和"城中村"改造等一批重点项目做了服务工作。 （覃家明）

【创新对口服务机制】 为切实服务好重大工程建设和"城中村"改造，武汉市国土资源和规划局进一步创新重大项目及"城中村"国土规划管理对口服务机制。一是落实职责分工，保证高效运行。对于具体重点工程项目，明确由一名处室领导分管，一名经办人全程跟踪服务项目建设，协调解决项目推进中存在的问题，完成项目国土规划审批事项。重大项目"一站式"办理机制在实践中不断完善成熟。二是着眼机制体制优化，切实保证服务。按照"超前服务、优质高效"的原则，制定了新的办理制度，完善了重大项目"绿色通道"制度，提高了审批效率和服务质量。三是积极协调，多层面全方位推进和办理项目，实现了针对重大项目专题协调机制的高效有序运行，与各单位处室专人对接的制度也保障了沟通协调顺畅。

（覃家明）

【完成土地报批工作】 武汉市国土资源和规划局加强请示沟通，开辟用地报批绿色通道，确保项目正常开工。在东沙连通工程中，仅用 3 个工作日就完成 26 份用地报批前期资料准备和审查工作。为争取用地指标，多次向省国土厅、国土资源部等上级部门专题汇报，争取政策支持；在主城控制范围内用地计划非常紧张的情况下，从其他项目调剂 77 余公顷新增建设用地指标供该项目使用。为最大限度缩短审批时间，积极向省国土厅汇报，在项目报件资料报送市政府的同时，即上报至省国土厅，整个工作从批次组卷到进入省级审批，也只用了 3 个工作日，刷新了武汉市用地报批速度。（覃家明）

【建设用地供应】 东沙湖连通工程、武汉新港等项目都是复杂的大型系统工程，其建设用地供应异常复杂，土地来源涉及多家供地主体，相关储备主体均没有复杂地块供应的实际经验，其间国家宏观调控政策不断收紧。武汉市国土资源和规划局既严格遵守国家规定、又紧密结合武汉实际、积极面对国家宏观调控，创造性开展工作，较好地完成了各大项目的建设用地供应，保证了项目平稳落地、顺利实施。在首义文化区建设中，积极研究，首次将经营性地下空间项目用地公开出让，既促进了土地资源集约节约利用，又为政府重点工程建设筹措了资金。（覃家明）

【土地征收和房屋拆迁】 武汉新港、东沙湖连通工程等重点项目用地情况复杂，既涉及集体土地征收，又涉及国有企业土地收购和社会居民拆迁，地块分散、宗地多、各方利益诉求多，矛盾十分复杂。武汉市国土资源和规划局考虑这些项目的实际情况，在征地协调、拆迁协调等工作中，积极开拓思路，提出并联征收土地、依法有情灵活操作等工作模式，节约了办理时间、提高了服务效率，及时完成了相应地块的拆迁验收，保证了项目按期开工建设。（覃家明）

【项目规划编制与审批】 武汉市国土资源和规划局会同规划、市政、建管等相关部门在每个重大项目前期都主动对接，根据工程建设实际需要，不定期召开相关规划编制单位座谈会，协助业主单位提前介入规划方案编制工作，促进提高规划编制成果质量和编制速度，为加快项目快速审批创造条件。重点工程还建项目建设是拆迁工作顺利推进的前提，由于各种客观原因，还建项目相关手续往往一时难以完成，针对这种情况，在还建需求基本确定的情况下，该局在风险可控的前提下，超前预审方案、并试放红线，有条件地支持还建项目先期建设，并督促业主单位后期完善各项手续，有效地提高了还建项目建设速度。

（覃家明）

【重大项目审批文件核发】 受国家城市居民拆迁、土地征收政策变化的影响，重大项目征地、拆迁工作异常困难，往往造成规划审批、土地供应、项目验收等行政审批文件合法缺乏必要的要件，项目推进困难。根据市政府主动作为、创新作为的要求，在不完全具备办理土地和规划手续、但风险可控的条件下，支持重点工程融资、招商、开业，确保一批重大项目在辛亥革命百年庆典活动中合法、安全投入使用，武汉市国土资源和规划局积极谋划、特事特办，采取“出具审查意见”、“开天窗”、“核发带条件证件”、“出具竣工验收意见”等方式，创造性地完成了东沙连通、国际博览中心等重大项目土地证、建设用地规划许可证、建设工程规划许可证、竣工验收说明等的核发工作，促进了项目顺利推进。（覃家明）

【服务二七长江大桥建设】 武汉市国土资源和规划局为二七长江大桥项目现场指挥部指挥长单位，两年多来，通过指挥长联席会议、联络员工作联系会、专题协调会议、现场督办服务等形式，全面履行指挥部“综合、协调、督办、服务”职能，强有力地推动项目建设，大桥主桥于 9 月下旬顺利合龙，12 月底正式通车，项目工期由国家发改委批准的 48 个月压缩至 39 个月，全面完成市政府提出的目标要求。（梁　科）

【重大项目技术协调】 武汉市国土资源和规划局为首义文化区、东沙湖连通、市民之家等多个重大工程技术总协调单位。该局充分发挥专业人才集中、技术手段先进、横向联系广泛等特点，积极开展技术协调，促进了重点工程高水平建设。在首义文化区建设中，该局领导10余次组织规划、园林、建筑、市政、交通、人文、历史、艺术等方面专家对博物馆造型、首义广场景观设计、广场周边立面整治等进行专题研究，并深入现场进行试验，促进了首义文化区的高水平建设。在国际博览中心项目中，该局成立专门的研究小组，开展展馆规划的专题研究工作，积极协调在项目实施过程中出现的交通、景观、工程建设、造型、节能、物流等问题，与业主方研究优化组合的规划方案，为确保国博中心项目建设提供了有力技术保障。在东沙连通工程管线铺设、迁改工作中，该局创新性地开展管线综合三维辅助审批工作试点。面对工程道路管线错综复杂、特别是中北路跨楚河桥工程涉及地铁及众多管线迁改的现状，该局通过三维虚拟现实技术，逼真再现桥梁桩基与地下管线、地铁之间的空间场景，提高了规划方案的实施性和规划审批的科学性，促进了虚拟现实技术在市政管线审批中的应用。（覃家明）

【还建房建设用地】 武汉市国土资源和规划局无条件将已经完成整理储备的净地提供相关单位，用于重点项目及其配套工程建设。仅东沙连通工程，土地储备中心预期可至少实现18亿元土地增值收益的268.51亩开发用地，以行政划拨方式供应给东沙连通相关工程；在已投入的约3.70亿元成本尚未收回的情况下，及时将地块交给相关单位实施还建房建设，保障了东沙湖连通工程顺利实施。（覃家明）

第八节　法制建设及执法监察

【法规制度建设】 2011年，武汉市国土资源和规划局推进了《武汉市测绘管理条例》法规的上报、审议工作；出台了《武汉市建筑日照规划管理办法（试行）》；开展了公示制度、已建成建筑物变更使用性质的管理、关于军队建设工程项目规划审批等重点难点问题政策研究。按上级部门的相关要求，对《武汉市科技创新促进条例》等27件法规规章征求意见稿回复了修改意见。（彭威炜）

【行政复议】 2011年，武汉市国土资源和规划局受理规划、拆迁类行政复议案件5件，其中，终止3件，未审结2件。办理行政复议答复的行政复议案件24件，其中，驳回复议申请5件，终止5件，维持9件，在审5件。（彭威炜）

【诉讼工作】 2011年，武汉市国土资源和规划局办理行政诉讼案件共计21件，其中，驳回起诉4件，驳回诉讼请求5件，撤诉3件，在审9件。办理民事诉讼案件1件，驳回起诉1件。（彭威炜）

【规范性文件清理】 2011年，武汉市国土资源和规划局按照“治庸问责”、优化投资软环境工作要求，开展了涉企文件专项清理工作：36件涉企文件继续有效，拟修改的17件若在7月1日前无修改意见并重新发文即自动废止，另有1件局制度性涉企文件继续有效。下发了《关于印发保留和废止的市局征地拆迁规范性文件的通知》（武土资规发〔2011〕240号），明确《武汉市城市房屋拆迁安置补偿资金监控管理规定》（武规拆字〔2003〕6号）等5件规范性文件予以废止，《关于印发〈武汉市征用集体土地房屋拆迁补偿历史遗留问题处理意见（试行）〉的通知》（武土资耕字〔2004〕317号）继续有效。对照《行政强制法》的规定，对省、市相关法规、规章，以及规范性文件提出了清理建议。（彭威炜）

【解决“两证”历史遗留问题】 2011年，武汉市国土资源和规划局接收市“两证”历史遗留办证专班转来的项目，涉及武汉楚剧院等16个单位，101栋建筑，建筑面积 25.12 万平方米。该局严格按照文件要求，采用集中同类案件、批次会审、特事特办的方式，促进了案件办理，并耐心细致地做好上访群众的政策解释工作，促使历史遗留问题积极、稳妥、有序解决。

（彭威炜）

【普法工作】 2011 年，武汉市国土资源和规划局获得全国国土资源管理系统"推进依法行政先进单位"称号，全省住建系统"五五"普法依法治理工作先进单位，多名同志被评为"五五"普法先进个人。该局全年做了以下普法工作：制发了《关于印发〈武汉市国土规划系统法制宣传教育第六个五年规划〉的通知》（武土资规发〔2011〕291 号）、《关于成立武汉市国土规划系统法制宣传教育领导小组的通知》（武土资规发〔2011〕292 号）。结合"12.4"法制宣传日活动，组织召开了全市国土规划系统"六五"普法动员部署会。为了加强对《湖北省城乡规划条例》的宣传贯彻执行，撰写了《学贯新法提效能、科学规划促发展》的专题文章，发表在《中华建设》上。同时，制发《关于印发〈武汉市国土资源和规划局关于开展湖北省城乡规划条例学习宣传贯彻活动的工作方案〉的通知》。印制了《湖北省城乡规划条例》单行本 1 万册，在新条例正式实施的 10 月 1 日前后，在各政务中心服务窗口和行政办公地点，悬挂宣传标语、标牌、标语，并将《湖北省城乡规划条例》单行本放置在窗口，供办事单位、群众免费索取。制发了《关于做好 2011 年法制信息报送工作的通知》（武土资规发〔2011〕40 号），编制《国土规划法制动态》两期，向上级机关上报法制信息 17 期。2011 年，该局被市法制办评为"法制信息报送先进单位"。（彭威炜）

【法制培训工作】 2011 年 6 月 9 ～ 11 日，武汉市国土资源和规划局组织开展中心城区国土资源和规划系统行政执法资格培训和考试工作。培训班邀请市人大法规室、市政府法制办、市中级法院行政庭长期从事法制研究和行政诉讼案件审判工作的专家和领导授课。全局系统行政管理、行政执法人员全部参加考试，合格率达到 100%。

为进一步规范规划验收工作，贯彻《关于印发〈武汉市国土资源和规划局建设工程规划验收办法〉的通知》（武土资规发〔2011〕182 号）文件精神，该局在《办法》9 月 1 日正式施行前期，组织开展了全局系统规划验收培训活动，共计 90 余人参加培训。

（彭威炜）

【资料编印工作】 2011 年，武汉市国土资源和规划局编印《武汉市国土资源和规划管理法规选编》，收录了国土、规划、征收拆迁、勘测、矿产等方面的法律、法规和规章共计 158 部。5 月 27 日上午，《法规选编》首发仪式在武汉城市规划展示厅举行。根据《关于做好 2011 年企业维权和减轻企业负担工作的实施意见》（武维权办〔2011〕1 号）和《市国土规划局 2011 年企业维权和减轻企业负担工作方案》的要求，对照《湖北省企业负担监督条例》、《武汉市企业和企业经营者权益保护条例》等与企业发展相关的各项政策进行了整理，编制形成了《维权减负政策法规汇编》。

（彭威炜）

【土地矿产卫片执法检查】 2011 年 4 ～ 9 月，武汉市开展了 2010 年度土地矿产卫片执法检查。国土资源部于 5 月 19 日、6 月 3 日分两次下发该市 13 个行政区影像数据。通过整改，全市违法占耕比率降到 5.27%。493 宗违法用地中非立案查处 40 宗（拆除复耕 21 宗地，综合执法拆除 19 宗），其余 453 宗违法用地案件，全部立案查处并下达行政处罚决定书，立案率 100%，查处率 100%。依法履行职责到位率 95.10%。移交公安机关案件 1 宗，向纪检监察部门建议党纪政纪处分 5 人。

2011 年 9 月 6 ～ 9 日，国家土地督察武汉局代表国土资源部对该市 2010 年土地矿产卫片执法检查工作进行了检查验收，充分肯定武汉市土地卫片执法工作取得的成绩。（韩 婷）

【推广车载移动执法监控系统】 2011 年 6 月 2 ～ 3 日，武汉市国土资源和规划局在蔡甸区召开全市国土规划执法监察工作现场会，在全市推广应用"车载移动执法系统"。湖北省国土资源厅领导，各区人民政府分管领导，各区国土规划部门分管领导、执法人员共计130余人参加了会议。会上，蔡甸区政府和新洲区政府就应用“车载移动执法监控系统”进行了交流发言。该局信息中心工作人员介绍了“车载移动执法监控系统”的主要功能，并作了执法车实地巡查、勘测、数据整合处理演示。“车载移动执法监控系统”通过运用实时巡查、违法案件跟踪处理、监控指挥、实时调度、卫片执法5大功能，实现了国土资源执法监察工作的科技化、信息化、高效化。目前，蔡甸、新洲和黄陂区已率先安装了“车载移动执法监控系统”，有效提高了行政效能和执法信息化水平。（韩　婷）

【建立和完善土地执法制度】 2011年，武汉市国土资源和规划局以执法规范化为目标，建立完善了土地执法制度。一是完善违法用地案件会审会制度，使土地违法案件的查处工作走上规范化、制度化轨道。二是建立了违法用地查处月清季结制度，印发了《违法用地查处月清季结制度》，要求各区（分）局于2011年2月起，每月25日前上报《土地违法案件及查处情况统计表》和《土地违法案件查处明细表》，确保及时发现和主动查处整改违法用地，降低卫片执法监察问责风险。三是落实了报告制度。对巡查发现的违法用地情况，特别是卫片执法监察工作，定期汇总上报市政府。对重大或典型违法用地行为形成专题材料，重点汇报，并将违法信息及时函告违法行为发生的所在地政府及相关部门，形成齐抓共管的执法格局。

（韩　婷）

【拆除卓刀泉公园改造项目违法建设】 湖北省林业科学研究院卓刀泉公园改造项目于2010年6月取得《建设工程规划许可证》，建设规模为1栋1层花卉展示厅和1栋1层公园服务中心，地上建筑面积为1414.22平方米，地下为两层公共停车场，建筑面积为22104.25平方米。

2011年5月19日，武汉市国土资源和规划局执法人员在巡查中发现，省林科院未按照建设工程规划许可证的规定，擅自改变地下室建筑标高及层高，经勘测，地下部分整体抬高了4.10米，导致地下建筑违建为地上建筑，严重影响项目及区域的城市景观，破坏了伏虎山山形地貌和公园内生态环境。

该局采取以下举措：一是依法下达整改通知，制订整改方案。二是成立工作专班现场督促整改。三是局领导带队多次到省林业厅通报情况，约谈省林科院负责人，督促整改。四是积极协调市建委、园林局等相关部门，帮助省林科院解决整改过程中的困难和问题。经过两个多月工作，共拆除违法建筑9000余平方米，拆除钢筋混凝土立柱96根，清除混凝土2200立方，钢筋800余吨。（韩　婷）

【建设工程批后管理】 2011年，武汉市国土资源和规划局共对332项建设工程、445项市政工程项目实施批后监管，共发现违法建设项目160项（含程序违法项目），全部立案处理。

11月15日，武汉市国土资源和规划局对当年审批的729项建筑工程和市政工程项目进行全面清查，并在清查的基础上，汇总了《建筑项目批后管理情况一览表》，形成批后管理情况分析报告。同时，对中心城区8个分局的规划批后管理情况进行专项督查。

（韩　婷）

【建立规划审批信息反馈制度】 2011年，武汉市国土资源和规划执法监察支队建立完善了与城管执法部门的规划审批信息反馈制度。在原有“两联单”制度的基础上，增加了反馈内容，建立了反馈机制，形成了“三联单”的审批信息反馈制度。2011年度该局审批的366个建设工程项目的审批信息均及时向武汉市城管局进行了反馈。（韩　婷）

【遏制和打击违法违规用地行为】 2011年，武汉市全年共发现国土资源违法案件532宗，立案443宗，现场制止89宗；截至12月31日，立案的443宗违法用地案件结案388宗。共计拆除建筑物4.77万平方米，构筑物57.47万平方米，收回土地17.82公顷，收缴罚没款2526.84万元。国土资源违法行为发现率、制止率、立案率、查处率均达到100%。（韩　婷）

【创新规划执法】 武汉市国土资源和规划局在对违法建设的处理上，通过增加建管处的核查认定机制，强化案件会审会的集体会审机制，在保留还是拆除的标准把握上更加统一、更加严格、更加规范。在违法建设的处罚标准上，通过按项目的类别、性质“挂档操作”，将自由裁量空间挤压为零。在对提前开工程序违法问题的处理上，通过摸索总结，制订出台了《关于放、验线时违法建设的处理意见》，对处理范围、处理原则、面积认定、处罚标准以及办理的程序、要求等作出了明确、具体的精细化规定。

在处理停建工程上，制订了分类处置的工作方案和实施计划，会同局有关处室对项目的疑难问题进行会诊，提出了有针对性的解决方案，督促建设单位增强复工的紧迫性，协商法院、区政府、街道努力克服影响复工的各种障碍，使项目复工取得新的进展。截至12月底，全市中心城区原有的140个停建工程，累计复工122项，占87%。 （韩　婷）

【土地例行督察整改】 2011年1月，国家土地督察武汉局通过省政府向武汉市下发《国家土地督察例行督察意见书》，针对2010年土地例行督察查出的各类问题，要求认真组织土地例行督察整改工作。武汉市人民政府国土资源和规划督察办公室组织相关部门先后召开7次专题会，及时采取各种有效措施，督促推进整改工作的实施。针对某些违法用地历史遗留问题处理不到位以及未对责任人进行责任追究等问题，该办组织召开专题督办会，要求各区继续加大整改工作力度，务必将例行督察中发现的问题整改到位，落实对责任人的责任追究。至4月底，全市顺利完成例行督察整改工作，受到国家土地督察武汉局的好评。

（赵　林）

【土地卫片执法检查督办】 针对2010年度土地卫片执法检查违法占用耕地比例较2009年有明显上升的状况，武汉市人民政府国土资源和规划督察办公室认真开展了检查督办工作。配合执法支队及时召开卫片执法检查重点区域督办会，通报了6个重点区2010年新增建设用地宗数、总面积、占耕面积、违法用地占耕比例，要求6个重点区加大对违法用地的查处力度，强化整改措施，对违法占用的耕地要复耕复绿。同时，对有关区现行建设土地管理长效机制、动态巡查工作以及落实土地违法行为报告制度等提出了建议。对违法用地频发的区，及时下发督办通知函，要求相关区人民政府对违法用地频发的重点村加强管控，坚决制止违法用地行为，维护良好的用地秩序。 （赵　林）

【《武汉市土地违法行为报告制度》颁布】 根据国土资源部有关文件精神，7月28日，武汉市人民政府国土资源和规划督察办公室印发《武汉市土地违法行为报告制度》。该制度强化了基层国土规划部门对违法用地行为制止和报告的责任，明确了各级政府及国土部门对违法用地案件处理的责任，提出了对违反报告制度进行责任追究的规定，为从源头遏制违法用地行为的发生提供了制度保障。 （赵　林）

【武汉市卫片工作通过省国土资源厅验收】 8月11～19日，湖北省国土资源厅副巡视员林祖寅带领验收组对武汉市2010年度土地矿产卫片执法检查工作进行了验收，土地卫片工作获102.80分、矿产卫片工作获100分。

8月11～17日，验收组先后对新洲、黄陂、江夏、东西湖、蔡甸、汉阳、洪山等7个区进行了查验收，分别听取了各区工作汇报、查看了卫片档案资料，检查了22个图斑宗地现场。

8月19日，召开2010年度土地矿产卫片执法检查验收会。2010年度土地矿产卫片执法检查共下发土地卫片图斑4770个，面积63697.40亩，耕地面积30540.80亩。经核查，涉及1428宗地，面积63697.40亩，耕地面积35717.70亩，其中新增建设用地1142宗，面积55944.65亩，占用耕地32858.04亩；实地伪变化277宗，面积4242.45亩，耕地1969.96亩；军事用地9宗，面积3510.30亩，耕地889.70亩。另外，下发矿产卫片图斑17个，涉及洪山、蔡甸、江夏、新洲4个区。经核查，有10个合法矿产地均为历史采矿地，有4个违法采矿地已停止开采，有3个属于实地伪变化。 （张　骏）

第九节　信息化建设与档案管理

【综合信息平台建设】 2011 年，武汉市国土资源和规划信息中心对现有 78 个业务审批流程进行了调整，建立了全过程关联、多事项并行的业务审批系统，实现了项目并联审批和服务网上办理。完善了全局信息资源目录，清理了 8 个大类、94 个小类共计 1000 余层的空间信息资源。完成了年度 1：2000 地形图、卫星影像、规划道路、统一规划用图、审批信息、工业项目、保障性住房等图形信息的集成建库工作。在市局、分局、新城区局、局属事业单位统一安装综合一张图应用软件 574 套，日均使用量在 200 次以上。"综合一张图"系统已经安装到市委、市政府主要领导办公室和常委会议室。建立了基于 iOS 及 Android 平台的移动版一张图系统，在局试点处室开展了移动办公应用。对局短信平台进行升级改造，为各类会议提供信息服务，累计发送各类短信近 14 万条。在第 47 届国际规划大会、"两实"共享平台信息更新、地质灾害气象预警等工作中提供了短信服务。对自 2001 年以来 28932 项公文发文资料进行了整理，实现了公文发文电子资料的网上分级查阅、下载和共享，优化了电子公文管理。（彭明军、罗　琼）

【数字城市地理空间框架建设及综合应用示范】 2011 年 1 月，国家测绘地理信息局正式批复了数字武汉地理空间框架的具体建设内容（测国土函〔2011〕21 号）。按照批复意见，武汉市国土资源和规划局积极推动各项工作，更新完善了市域 8494 平方公里的基础地理信息，建立了一体化的基础地理信息数据库，建立了武汉市权威、唯一、通用、全市域覆盖、多尺度无缝集成的地理信息公共平台，在此基础上，开展了规模化、跨部门的应用系统建设，建立了数字化城市管理系统、城市建设领域生命周期综合管理系统、实有人口实有房屋信息共享平台等 13 个典型应用示范系统，应用部门达 60 余个。10 月 30 日，武汉市人民政府办公厅颁布《关于推广应用数字武汉地理信息公共平台的通知》，明确了地理空间框架建设成果在武汉市推广应用的要求。11 月 10 日，该项目通过国家测绘地理信息局正式验收，同日，国家测绘地理信息局、湖北省测绘局、武汉市人民政府共同举办数字武汉地理空间框架建设项目成果发布暨应用推广会，会上开通了"数字武汉地理信息公共平台"，武汉市被授予"全国数字城市建设示范市"称号。（彭明军）

【"城市空间信息基础设施共享关键技术研究与示范"通过科技部验收】 2011 年 3 月 16 日，国家"十一五"科技支撑计划课题"城市空间信息基础设施共享关键技术研究与示范"顺利通过科技部高新司和住建部科技司组织的专家验收。该课题主要针对我国城市信息化建设中空间信息基础设施结构体系多样化、信息集成和共享困难等实际问题，开展了相关研究工作。武汉市国土资源和规划信息中心通过研究，提出了城市空间信息基础设施结构体系，开发了共享与服务平台，形成了行业标准《城市空间信息共享与服务元数据标准》和《城市地理编码技术规范》，对城市空间信息基础设施的体系结构、面向服务的异构空间数据共享、社会经济与地理空间信息的集成等关键技术进行研究，建立了跨平台、跨行业、跨部门的城市空间信息共享与服务平台；开展了社会经济信息空间化方法研究，开发了地址搜索匹配引擎系统，并获得国家版权局计算机软件著作权登记证书；开展了应用示范，取得了突破性的成果。（彭明军）

【"三维 GIS 综合应用示范系统建设"课题研究通过科技部验收】 按照国家 863 课题"三维 GIS 综合应用示范系统建设"任务合同书的要求，武汉市国土资源和规划信息中心按计划完成任务。完成武汉市域 8494 平方公里的框架模型、主城区 525 平方公里的精细模型，以及地下管线模型、地质模型和典型建筑室内模型的数据库建设，实现了地上和地下、室外与室内三维模型的一体化管理和分析；基于课题成果研发了武汉市规划管理应用示范系统和南京市城乡建设用地适宜性评定系统；开展了课题成果在规划管理工作中的应用，并推广应用到"两实"管理、交通、旅游等领域。6 月 5 日，该项目通过国家科学技术部验收。

（彭明军）

【开展"国土资源与规划数字档案信息安全管理策略研究"评审】 "国土资源与规划数字档案信息安全管理策略研究"是国家档案局和中央档案馆于 2010 年下达的科技项目，由武汉市国土资源和规划局、市档案局及市国土规划信息中心（档案馆）联合承担。其主要任务是从国土规划局档案管理工作出发，对国土资源和规划数字档案的网络、机制、标准和策略进行研究，编制研究报告，提出数字档案安全适用的网络架构、传输方法、安全读取与密级设置标准、安全制度等，提高数字档案安全管理与应急防灾能力，实现数字档案安全保障体系建设的跨越式发展。2011 年 11 月 4 日，信息中心（档案馆）组织召开了项目成果检查会，对项目成果进行检查。

（张 萍）

【三维数字地图系统建设与应用】 2011 年，武汉市国土资源和规划局完成了武汉市三维数字地图集成与管理平台在市局相关处室、8 个分局和 4 个新城区、开发区局的部署和应用；推进了新城区城关镇现状三维模型建设、中心城区现状整合更新，新建现状三维模型 60 余平方公里，更新中心城区现状三维模型 50 平方公里以及路桥隧、公园、广场等市政设施，完成 50 项报建项目三维成果的汇交整合以及近 600 平方公里现状三维模型的重新优化整合；加强了项目审批和城市设计的技术支持，完成重大建设项目三维模型制作 80 余项，城市设计成果三维模型制作 10 余项；开展了三维数字地图自主版权软件的研发和大型市政设施网上发布平台的开发及试点应用，探索了三维数字地图的开放式、在线服务模式，支撑了市长会 61 个项目三维审查；加大了项目宣传和应用推广，建设成果分别在"中国地理信息产业发展大会"、"第六届中国数字城市建设技术论坛暨设备博览会"和"第 47 届国际规划大会"上参加了展示；开展了市场化运作试点建设和数字物业建设，完成了数字校园建设；申报了多项科技奖项和科技计划项目，其中，"武汉市三维数字地图系统建设与应用示范"项目建设成果荣获了"地理信息科技进步二等奖"、"华夏建设科学技术二等奖"和"武汉市科技进步一等奖"等多项殊荣，"武汉市城市规划三维信息系统建设与应用示范"项目荣获武汉市优秀城乡规划设计一等奖、湖北省优秀城乡规划设计一等奖，住建部科学技术计划项目"基于三维数字数字地图的数字物业建设研究"获批立项。（江丕文）

【第二次土地调查城镇地籍调查成果数据库建设】 2011 年，武汉市国土资源和规划信息中心完成了第二次土地调查城镇地籍调查成果数据建库工作。在第二次土地调查城镇地籍调查外业成果基础上，建立了包括中心城区和新城区建制镇范围的城镇地籍调查数据库，建库面积为 653.57 平方公里；制作了地籍图、宗地图、城镇土地利用图等图件 5000 多张，形成了各类土地分类面积汇总表；开展城镇地籍调查成果应用，建立了城镇地籍调查成果和土地发证双向应用更新机制。该成果以区为单位分别于 2011 年 11 月和 12 月通过湖北省第二次土地调查办公室组织的正式验收，得到专家们一致好评。

（彭明军）

【第二次土地调查农村土地调查成果数据库建设】 2011 年，武汉市国土资源和规划信息中心在全市 13 个行政区土地调查数据库验收成果基础上，开展了市级数据建库、集成和汇总、上报。对区级土地利用现状数据库、基本农田现状数据库、区乡村行政权属数据库等进行了集成和发布，形成了土地利用现状全市“一张图”。通过第二次土地调查农村土地调查数据库建设，完善了武汉市国土规划综合信息平台，实现了第二次土地调查数据与其他资源数据的一体化管理，方便了信息的集成、共享与交换。（童秋英）

【武汉市建设用地报批管理信息系统建设与应用】 武汉市国土资源和规划信息中心结合“金土工程”要求，在满足部省要求的基础上，开展了武汉市城乡一体化建设用地报批管理信息系统建设与应用。建立了全市建设用地指标管控城乡一体化、统计分析与决策实时化、报件编制与审查标准化、报批全程电子化的工作机制和建设用地报批城乡一体化工作模式，统一了规费计算与分析标准以及辅助决策数据体系，实现了省、市、区三级建设用地审查报批信息无损交换和梯级推送，促进了各区各类信息的动态更新与应用，增强了资源监管和辅助决策的响应能力。该项目于2011年12月通过了市国土资源和规划局组织的正式验收，得到专家们一致好评。（童秋英）

【武汉市土地市场动态监测与监管系统运行】 2011年，武汉市国土资源和规划信息中心按照“市、县国土资源管理部门必须将每一宗土地的出让合同或划拨决定书，通过网络在线上报，经部统一配号后方可作为正式文本签订，并将出让合同或划拨决定书的电子监管号作为土地登记要件”的有关规定，依托国土资源主干网，应用土地市场动态监测与监管信息系统，收集了全年232宗项目的土地来源、供应、开发利用、交易公告公示情况等核心数据，并进行校核、远程上报和电子监管号获取，完成了年度土地供应和开发利用情况的全程监管和土地市场监测信息的实时发布，实现了国有建设用地从供地方案上报、方案审批、项目办理、结果备案全过程的动态管理。（童秋英）

【武汉市土地利用规划实施动态管理信息系统建设与应用】 武汉市国土资源和规划信息中心结合全市土地资源管理工作需要，启动武汉市土地利用规划实施动态管理信息系统建设工作。2011年12月该系统通过中期检查，基本完成系统建设主要目标，梳理日常管理各类统计分析报表等内容；搭建系统总体框架和系统应用数据集成；建立工业园区分布数据库，主城控制范围数据库，市、区土地利用规划报备数据库，以及2011年全市批、征、供项目数据库，土地开发复垦竣工验收项目数据库以及闲置土地项目数据库等。该系统实现了城乡一体化土地资源管理全过程的动态监管、适时分析、计划监管和土地利用闲置预警，广泛应用于建设用地报批、计划指标台账管理、季度新增建设用地图斑统计、土地利用绩效考核、土地利用规划实施评价以及新增建设利用分析评价等土地资源管理工作中。（童秋英）

【全市统一地籍信息平台建设】 2011年，武汉市国土资源和规划信息中心在充分分析全市地籍信息化建设工作的基础上，拟定了《全市统一地籍管理信息系统建设方案》，研究制定了全市统一地籍管理信息系统建设方案，建立了第二次土地调查城镇地籍调查数据库与日常土地登记发证数据的对接机制；完成4743宗单位证、80464本个人证、4741件土地抵押登记和202件土地查封登记的信息入库。以汉阳为试点，建立了个人土地登记发证图形数据库，实现了共用宗图形信息与分户发证信息的关联，将个人发证数据落到实地。以东西湖为试点，开展了区级地籍平台与市级地籍平台的联动机制建设。将中心城区个人土地登记发证“当日可取”、“立等可取”推广到新城区和开发区。（彭明军）

【武汉市2010年土地利用现状数据库更新】 根据国土资源部要求，按照区级外业调查、市级统一协调、数据统一建库的模式，武汉市于2010年12月启动了年度变更调查数据库更新工作，一是编制全市调查工作底图260幅，并下发各区（分）局使用；二是完成了3650个变更图斑的数据处理、变更信息采集和入库、年度各区土地利用现状数据库更新以及基本农田现状数据库更新；三是利用更新后数据库和前一年数据库，提取13个年度变更增量数据库，并进行分析、汇总和上报；四是完成了全市各区“三下两上”核查整改数据库更新，形成了2010年度变更调查数据库和武汉市土地利用变化情况分析报告，查清了武汉市2010年度土地利用变化和现状情况。该成果于2011年8月获国土资源部确认。（童秋英）

【计算机网络升级与数据中心改造】 2011年，武汉市国土资源和规划信息中心完成了局办公楼调整楼层的网络布线，敷设了光纤线路。开展了局网络贯通工程，制订了《市国土规划局网络贯通工程技术要求》，对6个新城区局、2个开发区分局的网络运行环境进行了测试，实现了网络互联互通；完成了局网控机房年度改造任务，制定了改造方案，召开了机房改造专家论证会，通过政府采购招标确定了实施单位，完成机房土建基础建设。完成了44个乡、镇、所联网工作，乡、镇、所联网率达到65%。在市委、市政府开通了局计算机专网端口，确保了局综合“一张图”系统在市委、市政府的正常运行。完成了局信息中心和东西湖区局云计算网络平台试点建设项目。开展了数据中心优化研究，对地理信息平台服务器实施了优化整合。（姚春晖）

【推进新城区开发区信息化和电子政务建设】 2011年，武汉市国土资源和规划信息中心加强与新城区、开发区国土规划管理部门的联系，指导和推进其信息化和电子政务建设。一是加强了对新城区、开发区信息化和电子政务建设的调研，组织有关人员分别到黄陂和蔡甸区局，协调、指导了三维数字地图系统建设、协同办公平台升级完善、网络优化等工作；二是协助新洲和东西湖区局分别开展了一书三证审批信息、土地供应及招拍挂、新增建设用地的数据建库与图文信息集成等技术服务，以及三维数字地图系统建设；三是开展局计算机网络改造，实现了网络向新城区乡镇所的延伸，在全局流程改革和模式再造基础上，以工业项目等业务为试点，进一步推进了国土规划综合信息平台在新城区、开发区的应用；四是将地籍管理信息系统的应用范围扩大到新城区，实施全市统一的个人土地登记，实现了新城区和开发区个人土地登记发证的“当日可取”。（欧阳汉峰）

【开展档案管理基础工作】 2011年，武汉市国土资源和规划信息中心完成了26小类2260宗档案涉及业务、财务、实物等类别档案的接收、组卷、编号及相关信息的录入工作。完成2011年前接收的4698宗4751卷“一书一证”、规划设计条件、储备要点等类别档案的整理组卷及录入工作。全年完成约4800份文书档案的接收、编号工作。新增库房一间。全年采集局系统相片资料167次23146张，网上发布图片新闻115次1034张；采集声像资料157条，总长度达到3955分钟26秒，网上发布视频新闻12条，时长67分钟35秒，同时还在局电子政务信息交换平台中的“综合事务”的“网上课堂”栏目上传6次约700余分钟的学习视频资料，供局域网内用户实现异地查阅浏览。

2011年全年共接待档案查询人员3842人次，调阅档案4631卷次。其中，接待局内各处室查询2851人次，调阅档案2934次；为配合闲置土地清查、城中村地籍权属调查、新建小区配套社区办公用房调查等专项工作提供档案服务，共提供档案查阅62人次670卷次；接待公众查询929人次，调阅档案1027卷次，其中为个人购房提供查询服务21人次21卷次。

（张　萍）

【国土规划“数字档案馆”建设】 武汉市国土资源和规划信息中心利用数字档案馆建设平台，将国土资源和规划数字档案馆一期建设成果广泛应用于日常服务工作中，创新服务模式。2011年9月1日在局机关率先启用自助电子查询系统，一方面保障国土资源和规划档案实体和信息的安全，另一方面为社会各界提供更加便捷、高效的服务。对应用频繁的核心业务且已数字化建库的档案进行了卷内文件逐份密级设定，完成100余万页文件材料的密级设定工作。（张　萍）

【召开市“两实”信息共享平台工作推进会】 11月24日，市委常委、政法委书记胡绪鹏在武汉市国土资源和规划局召开“实有人口实有房屋信息共享平台”工作推进会。市政法委副书记孙天文、关太兵，市公安局副局长陈辉，市房管局副局长闫磊，市信息产业办副主任李协军，局领导何艳、盛洪涛、严春、石东文、吴凌出席会议。局办公室、机关党委、信息中心负责人和“两实”平台建设专班成员参加了会议。会议由市政法委副书记、市“两实”管理工作领导小组副组长兼办公室主任孙天文主持。

胡绪鹍书记对“两实”信息共享平台建设成果给予充分肯定，并就下一阶段平台建设与应用工作提出了具体要求。（高　山）

【信息中心荣获全国国土资源管理系统先进集体】 1月21日，国土资源部在人民大会堂召开了全国国土资源管理系统先进集体和先进工作者表彰大会，武汉市国土资源和规划信息中心获全国国土资源管理系统先进集体。中共中央政治局常委、国务院副总理李克强接见了与会代表并合影留念。信息中心主任、党总支书记李宗华作为先进集体代表参加会议。

（易小芳）

第十节　机构改革及队伍建设

【治庸问责宣传发动】 自2011年3月起，武汉市国土资源和规划局全力推进“治庸问责”、优化投资发展环境各项工作。4月初，该局成立“治庸问责”工作领导小组和工作专班，召开全局系统动员会和推进会，制定《关于掀起“责任风暴”、实施“治庸计划”的工作方案》，明确了重点整治“10种行为”和需要突出整治的“3个不强、3个不够、3个局部存在”的现象。通过网站、简报、播放典型案例、向社会各界发征求意见函等形式，积极宣传发动，营造氛围，促进了全局“治庸问责”、优化投资发展环境工作的顺利开展。（曾晓明）

【规划服务“三进”工作】 武汉市国土资源和规划局组织开展国土规划服务“进基层、进园区、进企业”活动，建立局领导赴企业现场服务和联席会议等长效机制，把“三进”工作常态化，及时协调解决重大项目推进中的有关问题。2011年，局领导累计下基层、企业和园区42次，为万达集团、武汉化工区等12家单位进行现场服务，现场研究解决问题近200个。10月19日《长江日报》以《让企业低成本“办规划”》为题对该局“三进”活动进行了报道。（曾晓明）

【治庸问责】 2011年，武汉市国土资源和规划局研究制定了《市国土规划局“治庸”投诉件办理工作制度》。全年共办理市治庸办、优化办和市行政投诉中心转办的群众投诉件91件，局治庸办受理及“行风连线”转办件204件。该局成立暗访组重点针对迟到早退、脱岗、工作时间上网玩游戏等不良现象开展工作，对该局系统内查访到的11家窗口、15家区（分）局、事业单位的40余条不良行为现象和对市治庸办暗访中发现的两起问题，进行了限期整改，对局系统10个单位的21名干部进行了问责。（曾晓明）

【领导班子和干部队伍建设】 2011年初，武汉市国土资源和规划局召开会议组织全局系统组工干部传达学习上级组织部门严肃换届纪律要求，印发了《严肃换届和干部工作纪律规定汇编》，以铁的纪律保证干部选拔工作的风清气正。按照干部选拔任用的有关规定，2011年武汉市国土资源和规划局共选拔推荐11名处级干部，完成了21名正科级干部的选拔工作，指导完成17名新城区局国土所所长职务级别的过渡工作，平职交流了10名处级干部。选派2名干部到市内挂职，接收3名干部到该局挂职，妥善解决了历史遗留的军转干部任职问题。（曾晓明）

【事业单位岗位设置管理工作】 按照全市事业单位岗位设置管理工作的统一部署，武汉市国土资源和规划局积极推进岗位设置管理改革，组织完成了局属事业单位首次设岗工作和二、三级专业技术岗位申报审核工作，局属事业单位639人完成首次设岗。承办了湖北省人社厅关于事业单位专业技术二级岗位第三组审核工作会。（曾晓明）

【局属事业单位改革工作】 根据中央分类推进事业单位改革的精神和武汉市委、市政府关于"治庸问责"、优化环境工作的总体部署，在市编办、市发改委的指导下，武汉市国土资源和规划局积极推进市规划院、市勘测院、市交通院3家局属设计勘察有关事业单位改革。改革总体方案经市政府原则同意。

（曾晓明）

【人才引进和培养】 2011年，武汉市国土资源和规划局启动全局人才规划编制工作，明确未来几年人才队伍的发展方向。全年公开招录7名事业单位在编人员，其中，副高1名，博士2名，硕士研究生4名。对外公开招录公务员5名，均为硕士研究生。经省、市两级批准，局系统2011年新增享受湖北省政府专项津贴专家1名、新世纪高层次人才工程优秀青年骨干人才人选1名、享受市政府专项津贴专家3名、市"十百千人才工程"人选1名。（曾晓明）

【完善全方位教育培训体系】 武汉市国土资源和规划局制定了全局干部"科学发展主题培训行动计划"实施方案。全年组织各类培训班、讲座34场次，国土资源系统廉洁从政教育视频培训5场，局系统214名处级干部，300余名科级及以下公务员（含参公管理人员），1000余名专业技术人员全部受训，教育培训覆盖率100%。注重网络在线培训的普及推广，严格执行干部教育培训学分制，组织局系统干部参加网络培训。组织局系统公务员、参公管理人员、局属单位处级以上干部共计504人参加武汉市《加强和创新社会管理学习读本》培训及网上考试。按照市外专局等部门出国（境）培训的工作安排，选派30余人分赴美国、新加坡、澳大利亚等国家和地区，就"低碳城市及产业园区规划"、"信息系统建设"等课题进行境外培训交流。（曾晓明）

【治庸问责自查整改】 武汉市国土资源和规划局向全局系统49家区（分）局、事业单位、机关处室发放了无记名问卷调查表；研究制定并落实领导带队到企业单位开展现场服务的长效制度；召开"两代表一委员"座谈会；对比上海、成都、广州、杭州、深圳等5个先进城市开展学"标"、对"标"、制"标"、评"标"工作；认真查找局领导班子及其成员中存在的问题，形成《自查整改报告》。局系统27个领导班子和所有处级干部，均通过深入自查、开门查找等多种方式，开展自查自纠。6月上旬，全局系统各单位、机关各处室全部按时完成自查自纠工作。局领导班子和市管干部的《自查整改报告》也按时向市治庸办上报并审核通过。该局"治庸问责"工作受到市治庸办第四督导组的肯定。（何孝齐、汤　林、杨　文）

【召开民主生活会】 武汉市国土资源和规划局采取自下而上的形式启动了局属各单位领导班子民主生活会。局领导班子民主生活会之前，中心组以扩大学习报告会的形式两次集中学习了胡锦涛总书记"七一"讲话，市委十一届十一次、十二次全会精神等，还将其他学习资料印发领导干部自学。邀请13名市级"两代表一委员"、11名建设单位代表和91名局系统内干部、群众代表，分4次召开征求意见会。班子成员之间，班子成员与分管单位领导、机关处室领导之间都进行交心谈心，并对2010年民主生活会整改落实情况进行了民主测评。7月底，全局民主生活会结束后，认真研究了整改措施，形成整改方案，并在干部群众中通报。（何孝齐、汤　林、杨　文）

【建立健全治庸问责工作长效机制】 武汉市国土资源和规划局各责任处室分工负责，收集整理了各级各类有关文件精神和"三定"方案，进一步明确责任主体、责任内容和责任指标；机关各处室、各分局对现有岗位职责的实际情况进行了清理和汇总。

健全完善干部考核评价机制，形成了《武汉市国土资源和规划局党政领导班子和领导干部考核评价实施细则（试行）》和《关于进一步完善干部任用机制的有关意见》等成果。建立分级分类培训体系，完成了《全市国土规划系统干部教育培训实施意见（2011—2015）》。健全完善奖勤罚懒机制，转发了《武汉市党政机关干部“庸懒散”行为问责暂行办法》（武土资规发〔2011〕274号）。（何孝齐、汤　林、杨　文）

【继续教育工作】 2011年，武汉市国土资源和规划局继续教育基地全年共组织举办各类培训和学术讲座13期，培训人员1764人次，培训学时达158课时。对继续教育系统进行了完善，梳理了学分登记的工作流程，组织了局机关、各分局和二级单位的继续教育学分管理系统培训和公共课考试。（陈　胜）

第十一节　党风廉政建设

【建立党风廉政建设责任制】 2011年初，武汉市国土资源和规划局召开全系统反腐倡廉大会，对全年反腐倡廉工作进行部署，层层签订了责任状，明确了各单位、各处室主要领导是党风廉政建设的第一责任人。试行了党风廉政建设责任制工作报告制度，武汉市国土资源和规划局硚口分局、武汉市勘测设计研究院、武汉市土地整理储备中心3家试点单位在会上分别报告了2010年落实党风廉政建设责任制的情况，并接受了参会人员的测评。确定了5家单位为2011年度报告落实党风廉政建设责任制情况的单位。（陈　涛）

【反腐倡廉宣传教育】 2011年，武汉市国土资源和规划局组织开展多层次、多形式的廉洁从政教育活动。一是重申了“五不准”的廉政要求，要求全体干部必须守住依法行政的底线、不越廉洁自律的红线、不碰党纪国法的高压线。二是组织该局党政领导班子成员、各区（分）局局长分别参加了国土资源部和湖北省国土资源厅举办的廉洁从政教育培训班，并于6月17日至7月22日分5场组织开展了国土资源系统廉洁从政教育视频培训。三是先后组织全局系统近千人参观了监狱。四是利用系统内发生的案例，组织开展了“反渎职侵权案例教育专题报告会”。五是组织该局机关全体党员开展了纪念建党90周年反腐倡廉知识竞赛活动。六是积极开展了“廉政文化进机关”工作，在机关大院显著位置制作了长达10米的党风廉政建设宣传栏，在机关楼道设置了22块廉政标语、廉政格言展板，做到廉政宣传教育不留死角。（陈　涛）

【廉政建设及专项治理】 2011年，武汉市国土资源和规划局根据湖北省和武汉市纪委的统一部署，完成了“十个全覆盖”工作任务。一是实现了腐败风险排查、防范工作的全覆盖，局机关及局系统各单位编制了《腐败风险及防控措施汇编》。二是努力实现电子监察系统全覆盖，2011年，该局行政效能电子监察排名在武汉市33个市直部门中名列第5。三是进一步落实和完善党务公开相关制度，制定了《党的基层组织全面实行党务公开的实施方案》和《党务公开目录表》，并在网上陆续公开了相关的党务工作内容。四是狠抓各类专项治理工作，制定了《武汉市国土资源和规划局工程建设领域项目信息公开目录（试行）》和《武汉市国土资源和规划局工程建设领域信用信息目录（试行）》，明确了信息公开的内容、形式和责任主体。持续开展了公务用车问题专项治理，清理和规范庆典、研讨会、论坛等专项活动，巩固了专项治理成果。（陈　涛）

【干部廉政措施】 2011年，武汉市国土资源和规划局共对7名新提拔和调整的干部进行了任职廉政谈话，组织局系统副处级以上党员领导干部认真填报了《湖北省党员领导干部〈廉政准则〉执行情况对照检查表》。制发了《关于严明纪律确保勘察设计类事业单位转企脱钩工作顺利实施的通知》，保障了改革稳步推进。（陈　涛）

【办理纪检信访和行政投诉】 2011年，武汉市国土资源和规划局全年共办理纪检信访件48件、行政投诉件44件，武汉市"行风连线"网站转办件224件。该局在认真抓好系统内部案件调查处理的同时，积极配合各级纪委和检察机关进行了有关案件的调查取证工作。（陈 涛）

【纪检监察干部队伍建设】 2011年，武汉市国土资源和规划局对下属各单位兼职的纪检监察员进行了及时调整，并通过以案代训的方式，轮流安排各分局新任纪检组长到市纪委监察局进行挂职锻炼。全年组织2批次共20名纪检监察干部，参加中国监察学会建设分会等组织的纪检监察干部培训班。（陈 涛）

【组织学习中央和省市关于严肃换届纪律文件精神】 4月19日，武汉市国土资源和规划局召开专题会议传达学习了中央和省市关于严肃换届纪律的文件精神。各远城区局、局属各单位相关领导和组织人事部门负责人参加了会议。

会议学习了中央组织部《关于严肃换届纪律保证换届风清气正的通知》（中组发〔2010〕21号）和市纪委、市委组织部《关于严肃换届纪律保证换届风清气正工作的实施意见》（武组文〔2011〕15号）、《关于转发省纪委、省委组织部〈关于对张军等人在干部选拔任用工作中行贿问题处理情况的通报〉的通知》（武组文〔2011〕17号）等文件精神，印发了《严肃换届纪律保证换届风清气正学习手册》，要求各单位认真研读文件，吸取反面教训，严肃干部工作纪律，将文件精神落到实处。（赵德亮）

第十二节 协 会 工 作

【城市规划协会获先进社会组织奖】 1月6日，"武汉市社会组织总结表彰大会"在市委会议中心召开。武汉市城市规划协会荣获武汉市"2006～2010年度先进社会组织"奖。（高 凤）

【城市规划协会年会召开】 1月24日，武汉市城市规划协会召开2010年度工作年会。中国城市规划协会常务理事、武汉市国土资源和规划局局长、武汉市城市规划协会会长张文彤，中国城市规划协会常务理事、分管协会领导袁海军，中国城市规划协会专家库专家吴俊勤出席会议并讲话。协会各专业委员会负责人、联络员、武汉市规划系统理事单位，以及会员代表近50余人参加了总结年会。会上宣布了武汉市规划系统在2009年度全国优秀规划设计评选中13个项目获奖表彰的情况，并颁发奖牌及奖状。饶淑华秘书长报告了协会2010年度工作，提出了2011年工作安排。（高 凤）

【召开武汉市资深规划专家新春座谈会】 2月11日，武汉市城市规划协会组织召开了武汉市资深规划专家新春座谈会，中国城市规划协会会长赵宝江到会并介绍全国规划行业的新发展、新形势，武汉市规划老专家陈锡森、孙蕴山、黄俊玲及中青年规划专家张林、吴俊勤、吴之凌等近20名新、老规划专家欢聚一堂，共叙规划愿景。武汉市国土资源和规划局领导何艳、袁海军及住建部驻武汉规划督察组督察员蔡汝元参加座谈会。（高 凤）

【参加城市规划与科学发展研讨会】 3月21～24日，武汉市城市规划协会组织会员单位参加了由九三学社中央委员会、中国城市规划协会，中国市长协会在广州共同组织举办的城市规划与科学发展研讨会。武汉市副市长孙亚应邀作大会发言。武汉市国土资源和规划局领导张文彤、袁海军，武汉市城市规划协会负责人以及各城区国土规划分局业务骨干20人参加此次研讨会。（高 凤）

【参加中国城市规划协会女规划师委员会年会】 3月28～29日，武汉市国土资源和规划局女规划师代表祝莹、何梅赴三亚参加了第二届中国城市规划协会女规划师委员会第六次年会，大会推荐武汉市规划系统饶淑华、祝莹、何梅同志为全国第三届女规划师委员会委员。（高　凤）

【参加《城市规划电子报批系统》技术研讨会】 5月26～28日，武汉市城市规划协会组织规划管理（地空中心）和新技术专业委员会（信息中心）参加了由中国城市规划协会规划管理委员会在东莞主办的“2011年《城市规划电子报批系统》技术研讨会”。研讨会主要是为促进城市规划电子报批技术经验交流，推动我国城市规划电子报批技术的快速发展。与会代表就电子报批技术及相关问题进行了讨论交流。（高　凤）

【举行全国城乡规划设计武汉获奖项目学术报告会】 5月27日，武汉市国土资源和规划局、武汉市城市规划协会联合举行了“全国城乡规划设计武汉获奖项目学术报告会暨《武汉市国土资源和规划法规选编》首发仪式”。武汉市交通院、武汉市规划院专家分别对全国获奖项目《武汉市轨道交通线网规划》和《武汉市生态框架保护规划》进行了重点介绍和点评，武汉市城市规划协会向会员单位代表赠送了获奖作品集。袁海军副巡视员主持会议，吴之凌副局长发表了讲话。部分协会会员单位、市局系统各分局、新城区局、各事业单位50余人出席了会议。会后，与会人员还参观了武汉市获奖项目展览。（高　凤）

【承办中法城市建筑规划研讨会】 6月20～22日，武汉市城市规划协会组织10余家规划编制会员单位参加由武汉市国土资源和规划局承办，法国领事馆商务处协同法国海外建筑师协会主办的“中法城市建筑规划研讨会”。与会单位代表纷纷表示，此次建筑与规划的交流活动对武汉市在该领域的发展具有促进作用。

（高　凤）

【参加中国城市规划年会】 9月20～22日，武汉市城市规划协会组织规划院、地空中心、交通院、信息中心、编研展示中心等会员单位近40名专业技术骨干，由武汉市国土资源和规划局副局长刘奇志带队赴南京参加了“2011中国城市规划年会”。武汉市城市规划协会会员单位共有35人撰写的20篇论文被大会收录，其中规划院的《从“被动控制”到“主动实施”——武汉市规划实施体系建设探索》被选定为本年会论坛的宣读论文。（高　凤）

【武汉市优秀城乡规划设计评选结果】 11月11日，武汉市城市规划协会发布了《关于公布二〇一一年度武汉市优秀城乡规划设计获奖项目的通知》，此次参加评选的共有12家设计单位，符合申报条件的项目有72个。申报单位及参加评选项目超过往年，涵盖范围全面。按照公开、公平、公正的原则，来自行业规划设计管理及大专院校的25位专家通过分组评议、推荐、大会审议，共评出获奖项目47项。其中一等奖10项，二等奖14项，三等奖18项，表扬奖5项。获一、二等奖的规划设计项目，已推荐参与湖北省优秀规划设计评选。（高　凤）

【组织武汉市优秀村镇规划设计评选活动】 12月26日，武汉市城市规划协会根据中国城市规划协会《关于开展2011年度全国优秀村镇规划设计评选活动的通知》要求，会同市国土资源和规划局组织了2011年度武汉市优秀村镇规划设计评选活动。共评出武汉市2011年度优秀村镇规划设计获奖项目9项，其中，一等奖2项、二等奖3项、三等奖4项。获得一等奖、二等奖的项目将向省村镇建设协会推荐，参加2011年度湖北省优秀村镇规划设计评选。（高　凤）

【武汉市优秀城乡规划设计获省级奖】 根据《湖北省二〇一一年度优秀城乡规划设计评选结果的通知》（鄂规协〔2011〕4号），武汉市规划行业获奖项目共22项，其中一等奖《武汉市近期建设规划（2011—2015年）》等8项、二等奖《武汉市保障性安居工程实施性规划研究》等10项、三等奖3项、表扬奖1项。获得一等奖、二等奖的项目，湖北省规划协会将推荐参加2011年度全国优秀城乡规划设计评选。（高　凤）

第二章 基层工作

02

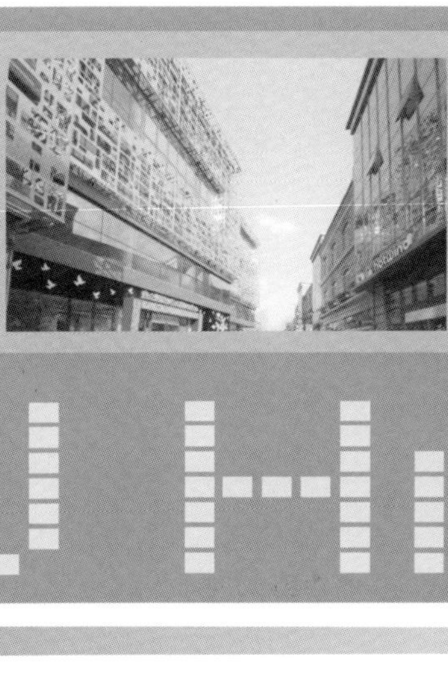

WU HAN

第一节 武汉市国土规划管理各分局工作

江岸分局

【驻区概况】 江岸区位于长江北岸，东邻黄陂区武湖农场，南临长江与武昌区和洪山区天兴乡隔江相望，西沿江汉路、三眼桥路与江汉区接壤，北接东西湖区。

江岸区土地总面积 77.90 平方公里，占武汉市版图面积的 0.91%，扣除区域内长江、府河等过境河流及滩涂（黄孝河除外）后，全区土地面积 64.24 平方公里。江岸区处于长江中游江汉平原东南部的边缘地带，除东北部有一低山丘（岱家山）外，地形属于残积性河谷冲积平原和湖积平原，海拔平均高度为 23.40 米。区辖上海街、大智街、一元街、车站街、四唯街、永清街、西马街、球场街、劳动街、二七街、新村街、丹水池街、台北街、花桥街、谌家矶街、后湖街等 16 个街道办事处、166 个社区和 22 个村委会。（张　涛）

【主要业务工作】 2011 年，江岸分局共审批建设工程项目 21 项，审批建筑面积 113.58 万平方米。发放《建设工程规划许可证》27 本，发证面积 22 万平方米。

全年共颁发土地证 22389 宗，其中，单位土地发证 704 宗，发证土地面积 60.42 公顷，个人土地发证 21685 宗。办理土地分割证明 14853 份。办理国有土地使用权个人抵押 1103 份。

全年共实施拆迁监管项目 26 项，拆迁总户 13449 户，拆迁建筑面积 151.86 万平方米，监控资金 19.32 亿元，资金监控率达到 100%，一次性安置率 100%。全年报批新增建设项目 76 项，面积 5992.71 万平方米。全年办理遗留续办征地项目 16 项，面积 1066.63 平方米。

全年共办理规划验收 14 项，建筑面积 32.86 万平方米。依法立案查处违法建筑 4 起，面积 5117.62 平方米；依法下达行政处罚决定书 3 份；依法清查违法用地 3 宗，面积 10.56 公顷。（张　涛）

【完成机构改革相关工作】 2011 年 1 月，江岸分局根据武汉市国土资源和规划局统一部署，启动了新一轮机构改革工作。分局内设机构由四科一室（办公室、建筑规划管理科、地籍地政科、法规执法科、拆迁征地管理科）改为五科一室，即：办公室（综合业务科）、规划用地科（重大项目科）、建筑规划科、地籍地政科（地质矿产科）、征地拆迁科、法规监察科（测绘勘察科）。秦润生任建筑规划科科长、向宝成任征地拆迁科科长、张兵任法规监察科（测绘勘察科）科长、姜书启任办公室（综合业务科）主任科员。

（张　涛）

【领导班子述职述廉】 2011 年 2 月，江岸分局领导班子进行了年度述职述廉工作。分局党组书记、局长高成喜代表班子进行述职述廉发言，从班子建设、职能作用、业务保障能力和党风廉政建设等方面，对分局领导班子 2010 年工作做了全面回顾，指出了班子存在的问题，明确了 2011 年班子工作的方向，班子其他成员的述职述廉材料以书面形式印发全体同志。市局领导刘锦智参加了此次考评会议，并对分局班子工作进行了中肯的评价。（张　涛）

【土地例行督察检查工作】 2011 年 2 月，国家土地督察武汉局发现江岸区有 3 宗违法用地，一是位于谌家矶的新建村，面积 5.60 亩；二是位于后湖的幸福村，面积 30.40 亩；三是位于岱山村和幸福村工业项目，面积 39.56 亩。对此，江岸分局积极与区政府联系，采取强有力措施，依法依规对3宗违法用地进行了处理，并迫使其缴纳相关罚没款。3月26日，经国家土地督察武汉局检查验收，3宗违法用地全部整改到位。（姚　青）

【建立“月清季结”巡查制度】 2011年，江岸分局在执法过程中，将重点盯控与日常巡查相结合，建立了动态巡查台账，对每次巡查的执法情况及处理情况进行详细记录，及时、全面、准确地掌握辖区内的违法信息。（姚　青）

【提高“窗口”服务质量和水平】 2011年3月，江岸分局“窗口”对暗访中发现的问题逐条进行了整改。一是对明察暗访期间出现问题的人进行了批评教育，提出整改意见；二是完善便民服务设施，将“办事指南”和“办事须知”进行了翻印，并摆放在总咨询服务台供群众阅读；三是进一步规范着装，实行挂牌服务；四是针对残疾、孤寡等弱势群体，深化“绿色通道”服务制度；五是强化内部管理，坚决杜绝语言生冷、态度蛮横、行动迟缓等不礼貌、不规范的服务行为，切实通过“窗口”这个平台，展示依法行政、服务人民的执政理念。（陈慧丽）

【个人建房审批全面提速】 2011年4月，为解决个人危房改建申请审批办理繁琐和复杂的问题，江岸分局按照“特事特办、急事急办、难事专办”的原则，确定在不违反原则的前提下实行同步预审，以便于报建者尽快办报建手续。为此，相关科室人员在第一时间勘察现场，第一时间走访相关单位进行联系沟通，特别是对涉及优秀保护建筑及沿江商务区建设的危房积极寻求解决途径。与此同时，分局将内部的报审表格等报建资料提前整理，耐心指导建房户准备齐全相关资料，从几方面同步开展此项工作。在近一个月的时间里，接待受理了个人危房改建项目9项，共计建筑面积约800平方米，全部迅速报批通过，获得建房户的普遍赞誉，真正地由管理型转变为服务型，同时为今后的个人危房改建审批工作探索出一种新型服务管理模式。（刘晓辉）

【电子监察工作】 2011年4月，江岸分局对一季度业务审批的电子监察情况进行了统计梳理，针对在检查中发现审批环节上存在的问题，要求相关科室负责人和经办人对所有的项目进行一次全面清理，将所有存在问题的项目在4月中旬前全部整改到位。随后，相关科室积极行动起来，主动与武汉市国土资源和规划信息中心派驻分局人员联系，摸清情况，完善措施，并于当月制发了《江岸分局行政效能电子监察管理办法》，规范了审批中的部分细节，全面调整了原审批环节中一些不规范和落后的工作方式，确保既能提前办结，又能经得起效能监察各个环节检验。（张　涛）

【综合业务知识培训】 2011年4月，江岸分局启动综合业务知识培训，地籍地政科负责人就3年来的“二调”工作做了介绍，对开展“二调”的工作背景、目的及重要性、主要任务、调查概况、取得成果一一进行了说明，着重对成果应用上进行了重点讲解；征地拆迁科的同志就“征收条例”与以往执行的《城市房屋拆迁管理条例》不同之处进行了讲解，并就下一步如何正确运用进行了解释说明；培训采取授课人主讲、参训人员提意见、分管领导点评的方式进行。

（张　涛）

【全面推行“即办即取”】 5月30日，在江岸区政务服务中心国土规划分局窗口，个人土地登记办理时限再次提速，由原来的3个小时内办结变为现在的1个小时内办结。为做好“即办即取”工作，江岸分局从5月23日开始对个人土地登记“即办即取”业务开展试运行工作，共采取了3个举措：一是增添了办公设备，完善硬件设施配置；二是简化了办理环节；三是对“窗口”人员进行重新整合。（陈慧丽）

【加快推进保障性住房建设】 2011年，为推进保障性住房建设的整体进度，江岸分局从两个“打破”下手，确保保障性住房项目按期落地。一是打破建制、整合人力。面对超常的任务、紧迫的时间和高标准的要求，分局打破科室建制，由局长高成喜牵头，调集业务精兵能手，集中办公，紧紧围绕审批环节展开工作，全力保障项目如期落地。二是打破常规、采取并联审批的方式。建设项目方案审批、施工图审查、用地资料审核等业务审批一律打破常规，按照一周时限，要求工作人员完成对总平面布局的核发方案批准意见书、核定建筑核位红线及试放线、核发《建设工程规划许可证》等审核工作。为进一步方便建设单位，提高工作效率，对申报图纸细部修改、项目用地的“一书一证”及供地、地籍等全套报建手续，分局要求各业务科室同步推进、并联办理、合力保障，举全局之力，确保辖区保障性住房建设按期动工。（刘晓辉）

【开展第21个全国“土地日”宣传活动】 2011年6月25日是第21个全国“土地日”，江岸分局全体干部职工聚集在百步亭社区的宣传咨询点，积极组织开展土地法规知识宣传。在宣传现场，分局设置了建筑规划、地籍地政、征地拆迁、法规执法管理宣传咨询台，并组织专门人员在宣传现场向过往群众发放“土地日”宣传资料，解答过往群众的咨询达30余人次。活动中，分局宣传了我国土地调控政策和耕地保护措施，坚守18亿亩耕地红线和维护土地管理法治的重要意义，土地违法行为及其法律责任，征收农村集体土地的相关补偿政策等，吸引了众多群众前来观看了解。（王力军）

【开展8.29全国测绘法宣传活动】 8月29日，江岸分局全体干部职工齐聚在百步亭社区宣传点，开展了以“监测地理国情，服务科学发展”为主题的《中华人民共和国测绘法》宣传日活动。此次宣传日，分局设立宣传展台、现场解说、图片说明、现场发放各类宣传品、各种形式的宣传横幅等方式，就测绘事业发展取得的新成就、测绘法律知识和测绘专业知识等方面的内容，为群众进行翔实的介绍，方便群众进一步了解测绘法律法规以及相关知识。此次活动共向过往群众发放宣传资料200份，接受群众咨询48人次，取得了较好的宣传效果。（蔡建忠）

【土地矿产“卫片”执法检查】 9月23日，江岸分局2010年度土地矿产“卫片”执法检查工作顺利结束。此次“卫片”执法检查涉及江岸区42个图斑25宗地，面积612.60亩，其中耕地面积163.40亩。此次执法检查工作，一是请市勘察院进行了现场勘测论证，较好完成42个图斑的核实工作；二是工作专班多次深入现场，进行实地核查，查清每个图斑地块的用地单位、立项情况、用地和供地时间、符不符合规划等情况，认真填报“卫片”执法初步核查情况反馈表，并调集图斑地块有关批准文书进行逐项核实；三是促成区政府领导出面，对3宗违法用地单位相关责任人进行了约谈，在进行立案查处基础上，追究了相关负责人的责任；四是依法拆除违法建筑，遏制违法势头的蔓延。对违法用地上的违法建筑采取了自拆和强拆的方式，共拆除违法建筑1200余平方米。（姚　青）

【完成市城投集团直管公房办证】 截至9月13日，由江岸分局承接的市城投集团公司直管公房办证工作圆满完成。在此次服务城投公司的专项办证工作中，分局共计发证362宗（其中独立宗174宗、共用宗188宗，共1753户），占市城投集团公司所需办证量的66%，为中心城区办证量最大的分局。（张　俊）

【保障性住房审批】 2011年，江岸分局组建工作专班，研究制定了《分局加快推进保障性住房有关工作实施细则》，制定服务措施，明确工作程序，实行定期调度督办，推进项目进度。一是建立联系会制度，就保障性住房相关问题和各相关单位一并在会上研究解决，避免建设单位跑多个部门；二是建立了保障性住房并行审批制度，在核发《建设项目选址意见书》、《建设用地规划许可证》的同时，并联开展规划建筑方案预审、供地方案编制报批、相关图件测量工作，将原来需要作为审批前置条件的要件改为科室之间流转；三是对保障性住房建设项目开通“绿色通道”，积极向武汉市国土资源和规划局沟通，在保障性住房年度计划下达后，分局随到随审，各科室积极主动参与、协调配合，快速优质地完成好规划审批工作；四是压缩报建资料，各审批环节不需要建设单位重复提供报建资料，由各科室通过信息平台或工作联系函互转；五是积极探索在“城中村”改造还建项目中配建保障房的政策和工作程序，使胜华村和跃进村项目成为武汉市第一批在“城中村”还建用地中落实保障房的项目，两村共安排了廉租房242套，公租房192套，总建筑面积2.40万平方米。截至10月底，武汉地产集团公租房等6个项目已开工建设，实际批准保障房5446套，其中经济房884套、廉租房1732套、公租房2695套、限价安置房135套，建筑规模33万平方米，超额完成了预定目标。（张文倩）

【辖区征地项目库建设工作】 2011年11月，江岸分局利用年度辖区新增建设用地申报之机，就如何加强和完善征地项目库建设进行专题研讨。会议统一了思想，提高了认识，明确了切实需要做好的三项工作：一是抓紧对分局近几年来征地报批项目进行全面清理，对上报的、已批复的和实际落实用地指标的项目情况进行全面核查，弄清相关数据，并逐步录入征地项目数据库；二是对报而未批或因各种条件限制而未上报的项目进行单独梳理，为下一年度报地提供备选，避免重复工作，提高办事效率；三是将本年度的征地项目情况汇总后向区政府汇报，在征求区政府意见的基础上经分局业务例会审查通过，报区政府认可后上报市局。（王力军）

江汉分局

【驻区概况】 江汉区位于长江以北武汉市汉口地区中部。区境南临长江、汉水交汇处，分别与武昌区、汉阳区隔江相望；北抵张公堤，与东西湖区接壤；东、西两面各与江岸区、硚口区相邻。全区土地总面积33.43平方公里，辖12个街道办事处，116个社区居民委员会，全区户籍人口47.02万人。（梅邵树）

【规划编制工作】 2011年，江汉分局配合完成了规划编制及相关工作：一是武汉规划展示馆江汉区规划建设展陈大纲编写工作；二是《武汉市绿地系统规划》江汉辖区内绿地规划校核工作；三是《武汉市主城区控制性详细规划导则》江汉辖区控规校核工作；四是协助江汉经济开发区开展园区发展战略规划研究，合理引导开发区内主导产业由工业向服务业转换，会同区政府修编了《江汉经济开发区控制性详细规划》；五是结合江汉辖区东汉正街地区实际情况，提出规划改造建议，制订工作方案，为推进东汉正街地区综合整治和整体改造做好前期辅助工作；六是服务区域重点建设项目，协助江汉区做好全区土地储备年度计划。（梅邵树）

【规划审批管理】 2011年，江汉分局核发《建设项目选址意见书》1本，《建设用地规划许可证》3本。完成规划方案审批8项，建筑面积16.10万平方米。完成规划方案预审200多万平方米，其中万科“城中村”项目170万平方米。完成建筑施工图审核7项，建筑面积18.80万平方米。核发《建设工程规划许可证》26本，建筑面积61.50万平方米。（梅邵树）

【地籍地政管理】 2011年，江汉分局注重加强地籍管理信息化应用，积极探索“以图管地”模式，不断缩短个人土地证的办理时限，在个人土地登记实行“当日可取”的基础上，进一步提速，对已取得分局颁发的《土地分割转让证明》的个人商品房、房改房共用宗与二手房交易土地登记实行了“即办即取”，只需1小时就可以办结土地证。积极实行“绿色通道”，服务辖区重大项目，受理了武汉市城投公司需办理划转手续的1000余宗直管公房的土地登记项目。2011年，江汉分局办理土地登记发证10291本，土地面积19.37公顷，其中，单位土地证44本，7.37公顷，个人土地证10247本，土地面积12公顷。办理个人土地抵押及注销601宗，土地面积0.98公顷。办理土地划拨1宗，土地面积0.56公顷。企业改制土地资产处置12宗，办理改制企业划拨到期换发土地证7宗。（梅邵树）

【公私房批后管理】 2011年，江汉分局在法规监察工作中，针对公、私房的特点，采取相应的措施，认真抓好批后管理。在对私房管理过程中采取了如下做法：一是宣传观念前移；二是加大巡查力度和密度；三是做好巡查记录；四是争取街城管的支持，利用街道“人员熟悉、情况清楚、管理贴近、到位迅速”优势，做到分局主责、街道主体、分局履行法定职责、街道组织具体实施的私房管理模式；五是批后管理透明化，即在施工现场公开审批意见、管理要求、批后管理责任人和举报电话；六是充分发挥区城管局、街城管办等职能部门的联动作用，制定奖惩机制和通告制度，受理审批项目后，将审批情况及时通告区网格化管理中心、区城管局及相关街道城管办，调动整合各方力量，有效实施管理。在公房批后管理工作中，分局运用影像技术，在公房批后管理的几个重要环节，如放红线、验灰线、正负零、楼层盖板、结构封顶，在正常巡查记录的同时，拍照记录在案，在工程竣工验收时会同其他资料交予建设单位，有效实施了监管。2011年，江汉分局纳入批后管理的项目15起，面积14.32万平方米。其中2起私房项目发生违法行为，均现场组织拆除，拆违面积54平方米。规划验收项目6起，面积1.41万平方米。（梅邵树）

【征地拆迁管理】 2011年，江汉分局在征地拆迁工作中，对辖区内在拆项目存在的信访突出问题，以及可能引发群体性事件的苗头和隐患进行清理排查，制定有效措施，积极稳妥地做好维稳工作。同时，进一步加强拆迁信访集处工作，对拆迁信访积案认真分析，制订方案，完成积案消化工作。全年完成了精武片旧城改造、武汉航运中心大厦建设、江汉区“城中村”改造项目、武汉大道江汉段等重点项目的拆迁工作。进京接访2次。2011年，江汉区在拆项目22项，应拆迁3735户，房屋建筑面积62万平方米，已动拆1943户，动迁面积35.73万平方米。完成了武汉市押运公司、中央商务区范湖片嘉裕地块2项建设用地征收审批工作，面积2.39公顷；完成集体土地征收批后管理（即办理集体土地征收公告和安置补偿公告工作）15项，面积120.84公顷，已动迁3580户，动迁房屋建筑面积153万平方米，被征地农民安置补偿到位合格率100%。（梅邵树）

【为辖区建设项目服务】 2011年，江汉分局在建筑规划审批工作中积极为辖区建设服务：一是大力推进省级金融服务业示范园区建设，完成了重大项目正安实业（武汉）有限公司在新华路与建设大道交汇处新建1栋51层综合楼的建筑施工图审核工作；二是加快推进旧城和“城中村”改造，完成江汉区唐家墩村“城中村”改造项目的规划方案预审工作；三是积极支持中小学建设项目，为武汉市第一中学申报的新疆班教学综合楼项目、江汉区北湖小学申报的综合楼项目搞好审批工作，确保顺利实施；四是积极参与武汉方元环境科技股份有限公司和湖北蓝新网络技术有限公司的前期策划工作，推动园区工业向生产服务业转型，促进江北民营科技园优化发展；五是在规划审批中严格把关，要求建设单位按照每100户配套20平方米的标准无偿提供社区办公活动场所，有效解决了部分社区办公活动场所面积不足200平方米的突出问题。

（梅邵树）

【促进保障房建设】 2011年，江汉分局积极促进辖区各类保障性住房建设，协助区各相关部门进行了保障房建设选址，办理了江汉区房地产公司申报的广益天下二期项目、唐蔡天下还建房项目、八古墩汉和惠苑限价房项目和天门墩路812厂改建项目，协调解决上述项目建设过程中遇到的问题。（梅邵树）

【地籍地政管理】 2011年，江汉分局在地籍地政工作中采用新方法加以改进，力求做到“三个到位”和“两个突出”。“三个到位”即“服务到位”，切实履行职责，对办理项目确保跟进服务，贴近基层企业与社区，不断增强工作渗透力；“管理到位”，进一步细化制度建设，加强内部管理，不断提高工作效率和质量；“程序到位”，定期召开科务会，利用分局例会、市局会审会提高发现问题、分析问题、解决问题的能力和水平。“两个突出”即“突出创新”，创新工作理念和思路，创新工作方式、方法和手段，力争在档案管理、窗口建设等方面有新突破；“突出重点”，紧紧

围绕旧城改造、“城中村”改造和保障房建设等辖区重点项目出主意、想办法、谋对策。（冯　露）

【为武汉航运中心大厦拆迁服务】 武汉航运中心大厦项目拟建设63层综合服务大楼，集口岸服务、公共信息、船代货代、港航政务等功能为一体，成为长江沿岸地标性建筑，被列为市、区政府重点项目。该项目用地北临民生路，东临沿江大道，南面紧邻33层长航大厦，西面为黄陂街。2010年12月1日该项目拆迁程序正式启动，江汉分局组织实施了拆迁许可公告、确定拆迁评估机构的投票选举及具体拆迁补偿安置方案审核等工作，在拆迁补偿安置方案审查中，要求拆迁人在以就地还建安置及货币化安置方式为主的基础上，组织多方房源，尤其是一定数量的现房，满足被拆迁人的需求，依法保护被拆迁人的合法利益。这一系列积极有效的前期工作，为该项目拆迁顺利稳妥地推进打好了基础。2011年1月初该项目正式动迁，分局派专人参加区政府工作专班，为该项目的政策宣传、解答、执行及个案的分析与决策做了大量的工作。目前该项目的拆迁工作已顺利完成，拆迁居民及企事业单位646户，拆除房屋总建筑面积3.80万平方米。（胡　阳）

【信访接待工作】 2011年，江汉分局会同江汉区政府在区信访局接待中心设立了窗口，分局主要负责人对信访接待工作亲自安排，督导检查，选调综合协调能力强的人员，充实到信访接待工作第一线，推行干部轮岗制度，全面实行窗口全日制、接访渠道直通制、接访效果问责制、科室负责人接待制和点名预约接待制，强化接访工作责任，对重要信访案件实行分管局长督办、责任部门具体包案责任制，有效地杜绝了重复访现象，把“一起立、二请坐、三办事、四送客”作为接待工作的规定性动作，切实做到“四有”，来有迎声，问有答声，走有送声，处理问题有回声。全年接待了来访群众170批次，520人。（马进军）

【服务江汉经济开发区】 4月28日，江汉分局会同江汉经济开发区邀请规划专家召开了江汉经济开发区发展战略及系列规划研讨会。武汉江汉经济开发区（江北民营科技园）拥有国家级民营科技园、省级开发区、市级都市工业园三个品牌，是江汉区“十二五”规划中确立的区域内三大功能区之一。经过近20年的良性发展，江汉经济开发区单位面积经济指标达到了全省第一。受发展地域限制，经济开发区自身要求加快转变经济发展方式，加快以生产型服务业为主导的现代服务业的集聚发展，由都市工业园向都市产业园转型的需求非常强烈。开发区管委会向江汉分局提出启动编制《江汉经济开发区发展战略及系列规划》。从年初开始，江汉分局领导多次到经济开发区调研、开展现场服务，积极协助经济开发区向武汉市国土资源和规划局请示，会同江汉区政府开展修编《江汉经济开发区控制性详细规划》。在实地参观整个开发区发展现状之后，与会专家指出由于开发区先天的不足，发展受到空间限制，无法实现经济规模，必须内部挖潜由单一用地向集约用地、混合用地发展，并以建设“现代服务业中心区”为发展契机，先行先试争取相应政策引导和支持，依托网络经济，提升功能。（张　煜）

【解决企业房屋两证办理历史遗留问题】 湖北省建筑工程总公司第二工程公司位于航空路26、38号大院的8栋职工宿舍，建于1975年至1989年间，共住有该单位职工200多户。因建筑规划审批手续不全，该宿舍自1996年至今一直未办理两证，单位职工多次到市、区政府上访，要求解决历史遗留问题办理两证。为维护社会稳定，切实解决关系群众切身利益的历史遗留问题，江汉分局组织研究解决方案，多次深入现场调查研究，主动配合该单位收集整理城建档案管理部门的历史建房资料，积极与相关业务科室沟通联系，在尊重历史的基础上结合实际情况，及时提出了切实可行的解决方案，上报分局和市局的业务例会审查批准，按工作程序协调配合武汉市土地登记发证中心完成土地权属审核工作。土地权属审核资料到分局办证窗口报件后，分局在最短时间内完成了8栋房屋的土地登记发证手续，妥善解决了该企业职工多年来无法办理两证的历史遗留问题。（王劲梅）

【法规宣传下基层】 2011年既是“六五”普法的开局之年，又是全国法制宣传日的第11个年头，江汉分局党组认真研究，及时行动，决定在2010年“规划法规进社区”活动的基础上，拓展范围，丰富内容，以宪法为核心，以《土地管理法》、《城乡规划法》、《湖北省城乡规划条例》为主要内容，同时加入公私房办理用地、建筑手续须知、个人办理土地登记、土地抵押须知等，编印形成一套内容丰富、贴近群众的宣传资料，执法科和规划科联手，进工地、下社区，把宣传资料送进基层。此次宣传活动，以“一送三讲”为主要特点，即送法律法规，讲合法权益，对建设单位和个人，特别是个人宣传如何在建房过程中既不违规又维护自身的合法权益；讲规划要求，对建设单位强调规划审批要求，预防违建行为；讲安全生产，要求建设单位注重安全生产，杜绝安全事故。此次法规宣传普及面较广，覆盖了4条街、7个社区、3个私房施工现场和8个公房建筑工地，收到了良好的效果。

（李新民）

【地籍档案数字化】 2011年，江汉分局启动地籍档案整理和数字化工作，拨出经费11万余元，对与民生息息相关的23000余卷地籍档案优先进行了数字化录入，余下档案将在今后3年内有序录入。同时，为解决档案存放问题，分局调整腾出70余平方米的新档案库房，进行了承重测试，在符合安全标准的基础上，购置了档案密集架，基本满足了今后4年的库容要求。

（周红创）

【治庸问责活动】 2011年,江汉分局开展掀起“责任风暴”、实施“治庸计划”活动。一是成立领导小组和工作专班，制订实施方案，召开全局动员大会。制作了专题宣传板报和标语横幅,营造浓厚的宣传氛围。二是强化窗口建设，分局主要领导和分管领导多次带队到江汉区政务中心窗口，召开专题会议，传达市局对窗口明察暗访工作会议精神，针对存在的问题，采取相应整改措施，不断改善窗口服务。强化了窗口硬件建设，制作了新的国土规划标识牌，悬挂在窗口醒目位置；制作了统一的胸牌、挂牌和工作岗位牌；完善了群众办事服务指南，放置了老花镜、胶水、纸巾盒等便民设施。要求窗口工作人员微笑服务，对前来咨询的群众要站立接待，耐心、专业回答。三是认真自查自纠，搞好整改工作。分局围绕全市统一整治的10种行为和市局突出重点整治的3种“庸、懒、散”现象，印制了“治庸问责”征求意见函，向区直机关部门、街道、建设单位发放，收集各方的意见和建议。分局领导班子成员采取个人查、互相评、召开专题会请科室人员提等形式进行自查自纠，针对查找出的问题提出整改措施。

（梅邵树）

【党风廉政建设】 2011年，江汉分局全面落实党风廉政建设责任制，强化领导，齐抓共管，采取有效措施。一是采取多种形式强化宣传教育，组织开展了反腐倡廉宣传教育月和党员干部腐败预警防控教育活动，观看了《杨善洲》等廉政建设专题片，利用正反两个方面的典型和身边发生的案件，教育警示干部职工遵纪守法，牢固树立廉洁自律意识；二是分局领导班子参加了国土资源部举办的廉洁从政教育培训班和“反渎职侵权案例教育”活动；三是坚持经常性提醒教育，党组书记对班子成员、班子成员对分管科室、中层干部对科室人员采取“工作开展前提醒、工作完成后询问”的方式进行提醒教育；四是抓好预警防控，针对腐败风险点排查和自查自纠梳理出来的问题，以重点部位和关键环节为重点，公开“一书三证”发放、建筑设计方案审批等内容，避免暗箱操作，对在建项目实行全程监控,及时发现、纠正和查处违法建设行为。

（梅邵树）

【“三万”活动】 2011年，江汉分局在黄陂区天河街柯咀村开展“万名干部进万村入万户”活动。分局高度重视入户调查工作，把做好民情日记作为重要抓手，要求每名队员每个星期至少撰写一篇活动信息，每天开一次碰头会，每周进行一次小结。在入户调查中，工作队员与农村干部、党员、村民沟通交流，根据农户的实际需要，宣传贯彻强农惠农政策，合作医疗、粮食补贴、农资综合补贴、“低保”等政策，同时还仔细询问了农民的生产生活情况和增收途径，记录他们需要解决的困难和问题。4月21日，江汉分局领导一行到柯咀村开展“六送活动”，给村里送去电视机、电脑，慰问村里的贫困户。工作队在充分调查的基础上，紧紧围绕本村养殖特色发展、加强农田水利基础设施建设、村庄环境整治等民生问题，帮助驻点村理清发展思路，科学制订中长期发展规划，力所能及地提供相关服务，促进该村发展生产，增加村集体收入，使村民从中得到实惠。（宋绍辉）

【获奖情况】 2011年，江汉分局被湖北省文明委评为“2009～2010年度省级文明单位”、“区级最佳文明单位”；被湖北省档案局评为“2010～2011年度江汉区档案工作先进集体”，分局政务中心窗口被授予“巾帼文明岗”称号，连续7年被表彰为“红旗窗口”。分局被江汉区委、区政府表彰为“全区社会治安综合治理先进集体”、“全区安全工作先进单位”、“全区信访维稳工作先进单位”、“绩效管理工作先进单位”、“‘三万’活动先进工作组”、“人大政协议提案办理工作先进集体”、“先进基层党组织”、“城市综合管理先进单位”、“和谐社区建设工作先进集体”，被区委宣传部表彰为“理论学习先进集体”，获得了“首届江汉群星奖及组织奖”、“建党90周年歌咏大赛金奖”。被武汉市国土资源和规划局表彰为“综治工作先进单位”，江汉区政务中心国土规划窗口被市局表彰为“优秀服务窗口”。（梅邵树）

硚口分局

【驻区概况】 硚口区位于武汉市西北部，东至青年路、航空路、民意四路、满春路为界，与江汉区相邻；西至舵落口、额头湾；北至张公堤与东西湖区相邻；南滨汉水与汉阳区隔水相望。全区土地面积41.46平方公里。辖易家墩、韩家墩、宗关、汉水桥、宝丰、汉正、崇仁、汉中、荣华、六角亭、长丰等11个行政街道、132个社区居委会，全区户籍人口53.17万人。（陈 磊）

【规划编制管理】 2011年，硚口分局先后参与《硚口区十二五规划纲要》、《硚口区近期建设规划纲要》、《汉正街地区整治规划》、《硚口区展陈大纲》、《硚口区控制详细规划导则》、《硚口区中小学布点规划》、《园林绿化规划》等规划的修编工作。同时加强规划基础研究，协助武汉市国土资源和规划局参与《主城区地下空间规划导则与细则编制技术标准》、《硚口区近期建设规划》、《武汉市地下空间规划编制规程》、《汉正街地区综合规划》，协助区政府完成《硚口区2012年度建设规划实施计划》、《硚口区国有土地开发项目运作流程》、《硚口区国有土地上房屋征收和补偿流程》等规划编制基础工作。（陈 磊）

【地籍地政管理】 2011年，硚口分局共办理各类土地证书共计20390本，土地总面积68.04公顷。其中，《国有土地使用证》19853本，土地面积66.93公顷；《集体土地使用证》1本，土地面积0.01公顷；《土地他项权利证明书》536本，土地面积1.10公顷，总贷款金额46380.42万元。协助市局地籍处办理宗地界址审核9宗，土地面积5.97公顷；完成勘测定界46宗，土地面积730.84公顷。办理土地划拨项目4宗，土地面积8.23公顷；办理企业改制项目共用宗519宗，土地面积0.37公顷；办理企业改制项目独立宗8宗，土地面积6.44公顷；办理作价出资入股项目1宗，土地面积0.01公顷；办理解除合同项目3宗，土地面积5.37公顷；办理土地划转区办区审项目1宗，土地面积0.03公顷。办理土地分割登记14宗，发放土地使用权分割转让证明12959本。办理地质灾害危害性评估报告书备案2份，用地面积2.86公顷。认真开展2011年度土地变更调查与遥感监测工作，共调查核实图斑31个，土地面积787.60亩。配合“城中村”改造工作，完成汉西村、长丰村和东风村3个村的土地利用现状复核工作。（陈 磊）

【征地拆迁管理】 2011年，硚口分局共完成征地前告知、确认、听证14项，面积5889.30亩；办理征地项目23项，面积1488.23亩，其中，办结4项（含2个分期办理项目），面积173.71亩。农民征地补偿全部安置完毕，无一例拖欠、截留、挪用农民征地补偿安置费的事件发生；审批住宅拆迁项目1项，负责拆迁安置资金监管21项（含历年在拆项目），监管资金79183万元；审核发放住房困难的被拆迁人用于优先购买经济适用住房的《被拆迁人身份证明》2份，审核发放被拆迁人用于购房减免契税的《房屋拆迁情况证明》1213份；完成同硚口区司法局联合组建“硚口区征地拆迁纠纷人民调解委员会”的前期准备工作。（陈　磊）

【法规监察管理】 2011年，硚口分局批后跟踪管理项目51项，均进行了严格的跟踪管理。处理违法建设12起，面积4.64万平方米。批后违法建设发现率、查处率100%。行政处罚12起，行政处罚档案合格率100%。收取罚款742.98万元，配套费238.19万元。全年共办理竣工验收14起，面积17.19万平方米，全部提前办结。积极参与“城管革命”，全年配合城管拆除违法建筑10余万平方米。（陈　磊）

【治庸问责工作】 2011年，硚口分局开展“治庸问责”活动。一是对行政审批事项的办理流程进一步优化，变部分并联审批为完全的并联审批，对包括“一书三证”在内的所有行政审批事项在规定的办理时限内压缩50%以上，工作效率显著提高；二是认真落实首问负责制、一次性告知等8项制度，结合分局实际，对外公开承诺了8项服务事项，并张挂上墙。畅通绿色通道，积极服务重点项目，对重点工程实行“四个一”办事机制（一个会议决策、一个分局领导总负责、一个科室统筹协调、一个经办人全程服务），积极推进保障性住房、重点项目建设，加快建设项目的审批工作，成立了分局保障性住房和工业倍增计划工作领导小组及工作专班。（陈　磊）

【土地日宣传】 2011年，全国“土地日”的主题是“土地与转变发展方式——促节约、守红线、惠民生”。为了在全社会营造节约集约用地，切实保护耕地、保障服务民生的浓厚氛围，共推科学发展、共建和谐社会。硚口分局全体人员精心布置，准备充分，部署周密。通过搭建土地知识展板、发放宣传资料、现场解答群众咨询、悬挂宣传布标等形式向全社会宣传土地管理法律法规，宣传武汉市大力推进发展方式转变，落实节约优先战略，坚守耕地红线，保障和改善民生的土地利用现状，进一步提高了全社会倍加珍惜和合理利用土地资源的意识。（陈　磊）

【“城中村”改造】 2011年，硚口分局多次召开“城中村”改造专题工作会议，积极与区“城中村”改造专班、区统筹办以及罗家墩村、红星村、常码头村、建荣村、永利村进行沟通协调。结合硚口区面临的大改造、大开发工作实际，分局积极主动服务硚口区重大项目，作为项目推进关键部门，紧密围绕项目推进开展工作，深入研究工作中的新情况、新问题。同时分局还组织相关科室有针对性的对每个村进行上门调研，技术指导，逐一破解各村难题。（陈　磊）

【获奖情况】 2011年，硚口分局被武汉市政府评为“市级文明单位”、“市社区建设工作先进集体”，被硚口区政府评为“重大项目建设先进单位”、“两型社会先进单位”、“安全生产先进单位”、“区依法行政工作先进单位”、“硚口区绩效管理工作优胜单位”，被武汉市国土资源和规划局评为“社会治安综合治理先进集体”、“安全生产工作先进集体”。（陈　磊）

汉阳分局

【驻区概况】 汉阳区位于武汉市中心城区西南部，东濒长江，北带汉水，南抵沌口，西接蔡甸，位于长江和汉水交汇处，呈三角形地带，为武汉三镇一方。全区土地面积111.54平方公里。下辖晴川街、月湖街、翠微街、建桥街、鹦鹉街、洲头街、五里墩街、琴断口街、江汉二桥街、永丰街、江堤街等11个街道及汉阳经济开发区和四新地区，共有基层组织137个，其

中社区 131 个，村委会 6 个（37 个村民小组）。常住人口 41.84 万人。（刘　勇）

【规划编制】 2011 年，汉阳分局编制完成《武汉市汉阳区新型工业化示范园区控制性详细规划导则》和《武汉市汉阳区新型工业化示范园区启动区控制性详细规划》，11 月 25 日，该编制成果已经武汉市国土资源和规划局审查会审查通过。

协助武汉市规划设计研究院开展了杨泗港地区整体搬迁综合开发用地规划与控规导则深化完善工作，规划面积 178.60 公顷，编制了《汉阳西部"七村一场"综合改造概念规划》，并先后进行了 3 轮修改完善。

开展《武汉都市发展区"1+6"空间发展战略实施规划》、《武汉都市发展区绿地系统规划》、《武汉市主城区汉阳地区次支路道路系统规划》等规划编制工作。协助武汉都市发展区绿地系统规划的修编工作。

编制《武汉市主城区汉阳地区次支路道路系统规划》，完成黄金口示范园区用地现状校核确认，完成《武汉市主城区地下空间综合利用专项规划》和《武汉市主城区地下空间规划导则（汉阳区）》、地铁 4 号线可行性研究报告、汉阳西部 110kV 变电站布点规划的协审工作。

配合新区规划分院开展了《武汉新区四新地区连通港沿线城市设计》、《武汉新区四新生态新城"方岛"区域城市设计》、《江城大道（琴台大道—南太子湖）沿线城市设计》等城市设计的编制工作。其中，已完成《武汉新区四新地区连通港沿线城市设计》、《武汉新区四新生态新城"方岛"区域城市设计》。

（万　里、张佳黎）

【建筑规划管理】 2011 年，汉阳分局核发《建设项目选址意见书》19 本，用地面积为 193.25 公顷；核发《建设用地规划许可证》28 本，用地面积为 271.84 公顷；核发《建设工程规划许可证》74 本，总建筑面积 326.46 万平方米，名列中心城区第一，占中心城区建筑审批量的 37%。（万　里、徐丽霞）

【保障性住房审批】 2011 年，汉阳分局核发经济适用房及配建公共租赁住房等《方案批准意见书》和《建设工程规划许可证》6 本，建筑面积 54.28 万平方米。（张佳黎）

【工业项目审批】 2011 年，汉阳分局核发全区工业项目《方案批准意见书》和《建设工程规划许可证》6 本，建筑面积 9.98 万平方米；并联审批、高效办理武汉信一通用拉丝机械有限公司、武汉亚太调味食品有限公司、武汉嘉盛包装有限公司《方案批准意见书》，总建筑面积 27.17 万平方米。（张佳黎）

【重点项目审批】 2011 年，汉阳分局核发全区重点项目，如武汉金地伟盛房地产开发有限公司汉阳区四新地区 J 地块（J5、J8 地块）商品房、绿地地产集团武汉置业有限公司（E 地块、B 地块）等《方案批准意见书》，建筑面积 158.83 万平方米；审批并核发绿地地产集团武汉置业有限公司（绿地新都会 E 地块、B 地块）商品房、武汉金地伟盛房地产开发有限公司汉阳区四新地区（J5、J8 地块一期）商品房等项目《建设工程规划许可证》，总建筑面积 101.66 万平方米。

（张佳黎）

【批后管理】 2011 年，汉阳分局对审批的 74 个建设项目（其中，个人住宅项目 12 项，单位建设项目 62 项）进行了全程跟踪管理，及时发现并依法查处违法建设 8 项，违法建设查处率为 98%以上。（胡玉蓉）

【土地执法】 汉阳分局组织对全区 2011 年前后新开工的项目进行了全面的排查，动态巡查查处违法用地 11 宗，制止 5 起，对另 6 起违法用地案件进行了立案，土地面积 85.05 亩。处理土地违法案件 39 宗，没收构筑物 33.05 万平方米，收回土地 66.60 亩。

在第十一次卫片土地执法检查中，完成 216 个图斑，101 宗地，用地面积 1607.72 亩（含增补图斑）的调查工作，建立图斑 101 宗，其中，违法用地 45 宗，用地面积 355.30 亩（耕地 64 亩），均已立案查处。拆除 3 起违法用地，拆除面积 3670 平方米，复耕复绿 1.80 亩，收缴罚金 422.92 万元，没收地上建筑物 16.62 万平方米，有效地将辖区违法占用耕地数占新增建设用地耕地数的比例控制在 10%以内。该项工作已通过武汉市国土资源和规划局、湖北省国土资源厅、国家土地督察武汉局的验收，违法用地被上级政府问责次数为0，违法用地查处率达95%。（胡玉蓉）

【土地利用管理】 2011年，汉阳分局办理划拨决定书10份，土地面积26.76公顷。办理经审批同意增加容积率项目1个，用地面积0.88公顷。办理土地资产处置项目6个，面积8.44公顷。（熊美琴）

【地籍地政管理】 2011年，汉阳分局办理土地证书8114本，发证面积50.97公顷。办理土地分割登记项目13个，颁发土地分割转让证明4568份。完成新增建设用地勘测定界87宗，面积867.42公顷。协助武汉市国土资源和规划局核实法院查封地块信息35宗，面积46.61公顷。（熊美琴）

【征地与拆迁管理】 2011年，汉阳分局完成征地审批23项，土地面积300公顷，土地补偿费、安置补偿费、青（鱼）苗及地上附着物、房屋拆迁补偿费共计23.83亿元。涉及拆除房屋47.81万平方米，房屋拆迁补偿费合计6.48亿元。安置农业人口2045人。征地安置率、征地补偿率、实际安置农业人口率均为100%。

全年共上报新增建设用地项目43个，土地面积455.93公顷。全年共签订拆迁补偿协议1655户，拆迁总建筑面积15.80万平方米。办理拆迁许可2件，拟拆迁户数7958户，拟拆除面积124万平方米。（周　红）

【"城中村"改造】 2011年，汉阳分局核发陶家岭村、五里墩村、龙阳村、铁桥村、十里铺村等"城中村"改造还建项目《方案批准意见书》14本，建筑面积共计194.75万平方米；审批并核发陶家岭村、龙阳村等"城中村"改造开发项目《方案批准意见书》17本，建筑面积136.60万平方米；审批汉阳鲤鱼洲三村、龙阳村、江堤村、陶家岭村、铁桥村、十里铺村等"城中村"改造还建项目18件，建筑面积233.78万平方米，审批江堤村等"城中村"改造开发项目18件，建筑面积162.84万平方米。（张佳黎）

【电子政务】 2011年，汉阳分局更新各类信息共394条。发布简报39篇，办理各类督办件101件、信访件39件。规划审批项目批前公示81件，占全市中心城区8个分局公示总量的34%，名列第一。（胡　蓉）

【电子效能监察】 2011年，汉阳分局电子效能监察加分1.61分，居中心城区8个分局加分第一名，全年按时办结率为100%，无超时办结，未出现红、黄牌警告。（胡　蓉）

【三维数字地图系统建设与应用】 2011年，汉阳分局完成汉阳地区现状三维模型制作（含当年审批的工业和经济适用住房项目），覆盖率达100%。完成当年审定规划建筑方案精细化模型制作，覆盖率达100%。（胡　蓉）

【党风廉政建设】 2011年，汉阳分局在党风廉政建设工作中建立了沟通协调机制、三级预警机制、腐败风险点排查制度等3项工作机制。积极处理群众来信来访，共办理督办件95件、信访件35件、行政投诉件5件。开展工程建设领域城乡规划管理突出问题排查工作，对土地出让、规划审批项目进行逐一排查并整改。开展党风廉政建设宣传月活动，召开反腐倡廉工作动员会，并开展"以人为本、执政为民"为主题的学习体会交流会。组织全体党员干部观看廉政教育片《国土惩腐》，开展观后感心得交流活动。组织学习《中国共产党党员领导干部廉洁从政若干准则》，开展预防职务犯罪专题教育活动。（钱晶晶）

【机关作风建设】 2011年，汉阳分局充分发挥基层党组织作用，大力加强党的思想建设、组织建设和作风建设，党员干部队伍的思想认识、大局意识得到了提高，促进了全局稳定。按照"治庸问责"和"改善投资软环境"活动的统一部署和要求，进一步端正思想作风、工作作风和学习作风，不断增强干部职工服务群众、服务企业、服务发展的责任意识，精简办事程序，严格办事时限，落实一次性告知制度，切实提高建设项目特别是大型企业建设项目办事效率和服务质量。进一步落实"绿色通道"制度，将重点企业的建设项目与年度市、区重点建设项目一并纳入"绿色通道"，实行专档管理、超前服务、优质办理，所有规划手续在一个科室办结。建立辖区大中型企业定期走访制度，加强跟踪服务。建立重大项目审批和重要规划编制情况定期通报制度，便于辖区企业及时了解规划相关信息，了解辖区城市建设情况。（胡　蓉）

【档案管理】 2011年，汉阳分局认真落实《湖北省档案登记办法》，对分局档案依法进行了登记。完善库房设备，做好档案整理。全年严格按要求整理归档8739宗（单位281宗，个人8458宗），利用档案资源为社会提供利用服务1047人次，1632宗。（徐丽霞）

【治庸问责】 2011年，汉阳分局在“治庸问责”、优化投资环境活动中做了以下工作：一是完善决策机制。在贯彻执行国土规划管理相关法律法规的基础上，着力建立健全体现“以人为本、执政为民”要求的集体决策机制。二是优化审批流程。分局受武汉市国土资源和规划局委托牵头拟定《中心城区分局业务办理流程》，实现了审批事项、审批环节、审批时限3个“减半”，全面提高办事效率和服务水平。围绕重大项目，开辟“绿色通道”，加大规划审批力度。三是加强窗口建设。严格执行“六统一”和“六公开”要求，并有针对性地对窗口工作人员的业务知识、文明礼貌用语、服务礼仪等内容进行重点培训，组织在岗自学，不断提高窗口工作人员分析、认识和解决问题的能力。国土规划政务窗口连续4年被区政务中心评为优秀窗口。2011年11月，被市局确定为全局唯一一个争创全市群众满意基层站所的局属单位。四是积极推进信息化建设。在中心城区分局中率先组建信息网络室，负责汉阳地区规划建设项目的建筑面积技术指标校核、三维辅助设计等技术服务，避免建设单位往返市局、分局的过程，缩短服务周期，提高服务质量。（刘思桥）

【议、提案办理】 2011年，汉阳分局共承办市、区人大、政协议提案16件，其中主办的4件已全部按时办结。满意率为100%。（周　娟）

【获奖情况】 2011年，汉阳分局被省精神文明建设委员会评为“省级文明单位”；被市爱国卫生运动委员会评为“卫生先进单位”；被武汉市国土资源和规划局评为“全市国土规划系统绩效管理先进单位”；被汉阳区委、区政府评为“全区绩效管理工作先进单位”、“重大项目优质服务单位”、“服务企业及全民创业工作优胜单位”、“招商引资先进单位”、“社会治安综合治理优胜单位”、“安全生产工作责任目标考核先进单位”、“信访维稳工作先进单位”、“结对帮扶先进部门”；被区社区建设指导委员会评为“社区建设先进单位”；被区委宣传部评为“优秀党（工）委（组）中心学习组”；被区政务中心管委会评为“年度优质服务窗口”等。

（胡　蓉）

武昌分局

【驻区概况】 武昌区地处武汉市中心城区东南部，位于长江南岸，与汉阳汉口隔江相望，北与青山区毗邻，东南与洪山区接壤。武昌区是武汉市的中心城区，是中共湖北省委、湖北省人民政府所在地，是湖北省政治、经济、文化中心，是全国重要的科教基地和交通枢纽。全区下辖积玉桥、杨园、徐家棚、粮道街、中华路、黄鹤楼、紫阳、白沙洲、首义路、中南路、水果湖、珞珈山、石洞、南湖14个街道办事处，197个社区居民委员会，户籍人口113.59万人。有汉、回、满、藏等40个民族。全区土地面积96.50平方公里，为全市土地总面积的1.14%。（李国荃）

【规划编制与审批】 2011年，武昌分局先后完成了武昌区重点地区城市设计——武珞路沿线、武昌滨江长江二桥至二七长江大桥段、武昌滨江长江一桥至白沙洲长江大桥段，完成了中北路至徐东大街城市设计的修订，参与完成了长江大道至武昌段城市设计的编制工作；配合市国土资源和规划局完成了《辛亥革命百年庆典保障规划》工作。完成了“城中村”还建项目规划方案的预审和重点工程项目拆迁安置房的规划审批，以及军队在办理项目审批的清查和保障性住房项目专项检查工作。全年共受理个人建房报建19户，审批11户，审批面积578.91平方米，无新增面积；受理公房报建项目16项；核发《建设项目选址意见书》

5 本，总用地面积 6.02 万平方米；核发选址意见函 1 份；核发《建设用地规划许可证》8 本，批准用地面积 10.42 公顷。办理完毕方案审查、施工图审核 18 项，建筑面积 69 万平方米。核发《建设工程规划许可证》45 本，批准建筑面积 51.26 万平方米。（李国荃）

【"城中村"改造】 2011 年，武昌分局完成"城中村"改造集体土地在拆项目 4 项，主要涉及杨园街余家头村、徐家棚街三角路村、中南路街姚家岭村、水果湖街余家湖村。下达征收土地补偿安置公告 15 项，征地面积 117.50 公顷。全年应拆 10236 户、面积 269.08 万平方米，实际拆迁 7548 户、面积 193.60 万平方米，达成拆迁协议的 7548 户货币补偿全部到位，补偿到位合格率为 100%。（李国荃）

【国有土地拆迁项目管理】 2011 年，武昌分局共有国有土地核发拆迁许可证在拆项目 69 项，应拆户数 18674 户、面积 222 万平方米，实际拆迁 3080 户、面积 43 万平方米。完成拆迁验收 12 项。（李国荃）

【建设项目批后管理】 2011 年，武昌分局对审批的 27 项建设工程项目全部进行了跟踪巡查，发现违法建设项目 3 起（全部为私房），违建面积 144.89 平方米。根据武昌区"查控违四项机制"，对 3 起违法建设全部下达了拆除通知书，并交区街道办事处进行了拆除。全年核发《建设项目规划验收合格证》25 本、建筑面积 43.58 万平方米（其中公房 16 项、建筑面积 43.42 万平方米，私房 9 项、建筑面积 0.16 万平方米）。对 3 个土地卫片图斑(总面积为 69.70 亩，含耕地 37.40 亩）进行了核实，其中，2 个图斑为合法用地，1 个图斑为未供即用违法用地。（李国荃）

【历史遗留问题处理】 2011 年，武昌分局共办理历史违法建设处罚补办项目 5 起，建筑面积为 1.30 万平方米，收取罚没款 269.30 万元，追缴配套费 284.20 万元。（李国荃）

【国有土地登记发证】 2011 年，武昌分局共办理国有土地登记发证 19512 宗、土地登记总面积为 290.45 公顷。其中，单位登记发证 139 宗、登记面积 267.95 公顷；个人登记发证 19373 宗、登记面积 22.50 公顷（其中，当日可取发证 15752 宗、办理个人土地抵押登记 931 宗，抵押金额 7.45 亿元）。（李国荃）

【土地利用与资产处置】 2011 年，武昌分局共办理用地项目 30 个批次，总面积 10.20 公顷。其中，完成出让项目 5 宗，面积 4.20 公顷，收缴出让金 11.95 万元；完成企业改制项目 13 宗，面积 1.02 公顷；完成资产划转项目 1 宗，面积 4.70 公顷；完成独立宗转让 7 宗，面积 0.11 公顷；追缴土地出让金项目 4 宗，用地面积 0.18 公顷，追缴土地出让金 964.94 万元。

（李国荃）

【信息化与电子政务】 2011 年，武昌分局对外发布信息 123 条，向市、区政府，市国土资源和规划局等单位报送信息 56 条，被相关单位采用 78 条。全年对 60 项建设项目进行了公示。完成纸质档案整理，电子档案组卷、编号及相关信息的录入 39386 条。全年共接待档案查询 464 人次，调阅案卷 586 卷（次）。该分局网页点击率累计 29360 次。（李国荃）

【业务例会】 2011 年，武昌分局召开业务例会 23 次，讨论研究规划报建项目 49 项、用地项目 2 项、地籍地政项目 11 项、执法验收项目 20 项、征地拆迁项目 2 项。（李国荃）

【法规宣传】 2011 年，武昌分局根据市国土资源和规划局的部署，于 4 月 1 日、6 月 25 日、8 月 29 日分别开展了《城乡规划法》、《土地管理法》、《测绘法》的法规宣传活动。通过活动的开展，既加强了与人民群众的联系，又提高了广大人民群众的思想认识，增强了法制观念。同时，在分局内部还组织干部职工学习了这些法律法规，使干部职工形成了正确运用法律法规的自觉性。（李国荃）

【治庸问责】 2011 年 4 月开始，武昌分局根据市、区、武汉市国土资源和规划局关于在全市掀起"责任风暴"、实施"治庸计划"和改善投资发展环境的文件精神，围绕"治庸问责"工作和改善投资软环境建设开展了一系列活动。为切实抓好"治庸问责"和改善投资环境工作，分局分别成立了“治庸问责”、“改善投资发展环境”领导小组和工作专班，制订了实施方案，召开了学习动员大会，开通了网上“治庸问责”专栏，在办公区显著位置设置了“治庸问责”显示屏、宣传栏、意见箱，悬挂了“治庸问责”的宣传横幅，发放宣传手册40余份。在实施整改前，该局组织召开了区治庸办，相关区党代表、人大代表和政协委员参加的治庸问责、改善投资发展环境整改工作征求意见座谈会。在自查过程中，主要采取了“自己找、相互帮、领导提、集中评、组织审”的方式有针对性地进行了自查，并由工作专班结合单位自身工作实际，研究制定了整改措施。在整改过程中，该单位对外公布了“321”（简化程序“三压缩”、改进作风“二提高”、完善机制“一优化”）承诺，提出了“人人都是投资环境，个个都要热情服务”的口号。截至年底，该局通过“治庸问责”4个阶段的工作和改善投资发展环境的建设，工作作风有明显增强、服务质量有明显提高、工作效率明显加快、精神状态明显改善、投资发展环境明显改观。

（李国荃）

【党风廉政建设】 2011年，武昌分局深入开展党风廉政建设工作，全年未发生违法违纪问题。一是突出抓了党风廉政建设责任制的落实。党组书记与各科室签定党风廉政建设责任书；二是突出抓了廉政教育。召开年度反腐倡廉工作大会，制定《2011年反腐倡廉工作要点》和实施方案，定期组织廉政教育活动；三是突出抓了各项廉政制度的检查。定期或不定期地对照“六个决不允许”和“八项禁令”、《廉政准则》和中央、省、市有关领导干部廉洁自律的规定，检查项目审批廉政跟踪单，并围绕国土规划中心工作，检查职能科室运用权力、履行职责、执法程序；四是突出抓了建设领域的源头治腐工作。从“制权、管钱、用人”三个方面入手，坚持局长办公会、业务例会制度，对行政事项以及项目审批全部实行集体决策。同时，还建立了腐败风险点排查机制，全面推进风险点排查工作，排查岗位职责风险、制度机制风险、外部环境风险和干部作风风险，做到了全局排查对象、排查岗位全覆盖。

（李国荃）

【获奖情况】 2011年，武昌分局被湖北省人力资源和社会保障厅、湖北省国土资源厅评为“全省国土资源系统先进集体”；被武汉市政府评为“全市群众满意基层站所”、“文明单位”，被武昌区委、区政府及区直机关评为“最佳文明单位”、“社会治安综合治理先进集体”、“信访工作先进单位”、“党的基层组织先进单位”、“全区重大项目建设先进单位”、“南湖文明示范区创建工作先进单位”、“全区先进基层党组织”、“武昌区绿化先进单位”、“全区‘十二五’专项规划二等奖”；被武汉市国土资源和规划局评为“全市国土规划系统信访维稳工作先进集体”、“综治和安全生产先进单位”、“信息化工作先进集体”。该局连续4年被评为“全市国土规划系统绩效管理先进单位”，连续5年被评为“全区绩效管理先进单位”。

（李国荃）

青山分局

【驻区概况】 青山区地处武汉市区内长江中游南岸。区境西起罗家港，经和平大道与武昌区相连；东至洪山区建设乡；南与洪山区和平乡接壤，傍东湖生态旅游风景区；北临长江，面对天兴洲，隔江与江岸区谌家矶相望。2011年建成区面积63.91平方公里，常住人口45.27万人，下辖10个街道办事处和钢都花园管理委员会。境内驻有武汉钢铁集团公司、中国第一冶金建设公司、武汉石油化工厂、中冶集团武汉钢铁设计研究总院等10多个大型企业和科研机构。

区内工业用地面积约2752公顷，钢铁、石化、造船、能源、机械等工业用地相对集中，主要分布在工人村路、企业路、冶金大道、王青路一线以东，部分厂矿、仓库散布于西部生活区与沿江一带。居住用地面积约847公顷，主要集中在工人村路的西部，大致可分为老城区和友谊大道两片，另有部分次生活区分布在东部厂区周边。道路广场用地626公顷、仓储用地36公顷、公共设施用地80公顷、绿地161公顷、对外交通用地175公顷、市政公共设施用地210公顷。（胡林海）

【建筑规划管理】 2011年，青山分局核发《建设项目选址意见书》9本，用地面积40.30公顷；核发《建设用地规划许可证》10本，用地面积41.47公顷；完成建筑规划方案审批13项，用地面积27.80公顷，建筑面积83.10万平方米；完成核位红线图校核14项，用地面积35.80公顷，建筑面积78.50万平方米；核发《建设工程规划许可证》9本，建筑面积44.87万平方米。所有项目严格按照审批权限进行审批，办理资料齐全，符合法律法规和上级部门的相关要求。积极做好武钢重工工业扩建、奥山世纪城、八大家花园、中胜物流、中海国际广场等一批重点项目的建管审批工作。（胡林海）

【地籍地政管理】 2011年，青山分局发放土地使用证共计7908本，其中，房改房1414本，商品房1626本，交易房4805本，私房18本，单位登记发证45本（其中，共用宗土地30宗，独立宗土地15宗，总面积53.07公顷）。办理个人土地使用权抵押（他项权证）300本，抵押金额2.07亿元；完成企业改制土地资产处置6项，办理土地分割登记5宗，办理资产划转项目1项，供地项目1项。认真做好地籍调查和权属审核工作，积极服务保障性住房项目。（胡林海）

【拆迁项目管理】 2011年，青山分局共拆迁3363户，建筑面积44.20万平方米，货币安置1786户，约8.70亿元；办结征地项目3个，面积113.50亩，安置费2177.50万元全部到位，被征地农民安置补偿到位合格率100%；上报新增建设用地项目10个，面积2850亩。对48名街道、村干部进行农用地转用和新增建设用地报批程序培训，印制宣传资料100余份，宣传办理新增建设用地的程序和耕地保护政策等内容，公布征地拆迁信息。在处理拆迁矛盾、解决拆迁纠纷和群众反映的重点热点问题上，确立了“实事求是、依法处理，区别对待、限期解决，属地管理、有利稳定”的工作准则，建立了处置信访事件长效机制，落实了重大节日专人值班和主要领导带班制度，对突发事件采取了应急措施，认真做好稳控工作。（胡林海）

【城市建设执法管理】 2011年，青山分局共完成批后管理项目17项，总建筑面积61.80万平方米。已验收9项，建筑面积32.10万平方米，在巡8项，建筑面积为29.70万平方米，无一例批后管理违法。认真开展第十一次卫片土地执法检查工作，共47个图斑，监测面积616.50亩。其中，合法图斑23个，7个图斑为违法补办手续项目；13个违法图斑，4个图斑认定为实地伪变化。完成白玉山街红村农民建房和武钢北湖配送中心的建筑物拆除和复耕工作，复耕面积10.50亩；13个违法图斑（10宗违法用地案）中的武汉市青山区发青五金厂已缴罚款结案，其余8宗违法用地案件准备申请法院强制执行。（胡林海）

【新型工业化示范园区规划编制】 2011年，青山分局启动新型工业化示范园区规划编制工作。充分利用上位规划，将经济开发区、北湖工业园、都市工业园、环保科技园、武东装备制造产业园等“一区四园”整体纳入，统筹建设，着力打造以循环经济产业、装备制造业为龙头的四大高端新兴支柱产业。对4个园区（工人村都市工业园、青山装备制造产业园、环保科技产业园以及北湖工业园）道路现状和项目建设情况进行实地调研，对园区范围内“批、征、供、用”情况进行一次全面梳理与清查，组织专题调研会征求辖区相关单位和部门的意见，开展规划导则的编制。11月，完成了青山新型工业化示范园区控制性详细规划导则（面积44.01平方公里）和启动区（面积8.67平方公里）控制性详细规划编制工作。（胡林海）

【滨江生态商务区规划工作】 2011年，青山分局对已初步完成的滨江生态商务区规划深入剖析，进一步完善功能定位以及板块划分，明确滨江核心区的启动项目及发展目标。将滨江地区的建设强度提升，在用地布局上适当调增公共服务设施用地，调减居住用地，并加强绿化景观控制。继续深化青山区“东工西居”的战略布局，以推进区域经济结构的战略性调整为目标，合理配置滨江宝贵的土地资源，构建具有青山特色的生产型现代服务业基地，打造集商务办公、商业服务、高档居住及循环经济相关产业为一体的多元化、综合性示范城区。8月16日，召开了青山滨江商务区开发战略国际招标签约仪式，滨江开发正式进入项目策划实施阶段。（胡林海）

【“工业倍增”计划】 2011年，青山分局推进“工业倍增”计划的落实，组织青山区发改委、区水务局、武汉市土地利用和城市空间规划研究中心、市规划设计研究院国际工作室等单位4次进行现场勘查，着手编制《青山港连通渠用地综合规划研究工作方案》。抓好工业用地预征工作，完成“十二五”期间工业用地年度实施计划和分年度工业用地开发规模、空间位置确定工作。着力推进市、区重大项目的落实，100万吨煤焦油加工项目已与青山区签订了合作框架协议，完成了确定用地范围，土地储备计划、用地条件、征用土地上报等手续；提前完成了武汉国际钢铁物流园项目建设方案审查；12万吨/年预焙阳极项目，被列入全市2011年土地储备计划，办理了储备要点；大型海洋工程项目（461厂）、青山区节能环保科技产业园、北湖工业园、硅冷加工研发园等青山区重点工业项目的规划要点均已完成。（胡林海）

【服务“三大改造”】 2011年，青山分局全力推进旧城改造、棚户区改造和“城中村”改造等“三大改造”。在旧城改造工作中，为推进38、42、43街坊改造项目（以下简称八大家花园）改造，7月11日召开了专家论证会，邀请武汉大学、华中科技大学和市文化局、园林局等专家与会，就八大家花园的规划方案进行了全方位的论证，总平面规划方案已获得原则通过。在棚户区改造项目中，推进武钢北湖棚户区改造项目，范围涉及户数约3588户，拆迁建筑面积约30万平方米。在“城中村”综合改造中，完成了东部12村综合改造规划，先后3次征求辖区相关部门的意见和建议，完成了东兴洲村综合改造方案的报批工作，实现“当年立项、当年报批、当年供地、当年开工”的奇迹。积极推进保障性住房建设，先后完成了471套经济适用房、461套公租房、宏业经济适用房和廉租房项目审批与发证工作，启动了北湖棚户区改造一期经济适用房项目、港东名居二期经济适用房项目，总建筑面积57.20万平方米，可提供6977套经济适用房和廉租房。（胡林海）

【治庸改软】 2011年，青山分局先后召开3次动员部署会议、3次党组会、11次局长办公会，专题研究治庸问责活动进展情况、存在的问题、整改措施等。将武汉市委、市政府、市国土资源和规划局、青山区委、区政府和分局关于治庸问责活动的21个文件汇编成册，通过公文督办系统以电子版的形式下发给每名干部职工。强化建章立制工作，对3项制度予以废止，对25项制度进行修订，新建规章制度8项，并印发执行。实行政务中心窗口工作领导带班制，每天由一名分局领导和一名科室负责人全面负责窗口工作，科室负责人入驻窗口值班，填写《带班日志》。制定科室优化投资发展环境工作措施，查找22个存在的问题，提出一次性告知、推行AB角工作制、搭建催办沟通平台等16条整改措施，对所有建设项目在满足基本条件的基础上，完全实现了并联审批。向驻区企业和服务对象发放了48份征求意见表，召开了“两代表一委员”民主评议会和干部职工座谈会，征求加强青山国土规划工作的意见和建议，对收集的12条意见和建议进行梳理汇总，制定了整改措施，明确了责任领导和责任科室。2011年，分局领导共开展36次现场办公，进行国土规划方面的法律法规宣传和征求加强分局建设的意见和建议。（胡林海）

【“三万”活动】 2011年，青山分局贯彻落实青山区委、区政府“城乡互联、结对共建”的要求，深入新洲区双柳街万家咀村开展互联共建活动。“三万”活动做到了两个“全覆盖”，分局班子成员2次以上进村入户，共完成民情日志74篇，调查问卷21份，制作了“万家咀村‘万名干部进万村入万户’活动问卷调查统计分析表”，撰写了3篇有情况、有分析、有对策的调研报告。先后投入资金9.50万元，完成改造1公里砂石路、安装变压器、改造2公里村级电路等工程。2011年度村民总收入预计增长35万元。（胡林海）

【信访、议提案办理】 2011年，青山分局共制发相关文件112份，刊发简报33期，回复人大政协议提案20件；信访件222件，其中市长信箱7件、市长专线26件、局长信箱11件，行风连线12件，区长信箱53件，网格化投诉83件，行政投诉5件，区信访局信访转办件25件；督办事项70件，签报29件，全部按时办结，满意率达到100%。行政效能电子监察未出现超时扣分的情况。（胡林海）

【获奖情况】 2011年，青山分局先后获得“湖北省精神文明创建先进单位”、“2009～2010年度市级文明单位”、“武汉市巾帼文明岗”、“2010年度青山区绩效管理先进单位”、“2010年度青山区信访维稳工作先进单位”、“2010年度青山区群众满意基层站所”、“2010年度先进基层党组织”等表彰。（胡林海）

洪山分局

【驻区概况】 洪山区位于武汉市东南部的长江南岸，东接东湖国家自主创新示范区，南抵江夏区，北与武昌、青山两区相邻，江心生态绿洲——天兴洲与江岸区隔江相望。辖区版图面积221.60平方公里，下辖珞南、卓刀泉、洪山、关山、梨园、和平、张家湾、青菱、狮子山9个街道和天兴1个乡。洪山区丘陵、湖泊众多，山水资源丰富；科研院所、科技企业林立，科教实力雄厚；随着区域内交通体系渐趋完善、经贸商业兴旺繁荣、公共设施配套逐步成熟，中心区位优势日益凸显。（陈　浩）

【建筑规划与拆迁征地管理】 2011年，洪山分局核发《建设项目选址意见书》10本，核发《建设用地规划许可证》12本，用地面积54.76公顷；完成规划方案审批37项，完成施工图审核31项，总用地面积110.84公顷，总建筑面积309.25万平方米；办理公房规划竣工验收项目16项，竣工验收面积108万平方米；办理土地登记发证15743本，其中单位土地证35本，个人土地证15708本；对2011年分局审批的29个公房项全部实施了跟踪管理，并定期进行巡查，对巡查中发现的3个批后违建项目及时下达了停工，并进行查处，坚决将违法建设苗头遏制在萌芽状态，切实做到了批后违法建设发现率100%，查处率100%。全年办理违法建设处罚案件2宗，行政处罚档案适用法律准确，程序合法，资料齐备，符合法定要求；完成征地项目69项，面积404公顷，征地红线范围内拆迁5410户，拆除面积226万平方米；完成确认告知78项，面积1589.49公顷。到位补偿农民安置费35亿元；国有土地拆迁完成7项，安置拆迁户2266户，达成协议面积约19万平方米。拆迁居民货币补偿到位2.70亿元。被征地农民安置补偿到位合格率100%，拆迁居民货币补偿到位率100%。（陈　浩）

【支持重点项目建设】 2011年，洪山分局先后为省卫生检验检测中心、洪山区文体中心、辖区保障房、青菱产业园工业项目等重大项目在规划选址、征地拆迁、方案审批等方面特事特办、急事急办，全力支持重大项目顺利推进。（陈　浩）

【规划编制】 2011年，洪山分局编制了62.50平方公里“青菱生态新城”规划。编制完成了《洪山区新型工业化示范园区控制性详细规划导则》和《洪山区新型工业化园区启动区控制性详细规划》。核发青菱工业园工业用地储备要点9项，总用地面积221.36公顷；办理完成工业用地供地规划条件3项，组织青菱工业园3宗工业用地地块顺利实现挂牌。（陈　浩）

【地籍地政管理与地质灾害防治】 2011年，洪山分局共发放各类土地证16408本，其中，发放单位土地证35本，土地总面积181.63公顷，发放个人土地证16373本；受理抵押700份，抵押金额60800万元。完成新增建设用地勘测定界报告117宗，土地总面积2456.35公顷。完成权属调查9宗。调处土地权属纠纷7起。洪山分局共办理划拨类土地项目 13 宗，土地总面积 36.02 公顷。办理 3 宗土地增容类土地出让收益补缴项目，共收缴土地收益金 2402.99 万元。办理企业改制资产划转类业务 3 宗，土地总面积 3.09 公顷。按照武汉市国土资源和规划局要求编制了《2011 年度洪山区地质灾害防治工作方案》；聘请省环境总站武汉站监测烽火村（省级地质灾害防治重点单位）岩熔地面塌陷后的地质变化情况；对省级地质灾害防治重点单位烽火村竹木大市场内进行巡查和检查共计 50 次。（李焕发）

【保障房审批】 2011 年，洪山分局对该区 2011 年保障性住房建设计划项目（共 34 个项目）进行了全面清理，每周跟踪工作进度，填报保障房报表并定期上报市局。全年办理保障房“一书一证”2 项，用地面积 26 公顷；完成保障房施工图审核 3 项，建筑面积 71.42 万平方米；办理保障房《划拨决定书》6 宗，土地总面积 30.10 公顷。（陈　浩）

【土地卫片执法监察】 5 月 13 日，洪山区召开 2010 年度土地矿产卫片执法检查工作大会，分局按照会议部署，根据 2010 年度土地变更调查上报成果，提前进行内查外调工作。经调查核实，全区违法用地 20 宗，用地面积 811.15 亩（耕地 229.45 亩）。对违法用地案件已全部立案查处，经武汉市国土资源和规划局案件会审通过，已全部下达了行政处罚决定书。其中，下达处罚决定书自动履行结案 9 宗，没收建筑面积 1.28 万平方米，拆除 1.53 万平方米，罚款 3.51 万元，退还土地面积 265.82 亩，其余 11 宗已上报市局移交法院申请强制执行。（陈　浩）

【2011 年新开工项目用地专项督察】 2011 年 11~12 月，国家土地督察武汉局拟对湖北省 2011 年新开工项目用地情况进行专项督察。为迎接国家土地督察武汉局来洪山区开展 2011 年新开工项目用地情况专项督察，切实做好全区新开工项目用地专项检查工作，加强对违法用地的问责预警，洪山分局迅速启动对全区 2011 年以来新开工建设的项目用地专项督察行动，对国家土地督察武汉局要求的多项重点督察内容进行了全面清查。分局组成 2 个工作清查组，对洪山辖区新开工项目逐个进行实地现场勘察和土地报件档案核查。经调查核实，全年新开工建设项目用地共 19 项，其中合法用地项目 12 项，尚未依法办理用地审批手续用地项目 7 项，用地面积 142 亩，全部下达《责令停止违法行为通知书》。1 宗立案上报武汉市国土资源和规划局，其余 6 宗制止到位。（陈　浩）

【规划卫片执法工作】 根据武汉市国土资源和规划局开展 2011 年度规划卫片执法工作的统一部署，洪山区 2011 年度规划卫片执法检查工作从 2011 年 12 月 6 日开始全面展开。住建部下发了 2010 年度洪山区影像数据，共计图斑（宗地）108 宗，分局分成 2 个工作小组，对 108 宗地逐个进行实地现场勘察和土地报件档案核查。经调查核实，108 个项目中经过审批手续的 61 宗，未经过审批手续的 14 宗，不属于建设行为的 28 宗，不属于该区管辖范围的 5 宗。（陈　浩）

【“城中村”综合改造】 2011 年，洪山分局组织改造规划编制 9 个村，办理青菱街长江村和张家湾街毛坦村两项产业用地改造项目。收集洪山区所有“城中村”改造项目的相关资料，拟建立数字洪山—“城中村”改造子系统，便于今后各“城中村”改造项目审批，指导洪山区“城中村”综合改造工作顺利进行。（陈　浩）

【优化投资发展环境】 2011 年，洪山分局在创新工作举措，优化投资发展环境方面做了以下工作：一是理顺办理程序，提高办事效率；二是切实加强窗口建设，努力实现“服务更优、环境更好、效果最佳”的工作目标，为办事群众和建设单位提供优质、便捷、高效的国土规划服务；三是切实履行武汉市国土资源和规划局公开承诺；四是按照市局要求推行“八项制度”；五是做好企业发展用地规划，深入推进“国土规划服务园区行”活动，做好洪山辖区企业园区的规划编制和调规工作，化解当前部分企业在用地发展上存在的与规划不符等诸多矛盾。（陈　浩）

【治庸问责】 2011 年，洪山分局制定了《洪山国土规划分局掀起“责任风暴”、实施“治庸计划”的工作方案》和《关于进一步优化投资发展环境的实施办法》，把“治庸问责”与优化投资环境工作结合起来，把整治“庸、懒、散”行为和立足岗位为民办实事结合起来。在全局上下营造出比业绩、讲奉献，人人创先争优，工作你追我赶的良好氛围。全年无省市领导点名批评，无媒体负面报道，无查实的行政投诉，无查实的群众举报。（陈　浩）

【信访维稳】 2011年，洪山分局收到群众来信90件，网上信访件482件，接待来访群众4000人次，做到热情接待，耐心解释。对来信及时登记，及时送呈领导批阅，及时转交办理和回复。全年无越级上访和非正常上访，信访件办结率符合省市要求。（陈　浩）

【获奖情况】 2011年，洪山分局被武汉市委评为“2009～2010年度市级文明单位”；被洪山区委、区政府评为“2010年度固定资产投资和重点项目建设推进及优化服务工作优质服务单位”、“2010年度全区绩效考核先进单位”、“2009～2010年度最佳文明单位”、“2006～2010年度普法宣传教育先进单位”；被区政府评为“2010年度安全生产工作先进单位”、“2010年度招商引资工作先进单位”、“2010年度人大政协议提案办理工作先进单位”、“2010年度信访工作先进单位”；被区综治办评为“2010年度治安治理先进单位”；被区纠风办评为“2010年度民主评议政风行风优秀单位”；被区总工会评为“2010年度优秀单位”；分局窗口被区政务中心评为“2010年度先进窗口”。（陈　浩）

东湖分局

【驻区概况】 2006年6月1日，东湖生态旅游风景区管理委员会成立，行政管辖范围81.68平方公里，其中水域33平方公里。托管了11个村、2个渔场、5个社区。常住人口约7万人、流动人口约2万人。（廖　威）

【东湖风景区总规获国务院批复】 7月7日，《东湖风景名胜区总体规划（2010—2025年）》获国务院正式批复，标志着历时4年的总规修编工作圆满完成。（罗彦青）

【规划编制】 2011年，东湖分局协助风景区管委会完成了东湖旅游发展策划研究，参与完成总规获批后东湖风景区保护与发展工作思路的研究工作；完成了武汉市规划展示馆展示大纲东湖风景区部分的编写工作；协助武汉市规划设计研究院推进《东湖生态旅游风景区东部地区控制性详细规划》初步成果进一步修改、完善工作；参与完成了区“十二五”规划纲要的起草工作；协助风景区管委会完成了《东湖生态旅游风景区湖泊水域蓝线》修编工作；配合景区城改办推进“景中村”综合改造规划方案初步成果的编制工作。

协助武汉市国土资源和规划局完成了二环线工程东湖公安分局办公楼还建选址方案；参与完成了渔光村酒店、翠柳客舍改造项目的选址及用地规划咨询；配合市局参与了华侨城东湖欢乐谷、东湖游客接待中心项目的建筑方案审查工作；完成了八一路延长线磨山村还建小区、东湖梅园旅游基础设施、省博物馆编钟馆改造等项目方案审批工作。（罗彦青）

【规划审批】 2011年，东湖分局核发《建设项目选址意见书》、《建设用地规划许可证》3本，审批用地面积2.50公顷。配合武汉市国土资源和规划局办理重点工程农民还建项目“一书一证”4项，审批用地面积11.12公顷。（罗彦青）

【“城中村”改造】 2011年，东湖分局“城中村”改造工作主要如下：一是结合华侨城项目已基本完成东湖村、渔光村的“城中村”改造工作；二是完成待改造10个村中9个村的双登资料的调查工作；三是按照市长唐良智东湖调研的会议精神，对《东湖生态旅游风景区东部地区控制性详细规划》初步成果进行了深化完善，并按照景区“城中村”改造10个村通盘考虑，分步实施的原则，进一步对《东湖生态旅游风景区城中村综合改造规划》进行了修改。四是推进东湖风景区龚家岭等10个村共计1.03万亩集体土地的征收储备工作。（李　毅）

【服务重点建设项目】 一是继续做好华侨城项目服务。协助东湖生态旅游风景区管委会对华侨城D地块生态文化公园规划方案提出审查意见，并配合武汉市国土资源和规划局完成了华侨城欢乐谷主题公园、生态社区一期及配套东湖村还建项目“一书两证”的审批工作。二是核发湖北省博物馆编钟馆维修改造“一书一证”，发放方案批准意见书。三是服务东湖梅园旅游基础设施项目，在方案阶段，多次同管委会相关部门和设计单位沟通，进行了多方案比选，仔细推敲建筑造型和细部，促使规划方案顺利通过市国土资源和规划局的专项审查。(李 毅)

【土地管理】 2011年，东湖分局受理土地登记325宗。其中，单位土地登记3宗，面积103.90公顷；个人土地登记322宗，面积0.61公顷。受理个人土地使用权抵押27宗，抵押注销登记1宗；完成土地勘界43宗，面积279公顷；受理土地资产划转项目8宗，办理《土地使用权划转批复》8宗，面积0.13公顷；完成景区内7个村“城中村”改造成果汇编的审核，总面积约1.80万亩，其中农用地约1.10万亩，集体建设用地约7600亩。 (陈建华)

【土地变更调查】 2011年，东湖分局共调查图斑151个，其中合法图斑48个，违法图斑63个，伪变化图斑40个，按时完成了变更调查工作。(齐新国)

【矿产管理】 2011年，东湖分局完成地质灾害评估审核7宗和矿产压覆情况说明7宗，面积15.89公顷。制定了《东湖风景区突发性地质灾害应急预案》及《东湖年度地质灾害防治方案》。 (姚建军)

【征地前告知确认工作】 2011年，东湖分局完成了武汉火车站周边设施建设工程（中北路延长线）、二环线东湖段等27个项目征地前告知确认工作，告知确认面积达219公顷。对列入武汉市新增建设用地年度方案的项目及时催办，敦促建设单位按时报地，有力配合武汉市国土资源和规划局申报2011年武汉市新增建设用地实施方案。 (朱玉龙)

【征地告知与批后征地管理】 2011年，东湖分局完成了先锋村产业还建用地、龚家岭村产业还建用地、建强村加油站统征地、沙湖港中段及新沟渠整治工程、

汉街

黄家大湾收费站管理区、滨湖村产业还建用地、桥梁村储备地、渔光村产业还建地、先锋村储备地等10个项目征收土地公告的张贴公示工作，征地公告面积90.30公顷。并陆续展开以上10个项目的批后征地管理工作。测算征地项目补偿安置标准，制定征收土地补偿安置方案并予公告。协调黄家大湾收费站管理区征地补偿安置相关事宜。完成了滨湖村加油站统征地块项目安置补偿方案的审批，并上报武汉市国土资源和规划局。（朱玉龙）

【违法用地查处】 2011年，东湖分局对辖区内新开工项目进行了清查。景区新开工项目共17宗，新增建设用地总面积4009亩（含耕地面积1815.48亩），经核查，认定合法用地4宗，用地面积3034亩（含耕地面积1280.48亩）；违法用地13宗，用地面积975.30亩（含耕地面积535亩），全部进行了查处，其中自行纠正9宗，立案4宗（结案1宗）。（卢　佳）

【土地矿产卫片执法检查】 在第十一次土地矿产卫片执法检查工作中，核查东湖生态旅游风景区土地矿产卫片图斑173个，共计21宗地，用地面积1577.40亩（含耕地面积907.50亩）。经核查，初步认定合法图斑3宗，用地面积892.70亩（含耕地面积549.70亩）；违法图斑12宗，用地面积353.30亩（含耕地面积175.90亩）；伪变化图斑6宗，用地面积331.40亩（含耕地面积181.90亩）。合法图斑、伪变化图斑情况经审核已归档；违法图斑已立案查处，其中4宗查处整改已到位，1宗缴纳罚款并结案，其余案件申请法院执行。（卢　佳）

【反腐倡廉】 2011年，东湖分局以理想信念教育和党性党风党纪教育为重点，深入开展示范教育、警示教育和岗位廉政教育，组织参观了武汉女子监狱、“全国检察机关惩治和预防渎职侵权犯罪展览”，观看学习国土资源系统反腐教育片，引导党员干部讲党性、重品行、作表率，形成良好的廉政文化氛围，采取“五、四、三”的措施，加强党风廉政建设工作。全年未发现违反党风廉政建设的现象，也没有发生“不作为”、“乱作为”和被“治庸问责”的现象。（廖　威）

【治庸问责】 2011年，东湖分局召开“治庸问责”工作推进会20次，就人员去向告知、劳动纪律、服务态度、业务办理咨询、办公秩序及卫生、信息管理、“AB角”制度、窗口工作、督办件（投诉件）办理等9个方面进行了分析研究，开展自查暗访和过错追究。修订完善了《局长办公会制度》、《民主生活会制度》、《业务例会制度》、《请销假制度》、《车辆管理使用制度》、《财务管理制度》、《干部考核制度》等一系列规章制度，进一步规范了办事流程。分局窗口积极开展“7个决不让”竞赛暨“优秀服务窗口”、“优秀服务人员”评选活动，强化窗口岗位的服务意识和竞争意识，增强窗口人员的自豪感和荣誉感。通过“治庸问责”，在急难险重的工作面前，分局干部、职工人人靠前争先，机关作风转变成效明显。（廖　威）

【“三万”活动】 2011年，东湖分局开展了“万名干部进万村入万户”和“城乡互联、结对共建”活动。一是深入基层与磨山村两委会委员及村民代表进行了8次座谈；二是专班成员深入田间地头，与村民同劳动，完成入户调查表52户，入户调查率达100%，基本掌握了村情民情；三是投入资金1.50万元，扶贫帮困，捐赠4台笔记本电脑，为磨山村党支部党员活动室专门制作了内容涉及“三万”活动、共建、党员基本知识、支部活动规定等9块宣传栏；四是协助磨山村完成了“双登”资料成果汇编。（廖　威）

【档案管理】 2011年，按照档案管理规定和“三合一”制度，东湖分局投入6万余元对分局成立以来的档案进行全面整理并扫描，共整理档案2500卷，扫描档案6000余卷，共12万张。（高遵凯）

【信息化建设】 2011年，东湖分局完成东湖生态旅游风景区管委会工程建设领域项目信息公开专栏的各类栏目的链接与更新工作，共公开信息312条。全年共投入5万余元对网络设备、服务器、台式电脑及笔记本电脑等软硬件系统进行更新换代。（廖　威）

【获奖情况】 2011 年，东湖分局先后获得“武汉市文明单位”、“东湖风景区文明单位”、“市国土规划局社会治安综合治理先进单位”、“东湖风景区安全工作先进单位”、“全市国土规划系统信访维稳工作先进集体”、“东湖风景区公共文明指数测评优秀组织奖”、“东湖风景区工委优秀基层党支部”、“东湖风景区人口和计划生育目标管理达标单位”、“东湖风景区‘创新业绩、创高效益’竞赛创新示范岗”、“东湖风景区协税护税先进单位”、“东湖风景区城乡互联，结对共建先进单位”等 11 项荣誉称号。 （高遵凯）

第二节　开发区、新城区国土规划管理工作

东湖开发区分局

【东湖新技术开发区概况】 东湖新技术开发区成立于 1988 年 10 月；1991 年，被国务院批准为首批国家级高新技术产业开发区；2001 年，被国家批准为国家光电子产业基地，即“武汉·中国光谷”；2009 年 12 月，被国务院正式批复为“国家自主创新示范区”。东湖新技术开发区位于武汉市主城区的东南部，北抵长江及白羊山山脊，南至梁子湖北岸，西临武汉东湖新技术开发区行政边界及五里界部分建制村边界，东至武汉市域边界、与鄂州市接壤，辖区规划面积 518.06 平方公里（其中，现状湖泊用地约 114 平方公里，山体用地约 29 平方公里，共占总面积的 27.60%，建设用地面积约 126.28 平方公里，占总面积的 24.38%），常住人口约 40 万人。

汉街

2011 年，东湖新技术开发区又获批国家现代服务业试点单位。同时，也是中组部批准建立引进国内外高技术人员的 4 大人才基地之一，该区正朝着建设未来人才聚集地、世界一流的高科技园区大步迈进。区内汇集了各类高等院校 42 所、56 个国家级科研院所、52 名两院院士、20 多万各类专业技术人员和 80 多万在校大学生。现有生物产业基地、新能源产业基地、富士康武汉科技园、综合保税区、中新科技产业园、未来科技城、中华科技产业园、左岭新城和花山生态新城 9 大园区正在规划建设之中。（麻莉佳）

【规划编制】 2011 年，东湖开发区分局召开了《东湖国家自主创新示范区总体规划（2010—2020 年）》专家评审会，原则通过了总规方案，并已完成《东湖国家自主创新示范区总体规划》公示工作及征集的意见整理、修改工作，报武汉市政府及上级主管部门审批；编制完成了示范区土地利用总体规划咨询成果；完成了《东湖国家自主创新示范区综合交通规划》的编制和论证工作；开展了示范区各专项规划的编制工作。

组织完成了光谷广场交通综合改造规划方案的编制及初审工作；开展东湖国家自主创新示范区会展中心及湖北省科技馆新馆国际征集工作；委托完成“城中村”综合改造规划编制工作，并推进其置换选址工作；完成了官桥湖地区城市设计初步成果；完成关山大道城市设计编制工作；完成原住民拆迁还建用地及公墓选址规划工作；已落实未来科技城起步区、富士康配套企业园、国家综合保税区、中华科技园等重大项目的规划选址工作；配合高新大道沿线、金融港、新能源产业基地、国家生物产业基地具体项目选址工作，并完成农民还建社区的“一书一证”核发工作。

（麻莉佳）

【规划审批】 2011 年，东湖开发区分局共核发“一书一证”262 本，涉及规划用地 1781.70 公顷；核发

欢乐谷

《建设工程规划许可证》192 本，建筑面积 985.31 万平方米；完成建设项目规划验收 103 项，涉及总建筑面积 402.77 万平方米；完成市政道路排水修规批复 29 件，各类红线 90 余件，为各建设单位提供路网 148 次，提供道路红线图近千个图幅，提供规划道路红线放线 110 件，已批项目备案率达 100%。参与各类招商选址会议约 120 余次。（麻莉佳）

【征地工作】 2011 年，东湖开发区分局着重推进重点项目和园区的用地申报工作。共完成用地申报获得省国土资源厅批准的建设用地共计 40 个批次，总面积 16240 亩。其中，国家生物产业基地 1245 亩、高新区行政办公中心 240 亩、未来科技城一期 1200 亩，关山村、政院居委会等城中村改造用地 810 亩，佛祖岭社区、蔡王村还建新村用地 1725 亩及豹澥污水处理厂等市政基础设施用地 90 亩，其他配套项目用地 26 个批次，面积 10930 亩。（麻莉佳）

【土地卫片执法检查】 2011 年，东湖开发区分局联合武汉市国土资源和规划执法监察支队共调查了国土资源部下发的新增建设用地监测的 1001 个图斑，合 82 宗地，图斑监测总面积为 10801.10 亩。其中违法项目已有 3 宗结案，经统计，该区综合占耕违法比例约为 2.57%，未达到问责比例，顺利地通过了第十一次卫片执法检查工作。（麻莉佳）

【土地供应】 2011 年，东湖开发区分局出让土地 75 宗，供地面积 6489.17 亩，土地出让收入 30.30 亿元（其中出让工业用地 69 宗，供地面积约 5266.81 亩，土地出让收入 11.32 亿元；经营性用地 6 宗，供地面积约 1222.36 亩，土地出让收入 18.98 亿元）。（麻莉佳）

【地籍管理】 2011 年，东湖开发区分局共办理企业土地登记发证 99 本，涉及面积达 513.80 公顷；办理土地变更登记 14 宗，涉及面积达 203.69 公顷；办理土地抵押登记 88 宗，抵押面积共计 280.44 公顷，总金额达 40.90 亿元。并做好受理查询、协助法院查（解）封、接待企业、个人业务咨询等日常工作，受理查询、协助法院查（解）封达 56 余人次。（麻莉佳）

【信访工作】 2011 年，东湖开发区分局受理局长信箱平台投诉件 66 件，按时办结率为 100%。（麻莉佳）

【信息化工作】 2011 年，东湖开发区分局通过加大对硬件的投入，对光电设备进行升级，新增 50 兆电信光纤接入，极大地提升了网络数据传输速度。设立东湖开发区三维模型演示工作站，完成珞喻东路至光谷广场、关山大道及高新大道三维模型等。网上公示了《建设项目选址意见书》72 条、《建设用地规划许可证》177 条、《建设工程规划许可证》191 条、《建设工程规划验收合格证》98 条，以及东湖国家自主创新示范区会展中心、湖北省科技馆新馆总体规划设计方案、长城创新科技园产业中心、激光产业园及大学科技园等项目的公告征集，30 条规划方案公告调整，12 条规划方案批前公示。（麻莉佳）

武汉开发区分局

【武汉经济技术开发区概况】 武汉经济技术开发区位于武汉市区西南、濒临长江黄金水道，境内京珠、沪蓉高速交汇。武汉经济技术开发区于 1991 年 5 月动工兴建，1993 年 4 月经国务院批准为第二批国家级开发区，2000 年 4 月国务院又批准在区内设立湖北武汉出口加工区，共有国务院批准的开发面积 12.70 平方公里，受武汉市委、市政府委托管理的面积约 188 平方公里，目前开发区的管辖面积约为 200 平方公里。建区 20 年来，武汉开发区逐步成为承接国家发展战略的重要示范基地。同时也是中部地区利用外资最密集的地区。（王　琨）

【国土资源管理】 2011 年，武汉开发区分局完成国家土地督察武汉局 2010 年度例行督察整改事项。根据国家督察武汉局和省政府的要求，对开发区 2011 年度新开工项目（含场平工程）进行全面清理、分析统计，分类上报。配合国家审计署武汉特派办、武汉市国土资源和规划局完成了市主要领导离任经济责任审计工作。完成 2010 年度单位 GDP 和固定资产投资规模增长的新增建设用地消耗考核工作。完成该区2010年度土地利用绩效考核工作。委托武汉市国土资源和规划信息中心研发邮开发区征地、供地管理系统已投入运行，并在运行与维护中进一步完善。委托武汉市勘测设计研究院对军山地区进行土地调查和测量，外业工作已全部完成，正在进一步理清军山地区土地权属关系，明确原蔡甸区出让土地状况和以“四荒”或其他形式与用地人签订土地使用合同状况，更好地规划和建设军山地区。（王　琨）

【征地工作】 2011年，武汉开发区分局取回征地批文面积2219亩，已上报湖北省国土资源厅征地材料面积808.40亩，上报武汉市国土资源和规划局征地材料面积1435.60亩。申报材料已准备，待上报市局的项目4678亩。（王　琨）

【土地卫片执法】 2011年，武汉开发区分局继续跟踪督办，完成2009年度卫片执法。涉及19个图斑，23宗地，土地面积2260.60亩（其中，耕地528.85亩）的检查工作并通过省级验收。启动了2010年度卫片土地执法检查工作，涉及变更图斑197个，监测总面积为3565.30亩（含耕地1463.80亩）。经现场核查，划分为32宗地，其中，合法17宗，监测面积为2919.10亩（含耕地1319.50亩）；违法4宗，监测面积为171.90亩（无耕地，均在共建区内）；未变化11宗，监测面积为477.30亩（含耕地144.30亩）。（王　琨）

【土地供应】 2011年，武汉开发区分局完成了开发区12个批次38宗地供地方案的报批工作。组织完成了湖北联合天诚防伪技术股份有限公司等23宗国有建设用地使用权挂牌出让工作，成交21宗，停牌1宗，流拍1宗。总成交土地面积为1613.50亩，成交金额为24921万元。办理武汉市艺术学校等7宗划拨用地，面积192.93亩。已签订格力（武汉）电器有限公司等29宗国有土地出让合同，土地出让价款14.63亿元；签订武汉和浦置业发展有限公司等9宗国有土地变更协议。（王　琨）

【地籍管理】 2011年，武汉开发区分局受理并完成国有建设用地使用权登记3567宗，登记总面积451.84公顷。其中，单位独立宗土地登记79宗，登记面积444.77公顷；商品房、房改房、交易房、还建房共用宗土地登记3442宗，登记面积6.65公顷；个人独立宗住宅土地登记46宗，登记面积0.42公顷。共办理土地使用权抵押登记76宗，抵押面积616.65公顷，土地抵押贷款总金额52.93亿元。受理各级人民法院查封、解封协助执行事项10件。完成勘测定界报告审核30份，总面积435.19万平方米。（王　琨）

【信访接待工作】 2011年，武汉开发区分局及时调查处理并回复信访件7起（其中，国土资源部下转的信访件2起；湖北省国土资源厅下转的信访件2起；武汉市国土资源和规划局下转的信访件3起），接待上访群众50余人次。（王　琨）

【规划编制】 2011年，武汉开发区分局完成“两军”地区分区规划、“两军”地区路网深化研究、武汉西南新城组群控规导则、国土规划“一张图”基础信息系统、武汉经济技术开发区小军山、龙湖还建点选址论证及用地空间论证、武汉经济技术开发区4C、6C地块用地和空间论证、武汉经济技术开发区沌口街和军山街用地规划。结合“两军”地区用地规划调整要求，按照市政先行的原则，积极与武汉市国土资源和规划局、市规划设计研究院、市政工程设计研究院有限责任公司沟通，编制完成《武汉经济技术开发区“两军”地区路网深化研究》，明确“两军”地区道路网络，并在市局路网控制系统中予以落实。完成黄陵片及“两军”地区市政专项规划。（王　琨）

【服务重点工作】 2011年，武汉开发区分局确定了军山污水处理厂、军山水厂、军山水厂取水口选址方案设计，先期核发红线开展征地工作。目前军山污水处理厂已进入施工阶段，军山水厂及配套工程设计有序推进。落实轨道3号线、轨道6号线开发区段线路走向及相关站点红线定位。协调318国道交通组织及改造方案，目前已向开发区管委会汇报，明确改造方案为高架双向8车道；积极与市交委及相关单位协调落实四环线开发区段线路走向；积极协调湖北省超高压输变电局调整黄陵片区玉军一、二回高压电力走廊事宜。目前已进入迁改方案设计阶段：核发汉川三期高压电网线路、汉南程家山 220kV 变电站供电线路、神龙三厂、东本二厂供电线路及全力 220kV 变电站升压线、军山廖通线迁改、共建区现状 110kV 电力线路迁改等电力红线，保障开发区供电稳定。大力推动军山地区忠武线、淮武线、振戎线等高压天然气迁改工作。

结合后官湖蓝线及湖岸整治要求，落实后官湖大半岛环湖路规划线形，保障征地工作有序推进。积极配合开发区引进神龙三厂、东本二厂、格力、万达等重点项目，完善周边道路及市政配套设施，调整规划设计方案。结合招商引资需要，适时调整黄陵地区启动区路网及排水系统，完善黄陵启动区及凤凰苑周边用地的近期雨污排放方案，保证企业需求。全面推动车城南路跨汤湖桥、全力三路延长线跨东荆河大桥、檀军公路跨东荆河大桥、官莲湖路跨东荆河大桥前期工作。

针对“江城大道与神龙大道立交工程”、“军山第二大道跨通顺河大桥”、“黄陵污水处理厂的处理工艺、设备选型”、“江城大道（沌口路—全力三路延长线）10 公里段道排工程”等重大市政项目的设计方案召开专家咨询论证会，确保工程建设方案的科学合理。

完成新大沌路（长江科学院段）道排工程、军山两军路跨川江池临时桥工程、宝钢周边道路网系统完善及 2G1 地块湖岸整治工程和黄陵一、二、三期场平工程等方案设计，保障区内各项工程顺利推动。

（王　琨）

【规划审批】 2011 年，武汉开发区分局为湖北远大天天明制药有限公司等 57 个建设用地项目办理了《建设用地规划许可证》，总用地面积为 7164.44 亩；为武汉蔡家工贸有限公司等 20 个建设用地项目办理了《建设项目选址意见书》；为 51R2 等地块挂牌项目办理规划设计条件 30 个。办理 23R 等 17 个项目的规划储备设计要点。

审批神龙第三工厂、格力产业园、万达广场二期、国际学校、鞍钢武汉工厂和中冶枫树湾小区等修建性规划、建设工程总平面方案设计、单体方案设计等共计 93 件，总建筑面积 648.10 万平方米；核准神龙第三工厂、东风本田第二工厂、美的生活电器、格力电

极地海洋世界

器等工业厂房，蔡家、黄陵、凤凰苑等还建社区，万科金域蓝湾等住宅小区、总部区电子商务产业园等项目的建设工程施工图设计共计 131 件，总建筑面积 404.55 万平方米；核发《建设工程规划许可证》126 本，总建筑面积 433.60 万平方米；收取城市基础设施配套费 1.16 亿元。

核发了通顺河路（设法山立交—官莲湖路）道排工程；军山第一大道（全力南路—官莲湖路）段给水、电力沟、天然气、电信工程等 104 项道路及市政工程的《建设用地规划许可证》及工程红线图。其中，新增道路排水工程约 31 公里，新增给水管约 17 公里，新增电信约 29 公里，新增电力约 66 公里。

审查了近 70 个市政项目的施工图方案设计，包括格力 7E 用地及东本二厂二期地块场平工程、57MD、58MD、59MD 地块周边道路、官莲湖路、中山湖路等多个道排工程；芳草二路（连通港路—长江路）供水工程；66MD、33MD 地块配套项目排水供电工程等。并先后为其中 50 个项目核发了《建设工程规划许可证》。其中，审批完成道路工程约 10 公里，排水管线长度约 10 公里，燃气管线长度约 3 公里，电力沟长度约 10 公里，给水管线长度约 2 公里。（王　琨）

【规划验收及批后管理】 2011 年，武汉开发区分局完成军山农民还建小区等项目的规划验收工作，核发《建设工程规划验收合格证》51 本，验收总建筑面积 98.80 万平方米。配合督促红线办完成 105 项建筑、市政红线定位放线、监督等批后管理工作。为入区企业提供厂区市政基础设施图纸 28 份。审批市政排水管网、道口图纸 35 份。查处违章建设 11 起。（王　琨）

【人防工程建设】 2011 年，武汉开发区人防地下室竣工验收项目 4 个，面积 1.94 万平方米，完成竣工人防工程规范建档相关工作；人防工程标志牌安装 100%；竣工工程报市办备案率 100%。受理人防工程项目 29 个，其中，人防工程建设项目 10 个，总建筑面积 6.53 万平方米（已经开工的建设项目 9 个，建筑面积 5.67 万平方米）。依法收取易地建设费项目 19 个，共计 3158.03 万元，全额进市财政专户。（王　琨）

东西湖区局

【东西湖区概况】 东西湖区位于长江中游北岸，紧邻汉口，是江汉平原与武汉市城区的结合部，原属古云梦泽东境，一条东南偏西北走向的垄岗带将区境分为东、西两大湖区，故名东西湖。辖区面积 493.09 平方公里。东邻硚口区，西以沦河为界与孝感市分界，南隔汉江与蔡甸区相望，北邻府环河与黄陂区、孝感市毗邻，西南与汉川市、云梦县接壤。2010 年 11 月 11 日，吴家山台商投资区被国务院批准为“武汉吴家山经济技术开发区”，规划面积 19 平方公里，成为继东湖新技术开发区和武汉经济技术开发区之后的第三个国家级开发区。全区辖 11 个街办事处，常住人口 47.10 万人，户籍人口 26.90 万人（截至 2011 年底区统计局数据）。（夏早富）

【规划编制】 2011 年，东西湖区局共组织编制全区战略规划、控制性详细规划、专项规划共计 67 项。其中全区战略规划 1 项，新沟镇、东山等城镇总体规划 3 项，开发区、各街道办事处及其他等控制性详细规划 33 项，武烟、粤海等项目的规划咨询、专项规划等 30 项。

组织编制了《东西湖区暨吴家山经济技术开发区战略规划》，《东西湖区“十二五”空间布局规划》。

组织完成了东西湖区新型工业化园区控规导则及启动区 11 个管理单元控制性详细规划的编制。编制完成了《东西湖区径河两岸城市空间形态研究》；分别完成了《吴家山新城核心区控制性详细规划》、《径河两岸控制性详细规划》、《黄狮海单元控制性详细规划》等。（李　青）

【土地利用总体规划修编】 2011 年，东西湖区局对区级土地利用总体规划进行了调整修改。组织了全区 9

个街道（办事处）的土地利用总体规划修编，完成规划初稿，也根据区级规划用地指标调整随之进行修改。组织编制了全区高产农田规划、“十二五”期间全区城乡建设用地增减挂钩等规划。完成了该区重大项目用地的土地规划调整，涉及面积 175 公顷。（冯明祥）

【规划审批】 2011 年，东西湖区局共完成建设项目用地预审 16 项，核发规划设计条件 333 项，核发《建设项目选址意见书》31 本，核发《建设工程规划许可证》113 本、建筑面积 420.80 万平方米，完成规划验收并核发《建设工程规划验收合格证》118 本、建筑面积 276 万平方米。收取城配费 6793.20 万元，政策性减免城配费 1026.10 万元。

全年申报和审批的市政基础设施项目 34 项，共 68.11 公里，其中各等级电力线路 23 公里，天然气管道 22.80 公里，道路 4.20 公里，通讯管道 19.80 公里。（张文曲、李　青、刘　伟）

【耕地及基本农田保护】 2011 年，东西湖区局分期分批在交通沿线、农场场部、村庄周边的显著位置对部分公示牌、标示牌进行了更新。落实耕地占补平衡。全年经上级批准的非农建设共占用耕地 370.05 公顷，通过自行补充和委托补充的方式均落实了“占一补一”。（肖　峰）

【新增建设用地报批及安置补偿】 2011 年，东西湖区局获省、市批准新增建设用地项目共 50 个，新增建设用地总面积 658.59 公顷。补偿总费用 4.36 亿元，其中土地补偿费 2.60 亿元，安置补偿费 1.58 亿元，青苗及附着物补偿费 0.18 亿元，需安置农业人口 3567 人。对被征地农民安置补偿到位合格率为 100%。（肖　峰）

【土地储备、供应、交易和市场管理】 2011 年，东西湖区局完成土地储备 452.60 公顷。完成吴家山电影院南北片区、吴家山中心市场、四明路东片区以及祁家山南北片等 9 个旧改项目的前期工作，并实施了公开供应。

严格按照公开、公平、公正、诚实信用的原则开展土地交易业务，100%实行公开供地，共成交地块 84

汉街

宗，成交面积 368.68 公顷，总成交价款 44.34 亿元。其中，通过市土地交易中心交易的地块有 25 宗（均为经营性用地），用地面积 75.79 公顷，成交价款 32.85 亿元；通过区土地中心局域网系统交易地块 59 宗（均为工业用地），用地面积 292.89 公顷，成交价款 11.49 亿元。共实施交易公示成交地块 108 宗，成交面积 44.50 公顷，成交金额 2.05 亿元。（丁昌先）

【土地资产处置】 2011 年，东西湖区局共完成 12 宗国有建设用地的行政处理收回工作，面积 28.86 公顷。（肖　峰）

【闲置用地清理】 2011 年，东西湖区局按照《武汉市 2011 年度闲置土地清理处置工作方案》的要求，制定了 2011 年度闲置土地处置方案。认定闲置用地 1 宗，面积 1.29 公顷，按 2 元/平方米处以罚款，共罚款人民币 2.59 万元。（肖　峰、涂锦健）

【土地"增减挂钩"试点】 2011 年，东西湖区局已开展 5 个"增减挂钩"试点项目，柏泉和牧业园项目正在逐步推进。全年重点完成了东山巨龙湖建设用地"增减挂钩"项目的审批，正在对辛安渡、新沟办事处 2 个"增减挂钩"项目的实施方案进行审批。（冯明祥）

【土地利用绩效考核】 2011 年，东西湖区局组织开展了全区土地利用绩效考核。11 月 25 日，该区土地利用绩效考核成果顺利通过湖北省国土资源厅与武汉市国土资源和规划局考核小组验收，考核成绩名列新城区第一。（肖　峰）

【基准地价更新】 5 月 17 日，湖北省物价局、省国土资源厅联合下达了《关于武汉市东西湖区基准地价更新成果的批复》，成果已于 2011 年 8 月正式向社会公布实施。该成果可为城镇规划、土地利用总体规划、土地公开供地、市场交易价格等的制定提供依据。（肖　峰）

【土地整理和高产农田建设】 2011 年，东西湖区局经武汉市国土资源和规划局验收的土地整理项目 18 个，净增耕地面积约 130 公顷，超额完成了市局、区政府下达的计划指标。积极推进高产农田建设，加强

八一路延长线

管理，成立了指挥部，完成了丹江口水库移民安置土地整理，验收面积301公顷。（丁昌先）

【土地规划执法巡查】 2011年，东西湖区局强化责任，实行分片包干、责任到人，构建关口“前移”的动态巡查网络，实现全区覆盖和局、所无缝对接。全年及时发现并制止各类违法行为28起，服从区城管委统一调度，参加区联合执法到位率100%。（涂锦健）

【违法案件查处】 2011年，东西湖区局共查处各类土地违法案件31宗，罚款人民币362.92万元，没收建筑面积约16.86万平方米。查处批后违法建设案件15宗，罚款人民币1226.30万元，全年通过简易程序查处各类违法建筑48起，拆除违法建筑面积1万余平方米，行政处罚案件办结率达100%。该局在行政执法中对处罚的各类违法案件做到了事实清楚、证据确凿、定性准确、程序合法、处理公正，除两宗行政案件复议外，未发生行政诉讼案件。（涂锦健）

【第十一次卫片执法检查】 2011年，东西湖区局在第十一次卫片执法检查工作中监测图斑262个，面积432.43公顷（耕地189.40公顷），涉及宗地116宗。其中，新增建设用地95宗，面积388.75公顷；实地伪变化20宗，面积31.20公顷；军事用地1宗，面积12.48公顷。新增建设用地中，合法用地69宗，面积305.89公顷（耕地143.89公顷）；违法用地26宗，面积82.85公顷（耕地30.34公顷），违法用地均已立案查处。（涂锦健）

【拆迁和安置】 2011年，东西湖区局依法依规发放拆迁许可证3个，被拆迁户443户，拆迁面积11.67万平方米；发放拆迁延期许可证14个，被拆迁户529户，拆迁面积10万平方米。

全区11个在拆项目总户数1567户，总拆迁面积为35.64万平方米，拆除并安置补偿842户（其中住宅740户，非住宅102户），拆迁面积为22.54万平方米（其中住宅17.68万平方米，非住宅4.86万平方米）。（肖启华）

【房屋征收工作】 2011年，东西湖区局主要房屋征收工作如下：一是起草制作房屋征收各类文书范本，对征收实施程序中可能涉及的相关文书进行了梳理，针对征收决定、征收评估、补偿协议、补偿决定等各个环节制作了各类文书范本；二是经区政府批准，率先在全市下达了两个征收决定，一个是武汉地铁集团3、8号线，另一个是武汉交通委员会机场第二通道；三是精心编制2012年度房屋征收计划。依法作出房屋征收决定6个，征收户数1535户，征收面积32.21万平方米。其中，工程类建设项目2个，征收户数496户，征收面积15.25万平方米；旧城改建类项目4个，征收户数1039户，征收面积16.96万平方米。（肖启华）

【土地登记发证】 2011年，东西湖区局共颁发各类土地证书15059本，其中，《国有土地使用证》13958本，《土地他项权利证明书》1101本。其中，公建单位土地使用权登记373宗，土地抵押登记1101宗，商品房、房改房登记13441宗。为778人提供了公开查询服务。简化审批程序，缩短审批时间。自2011年4月19日起，个人土地登记发证在原来6个工作日办结的基础上，对社会公开承诺，只要资料齐全、符合办理条件的个人土地登记实行“当日可取”。全年解决历史遗留的土地登记问题750余宗。（黄映溟）

【第二次土地调查】 东西湖区局第二次土地调查、城镇调查经过近3年的努力，圆满完成了各项工作任务。2011年11月3日，通过了湖北省国土资源厅的验收。（黄映溟）

【农村土地确权、土地变更调查与遥感监测】 2011年，东西湖区局根据全市农村土地确权登记发证工作会议精神，成立了农村土地确权登记发证工作领导小组、工作专班，布置了农村土地确权登记发证工作。开展了2011年度土地变更调查与遥感监测工作，目前正在开展外业和内业数据收集与整理工作。此次工作以该区2010年度土地变更调查结果为基础，及时更新土地调查数据库，实现“以图管地”和“一张图”建设。（黄映溟）

【矿产管理】 2011年，东西湖区局重点对两家矿泉水企业进行了检查。制定了《东西湖区2011年度地

质灾害应急预案》。及时缴纳了矿产资源补偿费，出具压覆地灾说明85份。（黄映溟）

【信息化建设】 2011年，东西湖区局开展了“数字东西湖”建设，分别推进了“数字城市三维模型建设”和“数字东西湖地理空间信息平台建设”；提出了信息中心构建设想；草拟了信息管理中心构建方案，推行办公自动化方案；开展了网站建设及信息更新，狠抓该局门户网站域名建设、网站自查、政务信息公开等。（冯明祥）

【推进地籍信息系统建设】 2011年，东西湖区局除吴家山外，组织了其他各街（办事处）共40平方公里的地籍信息系统建设，与武汉市国土资源和规划信息中心签订了建库合同，按照协议完成了数据汇总并建立了数据库，该系统已启用。（黄映溟）

【档案管理和利用】 2011年，东西湖区局收集整理各类档案共计732卷。其中，规划类366卷，用地类183卷，建筑工程管理类130卷，拆迁类46卷，城市总体规划方案7册。各类文书档案1064件，奖杯、奖牌等实物档案43件，会计类档案85盒。完成了第一批地籍档案数字化扫描，档案的提供利用累计1230人次，提供各种用图3465张。（胡晓莉）

【议、提案办理】 2011年，东西湖区局共办理人大议案6件、政协提案7件。办理人员根据人大代表、政协委员的要求，进行了走访并全部回复，回复及满意率均为100%。共受理上级交办件、各级领导批示件400余件，办结率为98%。（段　利）

【行政审批件办理工作】 2011年，东西湖区局行政审批窗口受理业务接件919件，其中，非常态件716件，常态件203件。常态件在规定的时限内办结711件，办结率为99%。将原先向社会承诺的审批时限整体压缩50%左右，除建设项目用地审批时限控制在30个工作日以内外，其他规划类项目的审批时限都在7个工作日以内。

（张文曲）

汉南区局

【汉南区概况】 汉南区位于武汉市西南部，地处江汉平原。东南面临长江，与嘉鱼县隔江相望，西南与仙桃、洪湖市接壤，北倚通顺河，与武汉经济技术开发区、蔡甸区毗邻。区内地势平坦，海拔高程（吴淞）20.30 ~ 26米。汉南区属北亚热带东亚季风湿润气候，年平均气温16.80℃。2011年，汉南区辖纱帽、邓南、湘口、东荆4个街道办事处，东城垸、乌金、汉南、银莲湖4个国营农场，1个省级开发区、1个农业科学研究所和1个畜牧养殖场，8个社区居委会、51个村（大队）。国土面积287.07平方公里，耕地面积10500公顷，总人口16万人。（刘振华）

【规划编制管理】 2011年，汉南区局共编制完成了五部重大规划。一是编制完成了汉南区新型工业化发展战略规划。该规划正式成果经区政府常务会研究通过并报武汉市国土资源和规划局备案。规划至2015年汉南区工业用地规模为14.76平方公里（2011年为8.07平方公里），建设用地总规模达41平方公里，至2030年汉南区工业用地规模为20~25平方公里，建设用地总规模达56平方公里。二是编制完成了汉南区新型工业化示范园区控制性详细规划导则和启动区控制性详细规划。三是编制完成了乌金片区控制性详细规划。四是编制完成了马影河西片概念规划。五是组织编制了湘洪组团分区规划和市政规划。

2011年，汉南区局共核发《建设项目选址意见书》17本，用地面积52公顷；核发《建设用地规划许可证》40本，用地面积286.34公顷；核发《建设工程规划许可证》57本，总建筑面积193.83万平方米；核发《建设工程规划验收合格证》35本，总建筑面积81.57万平方米。全年受理国家集体建设项目规划申请65宗。其中，工业项目17宗，商业、居住项目12宗，行政及事业单位改扩建项目4宗，市政及道路管线等基础设施项目26宗，其他项目6宗。受理个人项目申请95宗，办理完成95宗。另审查开发区、场、街私人建房手续29宗。

全年共出具市政综合管线类《选址意见函》18份，管线长度约21.90千米。全年共完成规划设计方案审查41宗，建设工程施工图核准30宗。（刘振华）

【土地供应与储备】 2011年，汉南区局分6期挂牌出让国有建设用地使用权，挂牌成交地块29宗，供地面积2234.73亩，成交总金额53200万元。其中，工业用地24宗，供地面积1964.55亩，成交金额25945万元；住宅（商住）用地4宗，供地面积266.69亩，成交金额26840万元（其中原人武部地块，成交单价创汉南区商住用地之最，达210.80万元/亩）；商服用地1宗（加油站），供地面积3.50亩，成交金额315万元。

2011年，收购储备地块3宗，面积41.08亩。其中纱帽街程家山北侧（原人武部打靶场）21亩；邓南街塘江村（原人武部打靶场）4.19亩；城管局以西地块（原区职业培训教育中心）15.89亩。（刘振华）

【坛山旧城改造】 2011年，汉南区局重点推进了坛山旧城改造项目。全年与9家单位签订了拆迁安置补偿协议，拆迁面积4.41万平方米。与170户居民签订拆迁安置补偿协议，拆迁面积1.41万平方米，9家企业的建（构）筑物已拆除完毕，还建楼完成前期准备工作，2012年初动建。（刘振华）

【土地储备计划和供应计划获批】 2011年，汉南区局编制了《2011年土地储备计划和供应计划》。武汉市政府以武政土字〔2011〕5号文批复汉南区土地储备计划5400亩（其中指导性计划为3000亩、指令性计划为2400亩）；武汉市政府办公厅以武政办〔2011〕63号批复汉南区土地供应计划为5004亩（其中住宅用地1204亩、商服用地300亩、工业用地2800亩、公共管理与公共服务用地200亩、交通运输用地500亩）。（刘振华）

【建设用地管理】 2011年，汉南区局申报并经湖北省国土资源厅批准农转用9个批次，批复面积108.40公顷，其中农用地100.72公顷（含耕地34.12公顷），新增建设用地面积100.72公顷。

汉街

全年共审批各类建设用地217宗，面积587.20公顷，合8808.10亩（建设占地562.33公顷，合8435亩，代征地24.87公顷，合373.10亩），其中，国家集体单位供地86宗，面积586.58公顷，合8798.65亩；个人131宗，面积0.63公顷，合9.42亩。国家集体单位供地手续中，变更转让土地40宗，面积302.30公顷（合4534.50亩）；挂牌出让土地28宗，总面积211.45公顷（合3171.74亩），其中净面积195.96公顷（合2939.50亩）；协议出让3宗，面积14.57公顷（合218.50亩）；土地储备7宗，面积23.80公顷（合357亩）；划拨土地8宗，面积34.46公顷（合516.97亩）。（刘振华）

【耕地保护】 2011年，汉南区局年末耕地保有量为12417.60公顷，高于《汉南区土地总体规划大纲（2006～2020年）》确定的耕地保有量12413公顷目标值。汉南区2011年末基本农田保护面积为12058.26公顷（18.09万亩），高于《汉南区土地总体规划大纲（2006～2020年）》确定的10560公顷（15.84万亩）的基本农田保护目标值。（刘振华）

【增减挂钩试点与土地整理】 2011年，汉南区局申报汉南区南水北调汉江沿线土地整治重大工程项目，3月14日湖北省国土资源厅批准立项，批复总建设规模1208.84公顷（折合18132.60亩），拟总投资2404.38万元，预计净增耕地48.49公顷。完成邓南街水洪基本农田土地整理项目。移民安置实际整理土地6710亩，总投入1434.90万元。

全年共计完成"增减挂钩"土地整理面积1224.70亩，完成历年"增减挂钩"土地整理项目验收资料的上报，共计15个项目，总面积132.58公顷，预计净增耕地131.14公顷。第二期"增减挂钩"土地整理项目已获省厅批准，挂钩总面积为208.80公顷。

汉南区局2011年实施占补平衡土地整理规划总建设规模14.91公顷，预计净增耕地13.25公顷。（刘振华）

【国土规划执法】 2011年，汉南区局与城管部门联合执法，共查处各类违法建设188处，总面积1.19万平方米。其中历史遗留违建68处，面积0.31万平方米，新增违法建设120处，面积0.88万平方米，全部拆除恢复原状，处理率100%。

对已批准的新建、改建、扩建的规划建设项目进行实地踏勘、跟踪检查。全年实施规划批后管理41宗，建筑面积73.13万平方米；实施土地批后管理28宗，建筑面积186.42万平方米；处罚违规建设7宗，罚款71.01万元。（刘振华）

【卫片执法检查】 2011年，汉南区第十一次卫片执法检查涉及图斑119个，总面积6793.10亩。其中农用地面积2819.90亩（耕地1064.70亩），未利用地面积268.40亩。7月下旬，省厅又下发增补图斑2个，面积17.07亩（耕地面积14.32亩、建设用地面积2.75亩）。无矿产卫片图斑。经实地核实，该次卫片执法检查涉及72个图斑，21宗地，总面积3105.37亩（耕地1079.02亩）。其中新增合法用地15宗（含2宗南水北调中线工程移民安置点，已完善了用地手续）；新增违法用地1宗地（6个图斑），总面积120.40亩，无耕地。实地伪变化涉及14个图斑，5宗地，总面积302亩。对1宗违法用地已立案查处。（刘振华）

【地籍管理】 2011年，汉南区局共颁发国有土地使用权证书2120本，面积671.64公顷。完成纱帽街辖区10个商品房居住小区2344户土地登记的权属和地籍调查，颁发土地使用权分割转让证明书2344份。

全年共办理土地使用权抵押登记手续55宗，抵押面积419.34万平方米，贷款额7.05亿元。结合二次调查，建立了纱帽街1：500城镇地籍数据库。完成勘测定界58宗，土地使用面积386.24公顷，同时对辖区内测量标记进行了清理和维护。（刘振华）

【信息化建设与应用】 2011年，汉南区局建立了"一张图"系统。该系统包含平台管理体系、技术标准体系、一图三库以及软件平台等4个部分。完成了《汉南区规划管理用图使用规定》（初稿）以及相应技术标准。建立了法定规划库、专项规划库和现状信息库，实现了对数据的快速浏览、查询和统计等功能。汉南区二次土地调查农村部分数据库已建立完毕。（刘振华）

【治庸问责】 为优化汉南区经济发展软环境，提升服务质量。汉南区局自2011年4月起，开展了“治庸问责”行动。通过组织该局干部深入开展自查自纠行动，针对本行业中容易出现的15项“庸、懒、散”行为，逐条对照检查，并写出自查报告，采取同事评议、领导点评等形式深入进行整改。汉南区局还不断优化审批流程、压缩审批时限、提高机关效能，共对23项审批项目进行了集中清理，清理后保留10项，取消13项。同时，审批时限在原有的基础上压缩了50%，部分项目实现了当日办结，行政审批总时间由190个工作日压缩到33个工作日。

汉南区局以“零障碍、低成本、高效率”为目标，注重制度创新，涌现出了一批以刘厚道为代表的先进个人，刘厚道创新服务，助企修路的事迹被6月18日《长江日报》“企业眼中的优秀公务员”栏目报道，9月18日，他还作为武汉市国土资源和规划局“治庸问责”先进代表在湖北省国土系统“治庸问责”大会上作交流发言，汉南区局“治庸问责”工作得到了省、市国土系统领导的高度肯定。 （刘振华）

蔡甸区局

【蔡甸区概况】 蔡甸区位于武汉市西南部，北临汉江与东西湖隔江相望，东接汉阳区，东南邻武汉经济技术开发区，南达汉南区，西临汉川市。该区土地总面积1093.17平方公里，辖11个街、镇、乡、场和蔡甸经济开发区。该区有村民委员会281个、村民小组2029个、社区居委会22个，总户数144581户，常住人口49万人。地貌是以垄岗为主体的丘陵性湖沼平原，旅游资源丰富；武汉最大的生态“绿肺”沉湖湿地坐落其间，“蓬莱仙境”九真山、“佛山仙境”嵩阳山被列为国家级森林公园。 （吴　涛）

【规划编制与管理】 2011年，蔡甸区局完成了《蔡甸区土地利用总体规划》和《蔡甸街土地利用总体规划》修编工作，最大限度地拓展该区建设用地发展空间。初步完成蔡甸、大集、奓山、张湾4个街纳入武汉市组群规划范围内的“两规合一”乡镇总体规划编制。为了满足该区重点项目对土地的需要，积极争取了武汉市国土资源和规划局对土地利用规划局部调整方案，最大限度地支持了九康路、常福大道延伸段等重要基础设施和福兴社区、新天社区等一批重点民生项目的建设。

全年规划投入1500多万元，完成了重点区域的城市总体规划、控制性详细规划和一批专项规划的编制。一是落实该区“工业倍增”计划，争取全区规划工业用地总面积达到36.75平方公里，在该区现有工业用地基础上增加了28.97平方公里；二是编制了《常福新城总体规划》。规划面积68平方公里，其中，工业示范园区规划净工业用地面积22.82平方公里。在总规指导下，编制《蔡甸区新型工业化示范园区控规导则及启动区控规》；三是编制了《武汉·中国知音城规划和核心区城市设计》，明确新农片区作为蔡甸新城城市中心区的职能。完成了《318国道常福新城段综合规划》以及《新天大道沿线新农村建设规划》和《蔡甸城关和东部地区排水规划》等一批专项规划的编制。

（吴　涛）

【建设用地报批】 2011年，蔡甸区局对符合“两规”的建设用地项目积极报批。加强报批项目的前期服务工作，拟定土地征收方案，主动协调各园区和有关街镇，做好报批前土地征收公告发布，农民安置补偿方案的制订等各项基础性工作；全年共批回建设用地6173亩，其中，工业用地4799亩，商服和住宅用地915亩，基础设施用地459亩，批回工业用地占总量的78%，最大限度地满足了该区建设用地需求。 （吴　涛）

【土地资产经营】 2011年，蔡甸区局共组织实施了6次国有建设用地使用权“招拍挂”活动，成交土地42宗，面积4017亩，成交总金额10.70亿元。其中，经营性用地11宗，面积538亩，金额5.47亿元；旅游度假用地1宗，面积6亩，金额0.01亿元；工业用地30宗，面积3473亩，金额5.22亿元，出让工业用地面积占总面积的86%。 （吴　涛）

【卫片执法检查】 2011年，蔡甸区局组织开展了第十一次卫片执法检查工作。对卫片反映的58宗违法用地案件全部查处结案，并通过国家土地督察武汉局的检查验收。全年共检查批后建设项目77个，建筑面积196万平方米，批后项目的检查率100%；查处违法建设案件14起，处罚结案10起，建筑面积1.70万平方米，收缴罚款36.40万元。（吴　涛）

【土地开发整理】 2011年，蔡甸区局实施建设的省级投资项目共4项，总面积9万多亩。其中，消泗血防土地整理、南水北调移民生产用地整理项目已完工，顺利通过湖北省国土资源厅竣工验收；高产农田建设示范工程项目已完工90%，消泗兴地灭螺项目已完工80%。消泗乡黄家合子等3个耕地占补平衡土地整理项目已全部完工，建设规模1920亩，可净增耕地1798亩。目前，该区建设项目占用耕地已全部完成“占一补一”的目标。（吴　涛）

【土地基准地价更新与地籍管理】 2011年，蔡甸区局全面完成全区第二次土地调查工作。基本完成了新一轮土地基准地价更新工作，启动了农村集体土地所有权的确权登记工作。全年共颁发《国有土地使用证》5553本,《集体土地使用证》324本,正确率100%。土地登记效率大幅提高，规定了30日完成的登记事项，实际平均5个工作日完成，资料齐全的个人土地登记实现当日可取。办理土地使用权抵押登记219宗，办理土地分割登记11宗。（吴　涛）

【规划审批】 2011年，蔡甸区局核发《建设项目选址意见书》34本，总用地面积181公顷；核发《建设用地规划许可证》60本，总用地面积432公顷。审批规划（建筑）方案68个，核准建筑施工图35个，核发《建设工程规划许可证》94本；核发《建设工程规划验收合格证》29本，验收总面积88万平方米。（吴　涛）

【测绘勘测】 2011年，蔡甸区局共审查新增建设用地勘测定界报告34宗，面积3679亩，完成土地测量151宗，面积4185亩。投入293万元，完成该区重点区域120平方公里1∶2000地形图航测成图工作。完成了同济专家社区、蔡甸街还建小区等项目的放线110项；完成了武汉天骄城、世贸公司等项目的竣工测量25项。（吴　涛）

【优化投资发展环境】 2011年，蔡甸区局按照区委的决策部署，高度重视投资环境的改善，按照“减费用、减时限、减程序”的要求，全面清理涉企行政事业性收费。对国土规划各项审批事项进行全面清理，制定了新的工作流程。不断改进作风，加强治庸问责，着力在服务档次、审批提速上下工夫。目前，个人办理土地证的费用仅为38元。对企业和个人前来查询土地登记资料和复印登记资料实行全免费。对工业项目落地审批程序进行了改革，将审批的4个环节砍掉3个。经过修改程序，提前完成选址、报地、征地等环节，新工业项目直接进园区，从提出申请到落户，比过去省时60%以上，个人办理土地证，资料齐全的已实现当日可取。（吴　涛）

【信访维稳】 2011年，蔡甸区局共处理群众举报和上级转办信访件79件，接待群众来访30余人次。对信访件做到详细登记，实地调查，妥善处理。（吴　涛）

【获奖情况】 2011年，蔡甸区局被湖北省国土资源厅评为“全省国土资源信访工作先进集体”；被武汉市委、市政府评为“武汉市南水北调丹江口水库外迁移民安置工作先进单位”、“武汉市2006～2010年新型城镇化工作先进单位”、“全市万名干部进万村、入万户活动先进工作组”；被武汉市国土资源和规划局评为“全市国土规划系统信访维稳工作先进集体”。（吴　涛）

江夏区局

【江夏区概况】 江夏区位于武汉市南部，东与东湖新技术开发区相连，南与咸宁市毗邻，西临长江，与蔡甸区、汉南区隔江相望，北接洪山区。土地总面积201830公顷，下辖6个街、3个镇、2个乡、5个开发区办事处，总人口64.38万人。区域范围内基础设施建设良好，人文底蕴深厚，经济发展迅速。（龙　尧）

【规划审批】 2011年，江夏区局完善了“一书三证”网上办证系统，核发《建设项目选址意见书》64

本，《建设用地规划许可证》150 本，《建设工程规划许可证》108 本，《建设工程规划验收合格证》39 本，面积 113 万平方米。（龙 尧）

【土地管理】 2011 年，江夏区局采用“两规合一”编制新办法，推进城乡规划和土地利用总体规划有效整合；建立区、乡、村三级巡查责任制，落实土地利用监管共同责任机制，制定耕地保护检查考核办法，坚持建设项目“占补平衡”、“占一补一”原则，实现了全区耕地总量动态平衡；实施工业倍增计划，开辟规划用地“绿色通道”，促成 117 个项目动工建设；认真总结法泗镇怡山湾城乡建设用地“增减挂钩”项目的成功经验，筹备启动 4 个城乡建设用地“增减挂钩”项目；公开交易国有土地使用权 73 宗，面积 415.63 公顷，实现土地收益 15.90 亿元；对全区 21 家矿山进行了年检，实施规范管理，并成功创建了地质灾害群测群防“十有县”；完成都市发展区 1∶2000 地形图全覆盖，“批”、“征”、“供”数据全部整理入库，三维建模范围由 2 平方公里扩展至 7 平方公里。（龙 尧）

【建设用地报批】 2011 年，江夏区共上报新增建设用地 96 个批次（项目），用地总面积 1559.76 公顷，农用地面积 1257.84 公顷（含耕地 860.29 公顷）。其中，经省人民政府批准，由省国土资源厅转发批复 53 个批次（项目），总面积 823.96 公顷，上报省厅或国土资源部待批 15 个批次（项目），总面积 335.12 公顷，上报市局审查 28 个批次（项目），总面积 400.68 公顷。（龙 尧）

【土地供应】 2011 年，江夏区公开出让国有土地使用权 78 宗，成交 77 宗，出让总面积 442.56 公顷（折合 6638.42 亩），成交总价款 25.56 亿元，实现政府净收益 15.89 亿元。其中经营性用地公开出让 26 宗，成交 26 宗，面积 192.13 公顷（折合 2881.98 亩），成交总价款 19.38 亿元，实现政府净收益 14.48 亿元；工业用地公开出让 52 宗，成交 51 宗，面积 250.43 公顷（折合 3756.44 亩），成交总价款 6.19 亿元，实现政府净收益 1.41 亿元。（龙 尧）

【完成轨道交通建设规划相关工作】 2 月 26 日，江夏区局针对市交通规划设计部门提出的轨道 2 号线流芳车场选址意向提出修改意见。3 月 16 日，武汉市交通发展战略研究院分别对轨道 2 号、7 号南延线提出两个比选方案，江夏区局对方案沿线两侧各 1000 米范围土地利用及建设情况进行详查。4 月 13 日，该局提出了《关于江夏轨道线网规划及“十二五”建设规划》深化内容的意见，并上报区政府。20 日，通过比选市、区提出的轨道交通 2 号、7 号南延线的具体走向，落实到 1∶2000 地形图上，并与城市规划道路网相结合。5 月 22 日，市交通院对江夏区轨道交通线型方案做必选论证。27 日，轨道交通线型方案经江夏区政府区长办公会讨论确定。8 月，江夏区局完成轨道 2 号、7 号南延线沿线站点周边 1000 米范围内 1∶500 地形图的测绘工作。12 月，江夏区规划院编制完成《轨道 7 号线南延线（地铁）总体规划》。2012 年 3 月 8 日，武汉市地铁集团对轨道交通 2 号、7 号南延线具体线型和站点用地控制进行论证。（龙 尧）

【受理和办结个人土地登记】 2011 年，江夏区局按照“当日可取”工作方案，凡土地产权明晰、有效要件齐全的个人土地登记项目，经江夏区政务中心国土规划窗口受理后直接进入“当日可取”快速办理通道，3 个工作小时即可拿到土地证，实现了“当日可取”。截至 2011 年底，窗口共受理和办结个人土地登记事项 4659 件，其中，商品房 4256 件，房改房 40 件，经适房 341 件，个人抵押 22 件，“当日可取”办结事项占窗口办件总量的 86%以上。（龙 尧）

【第 19 个测绘法宣传日活动】 2011 年 8 月 29 日是第 19 个全国《测绘法》宣传日，江夏区局副局长胡俊率领 20 余名干部在区体育馆设立宣传点，向广大市民发放了大量测绘法宣传品及武汉市交通地图指南、武汉红色地图，制作了图文并茂的宣传展板，并就市民关注的地籍、勘界、竣工告示测量业务进行了专项答询。（龙 尧）

【6.25 土地日宣传】 6月16日，江夏区局印发《关于开展第21个全国土地日宣传活动实施方案》，开展为期一周的土地宣传周活动。19～25日，流动宣传车在各乡镇街和开发区巡回宣传，通过广播宣传和讲解土地管理法律法规。25日，在区体育馆设置了宣传咨询点，共散发各类宣传资料4000份，展出宣传展板15块，宣传车巡回广播50小时，接受群众咨询40余人次。并在部分乡镇街召开土地管理专题座谈会。（龙 尧）

【土地矿产卫片执法】 2011年，国土资源部下发江夏区影像数据显示图斑720个，涉及177宗地，面积6791.90亩（含耕地4014.70亩）。经查实违法用地82宗，面积729.93亩（含耕地448.13亩）。违法占用耕地面积占新增建设用地占用耕地总面积的比例为11.21%。核减已查处整改并办理农用地征转手续135.60亩后，违法占耕比率降到7.64%。8月15日，省国土资源厅执法监察总队副巡视员林祖寅率土地矿产卫片执法检查验收组来江夏区检查验收2010年卫片执法工作。9月7日，武汉市2010年度卫片执法检查验收工作汇报会召开，江夏区2010年度土地矿产卫片执法检查通过验收。（龙 尧）

【数字地形图测绘及数据建库】 2011年5月，江夏区局党委会决定，进一步完善江夏区土地利用地理信息系统，制作1∶2000地形图并完成数据建库工作。5月24日，江夏区地理信息底图测绘项目签字仪式在江夏区局举行。该局投资674.50万元聘请武汉市勘察设计研究院对江夏区都市发展区527平方公里范围进行数码航空摄影，完成江夏区都市发展区527平方公里范围内的1∶2000数字正射影图像及高程模型的制作及1∶2000数字地形图测绘及数据建库工作。12月底，武汉市勘察设计研究院提交初步成果。（龙 尧）

【改软治庸】 4月24日，江夏区局召开了“改软”和“治庸”工作动员会。印发了《关于印发掀起“责任风暴”实施“治庸计划”工作方案的通知》（夏土资规〔2011〕44号）。5月中下旬，在全局范围内开展“责任在我心中，治庸从我做起”大讨论活动及在各科室（单位）中开展了集中排查等活动，深入查找了局系统客观存在的问题及不良行为和现象。做到了党员干部人人书写一份“治庸问责”、“优化环境”心得体会，科室（单位）个个撰写一份自查自纠报告。5月28日，召开局党员领导干部“治庸问责”专题民主生活会。深入查找了局系统在体制机制、工作作风、岗位职能、业务工作环节、推进重大项目及重点工作中存在的突出问题，以及班子和个人存在的问题及不良行为和现象。（龙 尧）

【“万名干部进千村入万户”活动】 3月14日，江夏区局下发《关于成立万名干部进千村入万户活动领导小组的通知》（夏土资规〔2011〕56号）和《关于印发万名干部进千村入万户活动实施方案的通知》（夏土资规〔2011〕57号），正式启动万名干部进千村入万户活动。该局筹集45万元资金帮助南咀村兴建150亩精养鱼池及配套项目，筹集8万元资金用于南咀村基础设施建设、村庄环境整治和抗旱保生产，捐助0.51万元资金慰问13户困难群众。驻村工作队入户走访在村农户127户，电话走访外出农户129户，收集群众意见269条，建立农户家庭档案256份，调处重大纠纷2件。工作组进驻南咀村后，把“万名干部进千村入万户”活动与结对共建、创先争优、小康帮扶结合起来，帮助村集体经济收入年增长6万多元。7月1日，该局被区委、区政府评为“江夏区‘万名干部进千村入万户’活动先进单位”。（龙 尧）

【获奖情况】 2011年，江夏区局被国土资源部授予“全国矿业权实地核查工作先进市（县）局和优秀承担单位”；被湖北省住建厅、湖北省依法治省领导小组办公室授予“全省住建系统‘五五’普法依法治理工作先进单位”；被湖北省国土资源厅、湖北省依法治省领导小组办公室授予“全省国土资源系统‘五五’

普法先进单位”；被湖北省国土资源厅授予“全省地质灾害防治工作先进单位”；被武汉市委、武汉市人民政府授予“2005 ~ 2010 年实施农村家园建设行动计划工作先进单位”、“2006 ~ 2010 年新型城镇化工作先进单位”、“2009 ~ 2010 年度市级文明单位”；被武汉市国土资源和规划局授予“2010 年度信息化工作先进集体”。

（龙　尧）

黄陂区局

【黄陂区概况】 黄陂区位于武汉市北部，东与黄冈市红安县、武汉市新洲区接壤，南与武汉市江岸区、江汉区毗邻，西与孝感市相连，北与大悟县交界。全区国土面积 2261 平方公里，总户数 37.95 万户，总人口 112.95 万人。全区设 2 个乡，1 个镇、13 个街，1 个原种场，1 个风景管理处，1 个经济开发区。黄陂区政府驻前川街。黄陂区国土面积和人口数位列武汉市新城区第一，在武汉城市圈发展战略的带动下，黄陂区充分发挥区位、交通、资源等优势推进工业化和城镇化进程，形成了 5 大发展板块：南部经济发展带、中部前川卫星城、北部生态旅游区、东部都市农业区、西部庄园农业区。黄陂区正在由传统的农业大区向现代新型城区迈进。

（王先明）

【城乡规划编制】 2011 年，黄陂区局为适应武汉市“1+6”城市布局对全区城乡建设带来的影响，根据黄陂区经济社会发展面临的外部环境和内部条件，启动了相关规划编制。一是开展战略规划研究。启动了《黄陂区空间发展战略规划》、《黄陂前川新城总体规划》、《武汉临空经济区发展战略规划》等区域性宏观规划的编制。二是启动了相关规划编制。配合武汉市国土资源和规划局和市规划设计研究院编制《武汉都市发展区“1+6”空间发展战略实施规划》，同步进行了《武汉北部新城组群控规导则》成果优化，启动了《黄陂区轨道交通线网规划》编制；启动了《黄陂区滠口街城乡统筹发展建设规划》编制并完成了初步成果。三是启动了专项规划编制。主要有《武汉新港汉口北港口产业园用地规划》、电力、供排水专项规划等。

（王先明）

【新增建设用地申报与获批】 2011 年，黄陂区局上报各类新增用地 40 批次、9236.60 亩，上报了符合用地申报条件的违法用地项目（十素公路）549 亩。全年已获批准 35 批次、8363.90 亩，其中，“先征后转”项目 1 个，面积 273.80 亩，全年办理重点工程项目用地预审 8 个，主要包括武汉新港江北铁路、堤角至汉口北地方铁路、武英高速武湖服务区、武汉至广水成品油管道、武汉市天然气高压外环线、盘龙城输变电、“十素公路”扩改建等项目。

（王先明）

【新增建设用地清理】 2011 年，黄陂区局全面开展新增建设用地清理工作，对过去 5 年批而未供、供而未用、用而未尽的土地进行全面清理和综合分析，形成了分析报告，按照城乡规划，对地块进行整合，采取优先储备的方式增加区政府土地储备，为各类项目用地提供了有力保障。

（王先明）

【规划审批】 2011 年，黄陂区局核发《建设用地规划许可证》111 本，用地面积 686.25 公顷；核发《建设项目选址意见书》53 本，用地面积 187.57 公顷；核发《建设工程规划许可证》63 本，建筑面积 702.08 万平方米；建筑施工图核准 143 项，建筑面积 457.50 万平方米；办理市政工程规划审批 55 项，用地面积 154.14 万平方米；市政管线项目 8 项，总长 11.50 万米；核发《建设工程规划验收合格证》63 本，建筑面积 342 万平方米。

（王先明）

【保护耕地和集约用地】 2011 年，黄陂区局在保护耕地和集约用地方面做了以下工作：一是切实履行耕地和基本农田保护职责。对基本农田保护区进行了调整划定，重新竖立基本农田保护标志牌 26 个、保护界桩 54 个。年末实有耕地保护面积 158.57 万亩，基本农田保护面积128.30万亩，均高于保护目标。二是积极推进土地资源节约集约利用，开展了土地利用绩效考核自查工作。三是严格审查项目用地规模。

（王先明）

【土地资源经营】 2011年，黄陂区局通过市、区两级土地交易市场公开出让各类用地60宗、5659亩，成交额15亿元，实现土地收益12.48亿元。其中投放工业仓储用地42宗、4910亩，占出让土地面积的87%。全年出让商住用地426.40亩，成交额5.27亿元，亩平单价达124万元，实现收益4.48亿元，创商住类土地收益率85%的历史新高。全年共收取土地出让金23亿元，其中收取当年出让土地的资金10.77亿元，回笼以前年度资金12.23亿元（含调容积率补缴的出让金）。（王先明）

【土地矿产卫片执法检查】 2011年，黄陂区局组建了3个执法巡查中队，按照土地、矿产、规划3个执法职能进行分工协作，加强对各类违法用地、违法开采、违法建设行为的巡查控管。主动做好2011年度土地矿产卫片的自查整改工作。成立了领导小组和工作专班，对照卫片图斑进行了现场踏勘和资料收集，对能够先行整改的问题进行了整改，使一批违法用地得到了主动消化。本次卫片违法用地44宗、824.20亩（耕地442.10亩），违法占耕地与新增用地占用耕地的比例为6.01%，与九次卫片接近问责线的比例相比实现了大幅下降，顺利通过了国家土地督察武汉局的正式验收。毫不放松地开展规划卫片执法和新开工项目专项清查，对规划卫片涉及的6个图斑进行了调查核实。对全年新开工项目涉及的14宗违法用地及时立案查处，主动整改。全年共查处违法用地案件52宗，用地面积1079.50亩，拆除构筑物2.30万平方米，没收构建筑物10.50万平方米，处罚款95万元。（王先明）

【查处违法建设】 2011年，黄陂区局为配合做好全区违法建设的控制查处，加强对前川城区个人建房的控制，暂停对前川城区个人建房审批，对原已审批的前川个人建房，根据审批情况及时加强批后监管，批后违法建设明显减少。全年参加区政府组织的拆违大行动8次，强制拆除违法建设2.45万平方米，督促违建户自拆0.95万平方米。（王先明）

【征地补偿与房屋征收】 2011年，黄陂区局继续推进征地补偿和房屋征收补偿工作。一是成立征地事务中心，完善征地补偿机制，全年监督落实被征地农民补偿总额4.14亿元，安置农业人口8671人；二是及时与新条例对接，稳妥推进拆迁工作，组织学习《国有土地上房屋征收与补偿条例》，完成了下年度新报拆迁项目审查与房屋征收计划编制工作；三是围绕重点项目建设推进拆迁管理，全年共踏勘审核31宗征地拆迁补偿项目，审核各类补偿资金16.90亿元，通过协调服务，有力地加强了重点产业项目征地拆迁补偿兑现和土地腾退工作。（王先明）

【优化行政审批流程】 2011年，黄陂区局按照武汉市国土资源和规划局提出的报件资料、审批环节、审批时限“三压缩”的要求，全面开展行政流程再造。一是在政务服务“窗口”开展了“立等可取”服务，将涉及城乡个人土地登记的5个行政事项纳入“立等可取”办理范围。二是其他行政许可项目按照“三个压缩50%”的要求，重新拟定了审批流程，实现行政提速。三是畅通企业项目审批“绿色通道”，加快各类产业项目的审批，抓紧开展汉口北市场群、武汉临空经济区等重点产业项目的规划、用地、房屋拆迁等行政审批，及时办理土地登记发证，全年办理土地各类登记发证15562宗，面积883.43公顷。（王先明）

【“窗口”服务】 2011年，黄陂区局认真落实预约服务、超前服务、首问负责、一次性告知、AB角等制度，加强服务硬件建设，开展“六统一”服务，争创红旗窗口，全年办结各类业务30209件，其中规划类4684件、用地类5203件、地籍类16815件、综合类3507件。办理各类收费2.62亿元。（王先明）

【业务基础建设】 2011年，黄陂区局将全面加强业务基础建设作为提高管理水平的重要抓手，继续加大投入。一是启动了“数字三维城市”项目建设，委托武汉市国土资源和规划信息中心进行项目开发，第一期规模为20平方公里，通过应用该项目提高建设项目国土规划审批水平和建设质量。二是完成了第二次土地调查城镇调查成果的初检。三是启动了新一轮基准地价修订工作，委托专业机构开展了前期调查和基础资料的收集分析。四是启动了土地整理规划编制。继续推进基本农田项目建设，完成了3个项目的竣工验收和1个申报项目的审批；加快推进“增减挂钩”项目的实施。全省“增减挂钩”工作现场会上，将谦森岛项目作为参观项目。五是加强地质灾害防治工作，有效预防了各类地质灾害的发生。（王先明）

【政风行风建设】 2011年，黄陂区局开展的“争创群众满意站所”活动中，武湖国土所被评为“市级群众满意基层站所”，六指、滠口国土所被评为“区级群众满意基层站所”。继续开展“三万”活动，组织专班，下拨专款到姚集街3个联系村，为村湾修挖水塘80口，兴修农田水利设施，为村民办实事，有效增进了与人民群众的感情。（王先明）

【启动空间发展战略规划研究】 2011年，黄陂区局与中国社科院城市发展与环境研究所签定合作协议书，正式启动《黄陂区空间发展战略规划》编制工作。根据合作协议，本次规划地域范围为黄陂全域，规划目标期限为2012～2050年。规划将对黄陂近十年城市空间发展的规划思路、做法和经验进行总结，分析黄陂区空间发展面临的内外部环境与趋势，提出黄陂区未来实现经济社会创新发展的战略思路、发展目标和指标、重点任务及政策措施，并对城镇空间发展战略与空间结构优化等5个方面进行专题研究。（王先明）

【“三万”活动】 2011年，黄陂区局在“万名干部进万村入万户”活动中，共出资4.50万元先后为村里购买抽水机一台，启动大型基站一座，修复水渠2000余米，保证了大旱之年农业不减产。对3个村共30余户特困家庭踊跃捐款10000余元，通过驻村干部将捐款送达。（王先明）

【试行准入与抽签方式选定地价评估机构】 2011年，黄陂区局为了避免评估机构与土地交易人私下串通、恶意低评或高估地价的现象，规范土地评估，试行公开抽签方式选定评估机构。

首先建立土地评估机构库，对符合准入条件的9家评估公司作为备选评估机构。然后在具体项目的土地评估时，实行现场公开抽签方式决定评估机构，现场抽签由局纪检监察室主持并监督，对评估结果进行备案。同时建立“黑名单”制度，对评估公司出现弄虚作假、恶意串通、随意篡改评估结果、评价结果严重偏离实际等情况进行记载，进入“黑名单”的评估公司，取消一年期评估资格。实行该办法一个多月来，该局26个土地评估项目全部采取现场抽签方式来决定，符合准入条件的评估公司均获得了评估机会，地价评估结果客观公正，同时，对一家严重违规评估的公司记入了“黑名单”。（王先明）

【第二次土地调查通过预检】 6月9～10日，省第二次土地调查领导小组办公室组织有关专家，对黄陂区第二次土地调查前川城区土地调查成果进行了预检，专家组对内、外业成果进行了认真检查和技术质询，最终认定，该调查成果质量符合国家和省有关技术规范，达到了预检标准，一致同意通过预检。（王先明）

【获奖情况】 2011年，黄陂区局被武汉市委、市政府评为“武汉市2006～2010年度新型城镇化工作先进单位”；获得“2010年度全市国土规划系统信息工作先进单位”、“2010年度全市国土规划系统信访稳定工作先进集体”、“2010年度全区对外宣传工作先进单位”、“2010年度全区农业农村工作先进单位”、“2010年度绩效管理工作先进单位”、“2010年度全区办公室工作先进单位”、“2010年度区人大政协议案提案办理工

作先进单位”。（王先明）

新洲区局

【新洲区概况】 新洲区位于武汉市东北部、大别山余脉南端、长江中游北岸；东邻团风，西接黄陂，南与青山、鄂州隔江相望，北与红安、麻城毗邻交错，地势由东北向西南倾斜，山岗与河流呈“川”字型排列，俗称“一江（长江）、两湖（武湖、涨渡湖）、三河（举水河、倒水河、沙河）、四岗（楼寨岗、叶顾岗、长岭岗、仓阳岗）”。全区土地面积 1463.43 平方公里，其中陆地占 82%，水域占 18%；总人口 98.57 万，其中，农业人口 75.64 万人，非农业人口 22.93 万人。全区设立 10 个街道办事处（邾城、阳逻、仓埠、汪集、李集、三店、潘塘、旧街、双柳、涨渡湖），3 个镇（辛冲、徐古、凤凰），1 个经济开发区（阳逻经济开发区），1 个风景旅游区（道观河风景旅游区），辖 583 个行政村，是全国闻名的“双孢蘑菇之乡”、“建筑之乡”，享誉荆楚的“教育之乡”和“民间艺术之乡”。（杨响华）

【规划编制】 2011 年，新洲区局完成阳逻新城发展战略性规划编制，规划范围覆盖阳逻、仓埠和双柳 3 个街道，面积 375 平方公里；完善武汉东部新城组群控规导则及“五线”编制；完成区新型工业化示范园区控规导则编制启动区控规细则，面积约 60 平方公里，其中建设用地面积约 46 平方公里，工业用地约 20.60 平方公里，相关成果已上报市政府审批；开展邾城城区规划路网及用地布局调整工作；深化土地利用总体规划修编与研究工作，编制完成土地利用总体规划大纲调整方案、新洲区“十二五”土地利用空间布局总体规划和邾城规划路网及用地布局调整方案；完成武汉新港古龙产业园用地规划编制工作；完成阳逻工业园、仓阳产业园控制性详细规划编制工作；委托武汉市规划设计研究院开展了涨渡湖“增减挂钩”项目规划编制；完成“两河（举水河、倒水河）、两湖（陶家大湖、柴泊湖）”控规编制；继续征求区内相关部门的意见，深化完善新洲区综合交通规划，并组织开展了专家论证；委托武汉市国土资源和规划信息中心开展了新洲区国土规划“一张图”建设工作，整合集成新洲区基础地形图、土地调查、东部组群控规导则、规划“一书三证”、建设用地报批和土地招拍挂信息，初步搭建了“一张图”框架。（杨响华）

【规划审批】 2011 年，新洲区局共核发“一书三证”203 本，其中，《建设项目选址意见书》4 本，面积 13.71 公顷；《建设用地规划许可证》77 本，面积 462.19 公顷；《建设工程规划许可证》92 本，面积 264.49 万平方米；《建设工程规划验收合格证》30 本，面积 62.57 万平方米。（杨响华）

【建设用地报批】 2011 年，新洲区局共向国务院、省、市组织申报 57 个批次新增建设用地，总用地面积 515.38 公顷，已获得省级以上人民政府批准新增建设用地批文 47 个，总面积 446.59 公顷。（杨响华）

【耕地保护】 2011 年，新洲区局严格落实保护责任，进一步完善耕地保护共同责任机制，区政府将耕地保护纳入对街镇绩效考核范畴，强化各级政府抓耕地保护工作的责任；区局与各基层所签订了耕地保护责任书，层层分解目标任务，不断巩固耕地保护专管员制度和协管员制度，将耕地保护责任落到实处。严格占补平衡制度，全年新开工项目 43 个，面积 6187.30 亩，均实行“先补后占”。实施土地复垦整理，全年有 7 个土地整理项目实现竣工，新增耕地面积 397.67 公顷，其中 2 个项目已经湖北省国土资源厅验收通过，余下 5 个项目正在组织验收。（杨响华）

【征地补偿安置】 2011 年，新洲区局供地 42 宗，面积 484.10 公顷，均在退地前按有关程序对被征地农民进行了安置补偿，到位率、合格率均达到 100%。（杨响华）

【土地储备】 2011 年，新洲区局累计储备工业用地 12 批次，面积 3931.81 亩；储备商住等经营性用地 20 批次，面积 1620.44 亩。（杨响华）

【土地招拍挂】 2011 年，新洲区局共挂牌交易土地 70 宗（其中工业用地 43 宗），面积 9250.06 亩，成交总额 2.06 亿元，经营性用地、工业用地招拍挂率均达到 100%。（杨响华）

【地籍管理】 2011 年，新洲区局继续深入开展第二次土地调查，完成城镇土地调查面积 9.35 平方公里，共 18830 宗，涉及 34 个街坊，其中单位宗地 552 宗，个人宗地 18278 宗，所有数据建库已完成，调查成果于 2011 年 11 月通过省级验收。启动 2011 年度土地变更调查与遥感监测工作，已完成 117 个合法图斑的变更调查任务。全年办理土地初始登记 1439 宗，面积 123.43 公顷；变更登记 2251 宗，面积 193.77 公顷；抵押登记 128 宗，面积 432.40 公顷。（杨响华）

【土地执法监察】 2011 年，新洲区局巡查发现土地违法行为 275 宗（含农民建房）、违法建设 367 处，全部下达停建通知书并成功制止；立案查处非法占地案件 68 起，组织和参与依法拆除违法建设行动 206 次，面积 10.50 万平方米。（杨响华）

【矿产资源管理】 2011 年，新洲区局制定《新洲区严厉打击非法违法开采矿产资源行为专项行动实施方案》和《新洲区国土资源和规划局集中整治无证无照经营行为实施工作计划》以及《新洲区严厉打击非法违法勘探、开采矿产资源专项行动实施方案》，组建工作专班推进和落实严厉打击非法违法勘探、开采矿产资源专项行动。认真做好矿产卫片检查，对凤凰镇辖区内的 14 个非法采石点进行了彻查治理。（杨响华）

【地质灾害防治】 2011 年，新洲区局加强地质灾害监测预防，明确了市、区两级地质灾害重点易发区监测点，编制完成新洲区 2011 年地质灾害防治预案，健全地质灾害巡查制度和责任落实制度，统一印制和发放地质灾害防治避险《明白卡》9 套，确保各项工作顺利落到实处。（杨响华）

【土地测绘测量勘界工作】 2011 年，新洲区局完成红色旅游线路中各村的土地量算、武汉中基通用港口发展有限公司、黄石机电学院、武汉中冶易新科技有限公司等登记发证测绘工作，并为武汉新港拆迁、江北快速路置换用地拆迁、红岭和花园还建点等一批重点工程项目提供基础测绘服务；完成新征建设用地 128 批次的土地勘界；完成 74 宗工业用地及商居用地招拍挂地块测绘任务；完成单位、个人宗地约 800 余宗，小区分户 27 个，竣工验收 48 个；完成全区的规划放线、验线以及土地整理的放线及验收等工作。

（杨响华）

【信息化建设】 2011 年，新洲区局加强基础数据管理与信息化系统应用，收集整理全区 1∶2000、1∶10000 地形图等“数字新洲”成果，二调成果、土规大纲、街镇规划、“十一五”规划耕地保护、1996 ～ 2010 年土地变更等专题数据及局 2006 年至今批、供、用生产的业务数据成果。加强信息化办公和电子政务建设，逐步向网上公文传递、网上审批和无纸化办公方向迈进。改版区局门户网站，及时更新上传有关内容，使之与政务公开、信息发布、群众监督、效能监察、信访投诉等各项工作更好地实现对接。根据武汉市国土资源和规划局统一部署，布置安排 14 个基层国土所与市局联网工作。健全政务信息报送、上报和发布制度，对局属各单位都指定了专门的信息员，及时报送和发布全系统重要政务信息。（杨响华）

【党风廉政建设】 2011 年，新洲区局严格执行党风廉政建设责任制，以岗位责任风险点排查与预防为主线，进一步推进惩防体系建设；以加强党员干部党性修养和作风建设为重点，加强党风廉政教育；以制度创新为根本，从源头上防治腐败；以规范制约行政权力运行为核心，全方位增强监督，全体干部职工廉洁从政的意识进一步增强，依法行政的能力和水平进一步提高。（杨响华）

【法制宣传】 2011 年，新洲区局利用 4 月 1 日规划法颁布纪念日、4 月 22 日世界地球日、6 月 25 日全国土地日、8 月 29 日全国测绘法宣传日和 12 月 4 日全国法制宣传日等契机，全方位宣传国土规划相关法律法规政策，共张贴横幅、标语96条，出动宣传车12台次，设立流动咨询服务岗9个，制作橱窗式宣传栏2期，并利用区电视台在黄金时段滚动播出相关的宣传内容，开展经常性的专题宣传。（杨响华）

【信访维稳】 2011年，新洲区局共受理信访事项124件，其中来信57件，来访59件，网上信访8件，均在期限内处理落实并及时回告。（杨响华）

【政风行风建设】 2011年，新洲区局以“治庸问责”、民主评议政风行风和创建“群众满意基层站所”等活动为平台，通过进一步强化责任机制，优化审批流程，健全制度建设等措施，全面推进全系统行风建设，取得明显成效，其中，三店街国土规划所被区政府授予“2011年度全区十佳群众满意基层站所”。

（杨响华）

【议提案办理】 2011年，新洲区局共承办区人大建议、区政协提案17件，均在规定时间内全部办理完毕，办理率、答复率、满意率均为100%。（杨响华）

【系列规划通过评审】 8月31日，《阳逻新城发展战略性规划》经区规划委员会全体会议审议通过，该规划研究范围为401平方公里。10月22日，《阳逻潘庙村“城中村”综合改造规划》、道路修规及D0107地块控制性详细规划专家评审会在阳逻新港国际酒店召开，与会专家及领导经审议后，原则通过上述规划。

（杨响华）

【涨渡湖街国土规划所挂牌成立】 4月28日，涨渡湖街国土资源和规划管理所在涨渡湖街道办事处正式挂牌成立。（杨响华）

【卫片执法检查工作通过检查验收】 8月11日，湖北省国土资源厅卫片执法验收组对新洲区2010年度卫片执法检查工作进行了检查验收。检查组首先听取了新洲区卫片执法检查工作进展情况的汇报，随后随机抽查了实地伪变化现场及查阅内业案卷资料。检查组认为新洲区2010年度卫片检查工作领导重视、组织严密、核查全面准确，整改查处到位，执法监管长效机制完善，符合验收标准，准予验收。9月8日，国家土地督察武汉局一室主任黄跃一行4人，在省国土厅执法监察总队、武汉市国土资源和规划执法监察支队等陪同下，对新洲区2010年度卫片执法检查工作进行了检查验收。（杨响华）

【机关档案目标管理通过省一级认定】 11月24日，市档案局组成档案验收小组对新洲区局机关档案工作目标管理省一级认定进行了验收考评。验收组通过听取汇报、实地查看、现场询问、综合评议，认定新洲区局档案工作目标管理总得分93分，达到了机关档案目标管理省一级标准。

（杨响华）

【精神文明建设】 3月3日，新洲区局测绘队荣获“2011年新洲区优秀青年志愿服务集体称号”。

8月30日，在市国土规划局举办的第二届摄影比赛活动中，新洲区局选送的汪集街西湖村新农村建设系列作品荣获优秀奖。

12月6日，在“爱我新洲”首届区直机关体育节“国税杯”乒乓球比赛活动中，新洲区局选手获得精神文明团体奖及男子单打第四名，此次比赛共有73个参赛单位100余名选手。

（杨响华）

【获奖情况】 2011年，新洲区局被中国测绘学会授予“2011年全国优秀测绘工程铜奖”，被市国土资源和规划局授予“全市国土规划系统绩效管理先进单位”、“全市国土规划系统信访维稳工作集体”、“全市国土规划系统信息化工作先进集体”；被新洲区委、区政府授予“2011年度信访稳定工作先进单位”、“五五普法依法治理先进单位”、“城管革命先进单位”、“2011年度全区推进工业发展倍增计划服务企业工作先进单位”、“全区城乡建设工作先进单位”。新洲区局双柳国土规划所被市爱卫会授予“2011年度市级卫生先进单位”。

（杨响华）

03

规划成果

第三章

WU HAN

第一节　城市总体规划及土地利用总体规划

武汉都市发展区“1+6”空间发展战略实施规划

一、规划背景

2011年是“十二五”开局之年，武汉市进入跨越式发展的关键时期，也处于急速城镇化的转型时期，一方面着眼构建国家中心城市，大力推进新型工业化、新型城镇化发展，城市面临高速发展的空间扩张需求；另一方面，城市也面临着“摊大饼”式无序蔓延的现实，生态资源保护压力重重。在此关键时期，为正确处理好转型期促进城镇发展与保护城市生态环境的关系，贯彻落实武汉市委、市政府推进“主城+新城组群‘1+6’城市格局”，“突出抓好工业发展‘倍增计划’”，“防止城市无序蔓延”的重要决策，武汉市国土资源和规划局组织编制了《武汉都市发展区“1+6”空间发展战略实施规划》。

二、规划目标

规划秉承“大发展+大生态”的指导思想，深入剖析武汉在当前急速城镇化的转型时期，城市发展面临的主要问题和难点，并基于对国际国内特大城市发展经验的总结，从发展战略与管控实施层面统筹都市发展区空间发展秩序，破解保护与发展的难题，为推进武汉“两型”社会建设奠定物质空间基础。

规划目标是全面贯彻落实市委、市政府指示精神，依据城市总体规划和土地利用总体规划，积极落实“工业倍增”计划用地空间，完善新城组群综合交通和市政基础设施体系建设，推进新城中心发展，促进新城“反磁力”吸引，并有效保护城市生态资源，构建城市生态框架体系，加快推进“主城+新城组群”的“1+6”城镇空间发展格局形成，大力促进武汉市新型工业化和新型城镇化发展。

三、主要内容

规划重点从城市空间结构、工业园区布局、新城建设、生态保护等4个层面深化城市空间发展战略，构建武汉市“主城+新城组群”的“1+6”城市空间拓展格局，并提出主城与新城的联动发展策略。

同时，规划从实施层面创造性地提出以“两线三区”为核心的空间导控机制与规划管控策略，通过划定城市增长边界（UGB）与生态底线，实现对生态要素资源、生态框架体系的充分保护与主动实施，形成“大发展+大生态”的可持续发展格局。

四、规划进展

2011年7～8月，该《规划》先后通过武汉市规划委员会专家咨询会、武汉市人民政府第143次常务会议、武汉市委常委会审查和审议。11月30日，该《规划》正式获市政府批复，将作为武汉市“十二五”期间城市空间拓展和新城建设的行动纲领。

（汪　云）

第二节　分　区　规　划

武昌区近期建设规划

（2011—2015年）

一、规划背景

根据住建部《近期建设规划工作暂行办法》、《城市规划强制性内容暂行规定》，为统筹武昌区城镇近期发展，指导各类建设项目安排，落实好城市总体规划和城市近期建设规划的有关要求，结合武昌区实际情况，制定《武昌区近期建设规划（2011—2015年）》。该规划适用范围为武昌区行政区域，规划期限为2011 ~ 2015年。

二、规划目标

按照“三镇三城”的规划发展格局，着眼于大武汉、武汉城市圈、华中地区以及全国的发展，突出“大武昌”的区位和商务资源优势，努力把武昌建设成武汉市江南金融商务中心，展现近代中国革命的历史文化名城，服务完善、工商繁荣的现代服务业强区以及彰显传统风貌和山水特色的和谐宜居城区。

三、主要内容

（一）空间结构

依据全市近期建设规划总体框架，结合武昌区近期建设的构想，武昌区近期发展空间结构为：“一轴、两带、五区”。

“一轴”即东沙景观交通轴，位于全市近期空间拓展的主要轴线——轨道2号线现代服务业发展轴上，在武昌区内经沙湖、沙湖大桥串连武昌滨江与东沙港两大重点开发片区，向东与鲁巷城市副中心对接，向西与汉口滨江核心区跨江相连。

“两带”即滨江城市发展带和中南路、中北路城市发展带。

“五区”即滨江总部经济区、首义商旅区、中北路—东沙港商贸商务区、白沙综合生活区和武昌站站前商贸区。其中，前三者为重点建设区，其余为积极推进区。

（二）重点地区计划

1. 滨江总部经济区

建设范围东至和平大道、南临新河街、西至临江大道、北至秦园路，总用地面积为191.37公顷。

以滨江商业中心项目、裕大华片、月亮湾片、武昌车辆厂片开发为引导，建设成为武汉主城区新的现代服务业集聚区。该项目建成后将和中南路、中北路金融商务集聚区连成一体，形成武汉江南金融商务中心。

2. 首义商旅区

建设范围东至穿城大道—楚善街、南至津水路、西至复兴路—临江大道、北至民主路—中山路，总用地面积为291.80公顷。含首义南轴线、五大会址、户部巷和解放路商业街等地区。

依托武昌区丰富的自然旅游资源和深厚的历史文化底蕴，以旧城改造为契机，整合土地资源，加大商业等服务业用地的供应与开发力度，形成以红色旅游、历史观光、特色购物为核心的商贸旅游片区。

3. 中北路—东沙港商贸商务区

建设范围东至东湖路、南至白鹭街、西临沙湖、北至秦园路，总用地面积为336.60公顷。

依托武昌主城商业与文化底蕴，同步进行湖泊综合治理、水系连通和城市滨水建设3大工程，重塑武汉"百湖之市"水网纵横、商贾云集的城市特色。

4. 白沙综合生活区

建设范围东至武咸公路、南抵江泰路、西至武金堤路、北至中山路，总用地面积为110.50公顷。

近期加快白沙洲都市工业园区向高新科技产业园区转型和居住用地的供应与开发。

5. 武昌站站前商贸区

建设范围为武昌站周边、中山路沿线北至武珞路、南至津水路区域，总用地面积为99.70公顷。

抓住武昌火车站建成投入使用的机遇，打造具有完备服务功能、优良城市形象的"窗口"地区。

（三）产业发展行动规划

继续实施"退二进三"战略，加快原有园区产业升级改造，引导工业用地及园区集聚发展。

规划至2015年，工业增加值将达到196亿元，社会消费品零售总额达566亿元，现代服务业增加值总量接近300亿元。

（四）住房建设行动规划

按照总规"两降三增三保"的要求，强化综合组团大型居住区建设，有序实施旧城改造、"城中村"改造和保障性住房建设，促进城市生活环境与品质的整体提升。

规划至2015年，居住用地总面积约19.90平方公里，人均住房面积达到32平方米。

（五）生态绿化行动规划

突出城区特点以及森林绿化的生态背景和基础作用，重点展现武昌区滨江滨湖特色和山水相间的良好绿色生态环境。

规划至2015年，城区绿地率将达到34%，绿化覆盖率达到40%，人均公园绿地面积达到17平方米/人（含东湖生态旅游风景区郭郑湖水面1304公顷）。打造"一心、两带、九廊、多点"的整体绿化框架。

（六）公共服务行动规划

以总部经济为核心，大力发展金融保险、文化创意、高新科技、商贸旅游4大支柱产业，着力构建现代化公共服务网络。

规划至2015年，中小学用地面积166.60公顷；公益性服务设施用地面积172.40公顷；商贸商业、行政办公、金融咨询等现代服务业用地面积达489.90公顷。

（七）文化保护行动规划

整合武昌区历史文化资源，彰显名城特色，以辛亥革命百年庆典为契机，开展辛亥革命博物馆和首义南轴线建设。同时，在保护古城整体格局的前提下，整合旧城历史风貌景点，打造"一带、三片、五景"的结构体系。

（八）综合交通行动规划

大力建设轨道交通，提高公交运行效率；完善道路运输基础及配套工程建设，提高交通综合保障能力；完善路网结构，改善微循环系统，畅通道路交通。

规划至2015年，骨架路网基本形成，重点发展片区支路配套完善，道路总面积8.11平方公里，路网密度相对现状有较大增长。

（九）市政设施行动规划

近期重点完善供水系统和污水处理系统，提高防灾减灾能力，形成安全环保的能源供应体系，构建多元复合、设备完整、功能齐全的支撑体系。

（傅　倩）

洪山区近期建设规划

（2011—2015 年）

一、区位优势

洪山区是武汉与东部鄂州、黄冈、黄石，南部咸宁、赤壁、嘉鱼等武汉城市圈内城市集聚区间联系的重要节点。该区科研资源丰富，杨春湖城市副中心、武汉环线交通、轨道交通等重大工程的兴建为该区的发展提供了强有力的支撑。在中部崛起战略下，武汉城市圈建设将促进洪山区在更大区域层面上拓展整合。

二、规划目标

以珞喻、南湖地区为重点，结合区内科研院所密集、高教资源丰富的特点，集中发展数字科技、演艺娱乐、动漫影视、时尚设计、出版传媒、翻译与国际文化交流、会展博览、教育培训及咨询策划等产业，打造创智孵化、生态宜居中心。

以杨春湖地区为重点，借助高铁武汉站辐射的带动作用，挖掘“城中村”改造潜力，集聚发展客运枢纽、物流配送、旅游接待、信息交流、商贸金融、商务办公、会议博览等现代服务业，打造城市新兴增长极。

以白沙、青菱地区为重点，结合现有产业、居住集聚态势，进一步承接中心城区产业与人口转移，打造高新产业集聚、生态和谐宜居的主城南部门户区。

三、主要内容

（一）用地布局

在洪山地区总体空间结构的框架下，确定洪山区近期空间结构为“两核两区、一带两轴”。

“两核”：新兴发展之核——杨春湖城市副中心；更新改造之核——南湖至珞喻创智孵化、生态宜居中心。

“两区”：天兴洲—建设乡生态农业旅游集聚区、青菱—白沙科教、市场集聚区。

“一带”：长江经济发展带的整体引领。

“两轴”：沿天兴洲长江大桥—建设十路、武珞路的两条垂江产业拓展带延伸带动。

（二）近期建设重点

1. 市级优先建设区

对全市城镇空间格局优化和整体功能提升具有重要作用，需要全市集中投入建设的地区，主要为杨春湖城市副中心和南湖生态宜居区。

2. 区级重点建设区

对全区城市功能提升具有重要作用，需要区级为主重点投入建设的地区，主要为建设地区的钢铁配套产业基地、珞喻地区的商贸科研集聚区、青菱湖地区的生态产业宜居区。

3. 区级培育建设区

对洪山未来城镇发展具有重要作用，需要区级引导发展的地区，主要为东湖居住新城、白沙洲都市工业园等区域。

（三）专项行动计划

1. “产业升级”行动计划

进一步加大“学—研—产”链条的延伸与强化，继续实施“退二进三”战略，推进城区内工业用地外迁，引导工业和仓储入园发展，近期形成“两主两副”的工业用地空间格局。

2. “和谐住区”行动计划

近期以“旧城改造、杨春湖新城开发”为核心，形成“三片五区”的居住用地建设结构。

3. “交通畅达”行动计划

以城市 3 条环线、过江通道和轨道交通为主要构架，重点完善片区支路配套，环湖步行道初具规模，构建地区经济发展和物流高速便捷的交通平台。

四、规划实施进展

2010 年底，规划编制完成并与市级近期建设规划充分对接，洪山区重点建设区和道路市政工程建设正在按照规划实施。

（黄晓芳）

青山区近期建设规划

（2011—2015 年）

一、区位优势

青山区位于长江南岸、武昌的北部，北临长江，与江岸区隔江相望，西、南与洪山区接壤，东与武汉化工区相邻，是武汉市中心城区的城市东大门。

二、规划目标

“十二五”期间，规划青山区发展的总体目标是：建设成为国家循环经济示范区、国家环保产业基地核心区、武汉市向东辐射的核心支点，打造成繁荣、和谐、特色、魅力的青山。至 2015 年，青山区城镇人口数量将达到 52.70 万人；全区城镇建设用地总面积达到 62.70 平方公里。

三、主要内容

（一）空间结构与布局

根据青山区城乡总体空间结构，考虑全市近期建设规划有关建设发展要求，确定青山区近期空间布局结构为“一带、两区”。

“一带”是指以建设十路延长线为轴，依托武汉站、杨春湖副中心的功能辐射，改造传统老工业设施，发展创意产业、公共服务等现代服务业，形成现代创意产业服务带。

“两区”，一是依托一线江景，建设滨江和两河现代服务业集聚区；二是依托大东湖风景区，改造、振兴老工业，发展环保产业，形成循环经济示范区。

（二）专项行动计划

1. 公共服务行动计划

滨江生态商务区形成以总部经济商务、特色办公、科研等制造服务为主导的现代服务区；两河生态文化区以“青山印象”为主题，建设集文化休闲、生态旅游、高铁商贸为一体的现代活力区。启动严西湖旅游服务中心的建设，带动周边地区发展。

2. 综合交通行动计划

完善和平大道立交，建设友谊大道立交，完善青化路立交，建设武钢货运枢纽站。建设建设十路延长线、青化路贯通工业路、园林路；拓宽王青公路，链接宜黄公路；拓宽临江大道；改造二十一号公路；完善工人村路、武东南路、武东东路、北洋桥路、旅大街。结合阳逻和白浒山港区的港口码头建设，适时开展青山港区的配套建设。

3. 生态绿化行动计划

依托“山、滩、港、渠、园”为特色绿色资源，构建点线面相结合的绿地系统，打造绿色生态青山。至 2015 年，新增和改造绿地规模达到 1.55 平方公里，其中新增用地 0.48 平方公里，改造用地 1.07 平方公里。公园绿地指标达到 12 平方米/人，绿地率达到 38%，绿化覆盖率达到 45%。

（三）重点地区计划

根据近期建设总体空间结构，规划确定近期重点地区主要包括 2 个市级优先建设区和 3 个区级重点建设地区。其中，市级优先建设区为循环经济示范核心区、滨江生态商务区；区级重点建设区为两河生态文化区、滨湖建设地区、临站建设地区。

四、规划实施进展

2010 年底，规划编制完成并与市级近期建设规划充分对接，青山区重点建设区土地储备、道路及市政设施建设逐步开展。

（王洁心）

汉阳区近期建设规划

（2011—2015年）

一、规划背景

为了分步滚动实施城市总体规划，依据全市近期建设规划确定的发展思路要求，充分反映汉阳区政府建设意图，分解落实全市近期建设规划，实现空间建设和时序安排的协调统一。规划范围为汉阳行政区范围，面积约108平方公里。规划期限为2011 ~ 2015年。

二、规划目标

经济社会发展目标是：积极承担武汉市委、市政府“三镇均衡协调发展”、“两型”社会建设示范区的发展战略，不断彰显历史文化与现代文明相得益彰的城区气质，塑造独具气势与神韵、个性与魅力的品质之城，努力把汉阳建设成为以历史文化和自然山水为特色的文化旅游中心、辐射中部地区的生产性服务中心，具有滨江滨湖特色、适宜创业和居住的现代化新城。

近期建设的实施目标是：大力发展都市工业、现代服务业、文化旅游业和房地产业，彰显滨江滨湖和历史文化特色，把汉阳区建设成为更有活力、更具特色、更加宜居宜业、职居平衡的生态化中心城区。

三、主要内容

（一）近期建设空间布局

汉阳地区近期建设的空间结构为“一城、两带、三轴、四区、多点发展”。“一城”即四新生态新城，是汉阳近期建设的重点开发区域，城市副中心；“两带”即滨长江、汉水的城市发展带；“三轴”是沿汉阳大道、江城大道以及龙阳大道的3条城市空间拓展轴；“四区”即黄金口地区、龟北及月湖地区、环墨水湖地区、共建区等市级重点发展区；“多点”是结合钟家村、王家湾、五里墩商业中心以及四新商业中心、动物园、快活岭等地区重点项目多点发展。规划至2015年，汉阳区总人口数量将达到65万人（常住人口），总建设用地面积达到64.20平方公里。

近期建设的重点区域包括四新地区、月湖及龟北地区、南太子湖共建区、新港长江城、黄金口工业园、江城大道城市综合体、318国道沿线地区。

（二）近期专项行动计划

1.“产业升级”行动计划

至2015年，工业增加值将突破400亿元；社会消费品零售总额突破400亿元，力争达到500亿元；现代服务业增加值总量达到210亿元，占GDP比重达到25%。不断优化产业结构，三产比重调整到0.02：54.80：45。

黄金口都市工业园依托现状建设基础和区位优势，不断优化工业结构，发展食品加工、轻工电子、新型建材、汽车零部件等重点产业。

318国道沿线依托九州通、新龙药业、民生医药的带动效应，发展医药研发产业；依托汽车4S店，发展汽车零部件、汽车文化等产业。

南太子湖共建区依托东风本田二厂建设，发展汽车及零部件制造产业和科技研发产业。

2.“低碳住区”行动计划

加大四新地区居住用地的供应与开发力度；推进汉钢、杨泗港、环墨水湖地区的住房开发，提升居住环境品质；完成二环线以内16个“城中村”的拆迁任务，启动三环线以外永丰街7村的双登、改制等工作。规划期末，开发居住用地总面积为631.46公顷，其中新增居住用地为375.69公顷。人均住房面积达到32平方米。

3.“绿色彰显”行动计划

实施“一湖一景、一山一景、一路一景、一桥一景、一园一景”工程，力争在规划期末，城区绿地率达到31%，绿化覆盖率达到35%，人均公园绿地面积达到 10 平方米/人。重点建设沿长江、汉江滨水绿化带，龙阳湖—墨水湖—长江生态景观轴，四新大道、江城大道、龙阳大道 3 条道路景观绿化。

4. “公服提档”行动计划

重点打造江城大道城市综合体，完善国际博览中心，建设四新商业中心，提升王家湾商圈，营造汉阳龟北创意产业园，至 2015 年，公共服务设施总用地面积将达到 534.90 公顷。

5. “旅游提升”行动计划

充分整合汉阳文化及生态资源，强化功能分区，塑造出“知音汉阳，人文水都”的主题形象。至 2015 年，旅游综合收入年增长率 15%以上，年旅游直接收入达到 8 亿元，旅游综合收入达 20 亿元。

6. “交通畅达”行动计划

以完善骨干路系统为主，配合滨湖临水道路、支路微循环系统以及重点发展片区配套道路建设，构建层次分明、功能全面、运转高效的道路系统。力争在 2015 年汉阳区道路总里程增长到 309 公里，道路网密度为 2.80 公里/平方公里，道路面积达到 850 万平方米，道路面积率为 7.80%，人均道路面积达到 13.10 平方米。汉阳区共规划有轨道里程 57.70 公里，“十二五”期间，建成轨道交通 3 号线和 4 号线，同时轨道交通 6 号线开工建设。建成轨道交通里程 19.40 公里，开工建设里程 13.40 公里，总投资约 196.80 亿元。

7. “设施完备”行动计划

在规划期末，要力争做到快速发展区市政基础设施配套完善，为居民生活和工作创造良好的城市环境；启动建设区市政基础设施建设提速，为地区开发建设提供外部条件；旧城改造区和“城中村”地区加快市政基础设施的改扩建工作。

（三）重点地区建设规划

1. 四新生态新城

地区骨架路网体系基本建成，四新大道、江城大道、滨长江轴线景观初具规模，四新地区城市空间骨架体系基本形成；完成杨泗港港区搬迁及土地整理工作，初步启动新港长江城建设、基本完成墨水湖南岸三村“城中村”改造，完成江城大道以西地区土地整理储备工作。四新生态新城包括博览中心核心区以及新港长江城和墨水湖南岸居住片区，总建设面积 1249.80 公顷。

2. 月湖及龟北地区

完善月湖文化主题公园绿化建设工程，完善琴台文化艺术中心周边配套设施，提升地区的文化艺术功能，强化琴台文化艺术中心的区域功能中心；启动龟北地区的建设，建设创意产业园、洗马长街旅游区，总共改造面积 75.80 公顷。

四、实施保障计划

（一）建立近期建设的项目库

以公共财政投资为主，将具有带动效应和支撑保障作用的重大项目汇编成近期建设项目库（包括公益性服务设施、保障性住房、综合交通、市政设施、生态绿化等 5 大类、24 小类），汉阳区近期建设项目库已入库项目 171 个。

（二）土地保障计划

近期土地储备总量达 23.25 平方公里，其中新增用地 2.30 平方公里，存量用地 20.95 平方公里。

（三）资金保障计划

强化政府资金引导作用，积极争取上级资金支持，加强区级财政资金配套，确保项目顺利实施。

发挥国资融资平台作用，依托各类储备平台和区国资公司，积极争取银行授信、企业投资或垫资，拓宽土地整理资金来源。

围绕重大产业项目寻求战略投资者，扩大内外资投资规模，着力构建多元化的投融资体系。

（雷学锋）

东西湖区近期建设规划

（2011—2015年）

一、规划背景

为统筹东西湖区城乡近期发展，指导各类建设项目安排，落实好《武汉市城市总体规划（2010—2020年）》和《武汉市近期建设规划（2011—2015年）》有关建设要求，结合东西湖区实际情况，制定了《东西湖区近期建设规划（2011—2015年）》，与《东西湖区国民经济和社会发展"十二五"规划》共同承担对全区经济社会发展与城市建设的综合调控作用。

二、规划目标

按照"产业集聚、布局集中、资源集约"的原则，重点建设107国道、金山大道一线，优化调整城镇空间布局，打造吴家山产业新城，带动东西湖城乡一体化建设发展。

规划至2015年，东西湖区总人口数量将达到57万人，全区新增城镇建设用地27.54平方公里，总用地面积达到87.06平方公里。

三、主要内容

（一）近期建设空间构想

根据东西湖区城乡总体空间结构，考虑全市近期建设规划有关建设发展要求，规划确定近期重点建设的总体结构为"一城一区，一轴两廊"。

"一城"指吴家山新城，建设综合性产业新城。"一区"指台商工业园区，建设新型工业化示范园区。"一轴"指新城拓展轴，沿五环大道，北向延伸城镇空间，建设综合性服务中心；南向优化空间布局，完善港区功能。"两廊"指西拓产业发展走廊，沿107国道建设产业和城镇发展走廊；东联城镇发展走廊，沿金山大道、金银潭大道建设对接主城区发展的城镇轴。

（二）专项行动计划

1. 工业发展行动计划

近期形成"一城一区两园"的工业建设发展结构。依托吴家山台商投资区和舵落口港，重点打造吴家山产业新城；优先建设台商工业园区、培育金银潭工业集聚区、培育新沟循环再制造产业园。规划至2015年，新增工业用地7.88平方公里，工业总产值达到1000亿元左右。

2. 住房建设行动计划

近期以新城建设为核心，形成"两区三片"的居住用地建设结构。优先建设吴家山新城居住区，重点完善金银湖居住区，建设走马岭居住片，培育将军路和新沟居住片。至2015年，居住用地总面积为19.29平方公里，其中新增居住用地5.53平方公里，新建保障性用房4700套。

3. 公共服务行动计划

依据东西湖区近期建设思路，将公共服务设施体系建设分为综合服务中心、组团公共服务中心和片区公共服务中心3个层级。优先打造吴家山新城综合服务中心，重点培育金银湖组团公共服务中心，重点建设台商工业园公共服务中心和培育片区公共服务中心。至2015年，新增公共服务设施用地2.87平方公里。其中，人均文化设施用地为0.96平方米，人均体育设施用地为2.97平方米，每千人医院床位数达4张，基本构建城乡一体化的公共设施体系。

4. 综合交通行动计划

强化区域交通骨架系统，加强与主城衔接，构建区域内交通主干系统，加快建设新城及新城组团内部道路，促进区域空间拓展。至2015年，东西湖区新建高速公路43公里，新建省级干线42公里，新建轨道线网长度9公里，新增轨道交通站点7个。

5. 生态绿化行动计划

重点加强汉江、府河以及高快速路两侧生态防护带，以及柏泉风景区等大型区域绿地建设，保护生态空间框架。加强新城、新城组团以及重点镇的公园绿地建设，提升环境景观品质。规划至2015年，新增绿化用地面积236.42公顷，人均公园绿地面积为6.09平方米，建成区绿化覆盖率达到45.50%。

6. 市政配套行动计划

规划重点强化吴家山新城地区电力设施建设、东部发展走廊地区的污水处理设施以及西部综合发展轴地区供水、污水处理和电力设施建设。至2015年，新增市政基础设施用地面积约107.42公顷。规划给水供应能力34万吨/日、电网供应能力420兆瓦/小时、污水处理能力107万吨/日、城市污水集中处理率92%、垃圾处理（发电）能力1000吨/日。

四、实施保障计划

为落实规划实施，在初步测算土地储备供应计划的基础上，以公共财政投资为主，将具有带动效应和支撑保障作用的重大项目汇编成7大类、28小类近期建设项目库，明确项目名称、位置、建设指标（用地规划、建筑面积或长度）、责任主体、时序安排等内容。同时，为进一步强化近期规划的实施性，规划在总项目库的基础上，提出了6大类、60项重点工程项目，在全区层面上统筹、督促和保障实施。

（马　方）

汉南区近期建设规划

（2011—2015年）

一、规划背景

为统筹汉南区近期城乡发展，指导各类建设项目安排，落实好《武汉市城市总体规划（2010—2020年）》和《武汉市近期建设规划（2010—2015年）》有关建设要求，加强与汉南区“十二五”规划的衔接，结合汉南区实际情况，汉南区政府组织开展《汉南区近期建设规划（2011—2015年）》的编制工作。

汉南区位于武汉市的西南部，紧邻武汉经济技术开发区，是全市6个新城区之一。汉南区四面环水，由东北向西南呈哑铃型，辖区总面积287.07平方公里。

二、规划目标

“十二五”期间，汉南区发展总体目标是：以“工业立区”为目标，产业化带动城镇化，城镇化促进产业化，加快汉南区产业向规模化、集群化、集约化、特色化发展。以“城乡一体化”为目标，加快发展都市农业，推进农业产业化；加快新农村建设步伐，推进全区农村社区化；加快城乡社会事业发展，推进公共服务均等化。以“功能提升”为目标，加快城乡基础设施建设，增强城镇功能和提升服务水平；充分挖掘汉南区自然山水特色，改善人居环境，构建和谐汉南。

三、主要内容

（一）用地布局

根据汉南区城乡总体空间结构，考虑全市近期建设规划有关建设发展要求，确定汉南区近期空间布局结构为“一带、两片”。其中，“一带”是指汉洪新农村建设示范带，以汉洪生态片建设为依托，全面推进新农村建设，成为全市“城乡一体化”综合配套改革先行区。“两片”分别是指纱帽产业新城，依托产业园区发展，带动城镇化，继续强化纱帽核心增长极作用，促进汉南区全面发展；湘口综合服务片，加强与纱帽联系，全面提升湘口综合服务水平，成为未来功能向西拓展的有力支撑。

（二）近期建设重点区域

近期建设重点地区主要包括纱帽南部产业园市级优先建设区，纱帽新区、大咀、湘口区级优先建设区，以及邓南、东荆区级培育建设区。

其中，纱帽南部产业园市级优先建设区，以新能源新材料、食品加工、机械制造为主导产业，打造汉南区南部工业新区。纱帽新区区级优先建设区，包括汉南经济开发区、乌金机电产业园，形成以汽车零部件、机电产业为主导产业，建设宜居的居住环境，建设组群级特色商业中心；大咀区级优先建设区，以船舶制造和物流业为主导产业，形成纱帽港区的有力支撑；湘口区级优先建设区建设副区级综合服务中心，形成农产品加工、新能源产业园。邓南、东荆区级培育建设区，重点建设乡镇工业园，配套建设乡级公共服务设施。

（三）专项行动计划

1. 工业发展行动计划

集中发展产业园区，实现规模化发展。全区形成纱帽工业集聚区和西部工业集聚区两大产业园区集中发展区域。其中，纱帽工业集聚区依托纱帽现有的产业基础优势，形成“一区四园”即汉南经济开发区、乌金机电产业园、美国新都市工业园、华中农机产业园以及中小船舶建造基地，重点打造汽车零部件、新能源新材料、机电产业、现代物流业等产业；西部工业集聚区依托汉南区西部特色农业和生态资源，大力发展湘口工业园和卓尔生态工业园，重点发展生物医药、农产品加工等产业。

2. 综合交通行动计划

（1）加强外部交通联系——水陆并举、安全高效

加快对外高等级公路建设步伐，充分利用长江黄金水道，大力发展水上运输，同时大力发展公共客运交通，加强汉南与主城区的联系，创建“安全、高效、公平、畅达、舒适、环保”的新型综合交通体系。

（2）梳理区内交通网络——建设“半小时”交通区

实现汉南区内主要乡镇之间半小时到达，构成“半小时交通区”，实现城乡交通一体化发展。

3. 生态绿化行动计划

严格实行生态绿心的保护，着重加大五湖湿地的保护力度，继续完善滨江防护绿地建设。新建专类公园，完善功能体系，提升纱帽城区内部现有公园绿地质量，增加街头绿地的建设。园林绿地近期形成“两带、四心”建设结构，“两带”即长江沿岸生态防护带、汉洪高速沿线生态防护带；“四心”即五湖生态绿心、塘江山生态绿心、马影山生态绿心、纱帽中心城绿化核心。

4. 新农村建设行动计划

围绕3~5年内实现全区农村社区化的目标，以“城乡一体化规划”为指引，依托汉洪高速，加速推进新农村社区建设，进一步调整完善全区新农村社区建设规划，形成5个农村产业板块，分别是湘口街4万亩名特水产品生态健康养殖基地、东荆现代农业示范园、邓南生猪养殖小区、纱帽街经济综合开发示范镇、10万亩绿色食品基地。继续完成沟北、三眼桥、南康、新渡、水洪农村社区建设，新建其余新农村社区。

四、实施效果

规划编制过程中加强与全市近期建设规划以及汉南区“十二五”规划的衔接，促进幸福工业园成为市级优先建设区，同时确保汉南区近期重大建设项目的用地空间顺利“落地”。

（徐　昊）

江夏区近期建设规划

（2011—2015年）

一、规划背景

为落实好《武汉市城市总体规划（2010—2020年）》和《武汉市近期建设规划（2011—2015年）》有关建设要求，按照市政府统一部署和安排，2010年4月，开展了《江夏区近期建设规划（2011—2015年）》的编制工作。

江夏区原行政区范围用地面积约2018.34平方公里，截至2010年3月，东湖新技术开发区总共托管了江夏区367.70平方公里的用地。此次规划范围扣除已托管区域的江夏区用地范围，规划总用地面积约1650.64平方公里；其中都市发展区内用地面积457.55平方公里，占总用地面积的27.72%。

二、规划目标

规划至2015年，江夏区总人口数量将达到64万人，其中，城镇人口为27.38万人。全区新增城镇建设用地14.60平方公里，总建设用地面积达到86平方公里。

规划至2015年，全区地区生产总值力争达到530亿元；全口径财政收入达到86亿元；三次产业结构比例不断优化，第二产业比重进一步提升，三次产业比调整为9.80∶59.80∶30.40。

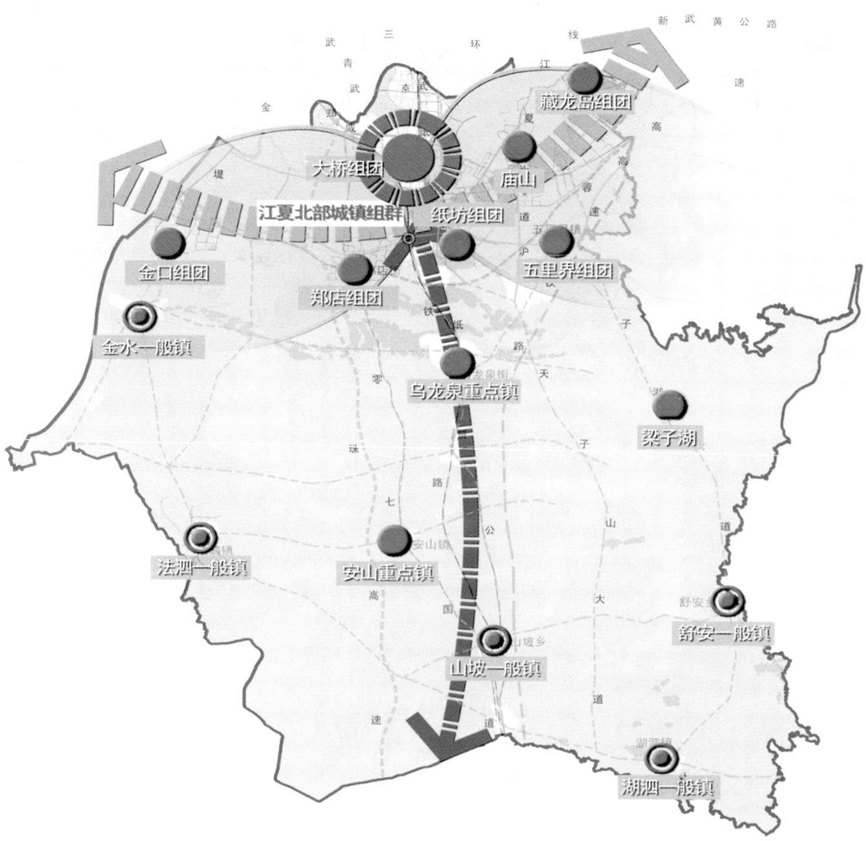

江夏区近期建设结构图

三、主要内容

（一）总体思路

江夏区主要是依托东湖新技术开发区重点发展电子信息、生物医药及机械装备制造产业，形成纸坊产业新城、金口台商集聚区和藏龙岛—大桥工业集聚区。“十二五”期间，江夏区经济发展将按照北部新型工业、南部现代农业、东中部服务业、西部临港产业的发展布局总要求，加快推进功能区建设，形成“北带南轴、一核两翼、集群发展、园区支撑”的发展格局。

（二）总体结构

规划确定江夏区近期空间结构为“北带南轴、一核两翼”：

“北带”即江夏区北部新经济带，是武汉市南部新城组群的重要组成部分，是江夏经济社会发展的依托和主体，是具有区位优势、后发优势和广阔发展空间的经济带。其范围在江夏境内省道南环线以北，包括藏龙岛、五里界、庙山、纸坊、大桥、郑店、金口，总用地面积约 700 平方公里。通过转变发展方式，优化资源配置，走新型工业化道路，促进产业结构升级，实现又快又好的发展。至 2015 年，经济带生产总值将达到 400 亿元，财政收入达到 65 亿元。

“南轴”即纸坊以南沿 107 国道一线为都市农业发展轴。以山坡、安山、舒安、湖泗、法泗为重点，加快水产养殖、苗木花卉、林果瓜菜、蔬菜茶叶、畜牧家禽的基地建设，夯实现代都市生态农业发展的基础与支撑。

“一核”即以纸坊、大桥（东南）为核心，构建全区政治、经济、文化中心，重点推进新型商业业态和金融服务业建设，提升现代服务业水平，建设纸坊产业新城。

“两翼”即以五里界、庙山、藏龙岛与郑店、金口、大桥（西北）为东西两翼。东翼的五里界、庙山、藏龙岛，依托东湖国家自主创新示范区的辐射，重点发展光电子、生物医药等高新技术产业；西翼的郑店、金口、大桥（西北），加强与武汉经济技术开发区的互动，重点发展装备制造、港区和物流产业。

（张古月）

新洲区近期建设规划

（2011—2015 年）

一、规划背景

为落实好《武汉市城市总体规划（2010—2020 年）》和《武汉市近期建设规划（2011—2015 年）》有关建设要求，按照市政府统一部署和安排，2010 年 4 月，开展了《新洲区近期建设规划（2011—2015 年）》的编制工作。

二、规划目标

规划至 2015 年，新洲区总人口数量将达到 110 万人，其中，城镇人口为 58.20 万人；全区新增城镇建设用地 32 平方公里，总用地面积达到 86.30 平方公里。

三、主要内容

（一）总体思路

着重推进新型工业化、新型城镇化、农业产业化的协调发展，重点建设“阳逻—双柳”沿江地区，优化调整城镇空间布局，建设临港产业新城，带动新洲城乡一体化建设发展。培育建设“阳逻—汪集—邾城”城镇走廊，突出阳逻、邾城两大新城带动作用，完善次级城镇功能，促进新城与各街镇互动发展；重点建设和完善东西向区域交通和基础设施走廊，进一步提升基础设施服务水平。依托二级城镇建设，加快发展都市型现代农业，提高农业产业化水平；通过“城乡互联、结对共建”，巩固“家园建设行动计划”建设成果，全面推进新农村建设。

（二）总体结构

规划确定新洲区近期空间结构为“一城、两区、四带”：

“一城”指阳逻港口工业新城。以产业对接、交通联系为重点，加快与武汉主城区融合。以新型工业化示范园区为重点，大力发展临港工业、先进制造业和战略性新兴产业。以港口物流、公共服务为重点，加快发展现代服务业，大力提升阳逻城市功能和综合经济实力，将阳逻打造成新洲乃至全市新的经济增长极。

“两区”指邾城商贸文化宜居区和道观生态旅游休闲区。“邾城商贸文化宜居区”强化邾城在全区城镇化建设中的示范带动作用，建成新洲行政功能区，文化、教育、卫生等公共事业的中心区，商贸业的发展区和市民生活宜居区。“道观生态旅游休闲区”全面整合道观河风景区以及东北部地区文化、旅游、山水环境资源，打造武汉市民休闲旅游目的地和鄂东最具魅力的红色生态景观区。

“四带”指港口工业发展带、新型城市发展带、现代农业发展带和生态观光发展带。“港口工业发展带”以阳逻开发区为基础，依托长江岸线港口资源条件，沿阳大公路向南拓展建设现代临港工业区；依托开发区基础设施条件，沿阳靠公路向北延伸发展先进制造业。“新型城市发展带”以阳新公路及新道公路为依托，重点加强中心城市和主要街镇之间的产业、交通联系，形成带动全区的纵深发展轴线。“现代农业发展带”沿刘大、风刘公路，承接双柳地区蔬菜产业转移，重点推进农业产业化建设。“生态观光发展带”沿东环、318 国道，重点发展特色农业、观光农业，保护生态环境，提升新农村建设水平。

（林建伟）

第三节 详 细 规 划

武汉航空企业总部区详细规划

一、区位优势

武汉航空企业总部区位于北部新城组群西南侧，宋家岗地区，距离天河机场约 5 公里，南侧距离武汉主城区核心区域约 25 公里，是武汉市重要的空港门户区。规划区临近机场高速、城市外环线、机场二通道，西南侧为府河生态绿楔。航空企业总部区用地面积 2.13 平方公里。规划研究区域面积 22.70 平方公里。

二、规划目标

武汉航空企业总部区是武汉临空经济区的核心功能区之一，依托其综合交通优势和生态环境特色，建设以航空企业总部办公功能为核心，以培训、酒店、商业金融、休闲娱乐、生活居住等配套功能为支撑的国际生态航空企业总部城。

三、主要内容

（一）周边用地布局

规划形成“一轴、八板块”的布局结构。

“一轴”：规划南北向“公共活动聚集轴”，作为规划区内主要的公共活动轴线。是以公共绿地和商业娱乐休闲功能为主的开放空间。

“八板块”：结合城铁站设置的商娱核心板块；以航空企业办公、培训等功能为核心的航空企业板块；以航空科技教育进修机构、航空主题会展中心、市级体育中心为主的文体会展板块；服务临空经济区与北部新城组群的商贸、金融的商务金融板块；结合湿地景观资源设置的滨水乐园板块；以医疗、疗养、休闲度假为主的疗养度假板块以及活力商住板块和生态宜居板块。

（二）航空企业总部区详细布局

1. 空间结构

规划形成北部、南部、中心绿带3大功能组团。其中北部组团凭借其临近机场的优势，以航空总部办公功能为主，结合水和绿地营造半私密空间；南部组团依托其相邻城际换乘枢纽的先天条件，开发集商住、娱乐、酒店于一体的综合性开放的活力空间；中心绿带作为连接南北组团的纽带，将结合周边现有的生态资源，打造开放的生态空间，树立新的城市形象。

2. 功能配比与空间布局

在基地内配置总部办公、培训中心、特色酒店、商业金融、休闲娱乐、生活居住等6大功能板块。其中，总部办公板块布局航空企业总部用地，采取了灵活弹性布局形式，既可满足一家航空公司单独使用一个地块，又可满足2～3家航空公司共同使用一个较大地块；培训中心按照教育、培训、研究等综合功能布局；酒店区临近城际铁路站点和训练中心布局；商业金融区分为站前商业中心和中央商业公园；休闲娱乐区临近中央绿廊布局；生活居住区分为混合使用区和住宅区。

3. 绿地系统规划

在基地中央设置中央公园，为附近的工作人员、社区居民及外来人员提供休闲娱乐场所。同时与任凯湖水系呼应，打造中央水景，与中心绿地结合形成主要的景观轴线。

4. 建筑高度规划

本区受机场净空的高度限制，规划区内大部分建筑物限高在45米，在西南角45米限高范围外，结合轨道站场入口处，引入TOD站点经济发展概念，建筑高度可达51米。航空企业总部办公区配置较高建筑，强化入口意向，塑造武汉空港门户的天际线。

5. 航空公司形象规划

园区外围主要道路的建筑立面以垂直绿化强调航空企业总部区界面；航空公司贴近公园处配置45米高地标形总部大桥，形成围绕中央公园塑造领域感；中央公园的商业区广场可配置退役客机或飞机雕塑，提供居民近距离接触飞机的机会，并在公园商业建筑结合屋顶绿化露台，提供观赏飞机起降的餐饮空间；航空公司总部面对中央公园绿带处留设企业LOGO展示区；各航空公司采用企业代表色作为建筑立面的主要色调。

6. 分期实施规划

结合总部区建设需求、资金平衡需求及实际建设能力，将规划区分为3个阶段进行建设。

一是开展办公区4～5家航空企业总部建设，打通巨龙大道至天河机场联通道，同时建设东西向联系通道，向东与巨龙大道连接，建设内部道路。

二期进一步强化航空总部建设，并同时配套商业、居住、酒店等设施，逐步形成完善的服务体系。建设楚天大道、宋家岗东路和内部道路，进一步促进内外交通的有机联系。

三期进一步完善商贸服务体系，建设培训中心，全面建设功能齐备、配套完善的航空企业总部区。打通宋家岗西路，进一步延伸内部道路，打造内通外达的综合交通体系。

四、规划进展

2012年2月，武汉市人民政府正式批复《武汉航空企业总部区详细规划》。

（周小虎）

武汉市昙华林历史地段保护规划及控制性详细规划细则

一、规划背景

昙华林片位于武昌旧城风貌区内，是武汉市历史文化发展演变中古城文化、宗教文化、教育文化、建筑文化、居住文化、革命文化的重要代表地段。为落实城市总体规划及历史街区体系规划中的内容和要求，进一步探索历史地段控规细则编制方法和形式，受武汉市国土资源和规划局委托，武汉市土地利用和城市空间规划研究中心开展了《武汉市昙华林历史地段保护规划及控制性详细规划细则》的规划研究工作。

二、规划目标

保护规划以武昌古城整体复兴为契机，以继承和保护昙华林历史风貌为基础，进一步培育文化产业，改善人居环境，以功能更新为杠杆，提升街区活力，将昙华林街区打造成历史建筑展示营、特色风貌体验区、文化产业聚集所和时代风尚宜居地。

三、主要内容

保护规划从分析昙华林地区历史及文化特色入手，通过对上轮规划方案、保护过程和绩效等的评价，结合现状分析、上位规划解读及案例借鉴，提出了以山体、街巷、历史建筑和文化等为主要要素的保护利用体系，确定了保护内容和范围。同时，有针对性地提出了用地和建筑保护与整治模式、街巷保护和交通解决策略，对街区各历史环境要素提出了详细的保护措施，并落实在规划图则中。另外，规划提出分期实施建议，通过建立项目库和多种形式的保障手段，保证规划的可操作性。

四、规划进展

2011 年 5 月和 11 月，该《规划》分别上报市国土规划局专题会和武昌区政府常务会审议，均获得与会领导和专家的一致好评，武昌区政府正按照规划对昙华林地区进行整体保护与利用。

（武汉市土地利用和城市空间规划研究中心）

武汉市江汉区精武路片用地和空间规划论证

一、规划背景

精武片为 2010 年旧城改造重点项目之一，为全面贯彻落实市委十一届五次全会精神以及市领导对城市重要地段旧城改造工作所作的重要指示，进一步加快旧城改造力度，建设城市重点功能区，武汉市土地利用和城市空间规划研究中心特编制了《武汉市江汉区精武路片用地和空间规划论证》，对精武路片空间形态、发展业态及交通组织进行了引导和控制。此次规划研究范围为解放大道、新华路和江汉北路围合区域，总用地面积约 43.70 公顷，用地内拆迁改造用地约 20.17 公顷。

二、规划目标

规划立足于用地区位特点及发展优势，提出“错位发展、集聚发展、品牌发展和特色发展”的产业发展策略，将该区域建设成为以商务及高档商业、酒店功能为主，融高尚居住为一体的特色活力片区。

三、主要内容

规划从空间、交通和经济等方面入手，研究用地布局、形态控制、交通组织、土地价值和项目构成等问题，提出在用地布局上，强化新华路、解放大道的整体功能的延续；在空间上，塑造“一廊、两轴、三区、四心”的空间格局，创造多层次、多景点的绝对城市景观；在交通上，增加路网密度、细分地块规模等方式，提高用地开敞度，优化区域交通组织；在土地价值上，综合考虑社会效益、经济效益和环境效益的平衡。

四、规划进展

规划论证成果注重土地市场开发，为武汉市土地储备中心招商工作提供了重要的技术支撑。目前，市储备中心已基本完成前期拆迁储备工作。

（武汉市土地利用和城市空间规划研究中心）

武汉党史馆选址及用地空间规划论证

一、规划背景

为迎接中国共产党成立 90 周年，加大武汉红色旅游资源整合力度，促进红色旅游发展，武汉市委决定在武昌都府堤中共五大会址一条街，规划建设中共武汉党史馆。为科学规划和确定党史馆具体选址，把武汉党史馆建成精品工程，按照武汉市委专题会议有关精神，特对武汉党史馆及该历史地段内的游客中心进行用地和空间规划论证。

二、规划目标

规划按照打造国家 5A 级景区的目标，统筹建设武汉党史馆与都府堤“红色一条街”旅游景点，力求与中共五大会址、武汉农民运动讲习所、毛泽东旧居等景点衔接，构成完整旅游线路，形成红色旅游胜地。

三、主要内容

（一）规划选址

结合国内相关城市党史馆案例借鉴、国家政策法规的分析总结以及中共五大会址周边历史地段的实际建设情况，提出武昌都府堤入口片地块作为武汉党史馆建设用地，并将与该地块相邻的中百集团所属地块置换，用于规划建设中共五大会址历史地段游客接待中心及区域旅游大巴停车场等配套设施。

（二）用地和空间论证

在遵循土地集约性、景观标志性及实施可操作性等原则基础上，通过对现状可建设地块评析，上位规划及相关规划解读，进行了整体规划，经多方案比较、资金平衡测算以及交通承载力分析，并结合历史地段整体保护要求，确定党史馆净用地面积为 4678 平方米，总建筑面积不大于 7000 平方米，建筑高度地上控制在 14~24 米之间。

（三）交通专项规划

党史馆建设区域地处武昌古城内，交通情况复杂，停车位极为缺乏。为进一步梳理区域交通流线组织，提高通行效率，开展了区域交通专项规划，将都府堤路步行街区与户部巷步行街区形成一个整体，组织区域的红色教育，开展民俗景区旅游，加强区域景区道路系统的整合优化。

（四）旅游专项规划

为实现将武昌古城打造成世界级文化旅游目的地和武汉市旅游体系重要节点的旅游发展目标，规划提出在旅游步行线路方面，以武汉党史馆及游客接待中心片作为该片区游客集散中心，通过约 800 米的步行轴线，依次串联户部巷旅游区、党史馆、五大会址、毛泽东旧居、儿童公园、传统民居特色旅馆配套区及农讲文化旅游区。

（五）城市设计

综合考虑中共五大会址周边历史地段现状用地条件，结合《武汉市旧城风貌区和优秀历史建筑保护管理办法》和黄鹤楼视线控制要求等，提出新建建筑从空间布局上应与中共五大会址整体空间相适应；新建建筑风格、高度、色彩应与整体风貌协调，体现清末民初的整体风貌特征。

四、规划进展

作为武汉市委、市政府向建党 90 周年献礼的一项重点工程，也是武汉市“十二五”规划的目标任务，规划论证成果为建设武汉党史馆提供了重要技术支撑，有力推进了党史馆建设工作的顺利开展，该项目目前已进入实施环节。

（武汉市土地利用和城市空间规划研究中心）

青山区东兴洲村综合改造规划及开发还建用地指标论证

一、区位优势

东兴洲村用地处于青山区红卫路街行政管辖范围，西北邻长江，东邻建设三路，南为旅大街，西邻余家头村，总用地面积为33.64公顷。为顺利实施该村“城中村”改造规划，推进现代化城市建设，完成该村土地挂牌出让的工作，规划重点对该村的开发及还建地块开展用地和空间论证工作，提出用地规划设计条件。

二、规划目标

青山滨江地区以建设三路及建设八路周边区域为主要的公共服务聚集带，以高端商务、商贸带动青山滨江区域的发展。该村用地处在居住片区内，是滨江地区主要的居住生活区，形成居住平衡的滨江生态商务区。结合本次“城中村”改造，该宗用地定位为：建设成为青山滨江生态商务区的商贸、商务等功能提供居住配套的生活区。

三、主要内容

规划论证按照相关文件的要求，以重塑该地区城市空间形态为诉求，在论证满足规定的开发及还建建筑规模的同时，对用地的景观效果、功能分区、交通组织等方面提出规划建议，制定合理的用地性质和土地建设强度，保证东兴洲村“城中村”改造工作的顺利推进，为青山区加快城乡一体化进程，全面提升城市风貌及环境品质，促进社会管理和经济建设又好又快地向前发展提供了规划依据。

四、规划实施进展

该村在2011年12月13日已挂牌成交。目前，东兴洲村“城中村”综合改造工作进入全面实施阶段。

（武汉市土地利用和城市空间规划研究中心）

第四节　城　市　设　计

武汉未来科技城总体城市设计

一、区位优势

武汉未来科技城（以下简称“未来城”）位于武汉市东部，东湖国家自主创新示范区东北部，武汉市东部门户地带。用地范围东至武汉市域边界，与鄂州市相接，西接武汉市外环线，南临豹澥后湖，北临严西湖，总用地面积为66.80平方公里。“未来城”距武汉火车站20公里，武昌火车站25公里，汉口火车站36公里，武汉天河机场45公里；中部与武汉市外环线有互通口连接，通过外环线可于1小时内快速联系市内各交通枢纽，区位交通便利。

二、规划目标

发展思路：围绕建设东湖国家自主创新示范区战略，紧扣武汉建设“两型”社会发展导向，由政府引导强力推动，大战略、高起点谋划未来城发展。以高端光电和新一代信息技术产业为核心突破点，瞄准战略新兴产业生成，大力引进海内外的创新人才和团队，建设具备完善城市功能的创新社区，力争将未来城打造成为国际高端人才的集聚地、东湖国家自主创新示范区的创新引擎。

战略目标：中国屹立世界之林的科技创新引领者；武汉领跑中部崛起的新引擎。

功能定位：以高新技术产业研发、中试基地为主导，融科教、居住、游憩为一体的科教创新研发区。

三、主要内容

（一）规划结构和用地规划

"未来城"构建"三镇、一区、两轴、三心"的城市空间功能结构。

"三镇"：依托自然山体、水体和区域性道路格局，结合区域场地特性，构建山中城镇、河川城镇和湖泊城镇3个不同风貌的城镇。

"一区"：利用"未来城"北部优良的自然山水资源，结合休闲旅游和文化娱乐的发展构建严东湖—横山生态旅游涵养区。

"两轴"：依托未来一路，设置生活、服务和生态功能，突出其生活氛围，构建南北向联系"三镇"的"超级城镇走廊"，即"生态生活轴"；依托中部河岸城镇的山水自然资源，营造自然河川景观，展示自然与城市的交汇融合，构建东西向的生态和开放空间走廊，即"生态人文轴"。

"三心"：结合"三镇"的布局特征，在未来城中部的河川城镇设置一个地区级的综合服务中心，在南北部的山中城镇和湖泊城镇各设置一个组团级的服务中心。

用地功能布局在规划结构的基础上，充分结合基地周边的功能关系，保持总体上的指状集中式结构。各城镇以产业研发功能为主，配套一定居住用地，并形成公共服务中心。在城市土地使用功能中提倡混合使用，鼓励在片区的公建中心、组团中心、滨水地段以及临生活性干道两侧结合居住用地性质，混合使用其他功能。

（二）综合交通规划

1. "未来城"道路干道呈"五横五纵"方格网布局，支路呈组团式布局，构建多层次、一体化、高效便捷、绿色低碳型综合交通体系，适应未来城产业经济社会发展要求。

2. "未来城"规划分离客、货运交通和过境交通，实现独立方便的快捷道路网络。规划货运交通体系主要包括铁路、高速公路和城市道路。铁路包括武九铁路和货运外绕线，高速公路包括外环线和新武黄高速公路，城市道路包括老武黄公路、未来二路和半岛中路。

3. "未来城"规划轨道交通9号线和11号线，提供远距离、大运量公共交通服务。规划有轨电车线路3条——有轨电车5号、6号和10号线，提供未来城与示范区中心区及未来城内部通勤服务。在未来城主干路以及部分次干路上开辟公交专用道并形成网络，保证公共汽车快速通行，作为轨道交通的补充，并与轨道交通之间形成无缝对接的换乘系统。

（三）绿地系统与生态环境建设

"未来城"规划绿地系统主要由公园绿地、防护绿地和自然保育用地构成。公园绿地约以400米的间隔距离分散布置在超级城镇走廊两侧和各城镇内部，人均公园绿地面积达到12平方米；防护绿地主要沿外环线及高压线走廊两侧分布，城市外环线及高新大道两侧控制75~100米宽防护绿带。自然保育绿地主要结合现状自然山体水体沿东西向布置，分别为严东湖郊野公园、古米山植物公园、玉龙河滨水公园、车墩湖湿地公园、岱家山山地公园及豹澥后湖湿地公园。

四、规划实施进展

2010年10月底，高新大道以北、外环线以西2.6平方公里的"未来城"启动园区奠基开工，同期开工建设的还有其首个地标性建筑——武汉新能源研究院。2011年8月，"未来城"启动园区已有展示中心、新能源大楼、人才公寓等约64万平方米的建筑陆续开工建设，在建和拟建道路包括6条主干路和5条园区道路，水、电、气等相关市政配套设施现已启动建设。

（黄　凯）

武汉新区四新生态新城“方岛”区域城市设计

一、规划背景

四新地区是武汉市政府确定的“四新生态新城”，未来将有望建设成为武汉市“两型”社会的示范区之一。根据四新地区“水网纵横、地势低洼”的特点，武汉新区借鉴荷兰“太阳城”低地建设经验，利用原四新中部的低洼地，部分保留原地面标高自然形成人工湖水面，部分地面填高形成700米×700米的“方岛”。

“方岛”区域规划为武汉新区的生态景观核心区，是四新地区“两轴、两廊、四心”规划结构的生态景观中心，处于2条六湖连通的重要连通渠道的交汇处，是集中体现地区“水”特色，打造绿色、低碳城市人居环境的标志性景观区域。为凸显城市“水”特色、提升空间环境品质、切实指导地区的开发建设，在前期国际方案征集基础上由武汉市规划研究院与华东建筑设计研究院有限公司合作开展了《武汉新区四新生态新城“方岛”区域城市设计》的编制工作。

城市设计重点研究范围为四新北路、四新南路、芳草路、江城大道围合区域，总用地面积约268.13公顷；规划范围为“方岛”环湖路围合区域以及四新大道沿线区域（西至芳草路、东至江城大道），用地面积约145.33公顷。

二、规划目标及理念

规划目标：建设以生态、文化为核心特征的，低碳持续、交通快捷、多元共生的梦想之岛。

理念特色：

1. 生态筑城

深入贯彻生态思想，倡导低碳设计和绿色技术，实现生态与景观的“软、硬”结合，生态与建设的“虚、实”结合。

2. 缓街慢城

强调内外有别、快慢有序、动静相宜，打造一体化交通系统，实践绿色出行。

3. 文化兴城

立足汉阳历史积淀，对接“六湖”文化脉络，融入现代服务业轨道，以文化、旅游为支点，打造开放、活力、动力“方岛”。

三、主要内容

（一）规划结构

规划本地区将形成“一轴、一谷、一环、一带、两片”的总体规划结构。

“一轴”：四新大道“城市之脊”，是四新地区的城市公服景观主轴线。

“一谷”：在岛中心设置的一处集“生态性、景观性、亲水性、参与性”为一体的，以生态湿地、滨水绿地、亲水广场、低碳博物馆为核心，文化、商业、办公等公共建筑环绕的生态谷。

“一环”：围绕生态谷设置的一条兼具景观和观景作用、连通周边主要公共建筑的空中步行环道。

“一带”：结合凤凰湖湿地公园、依托环湖路形成环湖休闲带。

“两片”：沿四新大道在“方岛”核心区布局城市功能综合片区，在“方岛”滨凤凰湖布局低碳居住片区。

（二）专项系统规划

针对“方岛”开发建设所面临的功能、景观、交通等重要问题开展了专项系统研究。

1. 功能专项研究

对接四新地区围绕武汉国际博览中心发展现代服务业的总体思路，“方岛”区域规划以文化、旅游为切入点，重点发展生态展示研发、特色休闲旅游、文化艺术体验、多元宜居社区4大功能板块，凸显公共性、开发性。

2. 空间景观专项研究

“方岛”中部围绕放射状的生态湿地、绿地广场、低碳博物馆等布局高层、超高层公共建筑，四周布局低层滨水商住街区，形成“湖—岛—谷”逐层推进的空间态势和由内向外逐渐升高的景观特征。

3. 结合外围主要城市道路设置“交通保护圈”

在“方岛”外围4个主入口方向上，布局大型停车场换乘公交等方式，实施“外围截留”，减少机动车的出行。按照“区域一体化”的规划思路，对区域内轨道交通、常规交通、水上交通、慢行交通、静态交通等进行整体设计，设置地下通道连通岛内外停车场，分流“方岛”上的机动车交通流，控制环岛路为绿道，提供多样的感观体验和观景途径，营造慢速悠闲的交通氛围。

（三）城市设计导则

城市设计导则分为总则、专项控制和地块控制3个部分。专项控制在常规要素的基础上新增了滨水系统和生态技术两个专项，滨水系统专项集成水线、水位、岸线、开敞空间、滨水建筑界面等与水有关的控制要求，生态技术专项集成了空间环境生态技术和绿色建筑技术的具体控制要求。

四、规划实施进展

目前，“方岛”内清幽路已建成通车，处于施工建设中。静幽路、四新中路、总港路、方岛环岛路、凤凰湖环湖路等道路修建性详细规划已编制完成，即将进入施工建设阶段。

“方岛”中部的四新渠水系及绿化景观已建设完成，总港明渠处于渠道疏浚阶段，凤凰湖、生态谷正在进行场地平整，其水系景观工程即将启动。

目前，依据城市设计，招商工作已全面启动。

（何鸿鹄）

江岸沿江商务区二七核心片城市设计

一、规划背景及区位

汉口江岸沿江商务区是武汉市两江四岸的重要组成部分，是武汉市最具活力和发展潜力的区域。二七核心片是《江岸沿江商务区城市设计》确定的重点片区之一，规划范围为头道街以北、林祥谦小学以南，解放大道与沿江大道围合的区域，可通过二七长江大桥、长江二桥、江北快速路快速衔接市内外，规划用地面积83.60公顷。

二、规划目标

按照整体规划要求，该区片拟打造以商务办公、科研、酒店功能为主，兼有音乐厅、高档公寓、文化娱乐及商业配套服务设施等功能的企业总部核心区。

三、主要内容

城市设计方案在对武汉城市文脉和场地特征进行充分分析的基础上，对国内外商务核心区的用地规模、街区尺度、功能构成等进行了对比研究，针对规划范围内的道路框架、开放空间、历史建筑保护和标志塔楼群体关系等提出了不同的设计思路和用地功能布局，采用“Y”形绿色创意框架统领设计，不仅最大限度创立了与现有轨道站点和江滩公园的连接，也强化了标志塔楼、文化公园以及场地地面地下空间的整体联系。此外，城市设计还重点对标志建筑的高度、平面形式、结构形式、立面造型、地下空间及交通组织进行了研究，创造性地提出了地面有轨电车、滨江树桥、地下停车等交通组织理念，提出了商务区的低碳建设理念与策略，为打造低碳商务区树立了典范。

四、规划实施进展

规划结合开发意向形成若干项目库，充分利用轻轨及解放大道优越的交通条件，先行启动解放大道沿线地块。其中将标志建筑、文化公园及其南侧居住用地捆绑作为一期启动项目，解放大道徐州新村站点周边地块作为二期启动项目，其他地块纳入三期进行开发建设。（武汉市土地利用和城市空间规划研究中心）

第五节　交　通　规　划

武汉市新时期交通发展战略研究及近期建设规划

一、项目背景

当前，武汉市正面临建设“国家中心城市”、“1+8城市圈‘两型’社会”建设、“国家级综合交通枢纽”、“1+6城市新格局”等历史发展机遇，随着经济社会的快速发展，机动车拥有量持续增长，城市交通拥堵问题日益突显，已经成为制约城市进一步可持续发展的重要因素。

近几年来，武汉市委、市政府和社会各界高度重视交通问题，交通建设步伐逐渐加快，交通基础设施建设投入年均超过400亿元，占城市GDP总量的比例达8%以上。2012年将基本形成城市快速路和轨道交通系统骨架雏形，武汉市即将迈入快速化交通的新时期。在这种发展背景及形势下，武汉市交通将面临转型与变革的迫切要求，依照市委、市政府指示精神，在市国土资源和规划局的统一部署下，武汉市交通发展战略研究院联合日本日建设计集团综合研究所共同开展了《武汉市新时期交通发展战略研究及近期建设规划》的编制工作。

二、主要内容

一是对当前武汉交通现状进行了深入调研和剖析，认为近年来武汉城市交通建设取得显著成就，但仍然存在机动化增长过快，交通体系不尽完善，公交水平有待提高，交通结构不够合理，交通系统运行脆弱等问题，城市交通还处于“高增长、高负荷、高风险”的运行状态。

基于武汉交通各个方面的现状情况分析，将武汉交通现状总体概括为以下5点：①综合交通枢纽地位显著提升，但辐射和中转能力仍需加强；②快速骨架道路建设全面加速，但路网整体建设仍显滞后；③公交服务水平逐步提升，但出行结构调整任务仍然艰巨；④交通管理设施和水平日益提高，但交通运行形势仍然严峻；⑤惠民交通设施齐头并进，但建设模式还需持续创新。

二是提出了武汉市新时期交通发展战略与对策，通过剖析国际发达城市的交通发展历程，总结其在不同城市发展阶段采取的相应交通规划、建设与管理方面的成功举措，有效指导了武汉市新时期交通发展总体战略的制定，进而提出了“构建快轨结合交通走廊，支撑‘1+6’城市空间新格局”、“把握结构转型关键期，构建以轨道为核心的立体公共交通体系”、“快慢有序，建立层次分明，结构合理的道路交通系统”、“整合交通系统资源，打造国家级综合交通枢纽”、“统筹协调，合理引导小汽车拥有与使用”、“多管齐下，建立精细化和智能化的交通管理体系”6项战略对策。

三是制定了近期武汉市交通发展政策及建设规划，依据武汉交通发展总体战略与目标要求，立足新时期交通现实和发展形势，以落实交通发展战略任务为核心，提出了近期开展的“三大政策”与“八大工程”，保障武汉交通的长远健康发展和基本畅通。“三大政策”分别为合理引导机动车总量发展政策、统筹用地与交通协调发展政策、适宜的差别化交通管理政策；“八大工程”分别包括综合交通枢纽建设、高快速路系统建设、区域道路系统建设、轨道及公交系统建设、客货运枢纽系统建设、慢行交通系统建设、静态交通系统建设、交通管理系统建设。

四是拟定了武汉市 2012 年重点交通建设项目计划，按照新时期交通发展战略和近期建设规划，切合城市空间拓展和缓解交通拥堵的迫切需要，明确了 2012 年的建设思路和目标，拟定了 2012 年重点交通建设项目和计划安排，包括交通政策项目、都市发展区道路项目、主城区道路项目、主城区支路微循环项目、轨道及公交项目、慢行—停车—交管等便民设施项目 6 大项。

三、实施效果

该工作于 2010 年 10 月底正式启动，2011 年 4 月完成初稿，4 月 7 日邀请国务院参事、原中国城市规划设计研究院院长王静霞，中国交通规划协会秘书长马林，以及北京、上海、广州等城市资深交通规划专家召开了全国专家咨询会，与会专家对项目作出了较高评价，认为规划成果在进一步深化完善后可作为武汉市未来 5 ~ 10 年交通建设和管理的决策依据。

10 月 18 日，规划成果上报武汉市第二次规划委员会审查，市领导及相关部门负责人给予了充分肯定，武汉市市长唐良智结合规划的主要内容就武汉市城市建设与交通发展提出了 9 个方面的指示：一是要坚持构建“1+6”城市新格局，6 个新城要形成完整的城市体系，减少对主城的依赖，有效承接主城人口疏散与产业转移；二是要进一步加快轨道交通建设和常规公交线网优化，要将公共交通的公共职能放在第一位，切实使得公交系统成为惠民工具和城市窗口；三是注重武汉三镇功能的独立性，在保障三镇交通有效联系的基础上，进一步强化自成体系的循环交通，特别是支路微循环系统；四是要以“零换乘”思想来加快建设交通枢纽，加强研究，建立交通枢纽评价的数学模型；五是 2012 年要启动机动车发展战略的专题研究，科学合理地引导小汽车发展，保障城市交通健康可持续发展；六是要更加注重智慧交通系统建设，充分利用科技手段和信息技术提高交通管理水平，充分发挥交通基础设施的功效；七是加强交通枢纽的总体规划与分期实施，争取在 2020 年前将武汉建成综合交通枢纽城市；八是武汉今后几年还将处于大建设与大发展阶段，要排除万难，尽力筹集资金，保障城市建设的可持续性，争取 5 ~ 10 年建成相对完善的交通系统；九是要加强规划管理力度，严格规划的法律地位与刚性原则。

11 月 17 日，孙亚副市长又以规划成果为核心，在中国城市交通规划 2011 年年会上向来自全国的交通专家和学者作了题为《快速发展期武汉交通发展战略与对策》的主题发言，与会专家反响强烈，认为该发言高屋建瓴、内容全面，对武汉交通现状与特征的诊断客观准确，提出了小汽车控制发展战略、公交及轨道优先发展措施、土地与交通协调发展策略。

（武汉市交通发展战略研究院）

武汉市综合交通体系规划

一、规划背景

随着经济社会的快速发展，新一轮城市总体规划获得国务院的批复，武汉市“1+6”新城体系规划的研究得以编制。近 3 年来，武汉市交通规划行业持续取得突破，一系列交通规划成果获批并应用于相关领域的实施，如《远城区轨道交通规划》、《武汉主城区慢行系统建设规划》、《武汉新时期交通发展策略研究及实施规划》等，需要对上述项目及以往的研究成果从区域、专项等多方面进行统筹整合。住建部 2010 年发布了《关于印发〈城市综合交通体系规划编制办法〉

的通知》（建城〔2010〕13 号）和《关于印发〈城市综合交通体系规划编制导则〉的通知》（建城〔2010〕80 号），湖北省住建厅将武汉市纳入第一批编制的 3 个试点城市之中。根据编制办法和编制导则的精神，综合交通体系规划承接了传统综合交通规划的主要思路和内容，但对体系组织、资源整合等方面提出了更高的要求。基于此，武汉市国土资源和规划局组织武汉市交通发展战略研究院开展《武汉市综合交通体系规划》的编制工作。

二、工作重点

本轮综合交通体系规划在整合相关规划的基础上，与新一轮城市总体规划、武汉都市发展区“1+6”空间发展规划、武汉市综合交通枢纽规划等进行了对接，着重加强城乡统筹，构建武汉交通系统市域“一张图”，重点在以下方面深化和完善：

1. 现状分析：对新形势下城市交通现状做深入的调查和剖析。

2. 发展战略：面对新的形势和要求，提出了新的发展目标和策略。

3. 体系构建：加强综合交通体系的构建和分析，提出明确的发展理念、要求和思路。

4. 道路系统：构筑城乡一体化发展的道路系统。

5. 轨道交通：构建“四网合一”的轨道交通系统。

6. 客运枢纽：布局层次分明的客运枢纽，锚固各种交通系统的有效衔接。

7. 货运交通：根据新城规划和工业倍增计划，打造相适应的货运与物流体系。

8. 慢行交通：倡导低碳交通，鼓励非机动化出行，建设舒适、和谐的慢行交通系统。

9. 近期建设：拟定近期交通建设计划，更好地促进和服务城市空间近期建设与拓展。

三、主要内容

（一）对外交通规划

航空方面，充分发挥综合交通区位优势，将天河机场建设成为辐射全国、面向国际的大型枢纽门户机场和航空物流中心。至 2020 年，建成天河机场第二跑道和第三航站楼，进行机场第三跑道的建设准备工作，航站楼建筑面积达 40.10 万平方米，形成 3500 万人次、44 万吨货物吞吐量的年运输能力。

铁路方面，将武汉建设成为全国 4 大铁路枢纽、6 大客运中心之一；实现中短途客运公交化、1000 公里范围内“朝发夕归”、2000 公里“夕发朝至”运营目标；2020 年，形成 7700 万人次、1.80 亿吨货物吞吐量的年运输能力。

水运方面，全力打造武汉新港，至 2020 年，港口货运吞吐量规划达到 2.16 亿吨，集装箱吞吐量超过 500 万标箱。远期实现“亿吨大港，千万标箱”的目标。

公路方面，形成以武汉为核心，主要连接武汉城市圈内各城市、产业发展区、交通枢纽的“五环十九射”市域公路网，市域等级公路网总里程达到 1 万公里。

（二）道路系统规划

在都市发展区，根据都市发展区“1+6”城市用地空间布局，将构建“多快多轨”的复合交通走廊，引导城市空间拓展。至 2020 年，建成由 19 条高快速路和 13 条骨架性城市主干路组成的“多快”干线道路，形成“四环十九射”都市发展区快速骨架道路系统。

在主城区，依据总规提出的“两江三镇、多轴多心”的城市空间结构和公共中心体系布局，确定主城“三环六联十三射”、全长 353 公里的快速（捷）路网系统，快速路密度达到 0.78 公里/平方公里。

至 2020 年，市域范围内日均过长江车流将达到 8 万辆，规划形成 12 条过长江通道、10 条过汉江通道的新格局。

主城区的主次干道方面，汉口地区形成“十二纵八横”、武昌地区形成“十六纵十横”、汉阳地区形成“五纵八横”的区域路网布局。在按照规划完善区域主次干道项目后，主城区主干道里程达到 452 公里，道路密度达到 1 公里/平方公里，次干道里程达到 590 公里，道路密度达到 1.31 公里/平方公里，均达到或接近规划干道密度要求。

（三）公共交通规划

规划到 2020 年，公交出行比例提升至 35.50%。轨道承担客流占公交客流比例提升至 40.30%，常规公交比例降至 59.70%。

远景年，武汉市将建立由 410 公里城际铁路、415 公里主城区轨道、445 公里新城区轨道“三网合一”、总里程达 1270 公里的轨道交通网络。

规划 BRT 线网规划方案由 8 条线路组成，总长 192 公里，设站 162 座，平均站距 1.20 公里。规划有轨电车线 7 条，主要分布于东湖国家自主创新示范区，总长 132 公里，设站 166 个，平均站间距 0.80 公里。布设 10 条公交专用道，主要沿和平大道、徐东大街、发展大道、龙阳大道、解放大道、东湖路、新华路、青年路、幸福大道等客运主通道分布，总长 98 公里。

（四）客运枢纽规划

在市域范围内选择了 56 个枢纽站点，根据枢纽承担的交通功能、交通衔接方式和规模大小，划分为三类：一类枢纽 6 处、二类枢纽 15 处、三类枢纽 35 处。

其中，一类枢纽为天河机场、武汉站综合客运枢纽、汉口站综合交通枢纽、武昌站综合交通枢纽、新汉阳综合客运枢纽、流芳站综合客运枢纽；二类客运枢纽为前川城际铁路站、汉口北客运站、金银潭城际铁路站、新荣村客运站、阳逻客运站、古田客运站、吴家山客运站、蔡甸客运站、汉阳客运站、常福客运站、纱帽客运站、青菱客运站、纸坊城际铁路站、汤逊湖城际铁路站、花山城际铁路站。

（五）货运与物流系统规划

为了支持和服务工业倍增计划，结合武汉市产业用地布局，在市域内规划 8 个一级货运枢纽、15 个二级货运枢纽、32 个三级货运枢纽。

其中，一级枢纽分别为阳逻物流园区、郑店物流园区、常福物流园区、走马岭保税物流园区、空港物流园区、白浒山港区、滠口货场、纱帽港区；二级货运枢纽分别为武汉集装箱中转中心、舵落口货场、大花岭货场、青菱港区、青山港区、古龙港区、郭徐岭货运站、张家湾货运站、纸坊货运站、关山货运站、东湖保税物流园区、青山物流中心、武湖货运站、前川货运站、纱帽货运站。

形成以“环线+省域高速”构成的物流集散通道，以市域快速放射线构成物流衔接通道。将三环线以内作为城市货运保护区，保护区内采取“积极引导、有效分流”的措施组织货运交通；将二环线及东湖生态旅游风景区内作为货运管制区，管制区内采取“时空分离、禁限结合”的措施组织货运交通。

（六）静态交通规划

随着机动车大量进入家庭，现行指标已不能适应需求的增长。本次规划对其进行了调整，提高了住宅建筑的配建指标。严格按此标准实施，主城每年约可新增泊位 10 万个，满足车辆的增长要求。

公共停车场是为了弥补老旧建筑和大型公建所带来的停车缺口，主城规划布局 626 个公共停车场点位，可提供约 18 万个停车泊位，占主城区停车需求规模的比例为 13.50% 。

路内停车是利用城市道路一侧或两侧，划出可供机动车辆停放的场所，是停车系统的重要补充。主城现状路内停车泊位约 4 万个，规划 2020 年增加到 6 万个，占主城区停车需求规模的比例为 4.50%。

（七）慢行交通规划

自行车通道：按照三级规划理念，规划到 2020 年，在武汉市主城区形成“30 条廊道、92 条通道、16 条休闲道”的自行车总体布局结构。

公共自行车系统：进一步推进完善公共自行车系统，到 2015 年，逐渐使主城区公共自行车服务系统租赁点达到 2500 个左右，投放 10 万辆左右公共自行车。分为公交点、公建点、居住点、游憩点、校园点 5 类。

自行车停车设施：自行车停车设施共分 4 级，本次规划共设置 9 处一级停车设施和 109 处二级停车设施。三级、四级停车设施结合公交站、社区和公共设施，根据现实条件灵活布置。新建建筑物应严格按照停车配建标准设置足够的自行车停车位。

步行系统：主城区至2020年规划形成577条宁静步道，总里程约445公里；结合近期轨道建设，在2015年前建成的133公里线路、100座站点周边规划轨道站衔接步道292条；结合道路和公交系统建设，完善人行过街设施，根据设置条件沿快速路和干道系统建设立体过街设施。

（八）交通管理与信息化规划

精细化交通管理规划：加强道路交通管理设施建设，规范信号灯、标志、标线和标牌的使用，推进路口渠化、机非隔离、行人二次过街等提高通行效率和保障行人安全的设计。完善规范路边停车标识标牌系统建设，强化停车管理，促进路外公共停车场建设，着手研究购车自备车位制度。严格文明执法，加强对行人和非机动车驾驶员乱闯红灯、乱穿马路等不文明行为的管理，加强对机动车驾驶员乱闯红灯、违章停车、交通肇事逃逸等违法行为的处罚。

武汉市交通信息系统：整合交通行业各部门的基础数据，汇集和发布城市交通信息，跟踪研究城市交通热点和瓶颈问题，更新完善交通模型，为武汉市政府决策提供依据。主要由4个子系统 、1个平台和1套模型构成。

（武汉市交通发展战略研究院）

武汉市交通信息系统建设一期工程（2011年）——浮动车系统开发

一、规划背景

近年来，为应对日益严重的交通供需矛盾，国内部分大城市已陆续建立了各具特色的交通信息系统，通过整合城市各个部门交通信息资源，综合运用浮动车技术、信息技术和仿真技术，实现提高城市交通信息化水平，辅助政府决策，服务规划管理，服务交通规划研究，服务社会公众的目的。目前，北京、上海、广州、深圳和杭州已经构建交通信息系统平台，在服务城市规划、建设和管理中发挥了重要作用。

二、项目概况

为更好地提高武汉市交通规划建设、管理水平和综合决策效率，2010年在对北京、上海、广州和深圳等城市的交通信息系统进行了调研之后，在武汉市国土资源和规划局领导的指导下，与北京交通发展研究中心建立战略合作关系，于2010年完成了《武汉市交通信息系统建设项目建议书》，明确了武汉市信息系统的总体方案框架与分期实施计划。2010年10~11月，市国土规划局就武汉市信息系统的建设先后2次上报市政府，武汉市市长阮成发、副市长孙亚原则同意；随后积极征求了相关部门意见，争取各单位的支持。

2011年6月，经过与武汉市交通运输委员会多次协商，接入了1.40万台的出租车GPS实时数据，同时陆续完成了设备硬件采购、系统机房建设等工作；至9月底，完成了以出租车实时GPS数据为基础的浮动车系统和拥堵评价系统等一期工程，基本实现了武汉市主城区道路网络实时运行状况的监控与跟踪分析；10月1日，系统投入试运行；到2011年底，已编制了10期交通运行周报，3期交通运行月报，为实现在“十二五”期末建成国内一流的交通信息系统奠定坚实基础。

三、浮动车系统建设

（一）构建武汉市信息系统框架

武汉市的交通信息系统的构建框架，主要由“四个系统”和“一个平台”组成。即基础数据系统、数据接入系统、交通分析系统、交通评价系统和集成展示平台。系统建设遵循“政府主导、部门联动、整合资源、科学集成、信息共享”的工作原则，武汉市交通信息系统构建分为3个阶段：实现近期打基础、中期成框架、远期成系统。其中第一期重点建设工作为搭建系统架构，尤其是网络架构、数据库架构，实现现有数据的实时接入，建成浮动车交通运行分析系统和初步的交通拥堵评价系统。建成后，能够实现对城市交通运行状态的实时监测、交通基础设施建设和需求管理措施的效果评估，同时，为掌握城市交通运行特征积累历史数据。

（二）构建机房软硬件环境

根据系统建设需求，购置服务器、外部存贮设备、交换机、防火墙、展示设备、机房环境系统、互联网设备等一系列软硬件设备，搭建浮动车机房硬件系统，并设定服务器部署方案。同时为满足目前系统功能和后期的平滑扩容需求，分层构建机房网络环境，整体网络采用分层设计：核心交换层、业务接入层。其中，核心交换层提供接入子系统以及办公网到互联网的公网出口服务、子系统之间互访服务；业务接入层提供办公网的上网接入服务、子系统内部设备互访以各子系统及和数据库的通信服务等。

（三）确保浮动车实时数据接入

2011年6月，通过与武汉市交委、武汉市出租车客管处、出租车GPS运营商瀚缘公司等多家单位进行沟通与协商之后，达成了接入出租车GPS实时数据的协议，确保实时接入出租车GPS数据。

目前，出租车实时GPS数据约40秒上传一次，有超过1万辆出租车信息可用，每日上传信息约700～900兆，浮动车系统建成后，将利用该数据计算得到道路车速，车速数据实现每5分钟更新一次。

（四）基础路网数据处理

由于浮动车系统一般都采用导航地图，导航地图有明晰的拓扑结构，便于系统计算匹配。因此，该院购买高德公司GIS地图，并在此基础上对基础路网进行深度处理，去掉不必要的小区路、次要支路，将几何重合的道路平移开，从而提高计算速度和匹配效率。并对道路网络进行属性挂接，增加道路级别、宽度、车道数及现状流量数据，满足后期浮动车系统及拥堵评价系统数据计算需要。

由于最新版高德GIS地图不能展示近期武汉市一系列重要工程完工道路，2011年9月上旬初步完成全部路网更新工作，包括二环线、三环线、武汉大道、二七大桥等20余条2011年内完工的重要道路，初步建立了交通信息系统基础底图。

（五）浮动车及拥堵评价系统整体数据库设计与构建

按照浮动车及拥堵评价系统功能需求，整体设计系统数据库结构，采用并行计算提高浮动车计算速度，并对数据库进行备份与恢复机制设计。整体数据库由基础数据库、浮动车实时运算库、浮动车二次运算库、拥堵指数库4个部分构成。其中，基础数据库主要存储GIS路网、出租车基础数据；浮动车实时运算库主要存储出租车GPS实时接收数据、计算路段旅行车速数据；浮动车二次计算库主要存储路段5分钟、15分钟计算旅行车速；拥堵指数库主要存储不同时段、区域路段拥堵指标。

（六）浮动车实时路网运行计算系统开发建设

浮动车系统是通过交通流中一定比例的安装有定位和无线通信的普通车辆与交通处理中心间的实时数据连接，并构建一套完整的网络，基于地理信息技术、计算机技术、网络技术的集成系统。浮动车系统主要由作为浮动车的车辆和信息处理中心构成。作为一种移动检测器，浮动车均装有车载定位设备（最常见的是GPS），通过无线传输，浮动车把时间、位置、速度、方向等车辆信息传输给交通处理中心系统。浮动车处理中心系统将实时大量浮动车观测信息，进行地图匹配，计算路段旅行速度、时间、拥堵水平等数据。

浮动车系统主要包括数据接入与采集模块，数据预处理模块，浮动车数据集成处理以及成果展示模块。其中，数据接入与采集模块包括实时数据接收系统、时钟同步系统、日志服务系统、监测服务系统、历史数据转换程序 5 部分。主要实现了武汉出租车客管处的数据接收，存储和数据数量的实时监测。数据预处理模块主要包括 GPS 数据预处理、路网的预处理及路网增量更新。浮动车数据集成处理以及成果展示模块主要完成 GPS 数据与 GIS 地图匹配，从而根据出租车速度计算出路段旅行速度。

（七）拥堵评价框架系统开发建设

武汉市拥堵评价系统采用五维拥堵指标体系，综合应用路网车速和流量监测数据，调研分析武汉市的交通拥堵评价指标体系阈值与参数，实现对武汉市交通拥堵水平的定量化和全方位描述，以及拥堵发展演变规律的深入分析，为政府和市民正确认识城市交通拥堵水平及其特点、管理者针对性地制定和实施拥堵治理措施、及时评价措施实施效果和改进提供依据。

武汉市拥堵评价系统主要包括数据质量管理模块、全路网及区域评价模块、重要道路评价模块。其中数据质量管理模块功能为对全路网的快速路、主干道、次干道及支路等数据进行质量检测，检验数据完整性。全路网评价模块主要功能是对全路网的快速路、主干道、次干道及支路通过交通拥堵指数得出路网在不同时段的拥堵状况。全路网的评价可以通过交通拥堵指数、道路交通拥堵率、拥堵里程比例、拥堵持续时间、常发拥堵路段、行程时间可靠性指数等方面反映全路网交通拥堵状况。

（八）系统集成

武汉市集成展示平台系统的建设目的主要是进一步对浮动车实时路网速度进行计算，对拥堵评价系统的结果进行进一步的整合、挖掘、分析与展示，完成浮动车系统与拥堵指标系统的系统联动与集成。平台建成后主要包括路网实况监控、路网运行统计分析和一周概况 3 个模块。

（九）近期应用

近期武汉市交通信息系统主要应用于城市交通运行状况的实施监控与评价，系统成果主要以交通运行周边形式对外发布。周报涵盖城市道路交通运行 6 个方面的内容：

1. 道路交通运行指数：分析本周的交通拥堵等级，并与上周进行对比分析。

2. 拥堵持续时间：分析本周早晚高峰特点和拥堵持续时间，并与上周进行对比分析。

3. 路网高峰运行车速：分析本周快、主、次支道路的高峰小时车速，并与上周进行对比分析。

4. 重点路段高峰运行速度：分析三个环线和城市主要道路的早晚高峰运行车速,并与上周进行对比分析。

5. 常发拥堵路段分析：分析本周易发的拥堵点段情况，与上周进行对比分析。

6. 主城 7 区交通运行情况：主要对 7 大主城区的交通拥堵指数、车速运行情况进行分析，并与上一周进行对比。

四、实施进展

2011 年底前，将建立信息系统运行和管制机制、举办信息系统启动仪式、发布交通周报、组织系统验收等工作。

2012 ~ 2013 年，一是进一步扩大数据源，增加 ETC 实时过江交通数据、公交车 GPS 数据、地铁实时运行数据、交管部门道路流量检测数据、公共自行车租赁数据等，为交通决策分析提供更多的基础数据；二是完善信息系统平台，建设信息系统二期工程，主要包括建立基础数据系统、深化和完善系统平台、丰富交通展示平台和扩展服务范围；三是扩展成果应用范围，对长期拥堵点进行专项分析，并提出改善建议；四是对重大交通项目建设、交通政策实施、重要事件发生前后的交通影响进行分析，为交通规划、交通政策的制定提供依据。

（武汉市交通发展战略研究院）

武汉市轨道交通机场线规划研究

一、规划背景

根据阮成发市长2010年11月27日在第十七次城建重点工程领导小组会议上的指示精神，要求由武汉市国土资源和规划局负责组织相关部门对是否建设机场轨道交通专线问题进行认真研究。按照市局的安排，武汉市交通发展战略研究院承担了《武汉市轨道交通机场线规划研究》工作，认真落实领导的指示精神，为政府决策提供技术支撑。

按照市国土规划局领导的部署，该院高度重视，迅速组织相关部门开展规划研究工作，并积极与地铁集团、铁四院等单位沟通，对轨道交通机场线建设必要性、建设时机、规划方案等进行了深入研究，形成研究成果。

5月3日，唐良智市长主持召开市政府第136次常务会议，听取了轨道交通机场线规划建设有关情况的汇报。会议充分肯定了前期工作成果，同时要求对机场线的衔接方案进行比选论证。

5月20日，尹维真副市长专题听取了机场线衔接方案的汇报，与会部门与单位展开了讨论，形成了轨道2号线和7号线衔接机场的两种不同意见。

6月8日，唐良智市长、尹维真副市长、孙亚副市长专题听取了机场线衔接方案的汇报。唐市长在肯定规划成果的同时，要求由武汉市发展和改革委员会组织轨道交通机场线的下一步研究工作，进一步深化研究机场线近期衔接轨道2号线、远期衔接轨道7号线的可行性。根据唐良智市长的指示精神，开展了下一步深化研究工作，现已形成近期建设轨道7号线一期工程北段（马池站至王家墩东站）和机场线（马池站至天河机场站）的推荐方案。

二、主要内容

（一）规划定位分析

根据武汉城市圈城际铁路网络规划和武汉市轨道交通线网规划，天河机场规划有汉孝城际铁路和轨道交通7号线两条轨道交通线路。其中，汉孝城际铁路主要服务于武汉城市圈北部地区城市之间的对外通勤客流，加快城乡统筹引导式发展，线路全长61.80公里，设站11座，平均站间距6 ~ 7公里，最高设计车速为200 ~ 250公里/小时；轨道交通7号线是轨道线网规划中的3条市域快线之一，线路全长约80公里，设站32座，平均站间距为2 ~ 3公里，最高设计车速为80 ~ 120公里/小时。

从上述比较来看，轨道交通机场线与汉孝城际铁路在线路功能、服务水平、覆盖效果等具有明显差异，目前在建的汉孝城际铁路不能代替轨道7号线服务天河机场的功能。

（二）建设时机分析

通过对国内外轨道交通机场线的统计数据进行分析，全球排名前50位的大型机场中有72%建有轨道交通机场线，机场年客运吞吐量平均在3000万人次以上。

2010年，天河机场年旅客吞吐量已超过1200万人次。测算2017年旅客吞吐量将达到3000万人次，结合国内外机场交通衔接的趋势，有必要在“十二五”期间启动轨道交通机场线的建设。结合《武汉市城市轨道交通近期建设规划（2010—2017）》和轨道交通机场线的施工时间，建议将轨道7号线机场线的建设纳入武汉市“十二五”期间重点建设项目，与轨道7号线一期工程同步设计、同步施工，并于2017年同步建成投入使用。

（三）机场线衔接方案比选

根据武汉市轨道交通线网布局形态，轨道7号线衔接天河机场与中心城区，除此之外有可能与轨道交通机场线衔接的线路有轨道2号线和8号线。由于8号线近期建设线路较短，且未衔接城市重要交通枢纽，难以实现机场与中心城区的快速直达联系，因此不推荐8号线衔接机场。

目前2号线一期工程已全面开工，2011年底全线所有车站及区间的土建工程将基本完工，且2号线线路未预留向北接入机场的条件，2号线贯通运营至机场已不具备工程可行性，只能在金银潭站采取接驳换乘的方式衔接至机场。从功能定位、运营方式、客运承载力、工程可行性等方面分析，机场线与2号线金银潭站接驳方案存在一系列的问题，不推荐采用。

通过多方案比选，推荐方案为近期建设轨道7号线一期工程北段（马池站至王家墩东站）和机场线（马池站至天河机场站），可通过轨道2号线和7号线在王家墩东站的换乘，实现轨道2号线与机场的快速联系。

（四）机场站规划方案

机场线在轨道7号线一期工程的基础上，由马池站向北延伸22公里经机场至临空经济区，增设车站5座：盘龙城站、机场站、天河镇站、临空经济区站、巨龙大道站。

在进入机场范围之前采取高架方式，上跨机场第二通道后，在盘龙城地区沿城际铁路西侧走向，进入机场范围之后采取地下方式，在T3航站楼的交通中心下设天河机场站。

（武汉市交通发展战略研究院）

武汉市新城区轨道交通线网规划及“十二五”建设规划

一、项目背景

根据武汉市委、市政府关于“‘十二五’期间武汉市新城区开通轨道交通”的指示精神以及市城建重点工程建设管理领导小组2010年第十七次会议要求，武汉市发展和改革委员会会同武汉市国土资源和规划局、地铁集团等部门成立工作专班，武汉市交通发展战略研究院联合市规划院、铁四院、北京城建院、勘测院等5家规划设计单位组成编制专班，完成《武汉市新城区轨道交通线网规划及“十二五”建设规划》。

二、规划理念

（一）规划指导思想

坚持科学发展观，贯彻统筹城乡发展的理念，在稳定和保障主城区近期轨道交通建设的前提下，借鉴国内外先进经验，通过轨道交通衔接主城与6个新城区以及开发区，构建全市域范围内多层次、多模式、城乡一体的轨道交通线网体系，落实“1+6（主城+新城）”城市发展战略。

（二）规划原则

1. 支撑发展，积极引导。实现轨道线网覆盖6大新城中心和城关镇，全面对接新型工业示范园和城市重点功能区，满足武汉市中长期发展需要。

2. 强化枢纽，三网合一。构建全市域范围内城际铁路、中心区轨道和新城区轨道高效衔接、城乡一体的轨道线网体系。

3. 低碳生态，轴向发展。综合协调禁限建分区，以轨道交通引导城市轴向集约拓展，落实“大生态加大发展”战略的空间管控要求。

4. 重点突出，有序推进。落实武汉市近期建设规划，优化中心城区轨道交通建设时序，确保“十二五”期间各新城区通一条轨道。

三、新城区轨道交通线网规划方案

在稳定原有轨道线网的基础上，调整局部线路走向，延伸部分线路，新建接驳线路，中长期市域轨道交通线网总规模达到 860 公里，市域范围内城际铁路与轨道交通线路总长 1250 公里。

（一）中心城区轨道线

设置 3 条快线、5 条镇间骨架线和 4 条镇内辅助线服务于通勤客流，促进主城区用地布局优化，线路总长 415 公里。其中，3 条快线服务 6 大新城与主城之间的快速联系；5 条镇间骨架线沟通三镇，联系客流集散枢纽，重点解决跨江交通问题；4 条镇内辅助线扩大线网覆盖范围，提高线网服务水平。

（二）新城轨道延伸线

中心城区 5 条轨道线路直接向远城区延伸，提供主城与新城区便利的交通联系，线路总长 35 公里。其中，轨道 1 号线向东、西延伸，衔接黄陂区和东西湖区，轨道 3 号线自武汉经济技术开发区延伸至文岭，轨道 6 号线自金银湖延伸至吴家山，轨道 8 号线自金银潭延伸至盘龙城。

（三）新城轨道接驳线

以主城区轨道线网为核心，形成 12 条覆盖新城区的放射线路，加强新城区与主城区的交通联系，支撑“主城+新城组群”的城镇空间结构，引导城市轴向拓展，线路总长 281 公里。分别是：轨道交通机场线由东方马城至横店，长 22 公里，强化主城与机场的快速交通联系；轨道 10 号线向西自武汉经济技术开发区延伸至常福，向东由武汉火车站延伸至阳逻；21 号线（郴城线）由武湖至郴城，长 44 公里，加强新洲区与汉口的交通联系，支撑新洲区经济开发；22 号线（巴登线）由藏龙岛至巴登城，长 15 公里，支撑江夏区的经济发展；23 号线（东山线）由吴家山至东山，长 25 公里，支撑吴家山台商产业新城发展；24 号线（蔡甸线）由新汉阳站至蔡甸，长 15 公里，加强主城区与蔡甸区的联系；25 号线（郑店线）由青菱至郑店，长 18 公里，加强武昌与江夏区的联系；26 号线（纱帽线）由博览中心至纱帽，长 30 公里，加强主城区与纱帽新城的联系；27 号线（纸坊线）由野芷湖至纸坊五里界，长 20 公里，加强主城与纸坊新城的联系；28 号线（前川线）由前川至金银潭，长 28 公里，加强主城区与黄陂区的联系；29 号线（左岭线）由鲁巷至未来城，长 21 公里，支撑东湖国家自主创新示范区的发展。

（四）新城轨道辅助线

3 条辅助线加大局部区域线网覆盖范围，连接机场和武汉站，线路总长 109 公里。30 号线（天龙线）由天河机场至龙泉山，长 59 公里，连接机场、横店、汉口北、武汉站、花山新城和武鄂城际铁路，支持黄陂区、青山区、东湖新技术开发区开发；31 号线（径武线）由径河至武湖，长 34 公里，加强东西湖区和黄陂区的联系；32 号线（阳柳线）由阳逻至双柳，长 16 公里，支持新洲区经济发展。

（五）客流分析及方案评价

市域轨道交通线网密切结合新城规划和城市生态框架，支撑城市“工业倍增”计划，线路走向衔接了所有新城中心与副中心，以及“工业倍增”用地，严格保护城市生态用地。轨道交通线网覆盖了所有轴向客流走廊，衔接重要交通枢纽，覆盖人口岗位的比例达到 60%，按照建设用地计算平均线网密度达到 0.70 公里/平方公里，每天运送乘客约 1588 万人次，主城区线网平均客运强度为 2.59 万人次/公里，主城城区外线网平均客运强度为 1.21 万人次/公里。

四、“十二五”新城区轨道交通建设总体方案

（一）新城区轨道交通建设总体方案

“十二五”新城区轨道交通建设规划方案由 8 条线路构成，线路总长 157 公里，总投资约 491 亿元，紧密结合了各区“工业倍增”计划，覆盖了 6 大新城组群中心，支撑了 6 大新城区的开发与建设。分别是：1 号线（金山大道—径河、堤角—汉口北）、3 号线（文岭—沌阳大道）、21 号线（黄浦新城—阳逻）、24 号线

（张湾街—黄金口）、26 号线（博览中心—纱帽）、27 号线（野芷湖—纸坊五里界）、28 号线（金银潭—前川）、29 号线（鲁巷—左岭）。

规划至 2017 年，主城区轨道交通达到 215 公里，新城区达到 157 公里，全市轨道网络规模 390 公里（含机场线）。

（二）各新城区轨道交通建设方案

1. 新洲区新建 21 号线，由黄浦新城至阳逻，沿汉施公路向东，线路总长 30 公里，站点 12 座，总投资 75 亿元，上报土地打包规模 10820 亩，位于倒水河以西、新施公路以南的城市发展备用地和限建区。

2. 黄陂区建设轨道 1 号、28 号线。1 号线由堤角至汉口北，线路长 5.60 公里，站点 3 座，投资 20.60 亿元；28 号线由金银潭经盘龙城、横店至前川，线路长度为 28 公里，站点 10 座，投资 84 亿元，上报土地打包规模 4061 亩，位于机场路以西的城市发展备用地和限建区。

3. 东西湖区建设轨道 1 号线延伸至径河，长 5 公里，4 个站点，总投资约 15 亿元；新建轨道 23 号线，沿 107 国道向西至走马岭，长 9 公里，6 个站点，总投资 27 亿元，上报土地打包规模 5500 亩，位于吴家山新城城市建设用地。

4. 蔡甸区建设轨道 3 号线从沌阳大道站延伸至文岭，长 11.60 公里，5 个站点，总投资 40.60 亿元；新建轨道 24 号线由黄金口延伸至张湾街，线路长 17.20 公里，10 个站点，总投资 51.60 亿元，上报土地打包规模约 5500 亩，位于蔡甸大道以北，西环路附近的城市发展备用地。

5. 汉南区建设轨道 26 号线，由博览中心经武汉经济技术开发区，平行汉洪高速经军山至汉南，线路长 30 公里，9 个站点，总投资 85.50 亿元。汉南区上报土地打包规模 3000 亩，位于汉南市级工业园东部的城市发展备用地。武汉经济技术开发区上报土地打包 2200 亩，位于军山城市发展备用地。

6. 江夏区建设轨道 27 号线，由野芷湖至五里界，线路全长 20.60 公里，站点 9 座，总投资 61.80 亿元（比较：22 号线由藏龙岛至五里界，由于该轨道线穿越了规划绿楔，建议轨道 22 号线不在绿楔内设站）。轨道建设上报土地打包规模 5082 亩，位于五里界。

7. 东湖国家自主创新示范区建设轨道 29 号线，由鲁巷至左岭，线路全长 20.50 公里，站点 12 座，总投资 82.50 亿元。

（三）客流分析及方案评价

新城区“十二五”轨道交通建设方案充分征求了各新城区意见，满足各新城区建设要求，有力支持了各新城区用地开发，提供了与主城区便捷的交通联系，满足市民出行需求。预测 2017 年全市轨道线网日客运量约 446.20 万人次，平均客运强度为 1.18 万人次/公里，新城区轨道线平均客运强度为 0.38 万人次/公里。

五、结论建议

此次规划按照统筹城乡发展的基本原则，依据武汉市轨道交通线网规划和近期建设规划，结合“1+6”新城规划和“工业倍增”计划，适当延伸加密、轴向放射覆盖各新城区的城关镇、新城中心和新型产业示范园，构建市域城际、主城轨道和新城轨道“三网合一”、覆盖三镇、城乡一体的轨道交通线网体系，全市域形成 26 条线路、总规模 860 公里的中长期轨道线网和 8 条线路、总规模 157 公里、总投资 491 亿元的“十二五”新城轨道交通建设方案。

规划工作充分征求了各个新城区和开发区的意见，多次奔赴现场调研，多次召开专题研讨会，收悉各个新城区和开发区 3 轮书面反馈意见 60 余条，历经 7 次沟通和 10 余次方案修改，充分满足了新城区的发展要求。此次规划优化城市空间布局，引导城市轴向拓展，促进各个新城与主城全面对接，进一步适应各个新城区城乡统筹、快速发展的要求。

（武汉市交通发展战略研究院）

四新地区智能交通管理系统规划

一、规划背景

为建设“绿色、安全、智能、高效”的现代化交通体系，促进道路功能发挥，提高道路利用率，降低尾气及噪音污染，创造和谐生活环境，促进区域协调、快速、可持续发展，四新地区拟建设智能交通管理系统。武汉市交通发展战略研究院受武汉市土地整理储备中心、武汉新区分中心委托，编制了《四新地区智能交通管理系统规划》，以保障系统的科学、有序、高效建设。

二、编制过程

第一阶段：资料收集。2011 年 1 月，确定规划工作方案，调查现状区域用地及道路交通现状，收集国内外相关城市智能交通管理系统方面的相关资料。

第二阶段：规划编制。2011 年 2 ~ 4 月，制定规划方案，形成初步成果。

第三阶段：中期检查。2011 年 5 月，组织召开了阶段成果验收会，会议邀请了市新区指挥部、市国土规划局、市交管局、市城投、国博公司、市政院的领导和专家，对系统布局规划成果进行审查，同意在成果完善与优化后开展点位设施布局规划。

第四阶段：成果完成。2011 年 11 月，完成点位设施布局规划，顺利通过新区建设指挥部组织的成果验收。

三、主要内容

（一）框架体系构建

四新智能交通管理系统以武汉市智能交通管理系统为基础和依托，充分借鉴案例区域建设经验，结合四新需求条件及特征，重点突出交通管理地理信息子系统、交通流量检测子系统、交通电视监控子系统、GPS 警车定位系统、交通行为监测子系统、交通管理指挥控制中心、交通信号控制子系统、交通诱导子系统和智能交通指挥通信分系统 9 大子系统。

（二）布局规划

1. 交通控制系统布局规划

到 2015 年，四新地区灯控点位 169 个。其中现状灯控路口 18 个，规划机动车灯控路口 126 个，人行灯控点位 25 个，主要沿主干道、次干道及重要的支路设置。主干道点位平均间距 385 米，次干道点位平均间距 338 米，灯控率 80%，满足规范 75% ~ 100%的要求。

2. 交通检测系统布局规划

到 2015 年，四新地区共计布设 184 个交通检测点位，其中信号控制点位 169 个，新增流量检测点位 15 个。新增检测点位均分布在快速路沿线，检测快速路交通信息。快速路检测点位平均间距 700 米，主干道平均间距 385 米，次干道平均间距 338 米，实现了快速路及干路的全覆盖。

3. 交通监控系统布局规划

到 2015 年，四新地区共布设 97 个交通监控点位，其中现状监控点位 13 个，规划点位 72 个，规划全景监控点位 12 个。监控点位布设于快速路路段、干道节点、公共设施进出口，平均间距 590 米，满足标准 800 ~ 1000 米间隔要求，实现了区域快速路、主次干道交通状况监控全覆盖。

4. 交通诱导系统布局规划

此次规划共设置广域诱导点位 16 个，区域诱导点位 7 个，多路径诱导点位 6 个。

5. 卡口系统布局规划

四新地区共计布设 5 个卡口，其中现有 2 个，新增 3 个。新增卡口点位主要沿进出通道布设。

（三）点位设施布局规划

点位设施布局规划完成了四新地区智能交通管理系统“一张图”，完成了区域道路交通组织与管理方案的设计，实现了智能交通管理各子系统的整合，设备及设施的共用与共享。除去已编制灯控设施布局规划道路的灯控设施外，共需设置 495 组机动车灯、1003 个行人灯、415 根机动车灯杆、517 根行人灯杆、744

个线圈检测器、28 组微波检测器+杆、86 组球形摄像机+杆、27 个交通诱导屏、25 根诱导屏杆、4 个卡口系统及 330 个电子警察，总投资约 7413 万元。

（四）实施计划

智能交通管理系统建设过程应分步实施，有序推进，具体计划安排如下：

第一阶段：基础设施建设阶段。基础设施建设包括：管道（通信管道、电力管道）、设备基础、设备机房等，需以道路设施建设为基础，同步施工，避免重复建设。

第二阶段：子系统建设阶段。包括交通信号控制系统、交通电视监控系统、交通检测系统及交通诱导系统，各子系统建设应以区域建设及发展为基础，根据具体交通需求特点，适时建设。

第三阶段：系统集成阶段。完成各个子系统间的功能集成，建设交通地理信息子系统（GIS-T），完成交通信息采集与发布的集成。

第四阶段：系统功能完善阶段。充分挖掘系统功能，完善指挥调度系统，建立紧急疏散方案，完成交通信息系统（包括网络发布、指挥调度、决策、交通诱导系统、WEB 服务、GPS 服务）等。

四、实施进展

智能交通系统规划能够提高四新生态新城道路的有效利用率和道路通行能力、减少道路的交通拥挤程度、方便换乘、提供停车信息，初步建成集高新技术应用为一体的智能化道路交通管理体系，基本实现交通指挥现代化、管理数字化、信息网络化、办公自动化，使四新中心区道路交通管理达到先进水平。目前，四新大道、四新北路、国博大道、清幽路等道路已按规划实施，运行状况良好。

（武汉市交通发展战略研究院）

武汉市轨道交通 1 号线综合评价

一、项目背景

轨道交通 1 号线是武汉市首条开通运营的城市轨道交通线路，也是目前开通运营的唯一一条轨道交通线路，实现了武汉市轨道交通运营历史上零的突破。同时，武汉市也成为中国第七座开通运营轨道交通的城市。截至目前，轨道 1 号线一期工程已经开通运行 7 年，二期工程开通后全线运营已经超过 1 年时间，初步积累了相对完整和丰富的第一手资料。根据规划，至 2017 年，武汉市还将建设形成包括 1 号线在内的由 7 条线路构成、总长 215.30 公里的骨架网络，远景年达到 12 条线路、540 公里。及时和全面总结轨道交通 1 号线规划、设计、建设、运营过程的经验教训，对武汉市当前及未来轨道长远可持续发展无疑具有十分重要的意义。在此背景下，武汉市交通发展战略研究院承担并开展了《武汉市轨道交通 1 号线综合评价》工作。

二、研究范围和年限

此次规划以轨道 1 号线（东吴大道站—堤角）站点周边 600 米覆盖区域为重点规划范围，规划研究范围扩大到武汉全市域。

三、规划目标

通过此项目研究，系统评估轨道 1 号线在客流、沿线土地开发利用、综合换乘衔接、车站设施及运营管理等方面实施现状和效果，及时总结经验教训，科学评价轨道 1 号线运能和车站能力，为优化轨道 1 号线运营管理和综合配套建设、提升武汉市轨道交通规划设计水平和运营服务水平以及更好的指导后续轨道交通项目规划、建设服务。

四、主要内容

（一）轨道1号线客流特征及效益评价

搜集整理轨道1号线开通后大量运营资料，开展轨道1号线乘客出行特征问卷调查，系统分析轨道1号线客流和乘客出行特征，总结轨道1号线客流成长规律，分析评价1号线建设运营的实际客流效果、实际客流与预测客流差异及原因。为客流预测模型参数标定和轨道交通客流预测工作提供依据，提高客流预测精度和准确性。

（二）轨道1号线沿线土地利用发展评价

分析轨道交通建设前后沿线土地利用变化发展情况，轨道站点综合开发情况，评价轨道交通建设与城市土地开发利用互动关系，为轨道交通沿线土地利用规划和优化提供参考。

（三）轨道1号线沿线综合换乘衔接评价

分析轨道1号线沿线换乘设施和步行环境，轨道交通与公交、自行车、出租车与小汽车、长途客运站等综合换乘衔接需求与存在问题，提出改善性建议和要求。

（四）轨道1号线车站设施及运营管理评价

对重要轨道站点进行深入分析，车站设计（站台宽度、楼扶梯及出入口设置、与人行立体过街设计及建筑的结合等）、运营管理（发车间隔、运营时间、车站内部交通流线组织等）、票制票价等方面进行综合评价，为优化车站设计及运营管理提供依据。

（五）轨道1号线运能及车站能力适应性评价

基于轨道1号线在规划设计之初、建设过程中及当前规划发展中外部边界条件如轨道线网（如远景轨道网络由7条220公里发展至12条线路540公里，最近新城区轨道线网规划又扩充至22条线路876公里）、城市总体规划和沿线土地利用规划、综合衔接与换乘等方面发生变化，评价轨道1号线运能及车站能力适应性。

（六）对规划轨道线路站点规划建设的建议

根据对轨道1号线运营情况的调查研究，归纳整理武汉市轨道交通现实运营特点，对正在建设和待建的轨道交通线路、站点提出相关建议。

（武汉市交通发展战略研究院）

武汉市近期轨道站点综合交通衔接规划（2012—2017年）

一、规划背景

2011年政府工作报告明确提出：从2012年起，每年开通一条新地铁，到2015年，6条地铁线建成通车，主城区轨道交通通车里程达到140公里，形成覆盖三镇、城乡一体的轨道交通骨架网络。为更好地落实新一轮轨道交通建设规划，优先树立轨道交通在城市交通体系中的主导地位，构建多种交通方式协调发展的高效客运网络，合理引导近期建设的轨道交通站点周边开发建设，统筹协调站点周边用地开发建设，编制近期轨道站点综合交通衔接规划意义重大。

二、规划定位分析

城市轨道交通是整个城市交通系统的骨干，大城市的交通必须向以快速轨道交通为主体的多层次综合客运体系发展。要高效地发挥城市快速轨道交通系统的作用，既要在线路规划、车站设计等方面做好轨道系统本身的工作，也要做好轨道系统与其他交通方式的衔接工作，以共同为整个城市客运服务。

轨道交通规划体系分为宏观、中观、微观 3 个层次，轨道站点综合交通衔接规划属于中观层次至微观层次的过渡性工作，是轨道交通前期研究阶段中重要的规划环节，通过优化轨道交通沿线的交通资源配置，建立与城市交通发展战略相适应的轨道交通衔接体系，充分发挥轨道交通高效、快捷的出行特点，促进城市客运交通一体化运营。

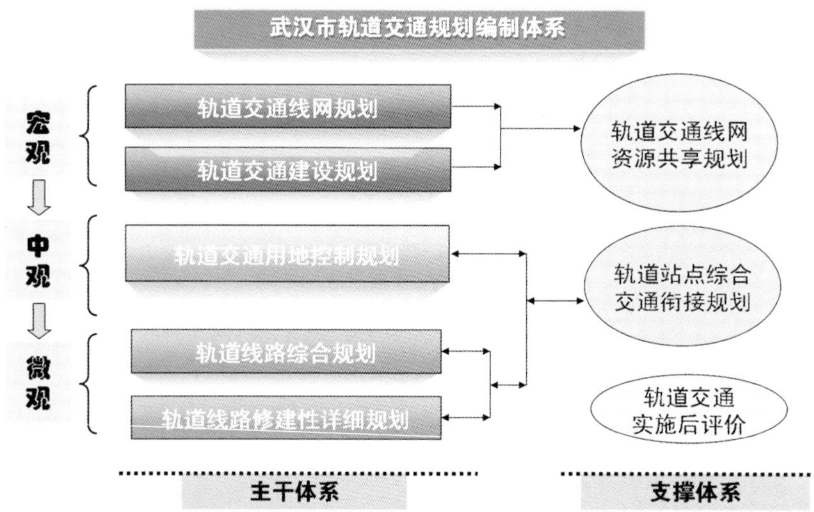

轨道交通衔接规划在规划体系中的地位

三、规划范围和年限

为突出近期建设轨道站点交通衔接的实施性，本次轨道站点衔接规划主要研究 2013 年之前建成的轨道 1 号线、2 号线和 4 号线一期总长 72 公里的轨道线网，以这 3 条线路的 61 个轨道站点为中心，以 300 米为半径的服务范围作为规划的主要范围，同时研究范围扩大至整个都市发展区内轨道交通覆盖的区域。

2014 ~ 2017 年建成的轨道 3 号线、4 号线二期、6 号线一期、7 号线一期、8 号线一期等线路以及新城区轨道交通线路，这些后续建设的轨道站点衔接规划工作，结合各条线路的工程可行性研究工作的进展，将于明后年继续深入研究。

四、主要内容

本次近期轨道站点综合交通衔接规划主要包含 4 个方面内容，其中工作重点包含配套设施布局及用地控制和各种衔接方式的交通组织，具体如下：

（一）轨道客流特征分析及站点客流预测

通过分析国内外轨道客流衔接特征，结合轨道交通 1 号线站点客流出行特征调查，总结适合武汉市轨道客流特征的交通方式结构；利用轨道交通客流模型，预测各条近期轨道线路站点客流集散量和构成特征。

（二）轨道交通与其他交通方式换乘衔接的要求

提出武汉市轨道站点分类分级，结合轨道交通沿线用地、客流特征分析轨道与常规公交、小汽车、出租车、自

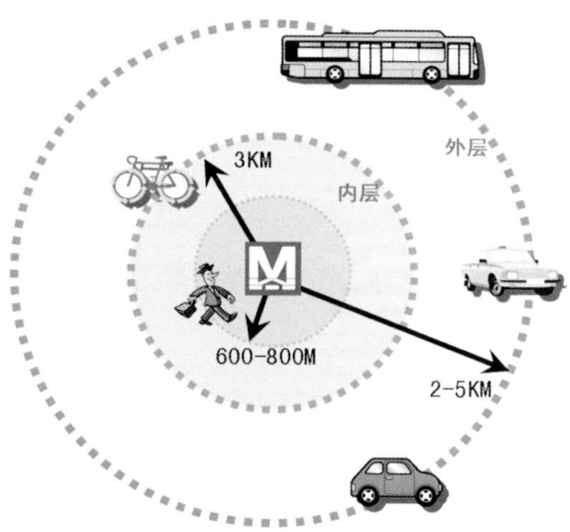

轨道交通服务圈层构成图

行车、步行等各种衔接交通方式的换乘衔接原则，对其配套市政设施和交通组织提出相应的要求。

（三）轨道站点各项配套交通设施规模研究及用地控制

根据轨道站点分类和对应的交通方式构成，在轨道站点客流预测成果的基础上，测算各项配套交通设施的规模；结合站点周边用地情况，针对公交场站、“P+R”停车场等涉及用地的重要交通设施进行合理的布局规划，并落实到用地控制。

（四）重要枢纽节点交通衔接方案和行人仿真

对重要枢纽节点进一步细化综合交通衔接方案，开展行人仿真工作，深化交通组织设计。

（武汉市交通发展战略研究院）

武汉市轨道交通线网资源共享规划

一、项目背景

《武汉市轨道交通线网资源共享规划》工作于2009年9月启动，编制专班在考察学习北京、广州、上海等先进城市轨道交通资源共享经验的基础上，确定武汉市开展客流预测、车辆选型、车辆段规划、枢纽衔接、“地铁+物业”、经营管理、控制中心、供电、通信、信号、票务及行车12个专题，涉及轨道交通基础研究、规划管理和技术标准3大类资源共享。该《规划》成果征求了市重点工程督查办、发改委、城建委、交通委、国土规划局等相关部门意见，并召开了由来自北京、上海、广州、深圳、武汉等地的12位专家组成的全国专家评审会。

二、主要成果

（一）基础类专题

1. 客流预测专题：结合2020年和远景年线网，分别进行线网客流、线路客流、高峰小时断面客流、换乘客流等内容的预测。客流预测成果为车辆选型、行车组织、枢纽换乘等专题研究提供定量参考依据。

2. 车辆选型专题：从武汉市城市规模、交通客流量级、线路敷设方式、车辆采购成本等方面综合考虑，武汉市轨道交通车辆主体选型适宜采用A型车。

（二）规划管理类专题

1. 车辆段规划专题：在研究国内外城市轨道交通车辆段和综合基地资源共享规划经验的基础上，结合武汉市轨道线网规划，至2020年，规划设置古田、常青、青山和新余家湾4处车辆基地，3处定修车辆段，7处停车场，共计14处车辆段，总用地面积446.50公顷；远期控制车辆段用地25处，用地716.40公顷，较资源共享前节约用地118.60公顷，节约14.20%。远景年规划设置11条联络线来方便轨道交通灵活化运营，其中段场联络线2条、渡线联络线2条、单线联络线7条。

2. 枢纽衔接规划专题：按照轨道交通枢纽的区位、功能、客流等特征，将武汉市轨道交通枢纽分为综合枢纽站、枢纽站、一般换乘站3类，共计59座。其中综合枢纽站7个，枢纽站28个，一般换乘站24个。

3. “地铁+物业”专题：通过对国内外“地铁+物业”开发相关案例分析，研究了轨道交通站点空间权联合开发、轨道交通站点邻近地区联合开发、轨道交通沿线区域联合开发3种开发模式。

4. 经营管理体制专题：在总结国内外主要城市轨道交通建设模式与运营模式经验基础上，提出了武汉市轨道交通建设以政府作为投资主体，多方式筹集资金的建设模式，以及武汉市以线路控制中心为依据设置4个运营管理分公司的多总部管理模式。

（三）专业标准类专题

1. 网络控制中心规划专题：分析了网络化运营对轨道交通控制中心的需求，推荐武汉市采用分散集中制控制中心布局方案。2020年规划建设3个控制中心：硚口路控制中心、铁机路控制中心、赵家条控制中心。远景年规划建设4个控制中心：硚口路控制中心、铁机路控制中心、赵家条控制中心、四新控制中心。

2. 供电系统规划专题：提出武汉市轨道交通线网规划2020年前线网规划主变电站共12座（含1号线的既有1座主变电站和在建的2座主变电站）；远景年线网规划主变电站共26座（含1号线的既有1座主变电站和在建的2座主变电站），节省了11座主变电站，可以节省投资约9.07亿元。

3. 通信系统规划专题：提出武汉市轨道交通线网公务电话系统、专用电话系统、无线通信系统、闭路电视监视系统、乘客信息服务系统、商用通信系统、公安通信系统规划方案，在已建线路和在建线路的通信系统的基础上，达到信息的共用和系统的互联互通。

4. 信号系统规划专题：与轨道交通线网规划相结合，确定武汉市轨道交通网络后备信号系统的技术要求和方案，在降级及后备运营模式下实现互联互通，满足整个轨道交通网络中联锁级后备运营模式下的互联互通。

5. 行车组织专题：提出了2020年8条轨道交通线路的运行交路，其中市区线以大小交路套跑形式为主。并研究了市域快线分段运营、贯通运营、两交路套跑运营、快慢车组合运营模式，以及突发客流运营组织模式，以实现线网运营高效、优化的目标。

6. 网络票务系统专题：依据国内外城市轨道交通票务系统相关经验，推荐武汉地铁在未来票制设置上采用计程票制为主，并以计时票制作为辅助票制。设置纪念票、日票/周票/月票、团体票、学生票等多种票种。提出武汉市票务运营政策及AFC标准规范，对票卡库存调配、票款清分规则、AFC系统功能设置及维护模式分别进行研究分析。

三、规划特色

1. 以专题研究为先导，在对比分析研究北京、上海、广州、香港地区以及日本等国内外城市轨道资源共享成功经验基础上，有针对性地对涉及武汉市轨道交通协调可持续发展的相关专题进行了全面、系统性的研究，确保了规划的科学性。

此次规划共涉及线网规划及客流预测、车辆选型、车辆段与综合基地、供电系统、通信系统、信号系统、网络控制中心、网络票务系统、运营模式与行车组织、枢纽站点、“地铁+物业”开发、经营管理体制及相关政策共12个专题，覆盖了轨道交通发展的方方面面，体现了基础支撑、规划管理和专业标准3类专题的相互协调，确保了武汉市轨道线网建设的科学性、合理性、可行性、资源共享匹配性。

2. 以功能整合和资源节约为目标，近远结合，分层规划，实现轨道交通线网资源利用及管理的集约化、规模化，引导武汉市轨道交通建设持续健康发展。

通过此次研究，远景年轨道线网较原规划减少了1处车辆基地和2处停车场，分别与相应的车辆段合建；轨道车场总数量由28处减少到25处，节约了3处车场用地，用地面积较资源共享之前节约了14.20%。武汉市远景年线网为540公里，按每条线路单独设置主变电站进行规划，全线网需要设置37座主变电站（含1号线3座主变电站），而本次规划研究充分考虑资源共享后仅需要设置26座主变电站，节省了11座主变电站，可以节省投资约9.07亿元。达到了线网规划、建设的系统优化、资源共享、节省建设投资、降低运营成本等方面的预期效果。

3. 强化交通枢纽换乘衔接，提升武汉综合交通枢纽功能，构建以轨道交通为主体，多种交通方式协调发展的综合交通体系。

通过资源共享研究将武汉市轨道交通枢纽分为3个层次，即综合枢纽站、枢纽站和一般换乘站，并以轨道交通站点客流性质为依据，将各层次又分别细分2~3个子层次，共规划布局轨道交通枢纽59个，突出交通一体化衔接，强化综合换乘枢纽建设。都市发展区共布局59个轨道交通枢纽以及大量的外围小汽车停车换乘和中心区自行车、公交接驳换乘中心。武汉市内3大火车站、天河机场等重大对外枢纽均有一条以上轨道市域快线和多条市区轨道线实现高效衔接，并实现空铁联运，系统整合了多种交通方式，有力支撑了武汉综合交通枢纽功能提升和多方式协调的综合交通客运体系。

4. 注重规划方案的可实施性，通过用地调查、踏勘现场，重难点地段多方案比选、部门意见征求等多种形式，落实轨道交通走廊和场站设施用地，并纳入规划"一张图"管理。

此次规划确保了运营线路和在建线路的稳定性，注重规划的实施和落地，做到"三个稳定"，即线路走向和起终点稳定、线网换乘点稳定、交通枢纽衔接点稳定；"两个落实"，即车辆基地和联络线的功能定位和规划用地落实；"一个明确"，即各条线路的建设时序明确，为当前轨道交通建设和规划控制预留奠定了坚实的基础。

5. 技术性与政策性相结合，强调管理体制和政策措施对规划实施的促进和保障作用。

通过"地铁+物业"政策支持及实施机制、经营管理体制及相关政策研究，促进了武汉市轨道站点综合开发和经营管理体制创新，从宏观层面和微观层面论证了武汉市轨道交通线网的建设规模、资金平衡、建设时序和效益分析，保障了线网建设的顺利实施。

（武汉市交通发展战略研究院）

武汉市 2011 年度交通小样本调查

一、项目背景

"十一五"以来，武汉经济社会快速发展，居民生活水平日益提高，城市化和机动化快速发展，目前，全市机动车总量已接近 120 万辆，城市交通拥堵问题日益突显，已经引起了武汉市委、市政府和社会各界的高度重视。按照市政府部署，武汉市拉开了城市轨道交通和快速路系统等交通大建设、大发展的序幕，仅 2009 ~ 2010 年 2 年间就投入超过 860 亿元用于城市交通基础设施建设，占城市 GDP 总量的 8.80%，城市交通建设迈入快速发展的新时期。

按照规划，根据"构建系统、完善体系"的近期交通战略，"十二五"期末，武汉市将建成 6 条线构成的主城区轨道网络和 10 条线构成的新城区轨道网络，线路总长将分别达到 169 公里和 172 公里；主城范围内全面形成"三环六联十三射"的快速路系统，建成快速路里程将达到 353 公里。2011 年底，轨道交通 1 号线已全线通车，总长达 28 公里，日均客流量攀升至 20 多万人次；建成的快速路达到 181 公里，占规划总里程 353 公里的 51%，武汉大道、二环线汉口段、白沙洲大道、珞狮路、沙湖大道等一大批快速路项目建成，主城快速骨架系统初具雏形；二七长江大桥也将在年内完工，"五桥一隧"的过长江交通格局即将形成。

伴随着交通大建设大发展，武汉市交通管理和经济政策也正在朝着精细化、多元化、智能化方向发展，更上一层台阶。2011 年 7 月 1 日，武汉市政府取消了实行 9 年的城市路桥统一票价的"年票制"，而开始实施更为精细的"六桥一隧"不停车计次收费——ETC 收费政策，即对长江公路桥、白沙洲大桥、天兴洲大桥、晴川桥、月湖桥、长丰桥、长江隧道等城市桥梁、隧道实施计次征收车辆通行费。与此同时，对"老三桥"长江大桥、江汉桥和知音桥实施单双号交通管制。每日 6 时至 24 时，除分单双号通行外，长江大桥和江汉桥，每日禁止对应车牌尾号的车辆通行（包括的士，仅公交车除外）。

为及时把握武汉市 2011 年的城市交通运行特征，了解过江 ETC 收费后的过江交通变化情况，总结分析 2011 年辛亥革命百年庆典之际城市交通建设情况，2011

年度交通小样本调查工作陆续开展了全市交通流量调查、主要道路车速和延误调查、出入境交通流量调查、客流吸引点特征调查4项调查，并增加了过江桥梁ETC收费系统实施前后、辛亥革命百年庆典前后快速路交通流量调查两个专题流量调查和中小学生交通出行特征调查。2011年交通调查组织1万多人次、耗时约5万小时，数据录入处理耗时近20人月，调查规模是2010年工作量的4倍多，为武汉市积累了大量交通基础数据。

二、武汉市总体交通运行状况

（一）道路交通

随着近年武汉市快速机动化、城市化进程加速，武汉市中心城区交通流量显著增加，交通拥堵程度加剧。

1. 城市交通总体需求持续增长，道路交通压力加重

全市机动车保有量继续保持高速增长，2010年机动车保有量突破104万辆，较2009年新增14万辆，目前，机动车总量接近120万辆，交通需求持续增长。

2011年6月调查数据表明，武汉市主城区高峰小时混合车流量在5000以上的路口为102个，较2009年的48个、2010年的61个迅速增加；其中高峰小时混合车流量大于1万的路口从2009年的11个、2010年的9个增至2011年的16个。

面对日益增长的交通需求，尤其是小汽车交通，道路交通设施建设的速度仍显得有些滞后，城市道路交通容量仍难以满足急剧增长的交通需求，交通供给与交通需求间的矛盾短期内难以消除，道路交通压力依然突出。

2. 道路交通流量主要集中分布在以过江通道为纽带的快速路和主干道上，呈现向外围扩散趋势

从空间分布上看，道路交通流量依旧主要集中在以过江通道为纽带的快速路和主干道上，特别是一环线沿线路口流量普遍偏大，全市流量超过1万辆的交叉口也主要分布于一环线上。由于外部区域正在不断开发，交通拥挤呈现出由中心城区向外围逐渐扩散的趋势。

整体上看，随着一批重要快速路和主次干道的建成通车，在一定程度上提升了路网的通行能力，同时也产生了新的诱增交通量。武汉市近期内仍将处于“十二五”城市大建设、大发展时期，受施工占道的影响及路网结构等因素的制约，中心城区和过江交通形势依然严峻。

3. 2011年武汉市主城平均车速较2010年略有提升，汉口平均车速三镇最低

2011年武汉市主城区平均车速为23.10公里/小时，高峰时段平均车速为19.10公里/小时，比2010年的20公里/小时提高了3.10公里/小时。其中主干道车速由2010年的23.80公里/小时上升至26.40公里/小时，上升了2.60公里/小时。2011年三镇平均车速较2010年略有提升，主要原因在于三环线已全线通车、二环线汉口段和武昌段、武汉大道等一大批快速路项目建成，主城快速骨架系统雏形开始发挥作用。

三镇主干道，以汉阳行车速度最高，为28.50公里/小时，武昌次之，为26.50公里/小时，汉口最低，仅为25.30公里/小时。汉口区域平均车速为20.90公里/小时，三镇最低。汉口区域主干道车速为25.30公里/小时，低于全市主干道平均车速26.40公里/小时，需要有效控制交通需求与供给平衡，提高车辆运行速度。

（二）过江交通

1. 过长江交通量持续增加，过汉江交通量保持稳定

根据2011年6月调查数据显示，主城区过长江的总交通量为40.15万辆/日，反映了过长江交通需求量持续增长的态势；过汉江的总交通量为36.96万辆/日，与2010年基本持平，其中月湖桥和长丰桥的流量增长较快。

2. 过江交通仍以中心区跨江交通为主，外围过江桥梁承担过江交通比例持续增加

跨长江交通虽然仍以城市中心区跨江交通为主，占总量的 71.30%，但是低于 2010 年的 77.80%，表明了外围区域桥梁的交通量增长迅速。相比 2010 年，长江大桥受交通管制影响，流量由 9.60 万辆降至 8.90 万辆；武汉长江隧道的流量与 2010 年基本持平；长江公路桥流量激增，日流量从 12.40 万辆迅速增至 13.90 万辆，增幅达到 12%，创下历年来新高。

跨汉江交通中，长丰桥与月湖桥所承担的过江交通比例进一步增加，占到总量的 42.90%，明显高于 2010 年的 37.40%，日流量分别从 2010 年的 6.80 万辆、6.90 万辆增至 8.20 万辆、7.70 万辆，分流过江交通的能力和比重进一步提升。

3. 过江交通早晚高峰时间延长，白天平峰时间流量持续增大

长江上各桥隧白天流量持续高负荷运行，平峰时间的流量接近高峰时期流量，早高峰时间延长，直至中午流量略有回落，晚高峰大幅度提前并延长，白天流量较大，基本处于饱和状态。过长江交通早高峰为 7：00 ～ 10：00，晚高峰为 14：00 ～ 19：00。

过汉江桥梁中，除知音桥呈现明显的双峰特征外，江汉桥等早高峰时间大幅延长，晚高峰提前并有所延长；知音桥流量平稳，早晚高峰持续时间较短，比较通畅。过汉江交通早高峰为 7：00 ～ 11：00，晚高峰为 16：00 ～ 19：00。

4. 过江交通结构以小汽车和出租车为主

主城区过江桥梁交通中，全天交通结构中均以小汽车和出租车比例之和为最高，长江大桥、长江公路桥、江汉桥的小汽车和出租车比例之和均超过 80%。其中知音桥的摩托车过江量较大，达到 36%，接近于小汽车的比例，这势必会影响到小汽车及其他社会车辆的通行，需考虑采取相应的交通管理对策。

（三）三环线进出城交通

三环线是武汉主城“三环六联十三射”、都市发展区“五环十八射”核心的骨架道路，是联系主城、新城、各大工业园区的快速路，承担着主城内部货运主通道和进出主城的交通集散功能。

1. 交通总量

随着 2010 年底三环线的整体贯通，三环线进出城集散功能得以逐步发挥，全线流量上升。三环线上立交的流量继续增长，与 2010 年相比，高峰小时流量大于 7000 辆的立交由 8 个增至 11 个，其中流量最大的是常青立交，高峰小时流量超过 1.10 万辆/小时。

三环线进出城流量也大幅增长，进出城查核线全天 24 小时交通量约有 73 万辆，相比 2009 年的 60 万辆增长了 21.60%，反映了主城与外围区域的沟通更加紧密，经济活动、交通往来更加频繁。

三环线查核线进出城双向交通基本均匀，早高峰交通量为 5.60 万辆，早高峰时段为 7：45 ～ 8：45；晚高峰交通量为 5.10 万辆，晚高峰时段为 17：00 ～ 18：00。高峰时段与城市道路交通高峰大致重叠。

2. 交通构成

进出城交通以客车为主，总体比例约 88%，相比 2009 年的 83%进一步提高，客观反映了武汉市机动车快速增长的态势。进出城车辆以本地车为主，外地车所占比重约为 9.20%，相比 2009 年有所增长，总量上也有小幅增长。

3. 交通分布

三环线进出城交通主要分布在南部、北部、西部、西南方向，依次占 24%、23%、22%，表明主城与这些新城组群的交通联系比较密切。

（四）都市发展区出入境交通

2011 年都市发展区出入境调查了武汉市外环线都市发展区附近 23 处出入境通道，道路级别为国道（G106、G107、G316、G318）及重要省级道路，覆盖武汉市 6 个新城区，15 条道路（其中 4 条国道、11 条省级道路）。

1. 交通总量

2011年都市发展区出入境交通总量达到16万辆/日，其中江夏区、蔡甸区流量最大，日均流量超过4万辆。

2. 交通构成

都市发展区出入境交通客货比为62：38；客车以小客车为主，达到53.70%；货车以大中货车为主，达到75.90%。

3. 交通分布

都市发展区出入境交通主要分布在西南、南部、西部、北部方向，依次占32%、30%、20%、14%，表明与这些方向的交通联系比较紧密。

三、ETC实施前后过江交通对比分析

为了研究分析ETC实施前后的交通流量变化特征，通过流量调查、数据收集等方式，归纳整理了2011年6～10月的过江通道月均流量数据。

（一）过江交通总量与分布

自2011年7月开始实施ETC收费后，主城区过长江交通总量在7月、8月有一定降幅，从6月的日均交通量40.90万辆降到了38万辆，降幅5%；但随后9月、10月的日均交通量又重新涨到了40万辆以上。从主城区过汉江交通总量来看，7月开始实施ETC收费后，过汉江交通总量大约下降了10%，从6月的36.60万辆降到了32万多辆，效果颇为显著；虽然随后有反弹，9月、10月的日均交通量又涨到了33～35万辆，但是仍然比实施ETC收费前的交通量小。可见在机动化迅猛增长的背景下，ETC收费对过长江交通量增长的抑制时间较短，对抑制过汉江的交通量增加还是起到了一定作用。

总体上，中心区3条过长江通道承担了72%的交通量，4条过汉江通道承担了80%的交通量，与以往中心区过长江、汉江通道一般分别承担80%和82%的交通量相比，外围区过江通道承担的交通量越来越多，表明了随着城市范围的不断拓展和机动化的持续增长，外围区的交通需求量在逐渐增大。

（二）交通负荷度

从高峰时间的通行状况来看，7～8月刚开始实施ETC收费的时候运行状况有所改善，但是9～10月交通量回升后，中心区的过江交通压力依然较大，长江大桥、长江公路桥、长江隧道的高峰时间负荷度均超过0.90，服务水平为E～F级，拥堵严重。

长江大桥的日交通量从6～10月一直处于下降状态，未像其他桥隧在此期间的交通量是先降后升。长江大桥是主城区过长江通道中唯一未实施ETC收费、而实施单双号控制的，可以看出，单纯地从抑制交通量来说，硬性的交通管制措施比拥挤收费的效果要显著。

白沙洲大桥的高峰小时流量超过了长江大桥，但长江大桥的全天流量高于白沙洲大桥，一方面说明了外围交通量不断增长、城区交通拥挤范围不断扩大的趋势；另一方面说明了中心区的过江通道已处于长时间拥挤状况，平峰时间交通量已接近高峰时间交通量，交通拥挤时间在增长。

在主城区过汉江的交通流量中，江汉桥高峰小时的交通量最大，2011年6月达到7600标准车/小时，服务水平为E级，较为拥挤；7～10月有所下降，处于6300～6800标准车/小时，服务水平为D级。汉江上其他桥梁的交通负荷度相对较低，服务水平一般在D级以上，表明汉江桥梁的通行能力是足够的，重点需要关注的是桥梁两端的衔接和疏导系统。

（三）运行车速

从过江交通的运行车速来看，实施ETC收费首月过长江桥隧的平均车速相对于收费前有显著提升，过长江主要桥梁的平均车速提高了8%～15%，过汉江主要桥梁的平均车速更是提高了14%～18%，可见流量控制对于提升运行车速、提高交通效率具有显著效果。

从过长江交通的运行车速来看，7 月过长江桥隧的平均车速相对于 6 月有显著提升，虽然过江总量仅下降了 5%，但过江交通的平均车速提升明显，长江大桥、长江公路桥、白沙洲大桥的平均车速分别提高了 8%、15%和 9%，可见流量控制对于提升运行车速具有显著效果。

从过汉江交通的运行车速来看，7 月过汉江桥梁的平均车速相对于 6 月有非常显著的提升。自 2011 年 7 月开始实施 ETC 收费后，过汉江交通总量大约下降了 10%，由此江汉桥、月湖桥、长丰桥的平均车速分别提高了 15%、14%和 18%，交通运行效率得到显著提升。

（四）ETC 收费敏感性分析

通过“六桥一隧”实施 ETC 收费前后 6 ~ 7 月的数据对比（见表 3-5-1），可以看出，ETC 收费对各个过江通道的交通量抑制幅度一般处于 6% ~ 11%，并且 ETC 收费对汉江桥梁交通量的抑制作用要高于长江桥隧。如此看来，过长江车辆的时间价值要高于过汉江车辆的时间价值，因而其对同一标准收费的敏感性要低，这对今后研究制定差别化收费政策具有参考意义。

武汉 ETC 收费系统为实施交通需求管理奠定了技术基础，未来需要充分利用经济杠杆，采用差别化交通管理措施进一步调整。

表 3-5-1　“六桥一隧”实施 ETC 收费前后 6 ~ 7 月的月均日流量数据对比表

过江通道	过长江通道（标准车/小时）					过汉江通道（标准车/小时）			
	长江二桥	长江隧道	白沙洲大桥	天兴洲大桥	小计	晴川桥	月湖桥	长丰桥	小计
6 月	138819	58033	78703	36695	312250	35391	81812	76844	194047
7 月	130308	54393	72350	35504	292555	32779	73872	65467	172117
降幅	6%	6%	8%	3%	6%	7%	10%	15%	11%

四、辛亥百年前后快速路交通对比分析

以辛亥革命百年庆典为契机，武汉市启动了一大批快速路建设，截至 2011 年底，武汉大道、二环线汉口段、白沙洲大道、珞狮路、沙湖大道等快速路相继建成，主城快速骨架系统初具雏形。

这一批快速路的建成通车，极大地改善了城市交通状况，提升了交通运行水平，开启了武汉市快速路交通时代。

（一）城市路网容量得到提升，交通总体负荷度得到降低

2011 年建成的二环线汉口段、武汉大道、白沙洲大道等，均为主线快速路 6 车道，同时还配有辅道 4~6 车道，通行能力相对于原道路提升了 1 倍以上，极大地改善了城市交通状况。经统计计算，主城区三环线内路网交通容量相对于 2011 年初增加了 7.50%，高峰时间交通总体负荷度由 0.65 降低到 0.62，总体交通状况得到了改善。

（二）交通运行效率显著提升，快速化交通特征逐步显现

快速路的主要特征是设计车速的高速化，本轮快速路建成后，主城区三环线内平均车速由 2010 年的 20 公里/小时上升至 23.10 公里/小时，其中，快速路平均车速由 2010 年的 48.80 公里/小时提升至 53.70 公里/小时，主干路平均车速由 2010 年的 23.80 公里/小

时上升至26.40公里/小时，城市交通运行效率得到了显著提升。

（三）城市交通分布逐渐优化，快速路交通功能充分发挥

快速路建成后，即会承担更多的交通量，减轻平行道路的交通压力。调查显示，二环线汉口段建成后，发展大道段高峰小时流量由2011年初的2399辆/小时增长到8040辆/小时（新华路—唐家墩路段），增长了2倍多；而与之平行的建设大道，在全市机动车交通需求持续增长的情形下，建设大道（区段）的高峰小时流量却由2011年初的4095辆/小时降低至3452辆/小时，降低了16%，平均车速也由2011年初的17公里/小时提高到21公里/小时，道路交通状况得以好转，由此可见二环线快速路对中心区道路的交通分流作用明显，功能得以充分发挥。

（四）城市“堵霸”得以除治，交通拥堵状况得到缓解

曾经，武汉市盘踞着几大“堵霸”——被市民称之为交通最拥堵、最难以忍受的路口，如竹叶山路口、唐家墩路口、复兴村路口、壕沟、尤李村路口等，以往车辆在高峰时间通过这些路口，基本上要等到3个以上红绿灯才能通过，严重时候拥堵可能达到半小时。随着二环线汉口段、武汉大道、珞狮路快速路的建成通车，这些城市“堵霸”已经不复存在，交通拥堵状况大为缓解。

（五）区域之间交通联系加强，经济社会往来更加便捷

2011年陆续建成的快速路均为城市规划快速路系统的重要组成部分，承载着重要的交通功能。武汉大道的建成通车不仅改写了后湖以及汉口北居民出行难的历史，而且强化了武昌与汉口的联系，尤其是提供了武昌中心区至机场的快速通道，如今从双湖桥到天河机场只需要40分钟；二环线汉口段的建成通车，快速串联起了汉阳和汉口两地，如今从江汉二桥到竹叶山不到10分钟，到汉口火车站的时间缩短了将近2/3；白沙洲大道、珞狮路高架的建成通车，构建起了武昌南部的两大快速进出城通道，曾经“到武汉容易、进武汉难”的历史正在改写。

（六）新建快速路系统仍需完善，建设运营管理尚待加强

目前，虽然很多快速路主线高架建成通车了，但仍有较多地面辅道未建成，处于施工过程中，如二环线汉西段、珞狮南路段，存在地面交通组织流线混乱，标志、标牌等公共设施不健全等问题，施工期间应加强交通引导与交通组织，同时，尽快建成地面辅道，完善快速路沿线交通。同时，在已建成通车的快速路系统中，仍然存在一些运行不畅的地方，如长江公路桥的上下桥处、梨园转盘、珞狮南路洪山区政府处等地方，今后在快速路的建设运营和管理中都需要不断完善。

（七）亟待完善主次干道及微循环系统，构建起级配合理、功能完善、规模适宜的道路系统

武汉快速路系统已经初步形成，但由于武汉受江河、山体、湖泊、高校、单位大院、铁路等限制和分隔，区域路网布局先天不足，与快速路两端相衔接的主、次干道及微循环系统还存在较大问题。目前主、次干道只建成规划的60%和50%，微循环支路仅建成规划的31%，主次支路系统的不完善，将导致快速路与区域路网衔接不畅，降低路网的整体效率，因此必须抓紧构建起级配合理、功能完善、规模适宜的道路系统。

（武汉市交通发展战略研究院）

第六节　专项规划及研究

武汉市“两规合一”研究及乡镇总体规划实践

一、规划背景

为充分发挥武汉市城乡规划与国土资源合署办公的优势，进一步提高行政效率、减少规划矛盾、实现法定规划市域全覆盖，在征得住建部、国土资源部同意后，武汉市以乡镇总体规划编制为平台，开展了以“两规融合”为核心的《武汉市“两规合一”研究及乡镇总体规划实践》编制工作。

二、规划目标

首先，研究属于不同体系的两个总规在用地分类、现状调查、编制重点、管控手段等方面的差异，拟订统一“两规”的编制技术和成果构架；其次，选取位于都市发展区和农业生态区的两个不同类型的乡镇进行规划试点，结合试点成果制订编制技术导则和规划审查、审批、验收、调整办法；最后，根据规范分3批完成全市78个乡镇的规划编制工作。

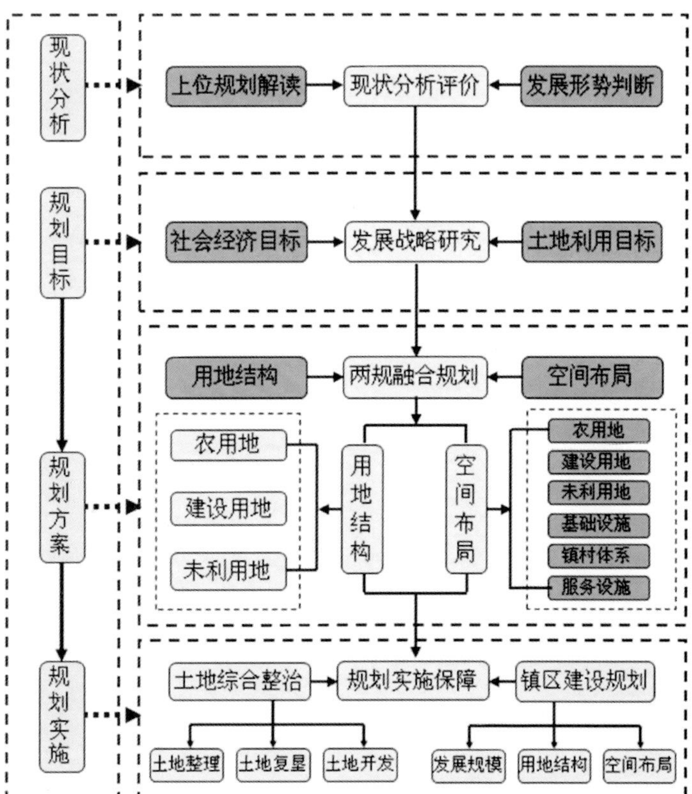

武汉市“两规合一”研究技术路线图

三、主要内容

（一）全市“二合一”的规划编制体系研究

基于武汉“两局合一”的管理体制，根据“两规”的工作特点、内容，研究提出城乡规划的“总—分—控”三级法定规划与土地利用规划的“市—区—乡”三级法定规划的对应关系以及对接要点。

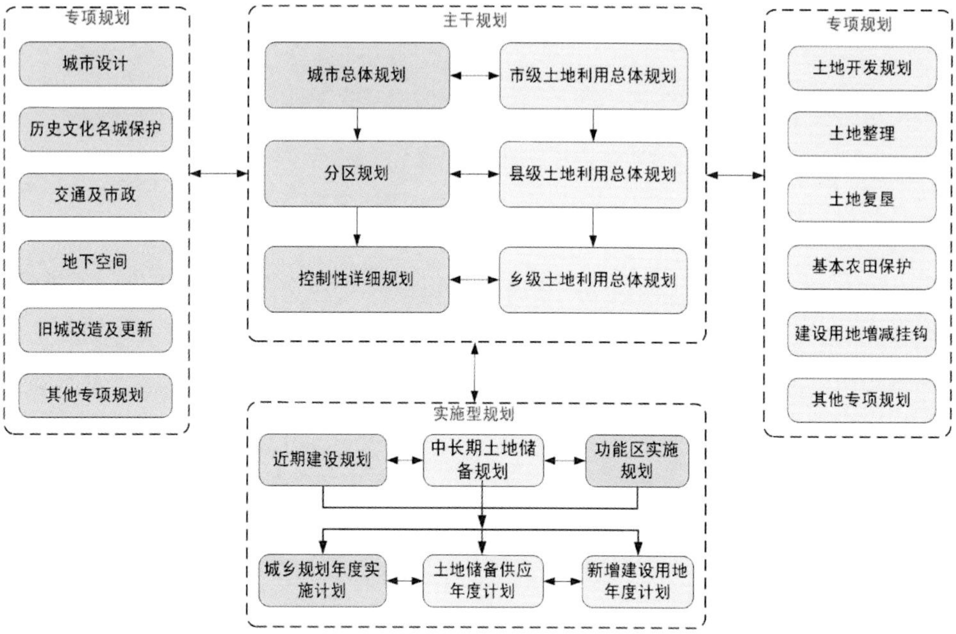

武汉市“两规合一”规划编制体系框架图

（二）“两规融合”的核心与焦点问题研究

一是针对“两规融合”的焦点和难点，开展了多项前期研究工作，提出了统一的规划编制基础数据平台和共用信息方案。二是结合国家用地分类规范和武汉实际，制订了乡镇总规用地分类标准。三是根据规划管理要求明确了乡镇总规用地布局工作重点。四是研究提出已批建设用地、现状用地与禁限建区冲突，人口与用地分离，城镇内部农村居民点归口等焦点问题的规划处理办法。

（三）两个试点乡镇总体规划编制工作

为了提高规划导则的科学性、适应性，选择位于武汉都市发展区的郑店街和位于农业生态区的蔡家榨街，开展了乡镇总体规划编制试点。

（四）规划编制技术导则和审批管理办法

在上述研究和试点的基础上，拟订了武汉市乡镇总体规划的《编制技术导则》和《审批管理办法》，从规划技术、管理程序两个方面建立完整的、互相配合的规划技术与管理规则，保障乡镇总规的可行性和可操作性，指导实施。

（五）全面开展全市78个乡镇规划编制工作

根据编制技术导则，采取“武汉市规划院+各区规划院+本地高校”的合作编制方式，动员400余人，分成15个项目组，分3批全面完成了全市78个乡镇的总体规划编制工作，将导则应用于实践。规划涉及面积8169平方公里，完成文本、说明成果110万字，绘制规划图纸3100张，其他图表5400份。

四、创新和特色

一是强化技术融合，保障规划的科学性和可实施性。二是注重核心研究，解决“两规融合”的技术难点和焦点。三是先行分类试点，提高了规划编制技术的适应性和严谨性。四是制定标准规范，保证了规划编制与管理的配合和协调。规划研究成果获得了“2011年度湖北省优秀城乡规划设计一等奖”。

（汪　勰、柴　明）

武汉市基本生态控制线管理规定

一、编制背景

按照武汉市委、市政府在“十二五”开局年提出的推进“主城+新城组群‘1+6’城市格局”，“划定主城和新城组群生态隔离带，界定城市增长边界，防止城市无序蔓延”的指示精神，武汉市国土资源和规划局于2011年5月组织编制了《武汉都市发展区“1+6”空间发展战略实施规划》及《武汉市生态框架保护规划》，并于7月通过市政府第143次常务会审议，11月底获市政府正式批复。规划构建了全市“以主城为核，轴向拓展，组团推进，轴楔相间”的“主城+新城组群‘1+6’开放式空间结构”，进一步明确了武汉市生态空间保护的框架体系及基本生态控制线范围。在此过程中，市委、市政府多次明确要求，尽快出台生态保护区配套的规范性文件，确保依法依规实施严格保护。按此要求，作为推进“1+6”规划落实的重要工作之一，市国土资源和规划局会同市法制办完成了《武汉市基本生态控制线管理规定》的制定工作。

二、规划目标

通过政府令的颁布，实现对武汉市山水资源等生态要素的依法依规严格保护。同时，通过制定项目准入条件和既有项目处置办法等合理政策，兼顾生态区经济社会发展诉求，积极推进城市生态框架区域的保护与建设实施。

三、主要内容

通过对国内外各大城市对生态区域所制定的相关公共政策的研究和经验借鉴，《规定》明确了具有武汉特色的管理规定基本框架体系。在已完成的武汉市生态框架区域规划和相关研究的基础上，进一步明晰基本生态控制线的相关概念，深入细化生态要素体系，并严格规定了基本生态控制线的划定和调整程序。深化落实“1+6”总体空间发展战略，在基本生态控制线内分区提出具有可操作性的项目管控要求，并针对基本生态控制线范围内的现实情况，科学制定既有项目的分类处置原则，为了保证基本生态控制线的实施可操作，对线内的原农村居民点提出妥善的整治措施。通过上述管理规定的制定，为武汉市严格实施生态框架保护规划，切实保护山水资源等生态要素，改善和保护生态环境，确保城市生态安全提供了法制保障。

四、规划进展

2012年3月16日，武汉市市长唐良智签署第224号政府令，颁布《武汉市基本生态控制线管理规定》，已于2012年5月1日起正式施行。

（刘　菁）

武汉市城镇建设用地评价考核办法

一、研究背景

自2008年武汉城市圈“两型”社会试验区获批以来，武汉市开展了一系列土地集约利用研究工作，先后制定了《武汉市城镇土地集约利用评价要点（试行）》，开展了硚口区和东西湖区城镇土地集约利用评价试点工作，对区级经济、社会和环境效益的协调发展起到了良好的促进作用，但土地集约利用评价尚未在全市铺开，土地集约利用水平也与其他先进城市存在一定差距，急需建立约束和激励等考核机制来促进集约利用土地。武汉市作为中部崛起的重要战略支点，建设国家中心城市，必须加快土地利用方式转变，提高土地集约利用水平。为此，武汉市土地利用和城市空间规划研究中心开展了《武汉市城镇建设用地评价考核办法》的研究工作。

二、研究目标

（一）推进全市开展土地集约利用评价工作

通过制定有一定约束力的土地集约利用考核制度，促进各行政区（管委会）尽快开展土地集约利用评价工作，了解实际情况，掌握土地集约利用现状和集约利用潜力。

（二）引导土地利用方式转变，提高土地利用效率

通过制定有一定导向性的土地集约利用考核制度，引导各区根据实际情况，积极采取措施，及时转变土地利用方式，提高土地利用效率。

（三）健全与完善国土资源管理中土地集约利用机制

在现有《武汉市城镇土地集约利用评价要点》、土地集约利用评价试点等工作基础上，制定科学合理的土地集约利用考核制度，进一步健全与完善土地集约利用机制，全面推动武汉市土地集约利用。

（四）促进武汉市“两型”社会建设

武汉城市圈“两型”社会改革试验总体方案包括6个方面的体制机制创新，“节约集约用地”是其中之一，通过建立考核机制，有利于进一步推动“两型”社会建设。

三、主要内容

（一）案例研究

从国家、省、市3个层面对土地节约集约利用相关的考核办法案例进行梳理，总结考核内容、计分方法、实施机制等方面的经验，结合武汉市土地节约集约利用诉求，提出对武汉市的借鉴意义。

（二）指标体系研究

为有效促进土地节约集约，使各区积极开展土地节约集约利用及评价工作，考核办法指标体系从绩效考核和行动考核两个层面构建。

绩效考核指标体系是在对《建设用地节约集约利用评价规程》、《武汉市城镇土地集约利用评价要点（试行）》、《开发区土地集约利用评价规程》的评析基础上，选取其中的共同指标作为指标体系的核心指标。同时，结合武汉市发展实际，参考全国考核指标，增加个性指标和动态考核指标。在此基础上，根据主城区、开发区、新城区3类区域不同的职能定位以及现状集约利用水平状况，分别建立主城区、开发区、新城区3套绩效考核指标体系。

行动考核指标体系在借鉴国土资源节约集约模范县（市）创建活动行动指标——北京石景山区、重庆渝北区国土资源节约集约利用行动考核指标基础上，结合武汉市城镇建设用地集约利用考核办法要达到的目标，增加工作实施和数据报送两项指标。

整个考核指标体系突出评价与考核联动、分类考核、坚持正确目标导向、状态考核与动态考核相结合、定量考核与定性考核相结合5个方面特点。

（三）指标权重与指标计分方法研究

在评价指标体系建立基础上，根据指标特点，分别通过德尔菲法和层次分析法综合确定考核指标权重。运用定性方法对行动考核指标评分；运用定量方法对绩效考核指标评分。

（四）考核实施机制研究

参照全国土地集约利用评价考核办法，根据总分值合理划分武汉市考核等级，研究制定奖惩措施，并明确考核组织和考核程序。

四、项目进展

该项研究成果已于2011年11月通过武汉市国土资源和规划局验收。

（武汉市土地利用和城市空间规划研究中心）

武汉市房地产投资模式及效益评价

一、研究背景

自 2003 年以来，房地产业已发展成为拉动经济发展的“支柱产业”，备受社会各界关注。随着房价的一路攀升，众多企业纷纷涌入房地产市场，给房地产行业注入了新的生机和活力，但同时也带来了行业内“鱼目混杂”的问题，这与房地产企业准入门槛低、缺乏引导机制有关。随着“十二五”时期宏观战略的制订与城市相关规划目标的逐步实施，武汉市房地产业面临新的发展机遇，将有极大的发展空间。在新的发展机遇触动下，需要引导建立一个健康有序、持续稳定的房地产市场，最大限度地促进城市发展目标的实现，开展武汉市房地产企业投资模式及效益评价研究，建立适应武汉市发展的房地产企业引入、准入机制。

二、研究目标

（一）实现土地精细化管理，为土地招商引资提供决策依据

通过建立科学、合理、规范的房地产企业评价模型，判断不同类别土地适合的房地产企业，为政府部门招商提供决策依据。

（二）促进房地产市场健康有序发展

通过制定有效的房地产企业引入机制，有力地打击那些投机、恶意炒房、没有实力的开发企业，从而在一定程度上促进企业树立社会责任感，并规范稳定房地产市场。

（三）落实城市规划要求，提高开发水平

通过有目的地实施土地招商，使优势资源由优势企业开发，可充分落实城市规划要求，提高开发水平。

三、主要内容

（一）武汉市房地产市场环境及发展状况研究

对武汉市近十年的经济社会环境、房地产发展的政策背景进行了梳理，并通过城市发展战略及城市规划概况的分析，了解房地产市场发展的空间轨迹，最后通过对武汉市近十年的房地产市场发展状况进行调查统计，总结武汉市房地产企业未来发展趋势。

（二）武汉市拿地房地产企业总体情况

对 2001 年以来通过“招拍挂”方式取得土地的房地产企业总体情况进行梳理，从拿地企业数量、资质、资金来源、融资能力、行业背景以及土地储备、土地开发等方面总结存在的问题及规律。

（三）武汉市拿地房地产企业特征

从地块空间分布、地块规模、地块性质 3 个层面，对武汉市房地产企业在资质、注册资本、资金来源、行业背景、融资能力等方面作更深入的分析，总结不同类型地块拿地企业的特征。

（四）武汉市房地产企业引入策略及机制

在对未来房地产市场环境预测前提下，结合武汉市拿地房地产企业特征，结合样点调查数据，通过建立数学模型，对中心城区基于空间区位分布、用地规模、用地类型提出具体房地产企业引入策略并形成房地产企业索引；对新城区提出总体引入策略。同时，为保障引入策略有效落实，提出相应的房地产企业引入机制。

（武汉市土地利用和城市空间规划研究中心）

武汉市 2011 年度公租房选址规划

一、规划背景

2010 年 6 月，住建部等 7 部委联合下发了《关于加快发展公共租赁住房的指导意见》。根据意见，武汉市着手组织相关部门编制《武汉市公租房建设“十二五”规划》。“十二五”期间，武汉市将建成 450 万平方米的公共租赁住房，以缓解中低收入人群住房困难，公租房将成为武汉市住房保障体系的重点。

二、规划目标

根据《武汉市住房保障“十二五”规划》（送审稿），规划期限内（2011 ~ 2015 年）共计划建设公共租赁住房 450 万平方米，12.70 万套。

三、主要内容

该规划主要工作内容是提供 2011 年公租房的选址点（包括推荐点、备选点和单位自建点）及用地范围线。

规划根据公租房的选址依据和原则，通过用地核查、现场踏勘等方式，选出江岸区后湖、谌家矶天兴花园、硚口区华生公司、汉阳区惠民苑、青山区 40 街坊、东湖新技术开发区花山、东湖新技术开发区流芳、武汉经济技术开发区硃山湖、青山区武船机械公司、青山区武重铸锻厂、长城创新公司共 11 处选址点（包括 5 处推荐点、3 处备选点、3 处单位自建点），分别分布在汉口、汉阳、武昌、武汉经济技术开发区、东湖新技术开发区。总用地面积约为 32.28 公顷（合 484.20 亩），可提供公租房建筑总量约 71.95 万平方米，约 1.80 万套。

其中，推荐点和备选点共 8 处，包括 5 处推荐点和 3 处备选点，总用地面积 28.37 公顷，公租房总建筑面积为 63.73 万平方米，5 处推荐选址点总用地面积 17.04 公顷，公租房总建筑面积 37.48 万平方米。单位自建公租房选址点共 3 处，建设用地总面积 3.91 公顷，公租房总面积为 8.22 万平方米。

（程　婧、徐志红）

武汉市工业遗产保护与利用规划

一、规划背景

武汉作为中国近现代重要的工业基地，被誉为“东方芝加哥”，洋务运动、民族工业发展、前苏联援建、三线建设等时期，武汉市都留下了种类和数量丰富的工业遗产资源。在城市转型时期，对工业遗产资源的保障和利用越来越引起社会重视。2010 年 11 月，武汉作为典型工业城市入选了科技部与住建部联合开展“典型城市工业遗产保护与科普开发”课题项目。为落实 2011 年市委、市政府提出的“建设国家中心城市，复兴大武汉”战略，保护工业文化遗产，弘扬武汉历史，编制《武汉市工业遗产保护与利用规划》。

二、规划目标

规划采取抢救性保护与适宜性利用相结合的方式，通过对强化工业遗产的普查、控制、保护、拯救、利用，因地制宜挖掘工业遗产的现实价值，实现武汉市工业遗产的保护与再利用。

三、主要内容

根据武汉市工业遗产的特点和保护工作的内容，规划重点研究具有实物遗存的不可移动的物质遗产，在充分调查研究的基础上，基于市志、区志选择规模较大、或具有一定影响力的历史工业企业，通过现状踏勘摸清工业历史遗存现状情况，借鉴杭州、北京等城市对工业遗产的界定，确定武汉市工业遗产保护推荐名单，明确保护建构筑物、保护范围、保护要求以及保护利用模式等，制定规划控制导则，同时提出配套的实施策略。

1. 总结分析武汉市近现代工业发展脉络

此次规划是武汉市第一次针对工业遗产保护的专项规划，规划结合中国近、现代工业发展历史阶段特征，参考武汉市工业发展史料，将武汉市近、现代工业发展划分为6个阶段,对其发展历程进行了详细梳理。

2. 详细踏勘，科学甄别，分层遴选，确定29处推荐工业遗产名单

基于武汉市志工业志、区志，规划从1860～1990年代选取371个具有重大影响力的企业作为调研对象，通过现场踏勘，确定主城区现存工业遗存95处，选出其中29处作为武汉市推荐工业遗产名单。

其主要类型包括：一是在相应时期内具有稀缺性、唯一性，在全国或武汉具有较高影响力的企业；二是企业在全国同行业内具有代表性或先进性，同一时期内开办最早，产量最多，质量最高，品牌影响最大，工艺先进，商标、商号全国著名；三是企业建筑格局完整或建筑技术先进，并具有时代特征和工业风貌特色；四是其他有较高价值的工业遗存。

29处工业遗产涵盖了武汉市近现代工业发展重要时间阶段具有代表性的工业历史遗存。行业类型上包含了农副食品加工业，食品制造业，酒、饮料和精制茶制造业，烟草制品业，纺织业，造纸及纸制品业，黑色金属冶炼和压延加工业、通用设备制造业等13个行业。其中，具有稀缺性、在全国具有较高影响力等“最早（大）”特点的遗产13处，已经被列为国家、湖北省、武汉市文保单位的遗产15处（第五批市级文保单位6处）；遗产中为建筑群的有11处，单体建筑的16处，附属建构筑物的2处。

3. 分类、分级，针对个案特点，有层次、有重点地制定29处工业遗产的规划控制图则

按照3个级别、3种遗产类型，分别确定工业遗产的保护建筑、风貌协调区、保护控制要求以及保护利用措施等内容，形成规划控制图则，纳入城市规划管理中。

4. 学习借鉴，因地制宜，制定具有武汉特色的工业遗产保护与利用模式，政策制定同步，保证规划的实用性

通过对国内外工业遗产保护与利用模式的分析研究，结合武汉工业遗产保护的现状，因地制宜，制定具有武汉特色的工业遗产保护与利用模式，包括严格保护模式和城市开放空间、博物馆、纪念展示馆、创意产业园、综合商业模式等4种利用模式；以及适用于已经消亡的重要老工业企业的异地保护模式。

四、规划实施进展

规划于编制过程中与市文化局、7个中心城区经信局等职能部门进行了充分的对接。对29处工业遗产制定的规划控制图则，与法定体系规划——主城区控规导则进行了充分衔接，提出了下步控规导则的修改建议，为规划成果纳入管理奠定基础。

（夏　巍）

《武汉历史文化名城保护规划实施评价》研究

一、研究背景

目前,《武汉历史文化名城保护规划（2006—2020年）》的实施已至5年的近期期限。武汉历史文化名城保护和利用规划工作面临了一些新理念与新要求，需要有效面对与落实，同时也暴露了一些新矛盾与新问题，需要积极思考与应对。为建立一个主动、长期、稳定的历史名城保护规划编制实施评价与滚动调校机制，为下一阶段相关编制体系完善、编制内容改进、

实施政策的出台等提供必需的决策依据和参考，2010年11月，编制了《武汉历史文化名城保护规划实施评价》研究。

二、研究目标

该研究以武汉市主城区的保护规划实施评价为主，以武汉市管辖范围内名村、名镇保护规划的实施评价为辅。分别对保护规划编制及规划实施进行了评价。根据武汉历史文化名城保护规划编制和实施情况，建立完整的实施评价体系、评价标准。明确了各层次规划概念，增强了评价因子与规划编制的对接。

三、主要内容

（一）编制及实施情况评价

1. 全面清理武汉市目前已编、在编及已付诸实施的各历史文化保护规划、相关保护法规政策和规范，以及其他以之为依据的相关规划等，明确此次实施评价的对象范围、评价依据、原则和基本思路。

2. 从规划编制、规划实施两个主要方面开展评价，选取必要的评价指标，构建定量和定性的实施评价框架，并开展必要的现场调查、公众问卷等，科学评估规划阶段目标与实际实现水平之间的差距。

（二）编制及实施完善策略

1. 编制体系完善策略

重点应提出规划保护和利用的范围如何更好覆盖、规划手段如何更具有操作性、规划内部及规划之间层次如何更好衔接等措施建议。

2. 管理机制健全策略

重点提出如何加强各层次保护规划的审查审批程序、在日常规划管理中的应用以及相关机制保障等措施建议。

（熊贝妮）

东西湖区暨吴家山经济技术开发区空间发展战略规划

一、规划背景

2010年11月11日，国务院以国办函〔2010〕167号文批准吴家山经济技术开发区升级为国家级经济技术开发区，成为武汉市继东湖新技术开发区、武汉经济技术开发区之后的第三个国家级开发区。为了科学合理的引导城镇空间、促进经济和产业的跨越式发展，东西湖区政府、武汉市国土资源和规划局积极谋划、精心组织，特开展《东西湖区暨吴家山经济技术开发区空间发展战略规划》的编制工作。

二、规划范围和规划期限

本次规划期限至2030年，近期规划期限至2015年，中期规划期限至2020年。规划范围为东西湖区行政辖区，总面积为499.71平方公里。

三、战略定位、规模和发展策略

（一）战略定位和发展规模

武汉市未来城镇发展将在总体规划确定的“1+6”开放式空间结构的基础上，优先形成“老三镇、新四极”的空间发展格局。根据武汉市未来发展格局，着力将东西湖区暨吴家山经济技术开发区建设成为国家级经济技术开发区，武汉市产业发展新四极之一，湖北省汉孝襄经济发展轴的重要战略支点，集产、居、研、娱为一体的特大型综合新城，具有滨江滨湖特色的水乡生态宜居新城。

为了进一步支撑东西湖区经济社会的快速发展，通过经济指标测算、人口增长测算、总规指标测算、相关城市经验推算等多种方法分析和测算，预测东西湖 2030 年城市建设用地规模为 220 平方公里，2020 年城市建设用地规模为 130 平方公里。

（二）发展策略

为了实现这一战略目标，东西湖建设重点策略为以下 5 点：一是自主创新、强化集聚，打造武汉市制造业发展的引擎；二是突出核心、强化辐射，构建面向生产的现代服务极核；三是构建骨架、内外畅达，建立高效快速的综合交通体系；四是环境宜居、配套完善，树立生态低碳的“两型”生活典范；五是内优外联、加强协作，加快促进武、孝、襄一体化发展。

四、战略空间选择和发展框架

（一）战略空间选择

为科学合理地确定东西湖未来发展方向，规划以吴家山为中心，将东西湖分为东片、西片、北片和西北片，并从建设适宜、可利用空间、区域动力和政策限制等 4 个方面，综合分析东西湖未来空间拓展以西向为主导方向（沿 107 国道），北向为次要方向（沿慈天大道），东向为优化方向（沿金山大道），西北向为限制方向（沿汉孝高速）。

（二）空间发展框架

根据东西湖战略定位和发展目标，规划在战略空间选择分析的基础上，确定了“东联汉口、西拓孝襄、北延空港”的总体发展思路，重点突出产业、服务、研发和居住 4 大功能，形成“一核、两轴、八组团”的城镇空间框架体系，即以吴家山城市副中心为核心，形成吴家山综合服务组团；以 107 国道产业轴线为依托，形成 5 个制造和物流产业组团；以慈天大道综合研发轴线为依托，积极发展临空产业；以金山大道居住轴线为依托，形成泛金银湖商住组团。

（三）综合交通框架

充分发挥交通先导作用，完善道路交通体系，大力发展快速公共交通，建立畅通有序、高效快捷的综合交通体系。一是构建“一快一捷一轨”区域快速交通骨架；二是建设“六横五纵”骨干道路体系；三是加快 8 条轨道交通网络建设。

（四）生态绿化框架

坚持以人为本，人与自然和谐的原则，最大限度地发挥江河湖泊资源优势，强化“绿核—绿道—绿楔”多层次的生态绿化保护，构建“双轴四核、绿道串联、绿楔入城”的生态景观格局。一是保护“绿核”，打造以湖泊为重点的城市绿心；二是打通“绿道”，建立以廊道为依托的绿道网络；三是控制“绿楔”，构建城乡一体的生态安全格局。

五、建设时序及近期建设重点

（一）建设时序安排

为了促进规划的有序实施，规划结合东西湖的实际，确定了近期、中期、远期 3 个阶段分步实施：

近期为快速成长期（2011 ~ 2015 年）：建设用地面积为 95 平方公里。重点发展吴家山综合服务、台商投资和物流 3 大组团，加快启动柏泉临空产业组团，完成区内骨干路网和重大基础设施建设，为城镇空间有序拓展奠定基础。

中期为加速拓展期（2016 ~ 2020 年），建设用地面积为 130 平方公里。重点发展柏泉临空和走马岭食品两大产业组团，基本完成泛金银湖商住组团建设，城市功能逐步完善，综合新城发展初现雏形。

远期为稳固完善期（2021 ~ 2030 年），建设用地面积为 220 平方公里。重点发展新沟战略新兴和张长湖高科技电子两大产业组团，产业逐步由拓展发展向集约发展转变，产业结构日趋合理，综合新城基本形成。

（二）近期实施重点

按照建设时序安排，未来5年东西湖以转变经济发展方式走在中部同类地区前列为目标，以推动科学发展、促进社会和谐为方向，坚持新型工业化和新型城市化，努力实现在转型中提升，在提升中发展，建设全省“两型”社会建设试验示范区、中部地区对外开放重要引领区和高端产业重要集聚区、全国重要中心城市副中心。2015年，东西湖建设用地总面积为95平方公里。其建设重点包括：一是积极推进产业园区建设，产业用地面积达到40平方公里，实现工业总产值2000亿的突破；二是打通三环线阻隔，强化与主城的干道联系，全面构建区域交通骨架系统；三是注重民生工程建设，努力建设人民幸福新城；四是加大市政基础设施建设力度，全面提升公用设施配套水平。

（李　青）

金银湖西北单元Ⅰ街区控制性详细规划

一、区位优势

金银湖生态园位于武汉市城市轴向发展方向和圈层发展空间相叠加构成的复合型节点地区；扼守武汉西北门户，距武汉天河国际机场12公里，金山大道直通机场高速公路。距市中心商业区5公里，汉口火车站5公里，武汉客运港11公里，长江外贸码头15公里。

园区地处京广铁路与长江黄金水道十字交汇点，与107国道、316国道、318国道、京珠高速、汉渝铁路、江汉航线，以及武汉中环线、外环线、金山大道、机场高速公路纵横联通，构成得天独厚的立体交通网络，是武汉连接全国的主要物流通道。东至上海、南京，西抵西安、重庆、成都，南达广州、香港、澳门，北上北京、天津，距离均在1000公里左右，交通极为发达，内外交通联系网络框架已经初步形成，彰显网络特色。

二、规划目标

在考虑径河和金银湖地区经济社会发展需求的同时，加强保护环境意识，以协调人工和自然环境为目的，兼顾各方利益，把规划区建设成为一个生活舒适、环境优美、创业条件良好、配套设施齐全的滨水新区。

三、规划结构及用地布局

金银湖西北单元Ⅰ街区位于金银湖北部片区西部，东临金银湖，南止柏环一路，西起张柏路，北至塔径路，规划用地面积249.37公顷，规划人口规模1.41万人。

（一）规划结构

规划充分利用金银湖的自然资源优势，通过强化交通联系、加强配套公共服务设施，构建开敞绿色空间廊道，创造良好的生活环境，促进城市经济社会和环境的可持续发展。西北Ⅰ街区规划形成“五轴、四组团”的空间结构。“五轴”：张柏路发展轴主轴和环湖中路（接环北路）、环湖中路（接环西路）、柏银路、田园东路4条发展次轴。“四组团”：1个科研休闲组团、1个工业组团和2个居住工业综合组团。

（二）用地布局

该《规划》对规划区用地性质将进一步细化明确，具体用地控制情况如下：

规划居住用地面积20.11公顷，占城市建设用地的8.45%。规划公共设施用地21.53公顷，占城市建设用地的9.04%，主要分布于柏银路东侧和柏环一路以北、环湖路以西。规划工业用地95.07公顷，占城市建设用地的39.93%。规划对外交通用地为公路用地，主要是硚孝高速公路，用地面积2.01公顷，占城市建设用地的0.84%。规划道路广场用地60.39公顷，占城市建设用地的25.37%。规划市政公用设施用地2.93公顷，占城市建设用地的 1.23%。规划绿地 36.04 公顷，占城市建设用地的 15.14%。

四、道路交通规划

（一）路网结构

结合现状道路，规划路网结构形成“四横四纵”的主、次干路骨架。“四横”为塔径路、环湖中路和环西路、田园东路、柏环一路，“四纵”为张柏路、环北路和环湖中路、径东路（田园东路以北）、柏银路和环湖路。

（二）道路等级

根据《金银湖北部片区控制性详细规划》，规划区道路等级划分为三级：主干路、次干路及支路。

1. 主干路：规划区内的主干路为联系各组团的主要道路。主干路设计车速为 40 ～ 60 公里/小时，设计道路红线宽度为 40 ～ 60 米。

2. 次干路：规划区内的次干路为联系各组团的次要道路，与主干路共同构成城市主要交通网络。次干路设计车速为 40 公里/小时，设计道路红线宽度为 30 米。

3. 支路：规划区内的支路为各组团的内部道路。支路设计车速为 30 公里/小时，设计道路红线宽度为 15 ～ 25 米。

规划区的道路交叉口都为平交路口。其中，干路和干路相交路口采用灯控方式，支路与主干路相交为右进右出方式，与次干路及支路相交为让路方式。

五、城市设计

该《规划》重点打造环湖中路、柏银路景观轴线，营造宜人、清新的城市景观，形成具有整体观赏展示特征、公共活动功能较强的街道景观。

居住建筑形态以小高层、高层住宅建筑为主，住宅建筑和构筑物外观色彩宜淡雅，沿张柏路和新桥路的建筑应造型新颖，创造地域内新个性建筑景观，营造绿色、高效、舒适的建筑。

（李　青）

武汉邮政设施专项规划

（2010—2020 年）

一、规划背景

2008 年 2 月，湖北省人民政府下发鄂政发〔2008〕9 号文，要求各地有关部门将邮政服务网点建设纳入区域经济发展规划和城乡建设规划，统筹安排、统一建设，加快全省邮政通信事业发展。2009 年 4 月，修订后的《中华人民共和国邮政法》明确规定“提供邮政普遍服务的邮政设施等组成的邮政网络是国家重要的通信基础设施，邮政设施的布局和建设应当满足保障邮政普遍服务的需要，并纳入城乡规划”。2009 年 8 月，武汉市政府下发武政〔2009〕47 号文，提出一系列支持和完善全市邮政通信事业发展的具体措施。2010 年 3 月，国务院正式批复《武汉市城市总体规划（2010—2020 年）》，对邮政设施建设提出新的要求。

二、战略定位

从自身发展需求和寻找更广阔发展空间的角度出发，利用武汉市九省通衢的交通区位显性优势，抓住建设全国重要的综合交通枢纽的快速发展时机，武汉邮政应及时构建完善的邮政设施网络体系，进行现代化邮政运输网络、特别是大型邮政设施的战略布局，同时对其他基础性邮政设施进行科学布局与建设。

三、主要内容

（一）规划范围

研究范围为武汉市市域。规划范围为武汉市中心城区，包括江岸区、江汉区、硚口区、汉阳区、武昌区、青山区、洪山区等 7 个行政辖区与东湖新技术开发区、武汉经济技术开发区和东湖生态旅游风景区，规划区用地面积为 1325.95 平方公里。

（二）规划目标

一是充分发挥武汉邮政的辐射与聚集作用，提升武汉邮区中心局的中心地位，加快邮件处理中心、邮政物流中心、邮件转运站、基层邮政局（所）等邮政设施的建设，进一步将武汉建设成为国家邮航辅助中心、中部地区最大的邮件集散中心、国际邮件和速递邮件的处理中心、中部地区邮政物流集散中心。

二是不断调整业务结构和功能布局，向数字化、智能化、宽带化和人性化业务方向发展，形成覆盖全市、联通全国、面向世界的邮政通信系统。

三是优化邮政设施资源配置，统筹城乡、分层布局、完善功能，形成多层次的、高效的邮政网点体系，全面提高普遍服务发展水平。

（三）确立邮政普遍服务基础设施体系

将提供普遍服务的邮政设施纳入基础性邮政设施体系，对提供竞争性业务服务的邮政设施给予规划引导；结合武汉市邮政设施现状提出合适分类；体现复合利用和集约化用地思想，根据业务生产组织，将邮政设施进行适当归并。

（四）规划结构

利用点多、线长、面广，全面沟通城乡的邮政基础设施网络体系，利用信息流、物流和资金流“三流合一”的服务网络体系，依托重要交通干线，构建立足普遍服务的现代化邮政网络，形成“双核、多站、群点”的多层次、开放式立体空间结构。

“双核”：武汉邮航辅助中心、武汉一级邮区中心局。

“多站”：铁路邮件转运站、汽车邮件转运站、港口邮件转运站等。

“群点”：满足邮政普遍服务、布局合理的邮政营业场所。

（五）规划配置标准与建设标准

引入分布密度系数概念，确立武汉市邮政局（所）及服务设施规划配置标准。武汉市邮政局（所）规划配置标准见表 3-6-1。

表 3-6-1　　武汉市邮政局（所）规划配置标准一览表

区　域	近期（2010 ~ 2015 年）配置指标			远期（2020 年）配置指标		
	服务人口（万人）	服务半径（公里）	密度系数	服务人口（万人）	服务半径（公里）	密度系数
武汉市域	2.60 ~ 2.80	2.86 ~ 2.94	0.115 ~ 0.122	2.10 ~ 2.60	2.58 ~ 2.92	0.120 ~ 0.151
中心城区	2.40 ~ 3	1.43 ~ 1.45	0.225 ~ 0.255	2 ~ 2.50	0.94 ~ 1.43	0.250 ~ 0.424

本着集约用地和满足邮政普遍服务的原则，对邮政局所分为独立占地和控制建筑面积两种类型。武汉市邮政局（所）规划建设标准见表 3-6-2。

表 3-6-2 武汉市邮政局（所）规划建设标准一览表

<table>
<tr><td colspan="2" rowspan="2">类　型</td><td colspan="2">用地指标（m²/处）</td><td colspan="2">建筑指标（m²/处）</td><td colspan="2">容积率</td></tr>
<tr><td>中心城</td><td>中心城外</td><td>中心城</td><td>中心城外</td><td>中心城</td><td>中心城外</td></tr>
<tr><td rowspan="2">邮政支局</td><td>中心支局</td><td colspan="2">2000</td><td colspan="2">2000</td><td colspan="2">1.0</td></tr>
<tr><td>一般支局</td><td>不单独占地</td><td>1000</td><td colspan="2">1000</td><td>—</td><td>1.0</td></tr>
<tr><td colspan="2">邮政所</td><td colspan="2">不单独占地</td><td colspan="2">240</td><td>—</td><td>—</td></tr>
<tr><td colspan="2">建设要求</td><td colspan="6">邮政局（所）如不单独占地，业务用房应在综合建筑的地上首层设置。</td></tr>
</table>

（六）规划布局

将邮政业务数据预测与邮政基础设施的数量控制或用地面积挂钩，结合国家相关标准及规划确立的设置标准和建设标准，对邮件处理场所（中国·武汉邮航辅助中心、铁路邮件转运站、其他邮件处理场所）、邮政局所、投递设施、邮政报刊亭、邮政信报箱、邮政车辆停保场、邮政物流设施等进行总量预测、分片控制、用地控制或建筑量控制，并提出相关政策指引和实施建议。

武汉市邮政设施的空间控制分为独立控制用地型和点位控制建筑面积型。其中中心城区内的邮政设施为邮件处理场所、邮政支局、邮政所等，邮件处理场所、邮政中心支局等单独控制用地，一般邮政支局、邮政所等原则上控制建筑面积。

武汉市中心城区内的邮政设施现状用地面积为11.20公顷，规划新增用地面积为5.70公顷，共16.90公顷。邮政局（所）现状建筑面积为2.70万平方米，规划建筑面积控制为15.30万平方米，新增12.60万平方米。

四、规划实施进展

2010年11月，武汉市人民政府下发《关于武汉市邮政设施专项规划的批复》（武政〔2010〕60号）。

万达中心

邮政设施专项规划的编制为搭建政府与邮政的新型关系起到很好的连接与促进作用。规划编制完成以来，邮政设施的建设得到市政府的关注与大力支持。同时，对邮政设施的建设具有很强的引导性和可操作性，对邮政企业编制“十二五”规划以及有关建设项目起到较强的指导作用。

根据专项规划要求，武昌邮件转运站用地予以保留，进行内部改造与建设。2011 年，该邮政枢纽中心的规划建筑方案审批获得规划部门的大力支持。目前正进行红线放线工作，马上进入开工阶段。结合汉口站改造，武汉邮政局办公大楼也将进行改造建设。

根据专项规划控制的邮政中心支局用地，市邮政局对其分期分批进行前期立项工作。

（朱　娟）

第七节　土地利用规划

三环线沿线用地综合规划

一、规划背景

随着城市建设的快速推进，全长 91 公里的三环线全线贯通，两侧的绿化带也在加大实施力度，其作为城市景观环带的功能日渐体现出来。

按照武汉市委、市政府“划定主城和新城组群生态隔离带，界定城市增长边界，防止城市无序蔓延”的要求，同时发挥环城绿带对周边地区发展的积极意义，塑造城市良好门户景观要求，组织开展《三环线沿线用地综合规划》相关工作。

二、规划区位

武汉市三环线全长 91 公里，设计车速 80 公里/小时，是武汉市主城区快速系统“三环十三射”的重要组成部分，是武汉市中心城区外围联系武汉三镇的快速交通环线、中心城区与新城区的重要分隔带。三环线沿线经过武汉市 9 个行政区，贯穿黄浦新城，后湖、常青居住生活区，汉正街都市工业园，黄金口都市工业园，四新城市副中心，白沙居住生活区，汤逊湖居住生活区，东湖国家自主创新示范区，东湖生态旅游风景区、杨春湖城市副中心，青山综合城区等城市功能区。

三、规划目标

秉承“内引外联，绿带成环，多点串珠”的理念，将三环线生态隔离带打造成主城外围的绿色景观廊道和城市窗口地带。

四、主要内容

（一）规划结构

三环线生态隔离带整体形成“一环串多珠”的空间形态。

“一环”即三环线生态防护绿带环，按照“内 50，外 200”标准进行控制。即三环线主城一侧防护绿地控制宽度最低为 50 米，三环线主城外一侧防护绿地控制宽度最低为 200 米。

“多珠”，含 6 大珠、27 小珠及 5 处低密度高绿量建设区。其中，6 大珠即 6 大生态公园，均布局在 6 大生态绿楔伸入主城的端部，包括天兴洲郊野公园、东湖生态旅游风景区、汤逊湖公园、黄家湖公园、龙阳湖公园、黄塘湖公园。27 小珠为沿线串接的谌家矶公园等中小型公园。5 处低密度高绿量建设区为极地海洋馆、金银湖高尔夫球场、东方马城、东方高尔夫球场、奥体中心等低密度区。

（二）用地布局

三环线生态隔离带由三环线防护绿地、沿线公园绿地、生产绿地、农用地、沿线湖泊水域、山体及适量低密度公共设施区组成。

划定三环线生态隔离带总面积约136.40平方公里，全长91公里，平均宽度1.50公里。其中，生态用地达98.30平方公里，占比72%；道路和铁路用地27.10平方公里；低密度建设用地11平方公里。

（三）整体城市设计指引

规划从三环线沿线用地布局优化、特色区段主导功能、建设开发强度、建筑高度、建筑退界、廊道联通、辅道建设、建筑形式和风格等方面提出控制要求，为下阶段三环线沿线景观作指引。

（四）重要节点设计

通过对三环线沿线对外出入口、集中绿地、城市功能集聚区等因素综合考虑，规划确定杨春湖、孙家山、野芷湖、三角湖、黄金口、竹叶海、常青路、三金潭8个节点，作为三环线周边建设空间管制的重点节点区域。通过对重要节点区域的城市设计和景观打造，带动三环线沿线整体形象的提升，从而构建富有个性与特色的景观大道门户形象。

四、规划进展

按照此规划，2012年将全面完成三环线沿线50米防护绿化带建设。2012年2月26日，三环线生态隔离带北段张公堤城市森林公园启动建设。

（游　畅）

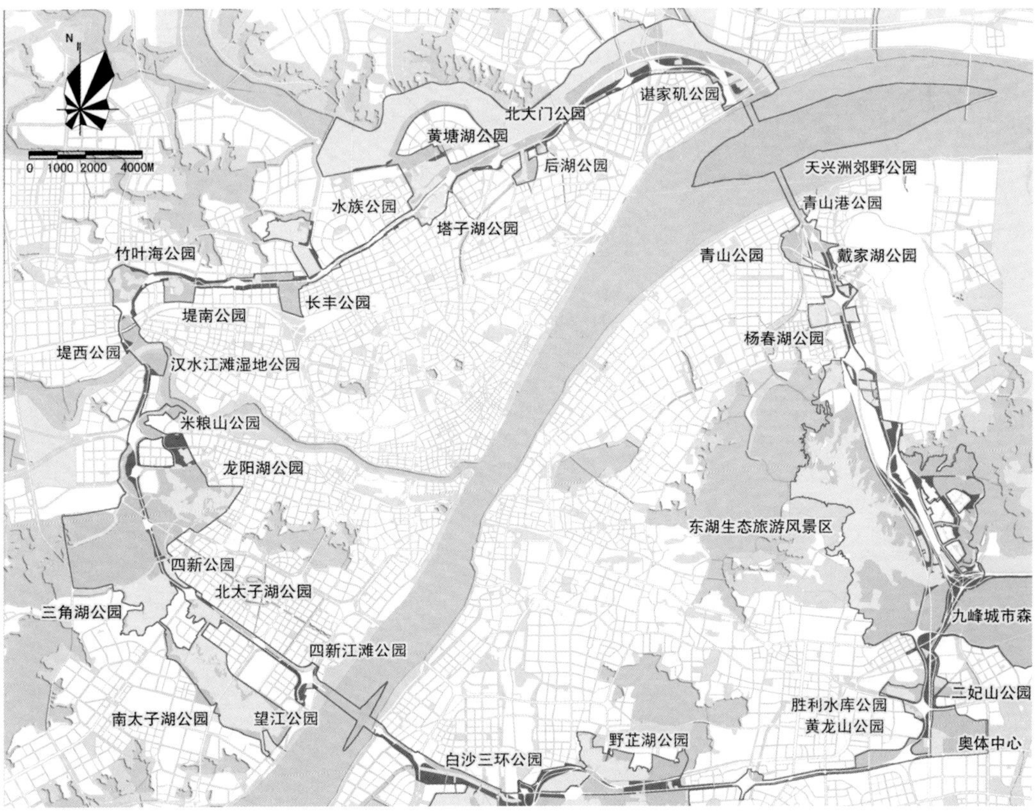

三环线生态隔离带用地布局图

武汉市高产农田建设规划

（2011—2020年）

一、规划背景

高产农田建设是改善农业基础设施条件，加快现代都市农业发展，推进社会主义新农村建设的重要措施，是促进耕地保护、加强农业综合生产能力、提高农民收入的民心工程。根据武汉市人民政府下发的《关于加强高产农田建设工作的通知》（武政〔2008〕13号）有关精神，为进一步落实新一轮武汉市土地利用总体规划提出的高产农田建设目标，武汉市国土资源和规划局组织编制了《武汉市高产农田建设规划（2011—2020年）》。

二、建设策略与目标

高产农田建设要坚持"向重大工程和粮食主产区、基本农田保护区倾斜"的方向，坚持"市场导向、结构调整、设施配套、重点突出、集约高效"的方针，向区域化、规模化方向发展，实现生态、质量、数量的协调统一，建设社会、经济、生态效益显著的高产稳产农田。

规划至2020年，武汉市在已建高产农田60万亩的基础上，确保新建高产农田90万亩。其中东西湖区6万亩，汉南区12万亩，蔡甸区23万亩，江夏区15万亩，黄陂区20万亩，新洲区14万亩。

三、主要内容

（一）建设布局与分区

武汉市高产农田布局呈现"一线三区"格局，"一线"：东西湖—蔡甸—汉南外环沿线，"三区"：江夏南部综合发展区、黄陂中北部"倒T"集约发展区、新洲中北部稳步发展区。

根据武汉市地形、地貌、气候、土壤、植被等自然特征，高产农田建设类型可划分为低山、丘陵、岗前平原、水网圩田平原、平岗5个类型分区。

（二）规划项目库

依据国家和湖北省土地整理项目选址要求，武汉市国土资源和规划局深入全市40个乡镇和相关农业产业化龙头企业调查，精心筛选项目，共规划项目96个，建设规模150万亩，并建立高产农田项目库，进行规范化管理。

（三）项目分级

结合武汉市都市农业发展需要，将全市项目分为高产农田示范项目、都市农业配套项目、粮食基地重点项目三级。

高产农田示范项目选取经济条件较好、灌溉排涝体系相对完善、新农村建设的重点区域，并结合实施城乡建设用地"增减挂钩"，建设规模11.40万亩；都市农业配套项目选取都市农业和菜篮子规划建设的重点地带，依托蔬菜基地建设，配套建设项目区；粮食基地重点项目选取传统的粮食生产乡镇，集中力量，加大投入，尽快形成稳产高产的基本农田和综合生产能力较强的粮食生产基地。

四、实施效益

高产农田建设规划实施后，武汉市粮食生产能力进一步提高，同时农业结构进一步调整。若武汉市完成新建高产农田150万亩，可以新增4.50万亩耕地，年均新增粮食产量7万吨，其中，新增耕地产粮2万吨，单产效益提高增加粮食产量5万吨；加上农业结构调整以及土地流转带来的间接收益，项目区人均农民纯收入将增加600元以上。

（林云华、乔亮亮）

第八节　工业发展规划

武汉市工业空间发展规划

一、规划背景

为不断提升城市综合经济实力，加快国家中心城市建设，武汉市政府提出在“十二五”期间大力实施“工业倍增”计划。为落实“工业倍增”计划要求，进一步加强对全市工业发展空间调控和建设指引，按照市领导要求，武汉市国土资源和规划局会同武汉市经济和信息化委员会组织编制了《武汉市工业空间发展规划》。

二、规划范围

此次规划范围为武汉市市域，面积8494平方公里，其中重点研究范围为“6+3”地区（6个新城区以及汉阳、洪山、青山3个中心城区三环线以外区域），是全市“工业倍增”计划的考核重点，面积7217平方公里。规划期限为2011～2020年，其中近期为2011～2015年。

三、规划目标

以全面实施“工业倍增”计划为抓手，通过空间布局调整，推进产业结构转型，实现产业结构的提档升级、规模效益的产能倍增；以构建分工协作、结构开放的工业园区体系为目标，充分发挥市、区两级政府积极性，强化培育区域经济增长极，全面构建形成空间布局合理、产业特色鲜明、工业配套完备的城乡一体化区域经济发展新格局，提升城市经济实力和综合竞争能力。

四、主要内容

（一）总体思路

坚持走新型工业化道路，以增强自主创新能力为动力，以支柱产业和龙头企业为支撑，以构建现代工业体系为目标，构建产业特色鲜明、发展重点突出、配套设施完善的工业布局体系。

三环线以内：按总规要求，划分严格限制区和控制发展区。严格限制区内加快外迁现有工业企业；控制发展区内引导向都市型产业转型。

三环线以外：按总规要求，划分重点发展区和引导发展区。重点发展区内大力发展先进制造业；引导发展区内推进农业产业化发展。

其中，在新城组群地区，形成“产业新城+工业园区”的结构体系，各新城区分别建成1个产业新城（新型工业化示范园区），以主要交通走廊为发展轴线，辐射带动其他工业园区，实现散点布局向板块发展的方式转变。

（二）工业空间布局

按照实施“工业倍增”计划的要求，拓展优化工业空间发展布局，加快产业增长极和新型工业化示范园区的建设，形成“四大工业板块”的工业空间结构，打造全国重要的先进制造业中心。

其中，借助国家先行先试的政策优势，加快4大产业增长极的空间集聚。“大光谷”地区以国家自主创新示范区建设为契机，培育壮大光电子、生物、新能源等新兴产业，加快发展节能环保和装备制造产业；“中国车城”以武汉经济技术开发区为极核，重点做大做强汽车产业，提升汽车零部件配套产业能力和水平，促进电子信息和机电产业发展成新的支柱产业；“临空经济区”整合吴家山经济技术开发区和天河机场周边区域的发展条件，努力建成中部地区最大的食品加工、临空装备制造、进出口物流和高科技机电产品加工基地；“临港产业区”依托武汉新港和80万吨乙烯工程的建设，加快建设钢材深加工及桥梁钢结构、重型装备制造产业和化工产业基地。

同时，按照“一区一园、示范带动”原则，依托国家级开发区，每个新城区规划布局1个新型工业化示范园区，辐射带动其他一般工业园区，形成“一主多副”的两级园区布局结构。新城区共布局9个新型示范园区和14个一般工业园区，在外围生态农业区，依托重点城镇适当布局乡镇工业点，带动农业产业化发展。

（三）区域性重大设施布局

依托“武汉新港”、“武汉铁路枢纽”、“天河机场”以及“四环十八射”的高快速路网，规划建设形成武汉“水、铁、公、空”的综合交通枢纽，构建集货物储运和专业市场交易于一体的现代化综合物流体系。重点打造横店、滠口等22处大中型仓储物流产业集聚区和汉口北物资批发交易市场等9处大中型专业市场。

同时，配合新城区工业空间发展，结合重点项目建设，新改建12座水厂，形成13片水厂服务区，供水能力达到410万立方米/日；新扩建19座污水处理厂，形成14片水厂服务区，污水处理能力达到321.50万立方米/日；新建19座变电所，形成“500kV—220kV—110kV”的供电网络结构；新改建7座垃圾处理厂，至2020年全市垃圾处理总规模达到11000吨/日，形成多种设施均衡共享、安全高效的基础设施系统。

（林建伟）

武汉市“工业倍增”计划空间布局规划

一、规划背景

2011年是“十二五”开局之年，武汉市进入跨越式发展的关键时期，市委、市政府作出了“突出抓好工业发展‘倍增计划’”的战略决策。为不断提升城市综合经济实力，加快国家中心城市建设，市政府提出在“十二五”期间，大力实施“工业倍增”计划。为落实“工业倍增”计划要求，进一步加强全市工业空间发展规划调控和建设指引，按照市领导要求，武汉市国土资源和规划局会同武汉市经济和信息化委员会、新城区政府及有关部门，共同组织编制了《武汉市“工业倍增”计划空间布局规划》。

此次规划范围为“6+3”地区（6个新城区以及汉阳、洪山、青山3个中心城区三环线以外区域），是全市“工业倍增”计划的考核重点，面积7217平方公里。规划期限为2011～2015年。2011年11月30日，市政府以武政办〔2011〕81号文件正式批复同意该规划。

二、主要内容

（一）规划布局结构

按照工业布局向园区集中的指导思想，遵循“一区一园、示范带动”原则，新城区规划布局1个“工业倍增”示范园区，辐射带动其他一般工业园区，形成“一主多副”的两级园区布局结构。规划布局9个“工业倍增”示范园区和14个一般工业园区。

其中，新洲区重点发展钢材深加工和桥梁钢结构、重型装备制造等产业，工业园区布局为“一主三副”，即新洲“工业倍增”示范园区和古龙重装基地、双柳工业园、邾城工业园3个一般园区。

黄陂区重点发展临空装备制造、高科技机电产品加工产业，工业园区布局为“一主三副”，即黄陂“工业倍增”示范园区和盘龙开发区、武湖工业园、前川工业园3个一般园区。

蔡甸区重点发展汽车及零配件、电子信息和机电产业，工业园区布局为“一主两副”，即蔡甸“工业倍增”示范园和蔡甸城关工业园、沌口小区2个一般园区。

汉南区重点发展汽车零配件和机电产业，工业园区布局为“一主一副”，即汉南“工业倍增”示范园和湘口工业园。

江夏区重点发展机械装备制造、光电子信息等产业，工业园区布局为“一主三副”，即江夏“工业倍增”示范园区和金口开发区、庙山开发区、藏龙岛科技园3个一般工业园区。

青山“工业倍增”示范园区依托武钢、武船及化工新区，重点发展钢材深加工、环保科技、船舶制造和石化产业，园区范围40平方公里，包括青山工人村工业园、船舶工业园、环保科技园以及北湖工业园地区（不含武钢地区）。

洪山“工业倍增”示范园区位于青菱地区，重点发展生物医药、精细化工和机械装备。

汉阳“工业倍增”示范园区位于黄金口地区，重点发展烟草食品及生物医药等产业。

（二）规划建设标准

“工业倍增”示范园区建设标准为：符合本区主导产业导向；位于城市拓展主要轴向；依托核心新城，具备良好的生产基础条件和就业来源；用地集中，适宜工业集中建设；易于配套，并形成成套供应能力。具体标准为：每区1个，园区规模40平方公里以上，工业净用地达到20平方公里以上，地均产出达到全区平均水平的1.20倍，园区内工业用地比例≥40%，近期实现“七通一平”。

一般工业园区建设标准为：具备一定产业集聚或生产协作关系；位于城市拓展次要轴向；依托新城组团，具备一定生产配套和生活服务能力；工业用地条件相对较好。建设标准为：园区面积约10平方公里；地均产值达到全区平均水平；园区工业用地比例≥30%；近期实现“五通一平”。（林建伟）

武汉临空经济区（东西湖—黄陂经济合作区）发展战略规划

一、规划背景

按照武汉市委、市政府的总体部署，武汉市将在“十二五”期间，进一步优化城市空间布局，调整优化产业结构，发展现代产业体系，加大改善投资环境力度，全面启动实施“工业倍增”计划。以吴家山国家级开发区为契机、以天河临空经济区为重要平台，东西湖与黄陂联动，实现跨越式发展，着力打造武汉市经济增长的第三极。

二、规划范围

综合考虑新一轮总体规划以“主城区为核、多轴多心”的都市发展区空间结构，确定规划范围为东西湖全域500平方公里及黄陂南部地区（即北部新城组群）约450平方公里，合计950平方公里；研究范围为东西湖及黄陂行政辖区、汉口地区及孝感闵集镇，并适当扩展到武汉市域和武汉城市圈。规划期限为2010～2030年，近期至2015年，中期至2020年，远景至2030年。

三、战略定位与规划目标

武汉市在空间上将以主城区老三镇现代服务业为核心、以新四极现代制造业为重要抓手，全力构建经济社会发展的新平台，四轮驱动，形成强大合力，助推武汉实现跨越式发展。新四极各具特色，产业发展规模及影响力将达到中部地区唯一，乃至全国、国际上具有重要影响力，为武汉努力建设国家中心城市和国际性城市奠定坚实的基础。

在战略定位上，武汉临空经济开发区应抢抓机遇、迎接挑战，全面实施区域联动、产业集聚、设施共享和分级保护、分级开发4大发展策略，依托国家级开发区和临空经济区“两张牌”，建设成为推动武汉市经济社会快速发展的第三极，武汉城市圈西北轴向及湖北省重要的战略支点，全国“两型”社会示范先导区，构筑经济高效、社会和谐、环境秀美、生态文明的武汉新西北。

四、区域空间发展设想

通过GIS分析评价，并结合发展实际，武汉临空经济开发区宜采取公共交通（即TOD）轴向引导的，网络化、组团式的空间模式，主要依托107国道、金山大道、新径大道—巨龙大道、盘龙大道及轨道交通、城际铁路等区域性交通走廊向西、向北方发展，同时应确保府河、武湖两大生态绿楔的系统性与完整性。

依据上位规划“轴楔相间”的发展思路，武汉临空经济开发区总体形成“一核、两心、三轴”的开放式空间格局，即以天河航空枢纽为核心，建设吴家山新城综合服务中心和盘龙新城综合服务中心，构筑东西向城镇发展主轴与南北向城镇发展次轴，全面对接主城区与周边地区，共布局12个建设组团（含两大新城）和8个生态组团。

五、产业布局规划

按照大产业、大流通、大物流的发展要求，进一步强化、突出主导产业的优势地位，以园区化、规模化、集聚化发展为重点，形成分布有序、功能明确、相对聚集的“两圈、多片”的工业空间体系，即临空工业核心圈层与集聚圈层，并按照工业门类布局多个工业片区。

根据全市“工业倍增”计划，到2015年，武汉临空经济开发区地均产值为55亿元/平方公里，共布局净工业用地50 ~ 55平方公里，确保3000亿工业总产值的“工业倍增”计划顺利实施。东西湖、黄陂新型工业化示范园区分别达到72平方公里、60平方公里，以满足“工业倍增”计划的要求，共同构筑武汉城市圈西北向门户的核心载体。

六、综合交通体系规划

充分发挥交通先导作用，构筑以空港、铁路、水运、公路联动的对外交通网络，完善道路交通体系，进一步加强与主城区及周边地区的联系；大力发展快速公共交通，营造安全便捷、通达舒适、高效环保的内部交通网络和低碳环保的绿色交通体系；加强天河航空枢纽建设，加大铁路、水运、公路建设力度，积极培育和发展国内国际航线，形成辐射全国、面向国际的大型枢纽空港和航空物流中心。

一是构建“铁路+高速公路+公路”的区域快速交通骨架。依托京广铁路、汉丹铁路、京广高速铁路、沪汉蓉快速铁路及“三环八射”的高速路网体系，形成0.50 ~ 1小时城际铁路交通圈与1 ~ 2小时高速公路交通圈。

二是坚持市域快速路与区内干道相结合，建设“九横八纵”的骨干道路体系。“九横”为慈惠大道、107国道、金山大道、新径大道—巨龙大道、荷沙公路、孝天公路、沿湖大道、横阳公路、汉施公路；“八纵”为九通路、慈天大道、张柏路、机场南路、川龙大道、318国道、汉黄路、武湖中路，加强各组团之间的联系。

三是以公共交通为导向（TOD），引导和支撑城市轴向拓展，加快轨道交通网络建设。通过轨道1、2、6、7、8号线，建立与主城区以及东湖新技术开发区、武汉经济技术开发区的便捷联系；通过轨道S3、S8、S9号线，加强与各组团之间的联系；通过C1与C2城际交通，加强与天门、汉川、孝感等周边地区的联系。

（冯国芳）

汉南区新型工业化发展战略规划

一、规划背景和区位

根据新城区新型工业化发展的背景，贯彻落实武汉市“工业倍增”计划发展要求，结合武汉都市发展区“1+6”空间发展战略实施规划的设想，同时为加快汉南区城乡一体化发展步伐，汉南区政府组织编制了《汉南区新型工业化发展战略规划》。

汉南区位于武汉市的西南部，是武汉市6个新城区之一。汉南区东、南濒临长江，隔江与武汉市江夏区、咸宁市嘉鱼县相望；北抵通顺河，与武汉市蔡甸区相邻；西接东荆河，与仙桃市、洪湖市接壤。全区由东北向西南呈哑铃型，东西长约33公里，南北宽约20公里，辖区总面积约287.07平方公里。

二、规划目标

汉南区定位为武汉城市圈沿江经济带重要节点，武汉新港物流及临港产业基地，武汉市临江产业新城和新型工业化示范区，西南新城组群主中心。

汉南区规划总目标是把汉南建设成为武汉市乃至湖北省新型工业化示范区和先导区。其中，经济社会发展目标是加快汉南区产业向规模化、集群化、集约化、特色化发展，近期按照“工业倍增”计划的要求达到500亿工业总产值，远期工业总产值增长率保持在8%～10%；城乡统筹发展目标是继续推进城乡一体化建设步伐，促进纱帽向中等城市的跨越式发展，积极培育湘洪副中心，全面推进全区新农村社区化建设；生态环境发展目标是充分挖掘水乡特色，改善人居环境，构建和谐汉南。

为此，规划总结了中国新型工业化发展理念和策略，结合汉南区新型工业化发展条件、态势，提出了汉南区培育嵌入式产业集群、发展战略新兴产业、实施生态化建设、实现产城一体的新型工业化发展模式。

三、主要内容

（一）发展战略

1. 区域发展战略——顺江拓展，垂江衔接

依托长江形成以武汉主城区为核心继续向西南辐射的沿江发展带，与武汉经济技术开发区形成汽车及零部件产业集群；在武汉城市圈范围内，加强垂江二级城市之间的联系，远期打通与咸宁、孝感等城市间的联系通道，构成垂江发展轴。

2. 产业发展战略——三产并举、规模聚集

按照“产业集聚、用地集约、园区集中、基础设施完善、生态环境友好”的原则，重点打造纱帽新型工业化示范园和湘洪临港产业园，快速发展商贸服务业，巩固提高现代都市农业。

3. 空间发展战略——极化带动、全域发展

以汉洪高速东西两个出入口为依托，结合纱帽、水洪港区建设，重点强化纱帽和湘洪地区发展，依托新型工业化示范园区和一般园区，形成汉南区东西两个增长极。

4. 交通发展战略——外联内梳，港口及TOD引导

加强与主城以及武汉经济技术开发区的交通联系，构筑高速公路、快速路、轨道交通、铁路综合交通走廊，支撑新型工业化发展。汉南区内部加强交通系统梳理，强化顺江交通轴向引导，同时重视垂江交通联系，构筑网络化交通体系，加强各组团之间联系。

5. 生态发展战略——严格保护、合理开发

严控生态底线，保护长江、通顺河原生态资源，作为区域性生态廊道，同时加强内部生态系统联系，形成网络化、生态连通的生态安全格局。依托地域水系景观特色，分片开发，合理利用。形成东部马影河景观带休闲区；中部梦里水乡湖泊景观度假区；西部五湖原生态湿地体验区。

（二）空间布局

根据汉南区定位和发展目标，规划在用地选择分析的基础上，确定了“东联开发区、主城区，北接蔡甸区”的总体发展思路，重点突出产业、服务、居住功能，形成“一轴、两极、三节点”的空间结构。

1. 纱帽产业新城

纱帽产业新城形成“两轴、一带、两心、六片”的空间结构。其中“两轴”为兴一路、兴城大道公共服务轴；“一带”是马影河生态景观带；“两心”为商贸商务核心、行政服务核心；“六片”是台头核心区、城关综合组团、乌金综合组团、幸福综合组团、滨江综合组团和大咀综合组团。

2. 湘洪临港新城

湘洪临港新城，形成“一心、两片”的空间结构。其中，“一心”为湘洪公共服务中心；“两片”是湘口综合组团和水洪临港产业组团。

（三）专项保障策略

1. 产业园区建设

按照市、区“十二五”规划和“工业倍增”计划的要求，汉南区规划 1 个新型工业化示范园区和和 1 个新型工业化一般园区。其中新型工业化示范园区位于纱帽新城，园区总面积为 40 平方公里，包括汉南经济开发区、幸福工业园及乌金机电园，净工业用地面积 16.60 平方公里，新增工业用地 12.90 平方公里。

新型工业化一般园区位于湘洪临港新城，园区总面积为 2.50 平方公里，主要为湘口西部工业园，净工业用地面积 1.70 平方公里，新增工业用地 1.40 平方公里。

2. 综合交通框架

（1）构筑“一快一轨”区域快速交通骨架

依托汉洪高速和市郊轨道 6 号线，形成纱帽新城与主城快速、便捷、大运量的综合交通走廊。

（2）建设“五横四纵”的骨干道路体系

坚持市域快速路与区内干道相结合的原则，横向顺江方向形成沿江公路、汉洪公路、兴城大道、汉洪高速、沙荆公路 5 条骨干路；纵向垂江方向形成兴四路、兴一路、南王公路、湘蔡公路 4 条骨干路，密切区内组团之间的联系。

（3）发挥水运优势，建设汉南区航运枢纽中心

制定长江岸线资源综合开发规划，促进长江岸线资源综合利用，努力做到合理开发、高效利用、有效保护和优化配置。主要港口具有装卸、仓储、商贸等功能，成为区域物流中心。

3. 中心体系构建

规划组群级中心——纱帽新城中心，组团级中心——湘洪副中心，大致形成了纱帽—大咀—乌金、邓南—东荆、湘口—银莲湖—水洪 3 个片区，其空间布局呈“十”字形。各个城镇及交通线路组合成的网络将成为片区总体空间配置的骨架，在其中进行城镇发展、村庄建设、农业生产及生态环境保护的协调安排，以形成经济水平与环境质量共耦优化的持续发展型城乡一体化区域。

4. 分期实施策略

为了促进规划的有序实施，规划结合汉南区的实际，提出了开发建设的时序安排，确定了一期、二期两个阶段分步实施：一期沿江、临路拓展——充分利用港口码头资源，大力发展临港产业；依托现状城镇，通过基础设施引导，逐渐向外围拓展。二期空间框架完善、功能提升——按照空间发展整体结构，完善各个功能区，提升配套服务水平，促进新城的形成。

四、实施效果

规划在编制过程中十分注重与武汉都市发展区“1+6”战略实施规划以及汉南区“十二五”期间各专项规划的衔接，并多次与区政府进行沟通与协调，促进了汉南区新型工业化发展，成为汉南区新型工业化示范园区控制性详细规划和湘洪发展区一体化规划编制的重要依据，并对近期全区重大工业项目的空间布局提供了有效指导。

（徐　昊）

第九节 村 镇 规 划

东西湖区辛安渡办事处张长湖中心村建设规划

一、规划区位

辛安渡办事处地处华中地区武汉大都市的西北部，东西湖区西北部汉北河与沦河交汇处，战略地位十分重要，俗称武汉“西大门”。辛安渡南与东西湖区新沟镇、荷包湖农场相邻，北与孝感市隔沦河相望，西与汉川市以汉北河为界，东与东西湖区东山农场接壤，国土总面积 57.35 平方公里。张长湖中心村位于辛安渡办事处东部，东部北与东山农场接壤，南靠荷包湖农场，中心村西边 107 国道由北向南紧临中心村穿过。

二、规划目标

1. 建设良好的居住区，创造优越的企业投资环境，为农村剩余劳动力提供就业岗位，以二、三产业为支撑，促进经济发展，富裕农民。

2. 提高基础设施配套水平和建设标准，改善生态环境，提高中心村可持续发展的能力，使基础设施逐步实现区域共享，增强中心村的辐射力和聚集效应，让更多的农民同等享受城市物质文明，加快城镇化进程。完善公共服务设施的同时，为第三产业的发展提供空间。

3. 完善中心村社会服务设施，丰富村民文化内涵，扩展其服务范围，引导农民改变生活方式，更新思想观念，提高生活质量，使农民同等享受城市精神文明，推动社会进步。

4. 突出重点，优先发展中心村，引导农民向中心村集中，按集约化原则，合理优化组织各类功能用地，统一规划，提高村域土地利用率。合理分布村域产业和人口，建立教研组一体化的村镇体系。

5. 建设通畅、快捷、便利的村域内外道路交通体系。

6. 建设完善的给排水、供电、供气、通信、消防、环保、卫生等公共工程设施。

7. 为中心村工业项目创造优良环境，加快中心村工业项目引进，促进中心村经济发展，提高经济实力。

三、主要内容

（一）规划规模

用地东至国西二路、南至总干沟、西临 107 国道、北至张辛线，总用地面积 180.40 公顷，规划人口 1.22 万人。

（二）功能结构

规划区规划形成“一轴、三组团”的布局结构形式。“一轴”沿景观路 107 国道发展轴；“三组团”规划两个工业组团和一个居住组团。

（三）用地布局

规划二类居住用地 18.19 公顷；居住与公共设施混合用地 10.98 公顷；二类工业用地 93.32 公顷；行政管理用地 1.54 公顷；教育用地 2.78 公顷（含 18 班小学用地 1.96 公顷，9 班幼托用地 0.82 公顷）；市政公用设施用地 1.16 公顷（含加油站用地 0.81 公顷，垃圾转运站用地 0.15 公顷，消防站用地 0.20 公顷）；绿地不少于 17.42 公顷。

（四）规划路网

形成以 107 国道、张辛线、国东二路为主干道，林沙路、国沙路、国沙一路、国东一路为次干道的方格道路网。结合 107 国道用地控制，合理组织规划道路与 107 国道交叉。

（五）生态环境保护

针对生活污染，宜深化科研与管理工作，尽快找到解决秸秆还田等有效方法，缓解和避免对水体的大量性污染；针对工业污染情况，继续贯彻实施行之有效的规范管理模式，严格控制新建企业的污染情况，加大对已有污染企业的控制力度，使张长湖中心村的大气、水体、声环境、土地等硬质环境的质量得到进一步的改善。更应提高标准，为居民营造清洁、安宁的舒适环境。

（李 青）

汉南区汉洪新农村示范区建设规划

（2011—2015年）

一、规划背景

为贯彻落实湖北省委、省政府新农村建设工作会议精神，积极探索武汉市第二阶段新农村建设，市委、市政府决定，在全市农村地区规划建设汉南区汉洪片、洪山区左岭新镇等8个新农村示范区，为第二阶段新农村建设探索新路径。

汉洪新农村示范区位于汉南区内汉洪高速沿线两侧，北至乌金三大队，南至新沟村，涉及汉洪高速路段34.39公里，共涉及沿线31个行政村和生产大队，总规划面积171.17平方公里。

二、规划目标

规划基于当前新农村发展趋势，提出了产业生态型、社区多样型、设施标准型、道路样板型、景观媒介型5方面发展理念，明确示范方向和重点。确定了“至2015年，农业综合生产能力明显增强，农民生活整体达到小康水平，农村面貌焕然一新，城乡一体化格局基本成形，城乡和谐发展基本实现”的规划建设总目标。

三、主要内容

（一）整体空间布局

规划在示范区内形成了依托高速门户，协同“城—镇—村”一体化建设的“一轴、三极、三板块”的空间发展框架。其中，“一轴”为围绕汉洪高速的汉洪新农村示范轴；“三极”分别为湘口城镇发展极、邓南乡镇发展极、乌金组团发展极；“三板块”分别为位于东荆街的生态水产养殖及休闲体验板块、邓南街的玉米蔬菜种植及农家互动板块以及湘口街的特色水产养殖及湿地观光板块。

（二）产业建设规划

规划建设17.60万亩的汉南特色农业生产及观光体验区、6400亩的新型工业及物流配送园区以及若干个依托农村社区建设的乡村旅游服务网点。形成示范区特色化、规模化、生态化的产业链体系。

（三）农村新社区建设规划

规划提出因地制宜，探索多功能组合、多样化景观的社区建设模式，以构建“镇—社区”二级镇村体系为目标，新建10个农村新社区，改造提升3片农村居民点，形成用地规模3500亩、可容纳3万人的农村新社区。在改善村民生活环境的同时，最大限度尊重当地的生活生产习俗，满足村民的多种住宅需求。

（四）公共设施建设规划

规划提出以完善各项公共服务设施为重点，构建梯队形配套服务设施体系，以“2个区域中心、2个组团中心、7个社区中心”为建设重点，结合示范区特点，对各个等级的服务中心量身定做了配建设施，规范了设施类型和建设标准。

（五）道路交通建设规划

规划以“七横六纵、二客三港”为道路和交通设施建设重点，改造一级公路43.40公里，改造新建二级公路48.20公里，新建三级公路48.30公里，全面提升示范区各级道路服务能力。并新建2个客运站和3个港区，完善交通配套设施，打造示范区多元化出行交通格局。

（六）生态景观建设规划

规划建设34公里高速门户景观带、12.80平方公里的滨水画廊、5.03平方公里的生态景观节点以及12个农村新社区绿化景观，全面打造示范区的生态景观环境，塑造门户示范景观形象。

（七）市政基础设施建设规划

规划提出“城乡一体，区域共享”的基础设施发展思路，设施网络充分与周边城区或镇区对接，并结合示范区的产业发展和社区建设，针对给水、排水、电力、邮政电信、防洪、环卫等市政基础设施相应提出了5年建设计划，为示范区的发展提供了基础设施保障。

四、规划实施进展

2011年，规划成果经汉南区政府办公会审议通过，规划提出的建设项目已列入当年汉南区年度建设计划当中。2012年，农村新社区开工建设，道路、基础设施以及生态环境初见成效。

（耿云明）

黄陂区蔡家榨街总体规划

一、规划背景与区位

鉴于武汉市规划、国土“两局合一”的行政管理体制，为了提高行政效率、减少规划矛盾、实现法定规划武汉市域全覆盖，2010年3月武汉市征得住建部、国土资源部同意后，开展了以“两规融合”为核心的《武汉市乡镇总体规划》编制工作。分别选取都市发展区内的郑店街和农业生态区内的蔡家榨街作为试点乡镇，先行开展编制工作，对“两规融合”的核心问题进行“试验”，并深入探索、提出改进办法和措施。

蔡家榨街位于黄陂区东部，东与红安县交界，西与王家河街接壤，北与木兰湖毗邻，南与六指街为邻，土地总面积8574.27公顷。街道办事处驻地蔡家榨镇区，位于武汉市城区东北部60公里，黄陂城区东部20公里。

二、规划目标

以高效能的现代化生态农业为基础，依托交通区位优势，建设成为黄陂中部协调发展区的一般镇、“三农”服务型城镇，主要发展农副产品加工及为“三农”服务的商贸服务业。规划至2020年，全街总人口为4.34万人，其中城镇人口1.24万人，农村人口3.10万人，城镇化率达到28.50%。

三、主要内容

（一）镇域体系规划

1. 村镇体系规划

规划蔡家榨街形成四级村镇体系，即一般镇（镇区）—重点中心村—中心村—基层村4个等级。

一般镇（镇区）：街道办事处所在地，规划人口1～2万人，是全街的行政、居住、商贸和文化中心。

重点中心村：包括长岭岗新村、永福新村、连三楼村、屋基湾村，规划人口800～2500人；长岭岗新村、永福新村是镇域北部重要的农村社区，承担为周边地区服务的功能，以旅游服务和农副产品加工为主；连三楼村、屋基湾村以农副产品加工、生态农业、观光农业等为主。

中心村：共设26个，规划人口300～700人；以农业种植、农副产品加工、生态农业、观光农业等为主。

基层村：共设63个，规划人口100～300人，是农村中从事农业、家庭副业的居民聚集点。

2. 农村居民点布局规划

结合村庄现状和乡（镇）整体发展设想，对村庄建设发展进行预估，以迁村并点为前提，将农村居民点分为新建型、控制型、复垦型3种类型。

新建型村湾是指根据实际发展情况，需要进行村改居或集中还建的村庄。结合村镇体系规划，在充分征求村民意见的基础上规划确定全街新建型村湾66个。

控制型村湾是可以保留，但在规划期间用地不得扩大的村湾。全街规划确定控制型村湾27个，湾内的人口鼓励向新建型村湾集中，适时安排复垦。

复垦型村湾是规划期内应拆迁并复垦为农用地的村湾。全街规划确定为151个。复垦型与控制型村湾的选择在征求当地村民意见的基础上，可在面积不改变的前提下，结合复垦的时序对这两类村湾类型进行适当调整。

3. 综合交通规划

规划将蔡家榨镇域范围内公路划分为四级。规划一等道路（高速公路）1 条即武麻高速公路；规划二等道路（一级公路）2 条为熊许公路和蔡王公路；规划三等道路（二级公路）3 条；四等道路（三级公路）5 条，与现有公路形成镇域"四纵四横"骨架路网结构。

（二）土地利用布局

规划期间全街耕地面积 5334 公顷。基本农田保护面积 4867 公顷，其中建设高产农田面积 1460 公顷。全街城镇建设用地面积为 93.40 公顷，独立建设用地面积为 15.60 公顷。

规划至 2020 年，全街农村居民点用地面积为 611 公顷，其中新建型农村居民点共 66 个，面积 442 公顷；控制型农村居民点共 27 个，面积 169 公顷；复垦型农村居民点 127 个，面积 196.95 公顷。

全街交通用地面积为 179 公顷，水利设施用地面积为 94 公顷。风景名胜设施用地面积为 13 公顷。

（三）镇区规划

1. 功能定位

蔡家榨街镇区是全街的政治、经济、文化及生活服务中心，是以旅游配套服务、农副产品和建材金属加工为主导的现代化商贸型城镇。

2. 发展规模

至 2020 年，镇区规划建设用地（允许建设区）93.40 公顷，城镇人口 1.24 万人，划定有条件建设区 91.50 公顷。

3. 空间结构

镇区规划形成"一心、两轴、三带、六区"的空间结构。

"一心"为镇区中部综合服务中心，主要由行政办公、商业休闲、文化娱乐、居住服务等功能组成；"两轴"为沿熊许公路新区发展轴和沿兴崛大道老区发展轴；"三带"为镇区中部综合服务中心的公共设施发展带，即行政商贸设施带、商业休闲带、文化娱乐设施带；"六区"为通过熊许公路和兴崛大道将镇区划分为功能明确的 6 个片区，即南北两个居住片区、东西两个工业片区、南北两个生态展示区。

四、规划实施进展

2011 年蔡家榨镇区工业园区和综合服务中心已开始启动建设。（王洁心）

菱角湖湿地公园

04

第四章 市级区域规划

WU HAN

第一节　东湖新技术开发区

东湖国家自主创新示范区总体规划
（2011—2020年）

一、规划背景

为深化落实国家实施中部地区崛起战略，抢抓东湖新技术开发区获批建设国家自主创新示范区的战略机遇，促进资源节约型和环境友好型社会建设，指导东湖国家自主创新示范区（以下简称“东湖示范区”）各项建设，实现区域城乡统筹和一体化发展及产业、空间的合理配置，引导经济社会又好又快发展，特编制《东湖国家自主创新示范区总体规划（2011—2020年）》。

二、规划范围

规划范围为东湖新技术开发区托管区域，即东至武汉市与鄂州市市域分界线，南至江夏区五里界街大屋陈社区，西与江夏经济开发区藏龙岛办事处和洪山区接壤，北以东湖生态旅游风景区、武汉化学工业区和长江为界，总面积为518平方公里。

三、规划依据

1.《武汉市城市总体规划（2010—2020年）》；

2.《武汉市土地利用总体规划（2006—2020年）》；

3.《武汉市国民经济和社会发展第十二个五年总体规划纲要》；

4.《武汉东湖高新区经济和社会发展“十二五”规划纲要》；

5.《东湖国家自主创新示范区发展规划纲要》（2011—2020年）；

6.《东湖国家自主创新示范区产业发展规划》（2011—2020年）。

四、主要内容

确定东湖国家自主创新示范区的发展定位为国家战略性新兴产业集聚区、科技创新资源辐射区和自主创新机制示范区；中部崛起增长极，武汉城市圈“两型”社会建设先行试验区；武汉东部公共服务中心，集产、学、研、居、服务功能为一体的科技创新新城。规划至2015年，东湖示范区常住城镇人口为95万人；至2020年，城镇常住人口为150万人。至2015年，东湖示范区城镇建设用地规模控制在182平方公里以内；至2020年，东湖示范区城镇建设用地规模控制在236平方公里以内。

按照“示范带动、统筹发展”的方针和“两型”社会建设要求，利用湖泊山系自然格局和生态“绿楔”的阻隔作用，依托复合交通走廊，构建轴向延展、组团布局的城镇格局，以“一轴六心、两楔多廊”为依托，构建“三区两城”的空间规划结构。形成“两楔多廊、两心多点”的绿地系统，建设生态绿地示范区。构建适应东湖新技术开发区经济社会发展要求的多层次、一体化、开放式、高效便捷、舒适环保、绿色低碳型综合交通体系。规划布局9个大型产业园区，至2020年，规划产业用地面积77.42平方公里。规划关山、大学园、黄龙山、流芳、王家店、西干渠、豹澥、九龙、豹澥湖、花山、左岭、龙泉和枫树岭13个居住片区，至2020年，规划居住用地面积47.52平方公里，人均居住用地面积达到31.70平方米。结合东湖示范区功能空间布局，规划形成“市（地区）级—组团级—社区级（居住区、工业区）”三级公共服务设施体系。建立科学有效的规划实施机制，协调近远期发展需求，增强总体规划的宏观调控能力。

（王晓东）

东湖国家自主创新示范区综合交通规划（2011—2020年）

一、规划背景

2009年12月8日，武汉东湖新技术开发区正式获得国务院批复，成为继北京中关村科技园之后的第二个国家自主创新示范区。按照新一轮区域总体规划，区域规划面积达518平方公里，规划人口达到150万人，相当于一个大城市的规模，如何尽快建立区域交通体系，支撑区域经济社会发展显得十分迫切。为了科学配置示范区交通资源，统筹区域内外、客货、近远期交通发展，贯彻落实住建部关于《城市综合交通体系规划编制办法》的要求，特开展了《东湖国家自主创新示范区综合交通规划（2011—2020年）》的编制工作。

二、规划范围

本次规划研究范围分为3个层次，分别为规划范围、研究范围和背景范围。

规划范围为东湖示范区托管范围，东西长24公里，南北长32公里，面积518平方公里；研究范围为武汉市域范围；背景范围为武汉城市圈。

三、主要内容

在现状调查分析和交通发展战略研究的基础上，提出了贯彻落实“科学发展观”和“两型”社会的发展要求，通过打造以高快速路和轨道交通为骨架的复合型交通网络，实现区域空间结构跨越式发展。以公共交通为主导实现多种交通方式、多模式一体化联运，结合多山多水的优越自然环境，积极探索可持续的绿色交通发展模式，形成在世界范围内具有典型意义和示范作用的现代生态智慧型综合交通体系的战略目标。制定了“区域合作、设施共享；公交优先、规划引导；自成体系、紧密对接；低碳环保、绿色出行；智能管理、以人为本”的交通战略对策。

示范区内道路的骨架系统由高快速路构成，主要服务长距离、高速度交通出行，总体形成“五横四纵”的快速路网络。示范区内道路主干系统主要通过城市主干道构成，是连接快速骨架、服务各大组团、促进地方经济发展的重要保障；全区主要干道形成“八横、十一纵”的网络结构。示范区规划主要干道总里程820.50公里，其中，高快速路166.90公里，主干道250.60公里，次干道403公里。

规划构建示范区客运系统体系：一级高速铁路、城际铁路，实现“1+8”城市圈的快速通达，发挥自身重要战略支点的作用；二级城市快速轨道交通，依托武汉市城市轨道线网以及服务自身内部客流的轨道线路，实现与主城区重要节点的快速衔接，并满足区域内大客运量交通走廊的出行需求；三级中运量快速公交（有轨电车）和区内轨道交通构建示范区公共客运的主体，与区内快速轨道交通共同构成示范区公交主干系统，实现区内各组团的相互融合；四级常规公交、出租车、水上公交、直升机，是快速轨道交通与中低运量快速公交的补充，主要完成快速公交系统客流的接驳。重点规划了“三纵七横一环”的现代有轨电车网络，共规划11条现代有轨电车线路，线网总长183公里。

（王晓东）

东湖新技术开发区土地定级与基准地价评估

一、工作背景

东湖新技术开发区自1988年设立至今，在国土规划管理过程中，土地级别和基准地价均以洪山区和江夏区基准地价标准为参考，尚无一套适应开发区自身管理需求的完整基准地价体系。随着武汉市新一轮基准地价更新成果经武汉市政府批准（武政〔2011〕51号）于2011年8月1日起正式实施，为做好各开发区和新城区与市区基准地价的有效衔接，便于全市域范围内城镇基准地价更新管理，充分发挥基准地价对土地市场管理和土地资源配置的宏观调控作用，根据武汉市国土资源和规划局《关于开展新一轮基准地价更新工作的通知》（武土资规发〔2011〕173号）的要求，开展了武汉东湖新技术开发区首次土地定级与基准地价评估工作。

二、工作目标

以武汉市区新一轮基准地价更新成果体系为指导，从提高土地利用效率与优化规划空间结构的角度，开展东湖新技术开发区土地定级与基准地价评估，完善开发区房地产市场土地价格体系，并与市区基准地价体系有效衔接，为政府管理与调控房地产市场提供科学依据。

三、主要内容

（一）规划解读与规划因子提炼

深入解读《东湖国家自主创新示范区总体规划（2011—2020年）》，根据总体规划提出的战略构想，结合评估范围内现状开发建设情况，以市政基础设施规划为依据划定基础设施规划引导下的地价潜力分区，并提炼出规划因素因子参与土地定级，体现城市规划对城市土地利用及地价变化的先导作用。

（二）土地定级与基准地价评估

按照规程要求采用“特尔斐法”确定各类用地土地定级因素因子体系及权重，重点考虑城市规划对地价产生的预期影响，新增城市规划因素因子，综合确定各类用地土地级别边界。以土地定级结果为基础，按照规程要求评估样点地价，确定各类用地各级别基准地价。

（三）修正体系编制

按照规程要求编制了区域因素修正体系和个别因素修正体系。其中，区域因素修正体系在规程基础上新增城市规划因素修正，个别因素修正体系含容积率修正、年期修正、交易日期修正、宗地面积修正、宗地形状修正、开发程度修正等。

（四）制定工业地产地价管理措施

为进一步规范东湖新技术开发区科研楼宇、孵化器、工业办公楼等工业地产土地管理，对开发区工业地产开展了专项研究。通过典型案例分析和特征总结提出工业地产内涵，并结合工业地产地价样点收集情况，提出了工业地产地价管理措施：参照武汉市区土地用途分类体系中各种用途与基准地价用途的衔接形式，以设定土地价格参照体系与调节系数的形式，实现地价差异化与精细化管理目的。

四、项目进展

本轮工作于2011年8月启动，2011年12月底完成全部技术工作。2012年1～3月，东湖新技术开发区基准地价成果参与了全市基准地价衔接平衡，确保了区域基准地价的有序过渡。4月20日，成果通过湖北省物价局、省国土资源厅联合验收。6月15日通过社会听证。目前，该项工作已进入成果报批工作阶段。

（武汉市土地利用和城市空间规划研究中心）

第二节 武汉经济技术开发区

武汉经济技术开发区近期建设规划

（2011—2015年）

一、规划背景

为了分步滚动实施城市总体规划，依据全市近期建设规划确定的近期建设发展思路要求，充分反映开发区政府建设意图，分解落实全市近期建设规划，实现空间建设和时序安排的协调统一。规划范围包括武汉经济技术开发区行政区域、军山托管区及开发区与汉阳区的共建区，总面积约207平方公里。规划期限为2011 ~ 2015年。

二、规划目标

近期建设的发展目标是依托国家实施“中部崛起”和武汉城市圈“两型”社会建设综合配套改革试验区的战略机遇，充分发挥开发区机制体制方面的比较优势，以汽车工业为主导，大力发展先进制造业和高科技产业，稳步提升现代服务业，促进产业与居住协调发展；进一步加快基础设施建设，完善城市功能，将开发区建设成为集制造、科研、开发、教育为一体的产业基地、“宜业宜居”的现代化新城区、整个中部地区的“低碳”经济中心和中国的汽车之都。

城镇建设的实施目标是做大做强汽车、电子电器等支柱产业，促进产业升级和产业链的延伸；大力发展现代服务业和高科技新兴产业；稳步推进旧城改造以及房地产开发；完善市政基础设施体系。

三、主要内容

（一）近期建设空间布局

近期重点建设的总体规划结构为“三轴、五组团”。“三轴”即东风大道城市发展轴、江城大道（汉洪高速）发展轴、京港澳高速发展轴。“五组团”即共建区综合产业组团、薛峰综合产业组团、黄陵综合产业组团、万家湖居住组团和军山休闲旅游组团。规划至2015年，武汉经济技术开发区城镇建设用地规模达到81.71平方公里，总人口规模将达到36万人。

近期建设的重点区域包括南太子湖共建区、万家湖地区、薛峰组团、军山组团和黄陵组团。

（二）近期专项行动计划

1. 工业发展行动计划

工业总产值达到3000亿元；形成汽车及零部件、电子电器、新材料新能源、现代服务业4个千亿元产业板块。近期主要建设“一区、两组团”（南太子湖共建区、薛峰组团、黄陵组团）。

2. 住房建设行动计划

新增居住用地750.02平方公里（含旧城改造面积200.95公顷）。改造建设蔡家、红升、周公以及郭徐岭小区，完成二次还建；改造黄陵老镇区，形成配套完善的低密度居住片区和产业配套居住区；结合晨鸣纸厂改造，为工业区提供优良的居住配套。

3. 公共服务行动计划

形成“分布合理、配套齐全、功能完善、管理良好”的现代化公共服务网络体系。至2015年，新增公共服务设施用地3.75平方公里。形成武汉沌口体育中心西南新城组团的核心商业中心、小半岛商务会议服务中心、开发区总部经济中心和军山区域休闲度假中心。

4. 综合交通行动计划

至2015年，沌口地区道路网络基本完善，快速路、公交系统得到明显提升；军山黄陵地区主路骨架形成；重点片区支路配套完善，开发区道路总里程由现状的283公里增长到402公里。

5. 市政设施行动计划

至2015年，沌口发展区市政基础设施配套完善，将为居民生活和工作创造良好的城市环境；军山启动建设区市政基础设施建设提速，为地区开发建设提供外部条件。新增市政基础设施用地面积50.30公顷。

6. 生态绿化行动计划

提升生活品质和绿化景观形象，形成良好的城市生态体系。至2015年，新增绿地规模达到137.31公顷。人均公园绿地面积达到10平方米/人。

7. 两型园区建设行动计划

大力发展循环经济，推广环境管理体系，完善环保基础设施。

（三）重点地区建设规划

1. 军山—黄陵地区

规划沿京珠高速和汉洪高速轴向发展，形成“两轴三片”的规划结构。“两轴”即京珠高速发展轴、汉洪高速发展轴；“三片”即薛峰工业片、黄陵综合产业片、军山综合发展片。规划至2015年，新增城市建设用地面积8.57平方公里。

2. 南太子湖共建区

建设布局形成“一带、两心、三轴、三片”的结构：“一带”即长江至南太子湖至三角湖生态绿化带；“两心”即综合居住区中心和产业区行政办公中心；“三轴”即沿三环线、东风大道、江城大道城市发展轴；“三片”即综合居住片、科技产业片和沿江仓储片。规划至2015年，新增城市建设用地面积3.60平方公里。

四、实施保障计划

（一）建立近期建设的项目库

以公共财政投资为主，将具有带动效应和支撑保障作用的重大项目汇编形成了近期建设项目库（包括公益性服务设施、保障性住房、综合交通、市政设施、生态绿化5大类、24小类）。

（二）土地保障计划

根据近期建设空间布局方案进行综合测算，开发区近期储备用地总量为28.90平方公里。

（三）资金保障计划

争取国家资金，创新财政投入方式，壮大自有财力，建立市场化的融资平台。

（张　静）

军山组团“两军”地区分区规划调整

一、规划背景

2011年2月23日，武汉市市长唐良智到武汉经济技术开发区调研，对开发区提出了新的思路和更高的要求。唐市长指出，大汉阳地区应该多中心发展，开发区要加快城市化进程，形成一个现代化的城市中心，军山地区可打造为新的城市中心。同时，武汉市国土资源和规划局与开发区管委会也认为军山地区自然资源优越，适宜发展现代服务业、旅游业，以完善和提升开发区的整体功能。根据目前的发展情况，开发区向市局提出调整《军山组团分区规划》的申请。根据市局指示精神，武汉经济技术开发区委托武汉市规划设计研究院开展了军山组团“两军”地区分区规划调整论证工作。

二、规划范围

规划范围：武汉经济技术开发区军山组团东荆河与长江之间的区域。总面积约 45.60 平方公里，建设用地规模 24.50 平方公里。

规划期限： 2011 ~ 2027 年，与原《军山组团分区规划》同步。

三、主要内容

对开发区的发展态势及产业拓展空间进行分析与评价，结合开发区第三产业发展不足的实际情况，针对军山地区的地形地貌条件以及良好的自然资源优势，在延续原《军山组团分区规划》的主要职能和空间结构的前提下，提出了其功能定位为：以武汉经济技术开发区为依托，以商业金融、科技研发、特色旅游、生态居住等现代服务业为主导的服务完善、环境优美、宜居宜业的城市功能新区。用地布局由以工业、仓储用地为主调整为以公共服务设施、居住和研发用地为主。对“两军”地区的公共服务设施、绿地系统、道路交通、市政设施和空间管制 5 个方面提出专项计划，并针对原规划进行调整说明。

（张　静）

第三节　东湖生态旅游风景区

东湖生态旅游风景区近期建设规划

（2011—2015 年）

一、规划背景

东湖生态旅游风景区位于武汉市主城区的东部，是《武汉市城市总体规划（2010—2020 年）》确定的城市 6 大生态绿楔中东部绿楔的重要组成部分。为落实《城乡规划法》、住建部关于近期建设规划的有关要求，推动新一轮城市总体规划的有效实施，按照武汉市政府统一部署，武汉市国土资源和规划局于 2009 年组织开展了武汉市近期建设规划工作，按照市、区两级系统编制近期建设规划。

二、规划目标

规划依据全市近期建设规划总体安排，确定东湖生态旅游风景区近期建设发展目标为：加快风景区旅游项目和景观环境建设，大力发展旅游产业，提升风景区旅游吸引力；同步积极发展与生态绿楔功能相适应的创意产业、高科技农业和现代物流产业，促进农村居民生产、生活转型，完成“景中村”改造任务，把东湖生态旅游风景区建设成为生态、经济、社会协调发展，兼具高端产业、居住功能的综合性旅游目的地。

三、主要内容

依据新一轮城市总体规划及东湖风景名胜区总体规划，确定东湖生态旅游风景区近期空间结构为“一环、三轴、六片”。

"一环"：郭郑湖环湖路。

"三轴"：落雁路—环湖路旅游发展轴、花城大道—鲁磨路旅游发展轴、白马路旅游发展轴。

"六片"：听涛片（改造提升）、白马—落雁片（新建）、磨山梅园片、后湖湿地公园片、东湖北部华侨城片、东湖东部综合发展片。

规划综合考虑有关政策和重点项目安排，在近期建设总体发展思路指导下，确定近期建设的6个重点地区为：东湖东部地区、白马—落雁片、磨山梅园片、听涛片、滨湖湿地公园片、北部华侨城片。并相应提出实施"景区扩展、服务提升、和谐住区、交通畅达、设施完备、生态完善"6大专项行动计划。

四、规划实施进展

规划拟定了东湖生态旅游风景区近期建设项目库，入库项目总计93个，包括住房、公共服务设施、综合交通、市政设施和生态旅游5大类、22小类。并按照2012、2014、2015年3个阶段编制了项目实施计划。

（孙鸿洁）

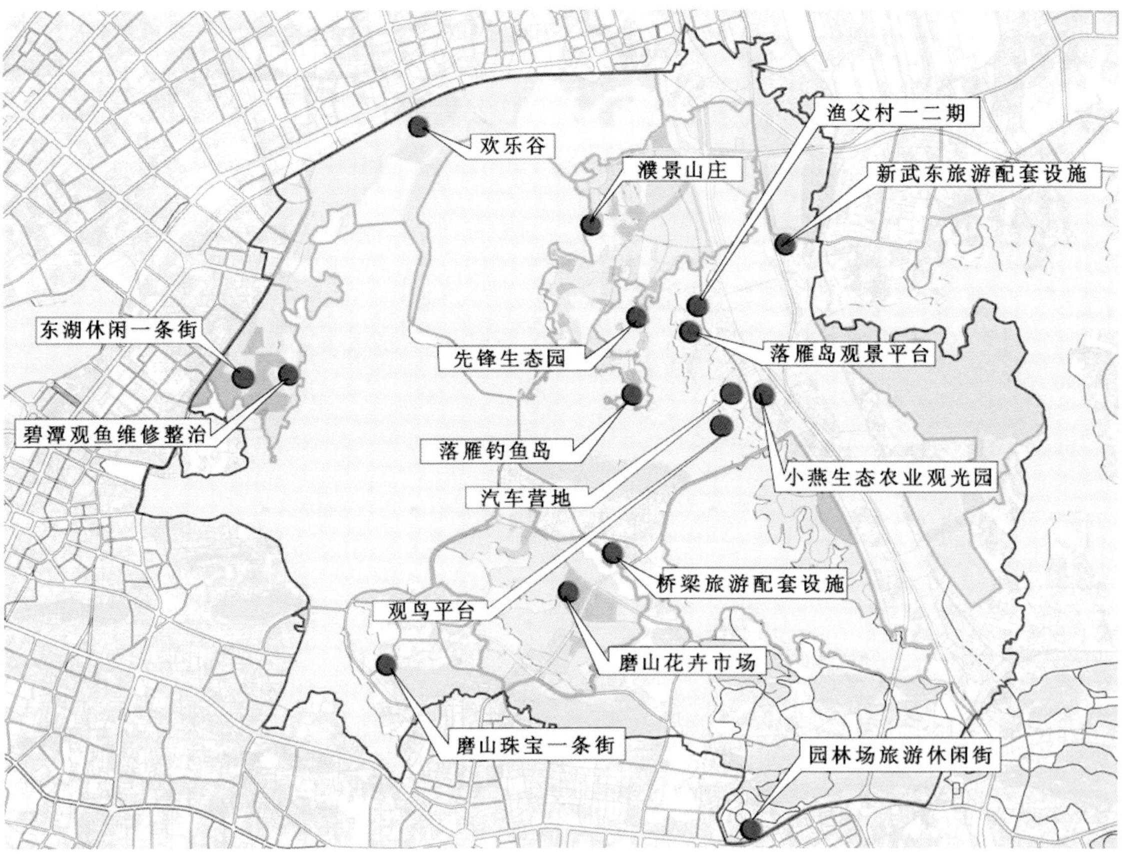

计划项目布局图

东湖周边地区城市设计

一、规划背景及区位

武汉东湖是中国最大的原生态城中湖，有湖泊、港汊、岬湾、湖滩、山丘、谷地、半岛、岗地、平原等独特地貌，水域面积达 32.50 平方公里，是杭州西湖的 6 倍。东湖群山环抱，浩淼明净，作为武汉市的城市名片已享誉全国乃至全球。

随着东湖周边区域开发建设活动日益频繁，超高层建筑的建设逐渐增多，影响东湖景观的范围将越来越大。为提升东湖滨水外部空间生态环境品质，指导下步具体项目的开发建设，按照武汉市政府的指示精神，编制《东湖周边地区城市设计》，对东湖周边整体空间形态进行引导和控制。本次城市设计范围为以东湖风景名胜区规划范围向外拓展 500 ~ 1000 米的区域，规划总用地面积约为 24 平方公里（不含东湖风景名胜区规划范围约 61.86 平方公里）。

二、规划目标

本次城市设计按照“现状评价—案例借鉴—整体设计与控制—重点地段设计与控制—管理图则”的技术路线，在分析现状问题、进行公众调查的基础上，结合东湖自身优势、上位规划要求及国内其他滨湖先进规划经验，采用“绿色城市设计”的理念从整体功能景观结构、沿湖天际线、认知体验及文化塑造等方面入手进行整体设计。针对东湖特有的“半边山水半边城”的空间特色，对各重点地段进行针对性的设计和控制；整合东湖区域自然与文化资源优势，优化城市空间形态，展现滨湖区域生态和景观特点，提升区

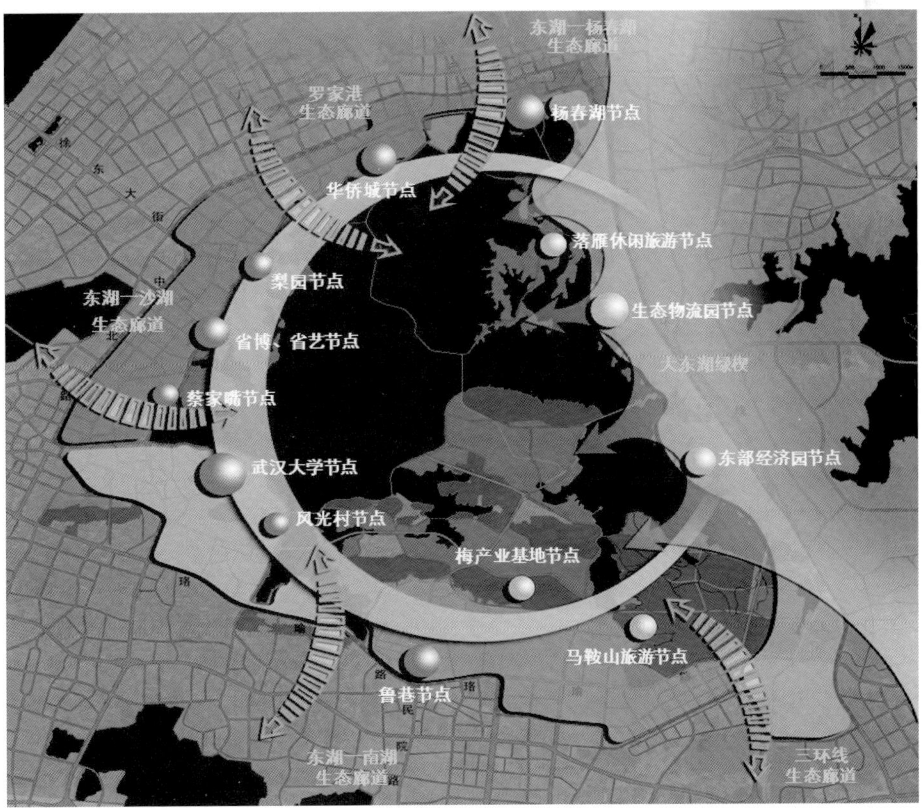

景观结构图

域城市活力；完善东湖区域城市功能，拟将东湖周边地区建设为“山、水、城、文”交融的多元体验型城市生态滨水区。

三、主要内容

（一）整体城市设计策略

策略一：宏观架构，整体引导。

在区域现状分析的基础上，从东湖周边整体用地布局优化、重要节点功能优化、景观结构优化等方面入手，规划形成“一楔固本、四区拥湖、五廊融城、一环贯景”的景观架构，打造“城湖相映，半边山水半边城”的景观意向。

策略二：山水相映，和谐天际。

结合现状空间特质，将东湖周边空间景观划分为自然山水型、城市与自然过渡型以及城市型3种类型。针对不同的景观类型，选取不同的眺望视点进行深入分析，提出具有可操作性的规划控制策略。规划重点对城市型景观类型的沿湖天际线进行了塑造，在对国内外相关案例进行分析的基础上，提炼远视点、近视点等不同视点下优美天际线的影响要素，并结合存量地的分布情况，提出“1个标志性高层区+3个高层聚集区+3条生态廊道”的天际轮廓线。根据天际线方案，提出区域高度分区指引，对近期重点项目提出具体的规划控制要求和设计指引。

策略三：内外衔接，共生共融。

着眼东湖风景区周边地区与风景区内部的无缝衔接，设计内容主要包括打造蓝、绿生态廊道，塑造多样的水岸体验空间，共筑城市生态网络，对滨水驳岸、内外部水系连通、绿道衔接等提出了规划指引。

策略四：文化传承，活力飞扬。

针对东湖周边“人文深蕴，彰显不足”的问题，提出“亮东湖文化牌，塑东湖十二景”的规划策略，打造包括旅游文化、楚文化、科教文化、植物文化及休闲体验文化等不同类型的多元文化体验节点，彰显东湖周边特有的文化氛围。

（二）重点地段设计

通过对东湖周边区域建设现状的分析，将东湖周边划分为待建区、完善区、成熟区等类型，并针对不同区域类型进行重点塑造。

1. 待建区：水厂东路至三环线

该区主要以武汉火车站、杨春湖及罗家港为空间标识，现状建设较为滞后，基本为“城中村”及极具原生态的农用地，拟建的华侨城大型地产项目将大大提升该区段的“城市型”空间景观，也是本次城市设计急需进行重点引导的区段之一。

规划该区段将形成“一廊、一心、一带、三轴”的景观结构，重点打造连通迎鹤湖公共中心和东湖的自然生态绿化景观廊道，将杨春湖城市副中心与东湖风景区有机联系，形成“拥湖揽绿，城水相依”的空间意向。

2. 完善区：洪山路至水厂东路

该区是东湖周边城市景观的集中展示区，现状已形成东沙联通、东湖国际及岳家嘴等高层聚集节点，当前拟建项目较为集中，如蔡家嘴项目、东湖国际项目等，其开发建设都将直接决定东湖周边空间景观品质。

规划该区段将形成“四轴两廊构城景，五点标识塑经典”的景观结构，结合重要观景点的视线分析，对该段建筑高度分区、开放空间和慢行系统及天际轮廓线进行了控制引导，提出对标志工程、节点工程、亲水工程及绿化工程等重要建设工程的策划建议，并对蔡家嘴、东湖国际、东湖村还建地块等重点项目提出了针对性的设计指引。

3. 成熟区：卓刀泉北路至东湖南路

该段所处区域现状以高校、科研机构为主，建筑空间整体较为低矮，山水资源与科研院校相得益彰，是东湖周边建设较为成熟的区段。本次城市设计选取卓刀泉北路至东湖南路为研究对象，重点对东湖南路沿线进行景观整治，提出变“无”为“有”、变“灰”为“绿”、变“合”为“分”、变“俗”为“雅”的规划对策，并重点打造风光村节点项目，建设具有国际水平的餐饮、购物、文化、娱乐的时尚休闲中心，实现人、自然与建筑的融合，远景与近景的融合，山景与湖景的融合，休闲与时尚的融合，繁华与静谧的融合。

四、规划实施进展

在对东湖周边地区进行整体、重点地段两个层面设计引导的基础上，针对风景区内外，分别提出下步规划实施的建议，并重点明确了风景区外围环湖功能优化工程、滨湖标志引导工程、生态绿化提升工程、亲水工程、文化特色培育工程及亮化工程等下步规划实施项目库，提高了城市设计的可实施性。

本次城市设计成果已完成并通过武汉市国土资源和规划局技术审查，规划成果已综合运用于东湖周边具体建设项目的规划管理审批工作中，对塑造东湖周边良好的空间形态、梳理文化脉络等提供了有力的技术支撑。（武汉市土地利用和城市空间规划研究中心）

第四节　武汉化学工业区

武汉化学工业区托管区用地规划调整

一、规划背景

2010 年 5 月，市委、市政府将花山镇六村一场一湖地区（现清潭湖办事处）和洪山区建设乡（现八吉府街办事处）整体划定为化学工业区的托管区，托管面积 71.64 平方公里，由化工区进行管理。由于此次托管区范围与 2006 年编制的《武汉化工新城总体规划》确定的 89 平方公里范围在规模和空间上有一定调整，同时考虑到化工区在实施过程中对道路及市政设施布局的适当调整。由此，对化工区托管区开展规划调整工作，为规划管理提供技术支撑。

二、规划期限与范围

1. 本次规划的期限为 2012 ～ 2020 年。

2. 本次规划范围为武汉化学工业区托管区整体，总用地面积为 71.64 平方公里。

三、规划原则与规划目标

（一）规划原则

1. 遵循上位规划，深化落实上位规划关于生态控制、产业发展的意图，做好充分对接与协调。

2. 坚持化工产业发展为主、配套产业为辅，以乙烯项目及配套化工产业发展为主，适当发展环保、清洁型产业，确保乡村集体经济发展的需要。

3. 坚持村民安置优先，解决村民的居住及生活配套设施；在用地上给予保障，既改善村民的居住生活条件，又实现土地的集约利用。

4. 坚持城市生态区建设与城市社会经济发展的协调统一，以特色化生态环境建设为先导，发展生态廊道的绿色品牌；激发建设热情，促进城区功能的快速提升，实现城市资源的效益最大化，为经济发展、环境优化创建可持续发展的空间平台。

（二）规划目标

依据上位规划要求和自然资源条件，本次规划研究确定化学工业区的功能定位为：努力打造“千亿产业板块”，形成湖北省及武汉市的新型化工产业集群；并利用现有湖泊、山地等天然生态防护屏障，建设成为国内领先的生态型、科技型的化工产业区，进而促使武汉成为华中地区石油化工生产基地与产品供应中心。

四、规划总体布局

（一）规划结构

在保障城市生态安全、防护隔离的前提下，按照《武汉化工新城总体规划（2007—2020）》等上位规划的要求，统筹托管区的产业、交通和配套设施等功能，形成“一心、一轴、两带、三组团”的功能结构。一心为 80 万吨/年乙烯炼化一体项目核心；一轴为以吴沙公路为主的产业串联发展轴；两带为城市生态绿楔防护隔离带与沿江开敞空间带；三组团分别为北湖化工产业组团、建设乡生态组团、清潭湖生态组团。

（二）交通组织与市政基础设施配套

按照化工区建设的实际情况，适度优化调整了红黄线控制布局。为加强区域交通通道联系，在现有外环线基础上与武钢组团、北湖组团和清潭湖办事处形成东西、南北向交通联系，同时提高了规划范围内路网密度。

化工区规划形成"四横三纵"路网主骨架。其中，"四横"为临江大道、吴沙大道、北湖路和青化路，"三纵"为八吉府路、外环线、和花山大道。化工区南部依靠外环线、花山大道联系东湖高新区，中部依靠武鄂高速、青化路联系杨春湖城市副中心及青山、武昌，北部临江大道、绿色大道等道路联系武钢、武石化及青山地区。

按照容量要求，对接城市主要管网体系，同时规划形成化工区内部的工业用水和排污系统。

（三）生态绿地系统规划

以保持生态平衡和可持续发展为目标，实现生态环境建设和产业经济的协调、持续发展。充分利用化工区内的山体、绿地及湖泊港渠等资源，以滨水绿化组团及开敞带串连各个功能区，形成独具特色的绿地系统网络，体现化工区生态绿地系统特点。

规划采用"水系绿地成带、干道成网"的布局理念，构建"一带、两片、两轴、多点"的生态绿地系统结构。托管区内规划山体、水体、绿地等生态绿化面积为 3429.68 公顷，占总用地面积的 47.87%。

（宋中英）

用地规划图

武汉化工新城北湖组团控制性详细规划修编

一、项目背景

2010年5月，市委、市政府将花山镇六村一场一湖地区（现清潭湖办事处）和洪山区建设乡（现八吉府街办事处）整体划定为化学工业区的托管区，托管面积71.64平方公里，由化工区进行管理。由于此次托管区范围与2007年编制的《武汉化工新城总体规划》确定的范围在规模和空间上有一定调整，同时考虑到化工区在实施过程中对道路及市政设施布局的适当调整。由此，武汉化工区管委会委托武汉市规划院对北湖组团开展规划调整工作，编制《武汉化工新城北湖组团控制性详细规划修编》。

为配合乙烯工程的施工进度，尽快启动化工新城的各项建设，确保乙烯下游产业能及时配套投产，按照市委市政府的要求，依据《武汉市控制性详细规划编制技术规程》的有关规定，编制《武汉化工新城北湖组团控制性详细规划修编》。

二、规划期限与目标

依据《武汉城市总体规划（2010—2020年）》、《武汉化工新城总体规划》、《武汉市东部新城组群控制性详细规划导则》、《大东湖生态水网地区综合治理开发规划》、《武汉化工区托管区用地规划调整》等上位规划，对化工新城北湖组团范围的产业发展空间，服务配套，合理组织交通系统与市政基础设施等方面进行综合规划。

（一）规划期限

本次规划期限为2012 ~ 2020年,近期为2012 ~ 2015年。

（二）功能定位

努力打造“千亿”产业板块，形成湖北省及武汉市的新型化工产业集群，并利用现有湖泊、山地等天然生态防护屏障，建设成为国内领先的生态型、科技型的化工产业区，进而使武汉成为华中地区石油化工生产基地与产品供应中心。

（三）规划目标

规划的总目标是将北湖组团建设成为具有先进理念、先进技术、先进设施和优良环境的国际一流、国内领先的现代化化工区。具体体现在以下四方面：体现循环经济理念的生态工业园；具备现代综合物流功能的化工区；具备先进科研创新能力的化工区；具备先进、完善的配套支撑能力的化工区；具有优良环境质量和优美景观的化工区。

三、主要规划内涵

本规划在化工城总体规划的基础上，在保证满足化工区管理、生产、交通运输、安全、环保、生态化等综合需求的基础上，结合本次控制规划方案，进一步对用地布局进行优化。

（一）用地规划结构

规划在化工新城总体规划的基础上，按照有利于生产、有利于资源利用、有利于环保和安全等原则，对规划区功能分区进一步进行优化，为化工企业的高效运行等创造良好条件。

规划以80万吨/年乙烯项目基地为核心，形成“一环、三轴、三区”的规划结构。

“一环”即以城市外环线、青化路防护绿带和外围区域的山水自然条件为基础，构筑北湖组团外围的生态绿化环，减少化工生产的环境污染，同时也有利于园区的生产安全。

“三轴”即以吴沙大道和青江大道等两条纵横交叉的主干道为依托形成北湖组团的工业发展主轴，各化工企业依托该轴次第布置，且以临江大道为依托形成港口物流拓展轴。

“三区”即化工产业发展区、港口物流区和材料加工区，其中：

化工产业发展区位于北湖大港东北，区中主要依托武汉80万吨乙烯装置的一次产品，发展芳烃与低碳烃类的乙烯下游产业；

港口物流区主要位于临江大道两侧，依托北湖的交通设施条件，合理布局铁路货场、原料储罐区与港口码头，建成以化工原料集散为主的公用物流区；

材料加工区位于北湖大港以南，利用园区出产的化工原材料来生产塑料、橡胶等工业制品，为武汉市的汽车、家电、光电子、医药等产业配套。

（二）综合交通与市政基础设施规划

武汉市今后将形成以武汉为核心，三环十三射的高（快）速公路系统。北湖位于外环线、武鄂高速公路交叉处，公路交通便利，同时还有花山大道、青化路等地方道路，规划将进一步发挥北湖地区交通优势，调整区域路网结构，形成临江大道延长线、青化路、武鄂高速公路为主轴的横向通道，西接主城，东连鄂州；以外环线、吴土公路、花山大道为纵向轴线，沟通南北，青化路、武鄂高速公路与外环线设置立交，形成方便、快捷的公路运输系统。

以外环线、青化路、临江大道为主要交通干线，以吴沙大道、金港北路、吴土公路等为辅助道路，形成“四纵三横”的骨干路格局。规划道路主要平行或垂直于长江布置，沿青化路、外环线设置辅路，分离内外部交通，保留北湖大港并沿港布置道路，且根据乙烯基地和化工区的用地特点和需求进行了相应的路网布局，路网分块较大，以适应该区域发展化工产业的需要。整个路网布局依山就势，与自然环境有机结合，保证与现状城市道路系统有机衔接，建成以城市快速路、主干路为主骨架，次干路、支路为补充，功能完善、快捷、方便的区域道路系统。同时在规划中还考虑化工城人口较少、用地分块大、以货运为主的特点，重点强化了干道系统规划。

按照容量要求，对接城市主要管网体系，同时规划形成化工区内部的工业用水和排污系统。

（三）绿地系统规划

以体现“循环典范、两型示范”的总体要求，将本区建成环境良好、景观优美，促进安全生产的武汉市生态型绿色化工区。

根据《武汉化工新城总体规划》生态框架体系的要求，参考北湖组团的山水自然条件，规划形成“一心二环二带”的绿化景观体系。（洪国方）

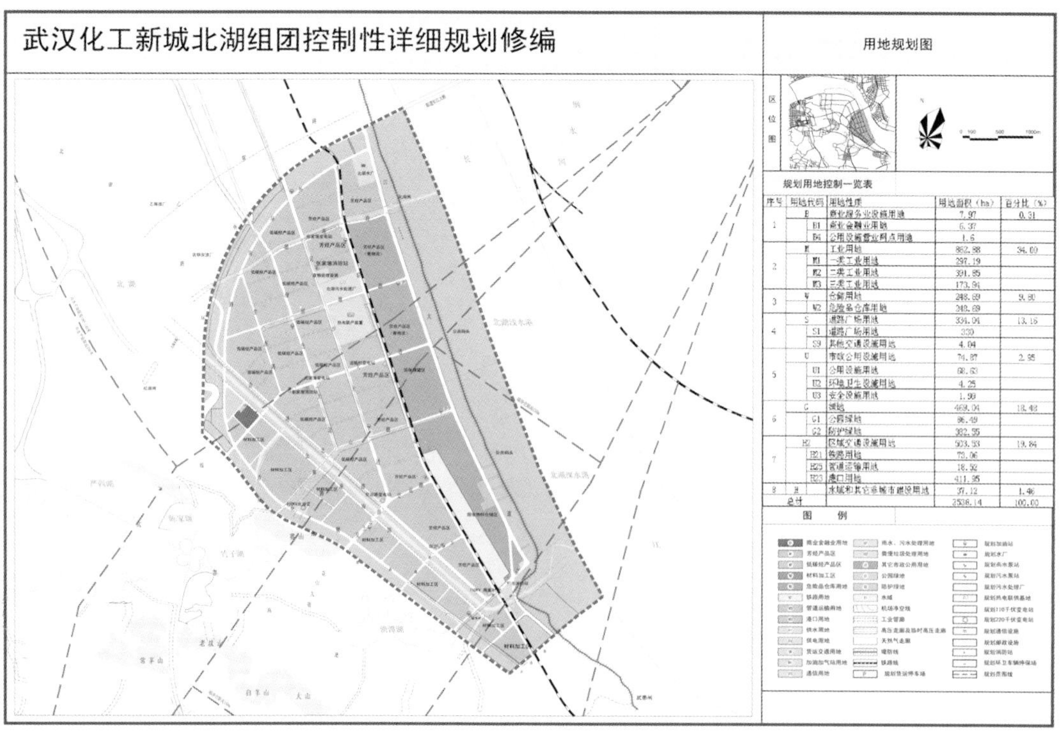

用地规划图

05

第五章 土地市场

WU HAN

第一节 概 述

2011年，武汉市国土资源和规划局从实施城市空间布局战略要求出发，围绕武汉市“十二五”规划跨越式发展目标，充分发挥土地储备对城市发展的保障和引导作用，稳步推进土地储备工作。将土地储备与近期建设、城市规划密切结合，统筹安排储备土地的规模布局和空间布局，科学编制2011年度武汉市土地储备和土地供应计划。在近期建设总体空间发展框架的指导下，确定中心城区土地储备重点区域为“一核、双轴、三心、四区、多组团”共17个重点功能片区，土地储备规模占全年度储备总量的80%。开发区和新城区以发展城市新城和集中发展产业园区为核心实施土地储备。全市完成土地储备71085亩，完成投资368亿元，其中，中心城区完成土地储备13662亩，完成投资289.40亿元。

在国家陆续出台“限购令”、限制信贷规模等一系列针对房地产行业调控措施和政策的严峻形势下，武汉市土地市场仍然保持成交率较高，土地价格平稳增长的良好态势。创新土地出让方式，全面完成市级重点工程、具备条件的“城中村”项目及限价房项目等供地任务。逐步建立房地产企业诚信档案，为进一步规范土地市场交易行为、约束房地产企业理性拿地提供制度保障。加强土地市场信息化建设，在全国副省级以上城市中率先推出土地市场专业网站。全年共成交土地210宗，总成交面积15346亩，总成交金额548.17亿元。其中，中心城区土地成交104宗，成交面积9284亩，成交金额455.21亿元。 在19个副省级以上城市中，武汉市土地市场成交金额排名第7位，跻身全国最具影响力的土地市场之中。

（魏步青）

第二节 土 地 储 备

2011年，武汉市土地整理储备中心全年累计投入资金165亿元，完成储备土地413公顷；通过土地有形市场供地30宗119公顷，成交金额76.29亿元；完成验收高产农田建设项目7000公顷。

一、土地储备工作

2011年，按照有保有压的原则，武汉市土地整理储备中心主动作为，落实城市规划，稳步推进土地储备工作，积极为城市重点建设项目服务。全年共投入资金165亿元，拆迁腾退住户约8500户，拆除房屋建筑面积约121万平方米，储备土地413公顷。先后完成中国兵器装备集团、汉口殡仪馆、朱家河一期综合整治等项目的宗地收回工作。集中精力开展江汉区精武路片、花楼片，硚口汉西建材片，汉阳区鹦鹉洲片，青山沿江片的房屋征收收尾工作。开展了江岸区二七沿江商务区、硚口区工业学院片等房屋征收项目的前期研究策划工作。全年申报农用地转用和集体土地征收项目56项，用地面积547公顷。大力推进二环线外22个“城中村”改造项目政策研究和实施工作。

二、储备融资工作

在国家清理政府融资平台、压缩房地产信贷规模以及3次加息、7次上调存款准备金率等一系列宏观金融调控政策出台，特别是银监会2011年5月中旬对商业银行土地储备贷款还贷进行风险提示后，武汉市土地整理储备中心融资、还贷和土地储备项目资金需求面临空前的压力。在武汉市国土资源和规划局的积极支持下，2011年，武汉市土地整理储备中心想方设法筹措资金，确保融资规模不下降。全年共取得各类金融机构授信435.70亿元，与2010年基本持平，保证按时归还金融机构贷款本息，未发生一笔银行到期贷款逾期，保障了土地储备资金的平稳运行。

在国家对政府融资平台贷款的政策限制未能放松的情况下，武汉市土地整理储备中心通过委托贷款、备用贷款、信托投资等方式，努力优化融资结构，打破土地储备资金来源单一的局面。此外，还争取到市财政局安排国有土地收益基金6亿元，缓解了短期资金周转压力。

三、土地储备统筹及政策研究工作

为落实武汉市委、市政府《关于加强国土资源和城乡规划工作的若干意见》（武发〔2011〕5号）中关于加强全市土地储备统筹工作的有关要求，2011年，武汉市土地整理储备中心建立了全市各土地储备责任主体土地储备供应台账，初步完成了信息“一张图”系统建设，形成了《武汉市土地储备（供应）计划执行情况分析报告》。在此基础上，草拟上报了《武汉市加强土地储备业务统筹工作实施方案》，完成了相关土地储备责任主体拟供应地块的审核工作，配合实施了打包项目资金平衡意向地块审查。

2011年，武汉市土地整理储备中心还组织开展了武汉市土地储备体制、武汉市工业园区土地储备、二环线外“城中村”土地储备潜力等课题的研究工作，完成了“十二五”期间保障性安居工程项目的计划申报、融资需求情况摸底，以及武汉党史馆项目资金平衡、汉正街综合整治及搬迁改造工作方案的编制工作。

（张　雄）

第三节　土　地　供　应

一、全市土地市场成交概况

2011年，武汉市土地市场成交土地557宗，土地面积3209.45公顷（合48142亩），同比减少7.70%；规划建筑面积5775万平方米，同比减少9.30%；成交金额615.88亿元，同比减少27.20%。2011年武汉市土地成交情况见表5-3-1。

表5-3-1　　2011年武汉市土地成交情况一览表

区　域	土地面积			规划建筑面积		成交金额		宗数（宗）
	公顷	亩	同比增长（%）	万平方米	同比增长（%）	亿元	同比增长（%）	
中心城区	618.69	9281	-13.60	1900.35	-28.10	455.22	-31	104
新城区、开发区	2590.76	38861	-6.20	3874.65	4.10	160.66	-13.30	453
全市范围	3209.45	48142	-7.70	5775	-9.30	615.88	-27.20	557

二、房地产开发用地成交情况

2011 年，武汉市成交房地产开发用地 204 宗，土地面积 1039.09 公顷(合 15586 亩)，同比减少 39.60%；规划建筑面积 2782.01 万平方米，同比减少 36.30%；成交金额 546.52 亿元，同比减少 31%。平均楼面地价 1965 元/平方米，同比增长 8.30%，土地价值持续提升。2011 年武汉市房地产开发用地成交情况见表 5-3-2。

表 5-3-2　　2011 年武汉市房地产开发用地成交情况一览表

区 域	土地面积			规划建筑面积		成交金额		宗数（宗）
	公顷	亩	同比增长（%）	万平方米	同比增长（%）	亿元	同比增长（%）	
中心城区	551.74	8276	-21.30	1812.86	-30.80	451.17	-31.60	90
新城区、开发区	487.35	7310	-52.20	969.15	-44.50	95.35	-28.40	114
全市范围	1039.09	15586	-39.60	2782.01	-36.30	546.52	-31	204

（一）武汉市中心城区房地产开发用地成交情况

1. 成交规模

武汉市中心城区全年成交土地 90 宗，土地面积 551.74 公顷（合 8276 亩），同比减少 21.30%；规划建筑面积 1812.86 万平方米，同比减少 30.80%；成交金额 451.17 亿元，同比减少 31.60%。

2. 成交价格

武汉市中心城区成交的房地产开发用地平均楼面地价 2489 元/平方米，比 2010 年 2516 元/平方米的水平降低 1.10%，占同期中心城区平均房价的 30%左右。

挂牌成交的 83 宗房地产开发用地（不含 4 宗招标、1 宗拍卖和 2 宗新春村“城中村”改造项目）中，8 宗有多家企业报价并产生竞价，其他地块均以起始价成交，竞价率为 9.60%；总成交金额较起始价溢价 10.64 亿元，溢价率为 4.10%。

3. 供地结构

（1）用途结构

武汉市中心城区加大了普通住房用地供应，同时注重通过土地市场引导办公商服、公建设施等城市配套功能的完善。2011 年，中心城区成交土地中商住兼容用地土地面积 278.60 公顷（合 4179 亩），同比减少 37.10%，占比达到 50.50%；居住用地 196.26 公顷（合 2944 亩），占 35.60%，同比减少 4.70%；商业用地 76.88 公顷（合 1153 亩），同比增长 46.70%，占 13.90%，开发企业抓住商品房调控契机，加快商业用地布局，有利于提升武汉市商业服务业水平。2011 年武汉市中心城区房地产用地（各规划用途）成交情况见表 5-3-3。

表 5-3-3　　2011 年武汉市中心城区房地产用地（各规划用途）成交情况一览表

用　途	土地面积		规划建筑面积		成交金额		宗数
	公顷	所占百分比（%）	万平方米	所占百分比（%）	亿元	所占百分比（%）	
居住用地	196.26	35.60	608.30	33.60	134.13	29.70	29
兼容用地	278.60	50.50	981.57	54.10	261.49	58	39
商业用地	76.88	13.90	222.99	12.30	55.55	12.30	22
小　计	551.74	100	1812.86	100	451.17	100	90

若计入商住兼容用地中的居住用地，则居住用地占房地产开发用地总成交面积的 71.30%，成交面积达到 393.30 公顷（合 5900 亩），规划建筑面积 1328.14 万平方米，同比减少 34.10%；同样，商业用地成交面积占房地产开发用地成交总面积的 28.70%，达到 158.44 公顷（合 2377 亩），规划建筑面积 484.74 万平方米，同比减少 19.90%，用途结构比较合理。

（2）区域分布结构

汉阳、洪山、江岸 3 个行政区的房地产开发用地成交面积接近或超过 100 公顷。2011 年武汉市中心城区各区房地产开发用地成交情况见图 5-3-1。

图 5-3-1　　2011 年武汉市中心城区各区房地产开发用地成交情况比较示意图

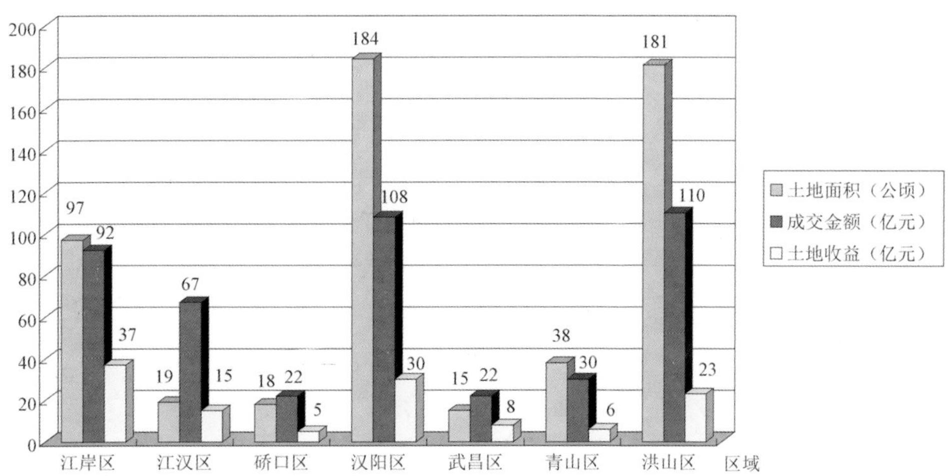

（二）武汉市新城区、开发区房地产开发用地成交情况

1. 成交规模

武汉市新城区、开发区房地产开发用地共成交 114 宗，土地面积 487.35 公顷（合 7310 亩），同比减少 52.20%，占 2011 年新城区、开发区成交土地面积的 18.80%，较 2010 年下降 18.10%；规划建筑面积 969.15 万平方米，同比减少 44.50%；成交金额 95.35 亿元，同比减少 28.40%。

2. 成交价格

武汉市新城区、开发区的房地产开发用地平均楼面地价 985 元/平方米，同比增长 28.90%。在成交土地的楼面地价分布方面，东西湖区、武汉经济技术开发区和东湖新技术开发区平均价格接近 1500 元/平方米，江夏区、蔡甸区和黄陂区平均价格处于 600 ～ 800 元/平方米之间，汉南区、新洲区平均价格处于 400~500 元/平方米之间。

2011 年，在全市统一土地有形市场中挂牌成交的 104 宗新城区、开发区土地中，其中 23 宗有多家报价，14 宗产生竞价，竞价率为 13.50%；总成交金额较起始价溢价 9.92 亿元，溢价率为 12.30%，较 2010 年减少 14.30%。

3. 供地结构

（1）用途结构

武汉市新城区、开发区房地产开发用地中居住用地比重相对较大，居住、兼容、商业三类房地产开发用地面积所占比重大致为 48%、30%、22%，而 2010 年上述三类用地面积占比约为 40%、35%、25%。2011 年武汉市新城区、开发区（各规划用途）土地成交情况见表 5-3-4。

表 5-3-4　　2011 年武汉市新城区、开发区（各规划用途）土地成交情况一览表

用　途	土地面积		规划建筑面积		成交金额		宗数
	公顷	所占百分比（%）	万平方米	所占百分比（%）	亿元	所占百分比（%）	
居住用地	235.55	48.30	386.92	39.90	44.49	46.70	35
兼容用地	145.35	29.80	398.71	41.20	35.93	37.70	41
商业用地	106.45	21.90	183.52	18.90	14.93	15.60	38
小　计	487.35	100	969.15	100	95.35	100	114

（2）区域分布结构

江夏区房地产开发用地成交面积相对较大，达到174.28公顷（合2614亩），武汉经济技术开发区和汉南区房地产开发用地成交面积较小，分别为18.09公顷（合271亩）和18.01公顷（合270亩）。其中蔡甸区、汉南区、黄陂区与2010年相比，成交面积都出现较大幅度的下滑。2011年武汉市各新城区、开发区房地产开发用地成交情况见表5-3-5。

表5-3-5　　2011年武汉市各新城区、开发区房地产开发用地成交情况一览表

区　域	土地面积		建筑面积（万平方米）	成交金额（亿元）	宗数
	公顷	同比增长（%）			
东西湖区	75.79	-9.50	224.31	32.85	25
汉南区	18.01	-85	56.29	2.73	5
蔡甸区	31.97	-85.70	82.05	5.47	12
江夏区	174.28	-51.50	250.48	19.38	26
黄陂区	25.27	-79.80	54.07	3.39	14
新洲区	62.41	189.20	122.75	4.92	23
东湖新技术开发区	81.53	9.60	127.59	18.98	6
武汉经济技术开发区	18.09	50.90	51.61	7.64	3
合　计	487.35	-52.20	969.15	95.35	114

（3）类型结构

武汉市新城区、开发区共完成限价商品房7宗，共43.16公顷（647亩），限价还建建筑面积约49万平方米。其中江夏区5宗，成交均价为716元/平方米，东湖新技术开发区1宗、武汉经济技术开发区1宗。

三、工业用地成交情况

2011年，武汉市土地市场成交工业用地353宗，土地面积2170.36公顷(合32555亩),同比增长23.60%；规划建筑面积2992.99万平方米，同比增长49.60%；成交金额69.35亿元，同比增长30.70%。

楚 河

中心城区工业用地成交 14 宗，土地面积 66.95 公顷（合 1004 亩），同比减少 39.30%，占中心城区土地市场成交面积的 10.80%，主要集中于汉阳黄金口工业园和洪山青菱乡工业园；成交金额 4.05 亿元，同比减少 38.60%。平均单价 40 万元/亩，同比降低 8%。

新城区、开发区工业及其他用地成交 339 宗，与 2010 年 338 宗的数量基本持平，但 2011 年土地成交面积为 2103.41 公顷（合 31551 亩），同比增长 20.80%，占新城区、开发区土地市场总成交面积的 81.20%，较 2010 年上升 18.10%，居于主体地位。成交金额 65.30 亿元，同比增长 25.40%。平均土地单价 20.70 万元/亩，同比增长 3.80%。2011 年武汉市各新城区、开发区工业用地成交情况见图 5-3-2。

图 5-3-2　　2011 年武汉市各新城区、开发区工业用地成交情况比较示意图

单位：公顷

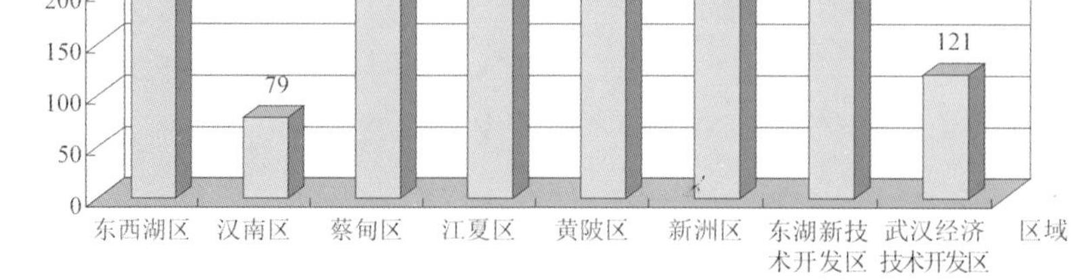

（马　凯）

06

统计资料

第六章

WUHAN

第一节　城市规划统计资料

表 6-1-1　　2011 年武汉市规划编制计划一览表

序号	项　目　名　称
主　干　规　划	
1	近期建设规划实施规划（重大项目实施规划）
2	主城控规导则维护
3	组群控规导则优化
4	2012 年度实施规划
5	主城区“三边地区”三维控规细则
6	各新城区 2012 年度实施规划
专　项　规　划	
7	三环线沿线重点地段城市设计
8	长丰大道沿线城市设计
9	汉口沿江地区（二七桥—天兴洲）城市设计
10	汉阳大道西段（汉钢路—六桥路）城市设计
11	野芷湖地区城市设计
12	二七大桥至东湖路及珞狮南路至三环线段城市设计优化及备案
13	雄楚大街（中山路—二环线）沿线城市设计优化及备案
14	沙湖周边城市设计优化及备案
15	武昌古城城市设计优化及备案
16	解放大道段城市设计优化及备案
17	A1405 片控规细则（由《南湖周边地区城市设计》转化）
18	武汉市 2011 年度交通小样本调查及交通预测模型更新
19	武汉市主城区快速（捷）路系统建设规划
20	武汉市过江通道用地控制规划
21	武汉市东湖隧道建设规划
22	武汉市都市发展区污水处理厂尾水排放方案及用地控制规划
23	武汉市轨道交通 1 号线综合评价

续表：

序号	项 目 名 称
24	2012 年交通建设实施规划
25	武汉市近期轨道站点综合交通衔接规划（2012—2017 年）
26	武汉市地下空间信息化建设
27	汉阳旧城区雨污分流改造规划
28	洪山片历史地段保护规划及控规细则
29	珞珈山片历史地段保护规划及控规细则
30	青岛路片历史地段保护规划转化及控规细则
31	花楼街片历史风貌区保护规划及控规细则
32	武汉市工业遗产保护和利用规划
33	重点项目地空论证
34	都市区现代物流业空间布局规划
35	编制项目综合管理研究
36	编制计划实施评价及中长期编制计划研究
37	重点地区地下空间规划
规 划 研 究	
38	武汉远景发展战略及建设国家中心城市研究
39	武汉市科研项目库、地方技术标准库等五库建设
40	武汉市职住平衡研究及规划指引
41	武汉市生态框架保护管理办法研制
42	老龄化社会研究及规划指引
43	规划路网实施年度评价分析
44	市政道路规划竣工全景验收方法研究
45	用地管理标准化研究
46	武汉新城组群“三边地区”规划控制指引
47	2012 年城乡规划白皮书
48	轨道站点综合规划编制规程
49	武汉市历史文化名镇名村规划指引研究
50	农业生态区“五线”划定规划研究
51	生态保护区规划研究和指引
信 息 化 及 测 绘	
52	武汉市历史文化资源信息库
53	规划编制信息建设
54	规划编制信息维护
55	基础地理信息建设

续表：

序号	项 目 名 称
56	基础地理信息维护
57	审批信息建设及维护
58	三维数字模型建设
59	交通规划管理信息化系统建设
60	武汉市中观交通预测模型系统建立
61	实有人口实有房屋应用平台建设
62	新城区“一张图”系统建设
63	武汉市地理信息蓝皮书
64	配合重大规划项目的勘测保障（项目具体化）
65	公共地图网络建设及地图制作
土地规划及研究	
66	村庄建设规划的特色研究及实施规划
67	基本农田保护规划
68	土地整治专项规划
69	土地利用规划实施评价
70	区级土地总规审查、报批及备案
71	撤村并点及增减挂钩规划研究及试点规划
72	城镇地价监测
73	市、区、乡镇总规实施办法
74	土地利用总体规划实施系统
75	土地规划管理预审
76	全市域国土及规划综合信息平台实用化建设（含市、区、乡土地管理信息系统）
77	年度土地管理形势分析报告
78	武汉市集体土地房屋拆迁补偿安置现状调查和评价
79	地籍管理手册修订《武汉市土地登记办法》
80	土地规划实施管理及研究
81	土地管理地方技术标准研制
82	市区土地级别与基准地价更新工作
83	单位 GDP 和固定资产投资规模增长的新增建设用地消耗考核
84	武汉市高产农田规划
85	武汉市地质灾害预警预报系统
86	土地市场动态监测监管系统
87	2011 年土地储备供应计划
88	土地节约集约利用评价工作
89	土地储备体制研究
90	国土资源及规划综合统计分析

表 6-1-2　　2011 年武汉市各类行政许可证件核发情况一览表

证书类型	中心城区		开发区		新城区		合 计	
	数量	规模	数量	规模	数量	规模	数量	规 模
《建设项目选址意见书》	267	1404.74	118	1394.38	229	2716.53	614	5515.65 公顷
《建设用地规划许可证》	274	1647.80	250	3069.10	535	3345.45	1059	8062.35 公顷
建筑工程《建设工程规划许可证》	372	2462.93	328	1263.71	1372	2115.88	2072	5842.52 万平方米
市政管线工程《建设工程规划许可证》							270	498.37 公里
市政交通工程《建设工程规划许可证》							119	200.56 公里
市政基础设施配套工程《建设工程规划许可证》							47	32 万平方米 117.34 公顷
建筑工程《建设工程规划验收合格证》							730	2548.30 万平方米
市政工程《建设工程规划验收合格证》							25	6.96 万平方米 25.11 公里
合 计							4936	

表 6-1-3　　2011 年武汉市核发《建设项目选址意见书》统计表

（按行政管理范围分）

行政管理范围	项目数（项）	所占百分比（%）	用地面积（公顷）	所占百分比（%）
中心城区	267	43.48	1404.74	25.47
开发区	118	19.22	1394.38	25.28
新城区	229	37.30	2716.53	49.25
合 计	614	100	5515.65	100

注：以划拨用地为主。

表 6-1-4　　2011 年武汉市核发《建设项目选址意见书》统计表

（按行政管理区分）

行政管理区	项目数（项）	所占百分比（%）	用地面积（公顷）	所占百分比（%）
江岸区	66	10.75	323.45	5.86
江汉区	18	2.93	79.63	1.44
硚口区	18	2.93	57.83	1.05
汉阳区	36	5.86	405.58	7.35
武昌区	46	7.49	72.57	1.32
青山区	17	2.77	77.96	1.41
洪山区	56	9.12	335.70	6.09
东湖生态旅游风景区	10	1.63	52.02	0.94
东湖新技术开发区	82	13.36	1176.58	21.34
武汉经济技术开发区	36	5.86	217.81	3.95
蔡甸区	39	6.35	193.27	3.50
江夏区	67	10.92	1085.69	19.69
东西湖区	40	6.51	1069	19.38
汉南区	24	3.91	86.57	1.57
黄陂区	55	8.96	268.28	4.86
新洲区	4	0.65	13.71	0.25
合　计	614	100	5515.65	100

注：以划拨用地为主。

表 6-1-5　　2011 年武汉市核发《建设项目选址意见书》统计表

（按用地性质分）

用地性质	项目数（项）	所占百分比（%）	用地面积（公顷）	所占百分比（%）
居住用地	151	24.59	975.01	17.68
公共设施用地	145	23.63	677.76	12.29
工业用地	15	2.44	133.21	2.42
仓储用地	1	0.16	1.01	0.02
对外交通用地	71	11.56	1279	23.19
道路广场用地	137	22.32	1593.18	28.88
市政公用设施用地	70	11.40	364.84	6.61
绿地	15	2.44	375.64	6.81
特殊用地	8	1.30	94.26	1.71
水域和其他用地	1	0.16	21.74	0.39
合　计	614	100	5515.65	100

注：以划拨用地为主。

表 6-1-6　　2011 年武汉市核发《建设用地规划许可证》统计表

（按行政管理范围分）

行政管理范围	项目数（项）	所占百分比（%）	用地面积（公顷）	所占百分比（%）
中心城区	274	25.87	1647.80	20.44
开发区	250	23.61	3069.10	38.07
新城区	535	50.52	3345.45	41.49
合　计	1059	100	8062.35	100

表 6-1-7　　2011 年武汉市核发《建设用地规划许可证》统计表

（按行政管理区分）

行政管理区	项目数（项）	所占百分比（%）	用地面积（公顷）	所占百分比（%）
江岸区	40	3.78	371.45	4.61
江汉区	21	1.98	83.44	1.03
硚口区	24	2.27	171.59	2.13
汉阳区	42	3.97	312.20	3.87
武昌区	56	5.29	140.99	1.75
青山区	15	1.42	75.35	0.93
洪山区	65	6.14	444.65	5.52
东湖生态旅游风景区	11	1.04	48.13	0.60
东湖新技术开发区	177	16.70	2506.67	31.08
武汉经济技术开发区	73	6.89	562.43	6.98
蔡甸区	47	4.44	369.95	4.59
江夏区	162	15.30	1091.75	13.54
东西湖区	84	7.93	359.03	4.45
汉南区	54	5.10	331.87	4.12
黄陂区	114	10.76	726.86	9.02
新洲区	74	6.99	465.99	5.78
合　计	1059	100	8062.35	100

表 6-1-8　2011 年武汉市核发居住用地《建设用地规划许可证》统计表

（按行政管理区分）

行政管理区	项目数（项）	所占百分比（%）	用地面积（公顷）	所占百分比（%）
江岸区	25	7.72	92.40	3.86
江汉区	9	2.78	33.89	1.41
硚口区	13	4.01	106.77	4.45
汉阳区	25	7.72	171.42	7.15
武昌区	19	5.86	49.66	2.07
青山区	8	2.47	43.33	1.81
洪山区	30	9.26	327.63	13.67
东湖生态旅游风景区	1	0.31	25.09	1.05
东湖新技术开发区	30	9.26	523.26	21.83
武汉经济技术开发区	9	2.78	53.04	2.21
蔡甸区	20	6.17	120.36	5.02
江夏区	37	11.41	401.06	16.73
东西湖区	22	6.79	81.30	3.39
汉南区	10	3.09	123.40	5.15
黄陂区	39	12.04	155.79	6.51
新洲区	27	8.33	88.38	3.69
合　计	324	100	2396.78	100

表 6-1-9　2011 年武汉市核发公共设施用地《建设用地规划许可证》统计表

（按行政管理区分）

行政管理区	项目数（项）	所占百分比（%）	用地面积（公顷）	所占百分比（%）
江岸区	10	4.65	27.29	2.30
江汉区	6	2.79	3.70	0.31
硚口区	7	3.26	45.09	3.80
汉阳区	7	3.26	72.83	6.14
武昌区	29	13.48	76.43	6.44
青山区	3	1.40	2.02	0.17
洪山区	26	12.09	46.24	3.91
东湖生态旅游风景区	3	1.40	5.35	0.45
东湖新技术开发区	16	7.44	108.36	9.13
武汉经济技术开发区	10	4.65	145.41	12.25
蔡甸区	7	3.26	86.08	7.25
江夏区	48	22.32	357.95	30.16
东西湖区	13	6.05	49.35	4.16
汉南区	10	4.65	8.97	0.76
黄陂区	12	5.58	47.86	4.03
新洲区	8	3.72	103.77	8.74
合　计	215	100	1186.70	100

表 6-1-10　　2011 年武汉市核发工业用地《建设用地规划许可证》统计表

（按行政管理区分）

行政管理区	项目数（项）	所占百分比（%）	用地面积（公顷）	所占百分比（%）
江岸区	1	0.28	1.64	0.06
江汉区	1	0.28	0.41	0.01
硚口区	3	0.84	14.73	0.54
汉阳区	5	1.40	11.23	0.41
武昌区	1	0.28	0.63	0.02
青山区	1	0.28	29.38	1.07
洪山区	3	0.84	23.88	0.87
东湖生态旅游风景区	1	0.28	12.34	0.45
东湖新技术开发区	102	28.48	1115.91	40.58
武汉经济技术开发区	34	9.50	297.50	10.82
蔡甸区	19	5.31	163.10	5.93
江夏区	55	15.36	262.12	9.54
东西湖区	47	13.13	223.97	8.15
汉南区	25	6.98	159.64	5.81
黄陂区	31	8.66	210.20	7.65
新洲区	29	8.10	222.26	8.09
合　计	358	100	2748.94	100

表 6-1-11　　2011 年武汉市核发仓储用地《建设用地规划许可证》统计表

（按行政管理区分）

行政管理区	项目数（项）	所占百分比（%）	用地面积（公顷）	所占百分比（%）
洪山区	1	9.09	1.01	0.75
武汉经济技术开发区	1	9.09	4	2.99
江夏区	4	36.36	25.40	18.96
黄陂区	5	45.46	103.56	77.30
合　计	11	100	133.97	100

表 6-1-12　　2011 年武汉市核发对外交通用地《建设用地规划许可证》统计表

（按行政管理区分）

行政管理区	项目数（项）	所占百分比（%）	用地面积（公顷）	所占百分比（%）
江岸区	1	5	247.80	78.72
江汉区	1	5	4.46	1.42
江夏区	3	15	21.90	6.96
汉南区	5	25	21.71	6.90
黄陂区	10	50	18.87	6
合　计	20	100	314.74	100

表 6-1-13　　2011 年武汉市核发道路广场用地《建设用地规划许可证》统计表

（按行政管理区分）

行政管理区	项目数（项）	所占百分比（%）	用地面积（公顷）	所占百分比（%）
江岸区	2	3.08	1.84	0.16
江汉区	1	1.54	17.45	1.56
汉阳区	2	3.08	55.21	4.92
武昌区	5	7.69	12.45	1.11
洪山区	1	1.54	36.58	3.26
东湖生态旅游风景区	1	1.54	2.43	0.22
东湖新技术开发区	21	32.30	713.97	63.63
武汉经济技术开发区	12	18.46	56.91	5.07
江夏区	1	1.54	2.35	0.21
东西湖区	1	1.54	0.45	0.04
汉南区	1	1.54	6.18	0.55
黄陂区	13	20	185.10	16.50
新洲区	4	6.15	31.06	2.77
合　计	65	100	1121.98	100

表 6-1-14　　2011 年武汉市核发市政公用设施用地《建设用地规划许可证》统计表

（按行政管理区分）

行政管理区	项目数（项）	所占百分比（%）	用地面积（公顷）	所占百分比（%）
江汉区	1	2.08	3.35	3.67
硚口区	1	2.08	5	5.48
汉阳区	3	6.25	1.51	1.66
武昌区	1	2.08	0.44	0.48
青山区	3	6.25	0.62	0.68
东湖生态旅游风景区	1	2.08	0.04	0.04
东湖新技术开发区	7	14.59	27.72	30.39
武汉经济技术开发区	7	14.59	5.57	6.11
蔡甸区	1	2.08	0.41	0.45
江夏区	12	25	10.33	11.34
东西湖区	1	2.08	3.96	4.34
汉南区	3	6.25	11.97	13.12
黄陂区	3	6.25	5.33	5.84
新洲区	4	8.34	14.96	16.40
合　计	48	100	91.21	100

表 6-1-15　　2011 年武汉市核发绿地《建设用地规划许可证》统计表

（按行政管理区分）

行政管理区	项目数（项）	所占百分比（%）	用地面积（公顷）	所占百分比（%）
江岸区	1	12.50	0.48	1.17
江汉区	1	12.50	20.02	48.85
东湖生态旅游风景区	4	50	2.88	7.03
东湖新技术开发区	1	12.50	17.45	42.58
黄陂区	1	12.50	0.15	0.37
合　计	8	100	40.98	100

表 6-1-16　　2011 年武汉市核发特殊用地《建设用地规划许可证》统计表

（按行政管理区分）

行政管理区	项目数（项）	所占百分比（%）	用地面积（公顷）	所占百分比（%）
江汉区	1	10	0.16	0.59
武昌区	1	10	1.38	5.10
洪山区	4	40	9.31	34.43
江夏区	2	20	10.64	39.33
新洲区	2	20	5.56	20.55
合　计	10	100	27.05	100

表 6-1-17　　2011 年武汉市核发《建设用地规划许可证》统计表

（按用地性质分）

用地性质	项目数（项）	所占百分比（%）	用地面积（公顷）	所占百分比（%）
居住用地	324	30.59	2396.78	29.72
公共设施用地	215	20.30	1186.70	14.72
工业用地	358	33.81	2748.94	34.10
仓储用地	11	1.04	133.97	1.66
对外交通用地	20	1.89	314.74	3.90
道路广场用地	65	6.14	1121.98	13.92
市政公用设施用地	48	4.53	91.21	1.13
绿地	8	0.76	40.98	0.51
特殊用地	10	0.94	27.05	0.34
合　计	1059	100	8062.35	100

表 6-1-18　　2011 年武汉市核发建筑工程《建设工程规划许可证》统计表

（按行政管理范围分）

行政管理范围	项目数（项）	所占百分比（%）	建筑面积（万平方米）	所占百分比（%）
中心城区	373	18	2472.32	42.32
开发区	327	15.78	1254.33	21.47
新城区	1372	66.22	2115.87	36.21
合　计	2072	100	5842.52	100

表 6-1-19　　2011 年武汉市核发建筑工程《建设工程规划许可证》统计表

（按行政管理区分）

行政管理区	项目数（项）	所占百分比（%）	建筑面积（万平方米）	所占百分比（%）
江岸区	54	2.61	228.82	3.92
江汉区	54	2.61	303.27	5.19
硚口区	36	1.74	336.98	5.77
汉阳区	77	3.72	378.99	6.49
武昌区	74	3.57	375.99	6.44
青山区	13	0.63	75.58	1.29
洪山区	60	2.90	709.91	12.15
东湖生态旅游风景区	5	0.24	62.78	1.07
东湖新技术开发区	176	8.49	746.83	12.78
武汉经济技术开发区	151	7.29	507.50	8.69
蔡甸区	92	4.44	275.52	4.72
江夏区	875	42.22	436.35	7.46
东西湖区	116	5.60	450.37	7.71
汉南区	52	2.51	192.12	3.29
黄陂区	149	7.18	471.99	8.07
新洲区	88	4.25	289.52	4.96
合　计	2072	100	5842.52	100

夜景迷人的
楚河汉街

创新型城市设计：
东沙连通工程
——楚河汉街

hotwind

整治一新的沙湖公园及周边城市设计

气势恢宏的武汉国际博览中心

B1

环境优雅的
菱角湖湿地公园
及周边城市设计

▲ 武汉市近期建设规划（2011—2015年）规划结构图

▲ 武汉市保障性安居工程选址与职住平衡之

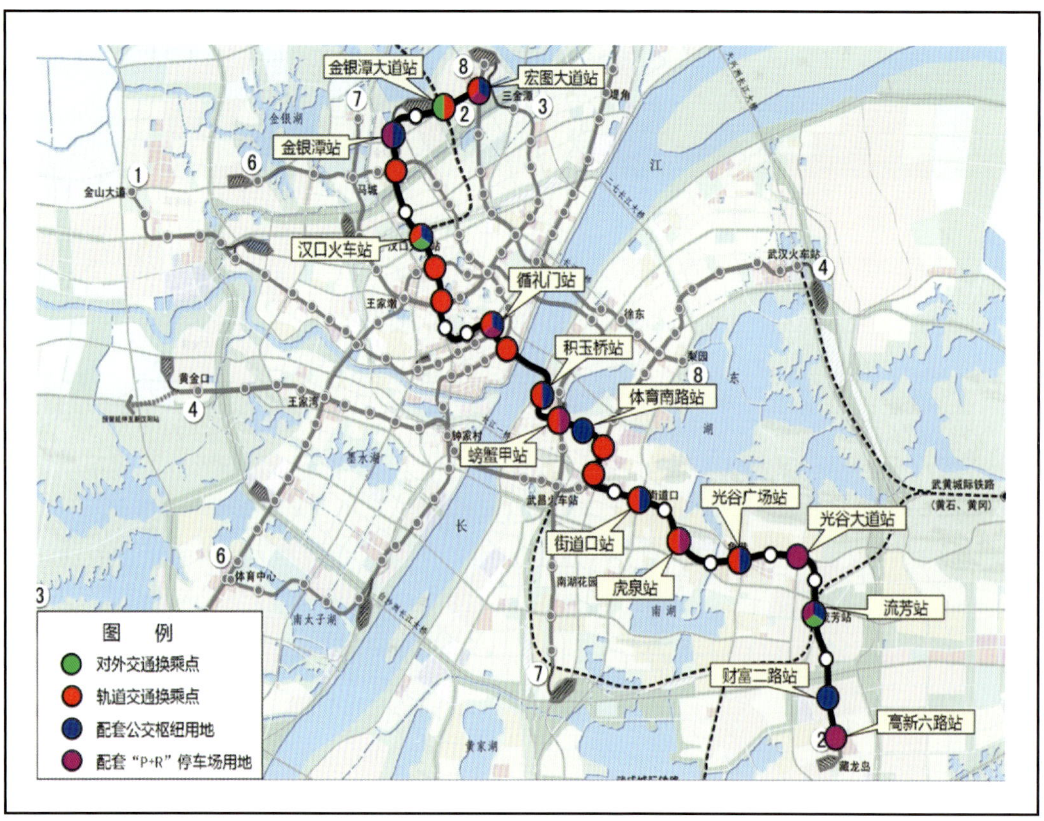

▲ 轨道2号线沿线重要配套交通设施布局图

图

▲ 全市乡镇总体规划编制分布图

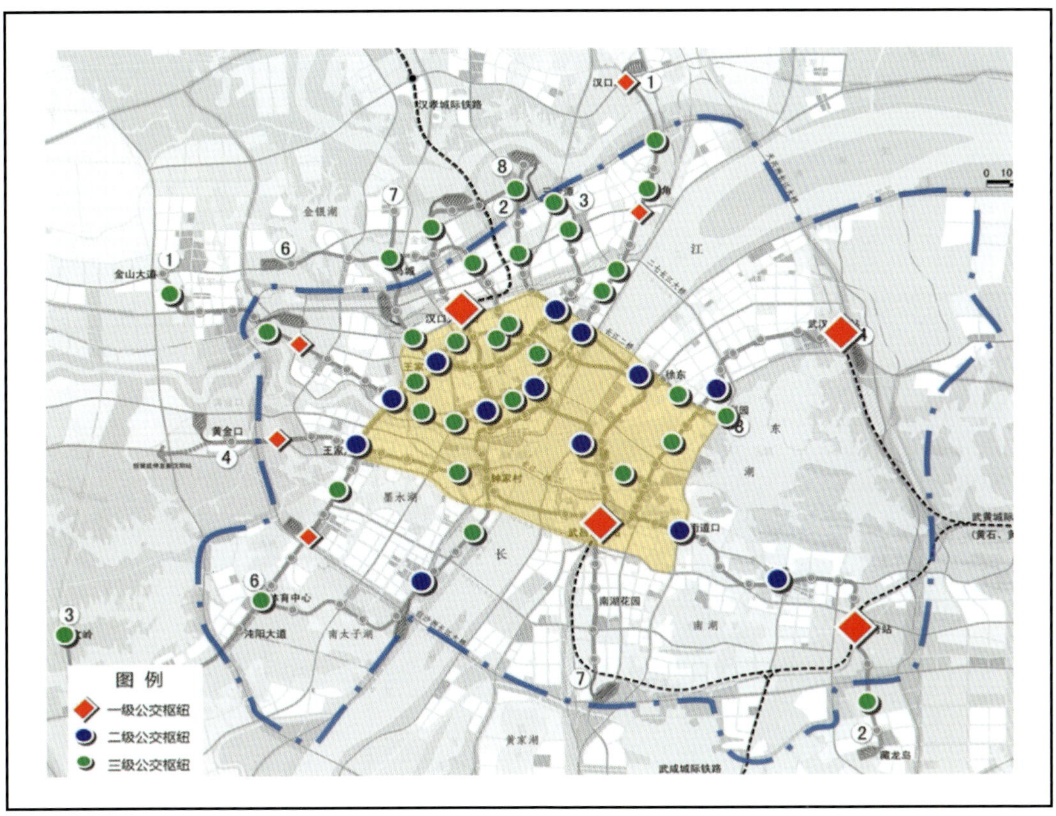

▲ 2017年轨道沿线公交枢纽布局规划图

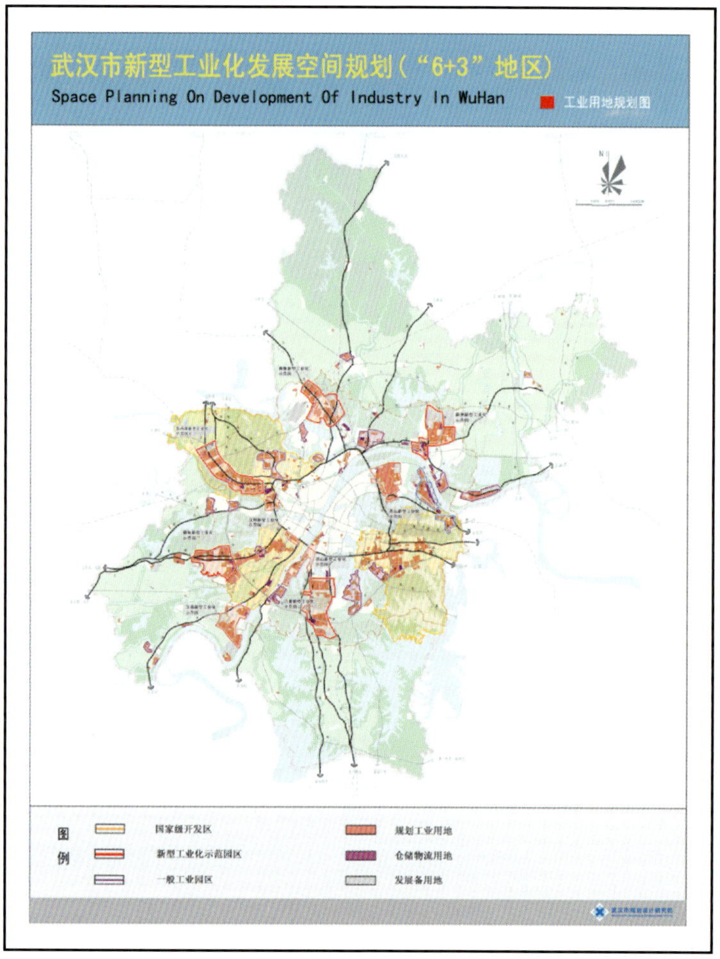

▲ 武汉市新型工业化发展空间规划（“6+3”地区）工业用地规划图

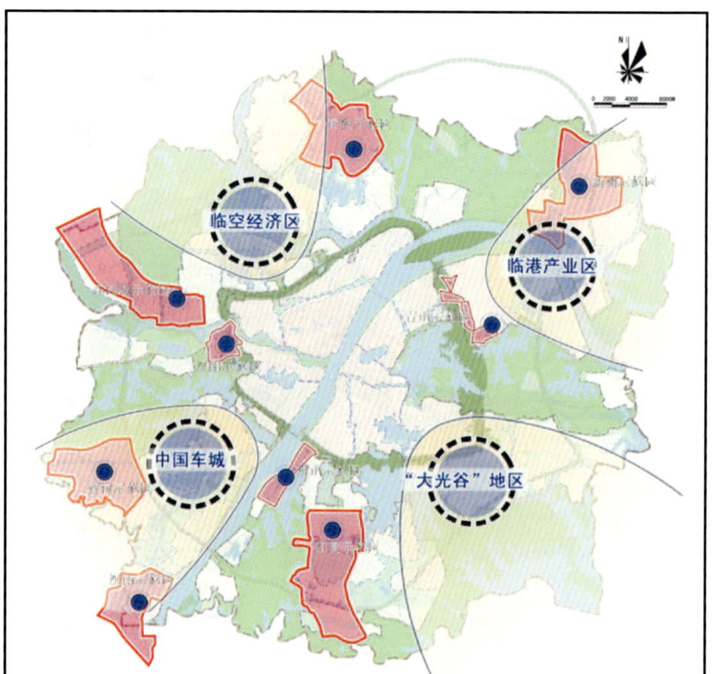

▲ 武汉市工业空间发展规划布局结构图

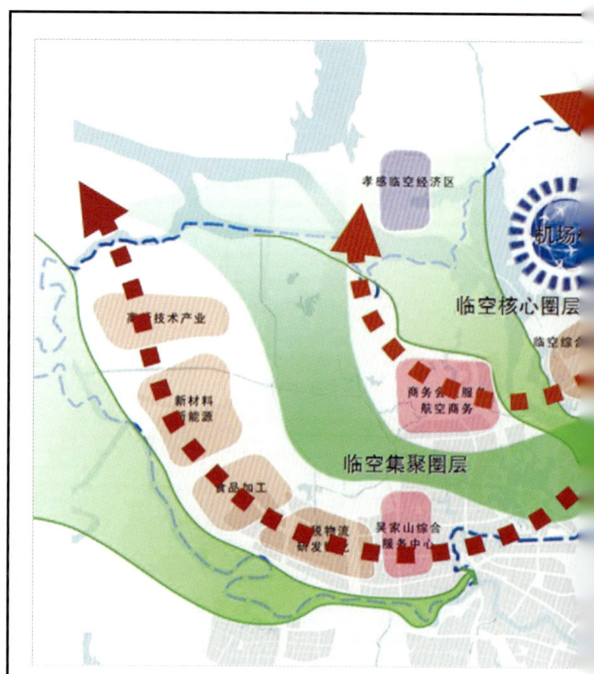

▲ 武汉临空经济区产业布局结构图

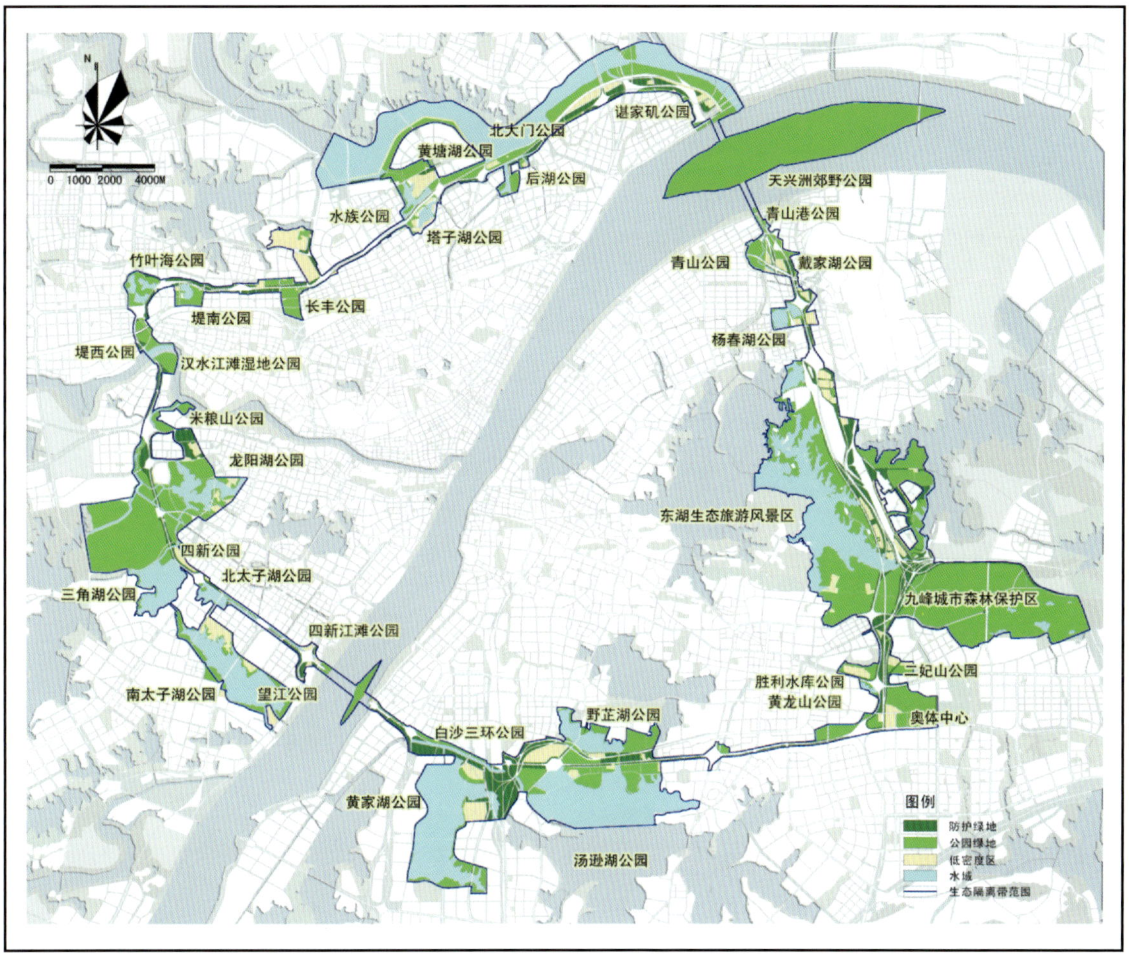

▲ 三环线生态隔离带用地布局图

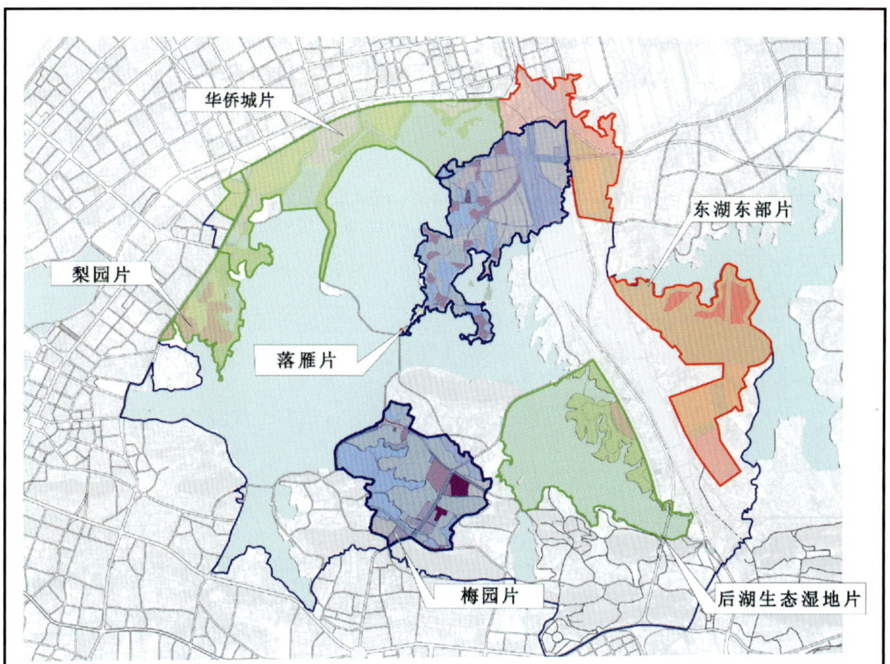

▲ 东湖生态旅游风景区近期空间结构图

▲武汉未来科技城总体城市设计—河川城镇效果图

▲武昌滨江商务区（车辆厂片）规划效果图

▲汉正街地区规划效果图

▲王家墩商务区规划效果图

▲ 江岸沿江商务区中央文化公园效果图

▲ 中共武汉党史馆鸟瞰图

表 6-1-20　　2011 年武汉市核发居住项目建筑工程《建设工程规划许可证》统计表

（按行政管理区分）

行政管理区	项目数（项）	所占百分比（%）	建筑面积（万平方米）	所占百分比（%）
江岸区	33	2.52	190.51	5.78
江汉区	35	2.68	175.15	5.32
硚口区	23	1.76	291.38	8.84
汉阳区	49	3.75	286.42	8.69
武昌区	42	3.21	245.76	7.46
青山区	6	0.46	65.03	1.97
洪山区	39	2.98	420.56	12.76
东湖生态旅游风景区	3	0.23	39.42	1.20
东湖新技术开发区	48	3.67	353.50	10.73
武汉经济技术开发区	30	2.30	204.61	6.21
蔡甸区	41	3.14	145.22	4.41
江夏区	787	60.22	219.03	6.65
东西湖区	30	2.30	200.46	6.08
汉南区	13	0.99	139.51	4.23
黄陂区	85	6.50	131.74	4
新洲区	43	3.29	186.73	5.67
合　计	1307	100	3295.03	100

表 6-1-21　　2011 年武汉市核发公共设施项目建筑工程《建设工程规划许可证》统计表

（按行政管理区分）

行政管理区	项目数（项）	所占百分比（%）	建筑面积（万平方米）	所占百分比（%）
江岸区	15	6.85	24	3.79
江汉区	18	8.22	128.10	20.20
硚口区	7	3.20	19.24	3.04
汉阳区	21	9.58	80.29	12.66
武昌区	30	13.70	129.18	20.38
青山区	4	1.83	3.29	0.52
洪山区	18	8.22	41.69	6.58
东湖生态旅游风景区	2	0.91	23.36	3.69
东湖新技术开发区	14	6.39	25.73	4.06
武汉经济技术开发区	22	10.05	35.34	5.57
蔡甸区	10	4.57	6.25	0.99
江夏区	25	11.41	82.19	12.96
东西湖区	10	4.57	4.72	0.74
汉南区	5	2.28	1.62	0.26
黄陂区	6	2.74	2.82	0.44
新洲区	12	5.48	26.10	4.12
合　计	219	100	633.92	100

表 6-1-22　　2011 年武汉市核发工业项目建筑工程《建设工程规划许可证》统计表

（按行政管理区分）

行政管理区	项目数（项）	所占百分比（%）	建筑面积（万平方米）	所占百分比（%）
江岸区	2	0.40	9.67	0.58
江汉区	1	0.20	0.02	0
硚口区	5	1.01	20.44	1.24
汉阳区	7	1.41	12.28	0.74
青山区	3	0.61	7.26	0.44
洪山区	2	0.40	247.39	14.96
东湖新技术开发区	114	23.04	367.60	22.24
武汉经济技术开发区	98	19.80	260.19	15.73
蔡甸区	41	8.28	124.05	7.50
江夏区	61	12.32	133.88	8.09
东西湖区	69	13.94	237.81	14.38
汉南区	34	6.87	50.99	3.08
黄陂区	28	5.66	111.88	6.76
新洲区	30	6.06	70.53	4.26
合　计	495	100	1653.99	100

表 6-1-23　　2011 年武汉市核发仓储项目建筑工程《建设工程规划许可证》统计表

（按行政管理区分）

行政管理区	项目数（项）	所占百分比（%）	建筑面积（万平方米）	所占百分比（%）
江岸区	2	11.76	2.52	1.27
武汉经济技术开发区	1	5.88	7.36	3.71
东西湖区	1	5.88	1.52	0.77
黄陂区	11	64.72	181.01	91.37
新洲区	2	11.76	5.71	2.88
合　计	17	100	198.12	100

表 6-1-24　　2011 年武汉市核发绿地项目建筑工程《建设工程规划许可证》统计表

（按行政管理区分）

行政管理区	项目数（项）	所占百分比（%）	建筑面积（万平方米）	所占百分比（%）
黄陂区	2	100	0.25	100

表 6-1-25　　2011 年武汉市核发特殊用地项目建筑工程《建设工程规划许可证》统计表

（按行政管理区分）

行政管理区	项目数（项）	所占百分比（%）	建筑面积（万平方米）	所占百分比（%）
江岸区	2	6.25	2.12	3.46
硚口区	1	3.13	5.92	9.67
武昌区	2	6.25	1.05	1.72
洪山区	1	3.13	0.27	0.44
江夏区	2	6.25	1.25	2.04
东西湖区	6	18.74	5.86	9.57
黄陂区	17	53.12	44.29	72.36
新洲区	1	3.13	0.45	0.74
合　计	32	100	61.21	100

表 6-1-26　　2011 年武汉市核发建筑工程《建设工程规划许可证》统计表

（按用地性质分）

用地性质	项目数（项）	所占百分比（%）	建筑面积（万平方米）	所占百分比（%）
居住用地	1307	63.08	3295.03	56.40
公共设施用地	219	10.57	633.92	10.85
工业用地	495	23.89	1653.99	28.31
仓储用地	17	0.82	198.12	3.39
绿地	2	0.10	0.25	0
特殊用地	32	1.54	61.21	1.05
合　计	2072	100	5842.52	100

表 6-1-27　2011 年武汉市核发市政管线工程《建设工程规划许可证》统计表

（按管线类型分）

管线类型	项目数（项）	所占百分比（%）	管线长度（公里）	所占百分比（%）
电力	33	12.23	74.78	15.01
电信	61	22.59	202.20	40.57
给水	56	20.74	46.14	9.26
排水	59	21.85	87.83	17.62
供气	59	21.85	82.75	16.60
供暖	2	0.74	4.67	0.94
合　计	270	100	498.37	100

表 6-1-28　2011 年武汉市核发市政交通工程《建设工程规划许可证》统计表

（按交通建设形式分）

交通建设形式	项目数（项）	所占百分比（%）	建设长度（公里）	所占百分比（%）
地面道路工程	80	67.23	148.86	74.22
桥梁、隧道交通工程等	36	30.25	32.89	16.40
轨道交通	3	2.52	18.81	9.38
合　计	119	100	200.56	100

表 6-1-29　2011 年武汉市核发市政基础设施配套工程《建设工程规划许可证》统计表

（不含 5 项场平工程）

类　型	项目数（项）	所占百分比（%）	建筑面积（万平方米）	所占百分比（%）
加气站	7	16.67	2.50	7.81
加油站	5	11.90	1.04	3.26
配电房	4	9.52	0.23	0.71
变电站	3	7.14	1.41	4.39
停车场	4	9.52	4.62	14.43
其他	19	45.25	22.20	69.40
合　计	42	100	32	100

表 6-1-30　　2011 年武汉市核发建筑工程《建设工程规划验收合格证》统计表

（按行政管理范围分）

行政管理范围	项目数（项）	所占百分比（%）	建筑面积（万平方米）	所占百分比（%）
中心城区	238	32.60	978.96	38.42
开发区	163	22.33	542.71	21.30
新城区	329	45.07	1026.63	40.28
合　计	730	100	2548.30	100

表 6-1-31　　2011 年武汉市核发建筑工程《建设工程规划验收合格证》统计表

（按行政管理区分）

行政管理区	项目数（项）	所占百分比（%）	建筑面积（万平方米）	所占百分比（%）
江岸区	35	4.79	114.63	4.50
江汉区	30	4.11	138.18	5.42
硚口区	25	3.42	86.43	3.39
汉阳区	44	6.03	154.07	6.05
武昌区	47	6.44	146.54	5.75
青山区	14	1.92	58.55	2.30
洪山区	40	5.48	279.65	10.97
东湖生态旅游风景区	4	0.55	3.61	0.14
东湖新技术开发区	100	13.70	397.14	15.58
武汉经济技术开发区	62	8.49	142.87	5.62
蔡甸区	42	5.75	132.38	5.19
江夏区	40	5.48	109.63	4.31
东西湖区	117	16.03	275.84	10.82
汉南区	36	4.93	97.27	3.82
黄陂区	66	9.04	356.11	13.97
新洲区	28	3.84	55.40	2.17
合　计	730	100	2548.30	100

表 6-1-32　　2011 年武汉市核发建筑工程《建设工程规划验收合格证》统计表

（按用地性质分）

用地性质	项目数（项）	所占百分比（%）	建筑面积（万平方米）	所占百分比（%）
居住用地	342	46.85	1574.73	61.80
公共设施用地	144	19.73	308.64	12.12
工业用地	228	31.23	529.80	20.79
仓储用地	9	1.23	130.83	5.13
绿地	2	0.27	0.24	0.01
水域和其他用地	1	0.14	1.40	0.05
特殊用地	4	0.55	2.66	0.10
合　计	730	100	2548.30	100

表 6-1-33　　2011 年武汉市核发建筑工程《建设工程规划验收合格证》统计表

（按验收形式分）

项目类型	项目数（项）	所占百分比（%）	建筑面积（万平方米）	所占百分比（%）
单体验收	445	60.96	1423.74	55.87
小区阶段验收	159	21.78	667.67	26.20
小区总体验收	111	15.21	456.75	17.92
个人建房	15	2.05	0.14	0.01
合　计	730	100	2548.30	100

表 6-1-34　　2011 年武汉市核发市政工程《建设工程规划验收合格证》一览表

建设单位	建设项目	项目位置	建筑面积（平方米）	验收长度（米）
武汉中能燃气有限公司	加气站	汉阳区赫山路特 1 号	771.98	
武汉市城市建设投资开发集团有限公司	三环线东段（青化路立交—老武黄立交）道路工程	东湖生态旅游风景区、洪山区		10790
武汉市公共交通集团有限责任公司	头道街电车首末站	江岸区二七路	606.68	
武汉市江岸区后湖乡农机物资供应站	天然气加气站	江岸区后湖街新荣村幸福路	532.86	
武汉市邮政局	加油站（装修改造）	江汉区汉口火车站广场西侧	609.33	
武汉理工大学	新校区人防工程	洪山区珞狮路 122 号	19467.10	

续表：

建设单位	建设项目	项目位置	建筑面积（平方米）	验收长度（米）
武汉世茂锦绣长江房地产开发有限公司	锦绣长江 D 地块一期开闭所	汉阳区鹦鹉洲片腰路堤路	85.20	
武汉市城市建设投资开发集团有限公司	长江隧道	江岸区大智路—武昌沙湖	5903.43	
中国石油天然气股份有限公司湖北销售分公司	江城大道加油站	汉阳区江城大道	1235.03	
道达尔石油（武汉）有限公司	加油站及配套设施	洪山区洪山街卓刀泉村	397.70	
武汉地产开发投资集团有限公司	武咸公路改造工程	洪山区、武昌区武咸公路		7110
中国石油天然气股份有限公司湖北销售分公司	三桥加油站	洪山区青菱街青菱村武咸公路	1253.91	
中国石油天然气股份有限公司湖北销售分公司	赫山路加油站	汉阳区十里铺昌家湾 73 号	1115.84	
武汉经济技术开发区管理委员会（代建公司：武汉宏宇建设工程咨询有限公司）	体育路南段（车城北路—神龙大道）道路改造	武汉经济技术开发区体育路		526
武汉经济技术开发区管理委员会（代建公司：武汉宏宇建设工程咨询有限公司）	车城南路（东风大道—兴华路）道路改造	武汉经济技术开发区车城南路		1319
武汉经济技术开发区管理委员会（代建公司：武汉宏宇建设工程咨询有限公司）	大沌路（博学路—东方夏威夷）道路改造	武汉经济技术开发区大沌路		2710
武汉经济技术开发区管理委员会（代建单位：长江工程项目管理有限公司	管道工程	武汉经济技术开发区污水处理厂尾水排江工程（管道部分）		1956
武汉经济技术开发区管理委员会（代建单位：长江工程项目管理有限公司	武汉经济技术开发区污水处理厂尾水排江工程（泵站及站后管道部分）	武汉经济技术开发区长江边晨鸣泵站	569.55	
武汉经济技术开发区管理委员会（代建单位：武汉发总实业有限公司）	武汉经济技术开发区三角湖北路下穿三环线西段通道工程	武汉经济技术开发区三环线		696.60
武汉软件工程职业学院	体育馆、实训楼	东湖新技术开发区高新四路以北、东园西路以西	28646.03	
武汉市燃气热力集团有限公司	站房、罩棚	东湖新技术开发区内	649.56	
中国电信股份有限公司武汉分公司	机房改扩建	东西湖区吴家山街二雅路以西、东吴大道南	1340	
武汉市江夏区乌龙泉宏达装卸运输公司长江加油站	长江加油站	江夏区乌龙泉幸福路	523.78	
长江武汉航道局	武汉综合码头	新洲区双柳街殷店村	3440.68	
武汉国际集装箱转运有限公司	物流中心检查区	新洲区阳逻经济开发区平江路	2427	
合　计			69575.66	25107.60

·资料·

2011年武汉市交通发展年度报告

自2004年以来，2011年是武汉市交通发展战略研究院第八次完成年度报告编制工作。《2011年武汉市交通发展年度报告》对2010年武汉市交通发展情况，包括城市发展、交通建设投资、城市交通基础设施、车辆拥有量、道路交通运行状况、公共交通、轨道交通、交通管理与交通环境、交通政策以及年度交通大事记、重要交通规划研究成果等多个方面作了全面的回顾，同时对“十一五”交通发展进行总结，并展望“十二五”城市交通发展情况。该报告于9月28日成功发布，赢得了良好的社会反响。

2010年，武汉市在保持经济社会持续快速发展的基础上，进一步加大交通基础设施建设投入，优化完善内外部交通环境，增强武汉综合交通枢纽辐射能力，全市交通建设、运行与管理取得了显著成就。

2010年，交通建设投资达到历史最高水平，交通基础设施建设力度持续加大，城市交通建设全面提速，为缓解交通拥堵、提升城市功能、改善交通环境提供了基础保障。与此同时，武汉市机动车拥有量持续快速增长，2010年底总量超过100万辆，进入机动车高速增长时期；中心区交通压力不断加大，交通拥堵从时间上和空间上呈现不断扩散的趋势；城市公共交通服务质量不断提高，但是以常规公交为主体的基本格局尚未有根本性转变。

为提高道路通行效能、缓解交通拥堵，武汉市政府全面实施“疏堵保畅三年行动计划”，通过科学规划、合理组织、标本兼治、多管齐下、综合治理，城市交通在供需共同增长的形势下，继续保持了可持续发展的势头，为武汉市经济社会实现新的跨越式发展提供了有力的支持和保障。

一、城市发展

2010年，武汉市国民经济持续快速发展，全市地区生产总值达到5565.93亿元，较2009年增长14.70%，高于2010年全国10.30%的平均增长幅度，人均生产总值为58961元。全市全口径财政收入1416.14亿元，较2009年增长40.90%，其中地方财政收入814.04亿元，较2009年增长52%。武汉市地区生产总值比较见图6-1-1。

图6-1-1　　武汉市地区生产总值比较示意图

单位：亿元

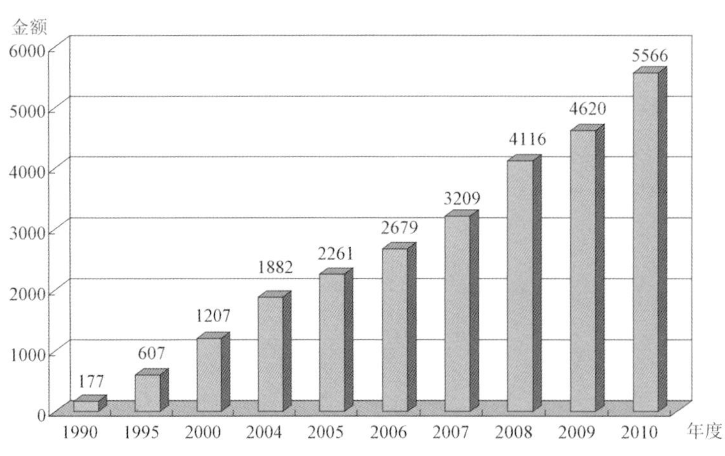

2010 年，武汉市户籍人口达到 836.73 万人，较 2009 年增长 0.10%，其中 7 个主城区人口为 482.67 万人，较 2009 年增长了 1%。全年自然增长人口 1.33 万人，净迁移人口 - 2.67 万人。

2010 年，共完成社会固定资产投资 3753.17 亿元，较 2009 年增长 25.10%，其中基础建设投资 1128.02 亿元，占固定资产投资的 30.10%。全年交通建设投资总额达 450.35 亿元，较 2009 年增长了 68.02 亿元，占全市生产总值的比重约 8.10%；轨道交通建设投资总额达 102.15 亿元，比 2009 年增长 101.60%。城市交通基础设施投资快速增长，对改善交通环境，促进经济发展起到了积极作用。

二、道路交通

（一）道路设施

2010 年，武汉市城区道路长度 2724 公里，道路面积 7125 万平方米，人均道路面积 12 平方米。

2010 年，武汉市桥梁、快速路建设速度加快。二七长江大桥 3 个主塔墩实现合拢，鹦鹉洲长江大桥和江汉六桥分别举行了奠基仪式，标志着又有两座跨江大桥进入实施阶段；杨泗港过江通道启动前期研究，知音桥实施拓宽改造；三环线全线通车，二环线珞狮北路高架桥（街道口—洪山侧路）、武汉大道（岳家嘴—梨园）、徐东大街高架通车，雄楚大街立交、水果湖隧道、水东段、东湖路正在加紧实施；武汉火车站配套工程已建成并投入使用，汉口火车站周边道路及广场建设完成部分工程。

（二）轨道交通

2010 年，轨道交通 1 号线二期全线完工，投入全程试运营； 2 号线一期工程、4 号线一期工程继续推进，完成部分车站主体结构；4 号线二期工程、3 号线工程、6 号线一期工程和 8 号线一期工程开展前期工作，并完成部分市政配套工程。

（三）停车设施

据不完全统计数据，2010 年城区约有停车泊位 31.50 万个，较 2009 年增加了 3.50 万个停车位，增长主要来源于配建及院内停车。

（四）对外交通设施

至 2010 年底，全市公路通车总里程达到 12619.90 公里，其中高速公路 614.90 公里，等级公路 11643.80 公里。

2010 年 10 月，武鄂高速和左段开通营运。至此，武汉 7 条城市高速出口路全部打通，武汉城市圈 1 小时快速交通网形成。

2010 年 9 月 20 日，武九铁路首列动车组“汉口—南昌 D3221 次动车组”从汉口站启程，以最高 250 公里的时速，一路“飞”向南昌。至此，武九铁路的历史翻开了新的一页。

阳逻港区集装箱二期工程、金口重件码头、国家稻米交易中心配套码头和汉江汉川至蔡甸航道整治工程顺利推进，中石油油库码头完工并投入试运营。

2010 年 5 月 9 日，天河机场三期扩建工程正式开建，12 月 28 日，新国际航站楼建成正式启用。至此进出天河机场的国际及港澳台航班将全部在国际航站楼办理。该楼的建设启用，为增开国际航线、缩短国际旅客出港通关时间创造了条件。

三、车辆保有与道路运行

（一）车辆保有

2010 年，武汉市机动车拥有量总量达到了 104.60 万辆，较 2009 年增加约 13.90 万辆，增长率为 15.30%，千人机动车拥有量达到 125 辆。

在全市各类机动车中，自 2005 年客车拥有量首次超过摩托车拥有量后，客车拥有量一直占据主导地位，2010 年客车总量达到 65.30 万辆，占总量的 62.40%。

（二）道路运行

城市道路交通流量主要集中于中心城区及对外放射性道路。由于交通需求持续增长、路网系统不完善、施工占用道路等多方面原因，武昌地区的武珞路—珞喻路等干道、汉口中心区及放射性骨架道路、汉阳地区与过江桥梁衔接的路口路段上，交通压力都较大。

2010 年，三环线内道路平均车速为 20 公里/小时，较 2009 年微降 2%；其中主干道车速为 23.80 公里/小时，较2009年下降1.70%。三镇中，汉阳行车速度最高，为22.30公里/小时，武昌为21.10公里/小时，汉口最低，仅为18公里/小时。

近几年是武汉市城市建设的大发展时期，过江交通量日益增长，2010年过长江交通量由2009年的30.80万辆/日增加到35.80万辆/日，增加了16%。2010年过汉江交通量增长到36.80万辆/日，相比2009年日平均交通量32.70万辆/日，上升幅度达到12.50%。

四、公共交通

2010年，武汉市全年完成公交客运量约20.70亿人次，较2009年有较大幅度的降低，减少了10.30%，减少主要来源于常规公交和出租车。其中常规公交汽、电车年客运量15.40亿人次，占总量的74.30%；轨道交通年客运量3300万人次，占总量的1.60%；小公共汽车年客运量1.36亿人次，占总量的6.60%；出租车年客运量3.52亿人次，占总量的17%；轮渡年客运量953万人次，占总量的0.46%。常规公共交通仍然是武汉市公共交通的主体。

（一）公共汽、电车

2010年，公交运营车辆小幅回落，为7001辆，较2009年减少了240辆；其中普线车833辆，同比下降9%，专线车6109辆（含通恒公司车辆），同比下降3.40%。

2010年，公交线路由2009年的307条减少到285条，其中普线59条，专线223条，小公汽维持不变，仍然为16条（退市后仅剩3条）；通恒公司11条。公交线网长度由2009年的1100公里增至1172公里，运行线路长度由2009年的5463公里增至5541.50公里。

公交站点由2009年的2460个增加到2506个，其中有726个标准港湾式站点。公交首末站达到42处，占地30.01公顷；公交保养场10处，较2009年增加1处；大型公交枢纽5个，占地7.35公顷。近10年来武汉市没有再形成新的公交枢纽站点，随着轨道线路的不断建成通车，需要形成新的结合轨道、常规公交、自行车的换乘枢纽。

（二）轨道交通

2010年，轨道交通1号线二期工程全线完工，投入全程试运营。二期通车后，武汉轻轨1号线全长达28.50公里。2010年轨道交通共运送乘客3300万人次，日均客流9.04万人次，较2009年增加151%，轨道交通承担的客运量在公共交通领域内的比重为1.60%，首次体现了轨道交通的规模化效益。随着轨道线网的逐渐建成，可以预见今后轨道交通承担的客运量将有更大增长，在公共交通领域内所占的比重也会大幅提高。

（三）小公共汽车

2010年，武汉市小公共汽车运营线路条数为16条，车辆数为518台，近几年来基本保持不变。至2010年12月底，由于小公共汽车的管理及污染等一系列原因，小公汽大部分退市，剩余小公共汽车线路3条，车辆数59台。在此前提下，小公共汽车年客运量较2009年有所降低，约1.36亿人次/年。

（四）出租车

2010年，出租车客运量为3.52亿人次，较2009年降低27.70%，每日载客出行里程降低了14.30%，降低主要来源于短距离出行的减少。车辆空驶率保持36%的水平（常规认为30%时需要考虑增加车辆），表明出租车保持在较高的利用状态，居民在高峰时刻乘坐出租车难现象仍然存在。

（五）轮渡

2010年，武汉市航线数为11条、轮船数为26艘、航线长度为53.20公里，回升至2008年的运行水平。但是轮渡客运量继续走低，降低至953万人次/年，低于武汉市轨道线路的客运量。

（六）公共交通投资

近年来轨道交通投资额度占据了公共交通投资的主体。2010年，武汉市在公共交通方面共投资112亿元，持续创历史新高，较2009年增长93%，其中轨道交通投资102.15亿元，占公共交通投资的91.20%，轨道交通投资无论是总量还是占公交投资的比例均创历史新高；常规公交投资9.85亿元。

五、对外交通

武汉市对外交通包含公路、铁路、水运、航空以及管道等运输方式。2010年武汉市对外运输系统整体运行良好，全年完成对外交通客运总量2.29亿人次，较2009年增长5.30%；对外交通货运总量达到4.03亿吨，较2009年增长17.10%。

（一）公路运输

2010年，武汉市公路运输客运量较2009年有缓慢增长。全年共完成客运量1.47亿人次，较2009年增长1.40%，近年来客运平均运距逐渐增大，从2000年的61.64公里增加到2010年的81.10公里。

2010年，武汉市公路运输货运量较2009年有较大增长，全年完成货运量2.11亿吨，较2009年增长26.60%。

（二）铁路运输

2010年，武汉市铁路对外运输客运量7281.30万人次，与2009年相比增长了13.10%，增幅较2009年有所提高（2009年增幅为6.90%）；货运量1.01亿吨，较2009年增长了3.10%。

从2000～2007年，铁路客货运平均运距都在以较缓的速度增长；2007年以后又以低于10%的幅度降低，2010年客运平均运距与2009年基本持平，略有增长，货运平均运距较2009年有较大增长，增幅超过7%。

2010年铁路旅客周转量528.90亿人公里，平均运距726.40公里，较2009年上升0.20%；铁路货物周转量1144.60亿吨公里，平均运距为1128.20公里，较2009年上升7.50%。

（三）水运运输

2010年，武汉市年货物运量为9013万吨，港口货物吞吐量为6620万吨，较2009年分别上升14.30%、22.40%。

（四）航空运输

2010年，航空客货运总量较2009年有较大增长，其中客运总量为885.41万人次，货运总量为9.33万吨，分别较2009年增加16%、31%。

六、交通管理与环境

（一）交通管理

2010年，武汉市交通管理设施继续增加，路口信号灯有895处，增加39处，较2009年增长4.60%。

2010年，交通标志标牌22131块，较2009年大幅增长，增长幅度超过20%；交通标线合计6212.70公里。

（二）交通安全

近年来随着交通安全教育以及管制力度加强，2007～2009年交通事故率持续下降。2010年交通事故次数较2009年有所增加，事故率上升了16.80%，交通事故万车死亡率则继续下降，由2009年的4.10人下降至2010年的3.49人，达到畅通工程一等的要求。

（三）交通环境

2010年，城区空气污染指数（API）平均值为78，环境空气质量总体为良。全年有284天空气质量为优良，比2009年少17天；空气质量优良率为77.80%，比2009年下降4.70个百分点。

2010年，城区环境空气中二氧化硫年均值为0.041毫克/立方米，比2009年下降0.003毫克/立方米；二氧化氮年均值为0.057毫克/立方米，比2009年上升了0.003毫克/立方米；可吸入颗粒物年均值为0.108毫克/立方米，比2009年上升0.003毫克/立方米；降尘由2009年的10.38t/km^2·月上升到10.89t/km^2·月，上升4.91%。

2010年，武汉市城市区域声环境质量等效声级平均值为55.40分贝，达到昼间声环境质量2类标准，比2009年上升0.70分贝。在声源构成上，交通噪声源占11.90%。2010年，城市交通道路声环境质量等效声级平均值为69.10分贝，达到昼间声环境质量4a类标准，与2009年持平。达标路段长度占监测干道总长度的79.70%，比2009年上升10.10个百分点。

（武汉市交通发展战略研究院）

第二节　土地管理统计资料

6-2-1　　2011 年武汉市国有建设用地供应情况一览表

指标名称	代码	计量单位	中心城区
一、建设用地供应总量	—	—	—
宗地数	01	宗	250
面积	02	公顷	1055.24
新增	03	公顷	662.93
二、划拨	—	—	—
宗地数	04	宗	92
面积	05	公顷	303.10
新增	06	公顷	204.22
三、出让	—	—	—
宗地数	07	宗	144
面积	08	公顷	744.53
新增	09	公顷	456.26
成交价款	10	万元	4139235.76
协议出让	—	—	—
宗地数	11	宗	14
面积	12	公顷	61.16
新增	13	公顷	0
成交价款	14	万元	17081.16
招拍挂出让	—	—	—
宗地数	15	宗	130
面积	16	公顷	683.37
新增	17	公顷	456.26
成交价款	18	万元	4122154.60
四、租赁	—	—	—
宗地数	19	宗	14
面积	20	公顷	7.61
新增	21	公顷	2.46
租金	22	万元	2117.59

6-2-2　2011 年武汉市建设用地价格一览表

指标名称	代码	计量单位	中心城区
一、地面地价水平	—	—	—
综合地价	01	元/平方米	3070
商业用地地价	02	元/平方米	6157
住宅用地地价	03	元/平方米	3392
工业用地地价	04	元/平方米	761
二、同比增长率	—	—	—
综合地价	05	%	11.96
商业用地地价	06	%	13.12
住宅用地地价	07	%	12.28
工业用地地价	08	%	4.25

6-2-3　2011 年武汉市城乡建设用地增减挂钩项目情况一览表

序号	挂钩项目名称	挂钩周转指标			备　注
		小计（公顷）	还建区指标（公顷）	建新区指标（公顷）	
1	东西湖区牧业园	39.50	12.62	26.88	2006 年第一批挂钩项目
2	黄陂区谦森岛	27.30	5.29	22.01	2006 年第一批挂钩项目
3	黄陂区李集镇	10.40	2.60	7.80	2006 年第一批挂钩项目
4	黄陂区武湖农场	103.15	42.06	61.09	2006 年第一批挂钩项目
5	蔡甸区军山街	54.20	21.09	33.11	2008 年第二批挂钩项目
6	东西湖区柏泉及径河农场	183.24	36.56	146.68	2008 年第二批挂钩项目
7	江夏区营泉村	25.48	1.37	24.11	2009 年第三批挂钩项目
8	江夏区法泗镇	18.09	4.18	13.91	2009 年第三批挂钩项目
9	汉南区（一期）	147.19	17.52	129.67	2009 年第三批挂钩项目
10	东西湖区东山农场	37.93	9.04	28.89	2011 年第四批挂钩项目
11	汉南区（二期）	188.47	20.33	168.14	2011 年第四批挂钩项目

表 6-2-4 **2011 年武汉市建设用地上报情况汇总表**

区 域	用地面积（公顷）					各规划用途用地面积（公顷）					
	总面积	农用地	耕地	建设用地	未利用地	交通运输用地	公共管理与公共服务用地	商服用地	工业仓储用地	住宅用地	其他用地
中心城区小计	2037.73	1461.54	767.48	541.64	34.55	198.24	454.30	152.74	475.85	756.30	0.31
蔡甸区	698.46	539.10	402.30	143.73	15.63	84.98	35.62	9.27	449.06	119.52	0
东西湖区	338.97	324.05	174.11	13.58	1.35	6.30	2.34	17.19	278.57	34.58	0
汉南区	106.29	93.69	44.48	12.60	0	0	0	0	96.02	10.26	0
黄陂区	634.53	545.88	364.73	75.54	13.11	216.76	30.98	17.46	277.87	60.13	31.33
江夏区	1910.39	1477.04	1059.34	379.05	54.29	73.23	147.29	120.40	765.19	785.48	18.80
新洲区	406.74	284.31	211.03	105.55	16.88	0.13	20.58	23.27	196.17	157.17	9.41
全市小计	6133.11	4725.61	3023.47	1271.69	135.81	579.64	691.11	340.33	2538.73	1923.44	59.85

注：总面积=农用地+建设用地+未利用地。

表 6-2-5

2011 年武汉市建设用地批复情况汇总表

区域	用地面积（公顷）					各规划用途用地面积（公顷）					
	总面积	农用地	耕地	建设用地	未利用地	交通运输用地	公共管理与公共服务用地	商服用地	工业仓储用地	住宅用地	其他用地
中心城区小计	2715.36	1782.68	963.55	870.98	61.71	277.04	604.25	331.50	291.78	1210.79	0
蔡甸区	927.37	739.62	556.19	171.77	15.99	49.33	63.94	7.03	718.14	87.48	1.44
东西湖区	647.93	611.27	372.09	31.22	5.43	134.59	30.13	114.01	307.96	61.24	0
汉南区	121.81	113.94	44.77	7.87	0	0	11.22	0	71.44	39.15	0
黄陂区	902.98	782.42	588.86	105.09	15.46	228.85	34.78	26.43	545.52	40.73	26.67
江夏区	1808.85	1370.38	986.22	368.51	69.96	101.36	103.09	131.62	585.60	844.20	42.98
新洲区	954.92	736.50	524.54	153.73	64.69	166.08	20.93	43.58	355.76	367.67	0.90
全市小计	8079.22	6136.81	4036.22	1709.17	233.24	957.25	868.34	654.17	2876.20	2651.26	71.99

注：总面积=农用地+建设用地+未利用地。

6-2-6　　2011 年武汉市高产农田项目立项情况一览表

序号	项 目 名 称	建设规模（亩）	投资金额（万元）
1	江夏区法泗镇新农村试点土地整理项目	2857	690.74
2	汉南区重大工程土地整理	18120	2356
3	新洲区邾城街顾岗土地整理	15000	3750
4	东西湖区东山办事处新农村试点土地整理	10000	1498
5	黄陂区蔡家榨镇基本农田土地整理项目	14964	3248
6	蔡甸区桐湖农场（血防）基本农田土地整理	19999	2999
合计		80940	14541.74

6-2-7　　2011 年武汉市高产农田项目验收情况一览表

序号	项 目 名 称	建设规模（亩）	投资金额（万元）
1	蔡甸区消泗等 2 个乡镇基本农田土地整理（血防）项目	24847	3517
2	江夏区法泗新墩基本农田土地整理	11487	1365
3	黄陂区大潭原种场、三里镇童门、武湖农场高车分场基本农田土地整理	27875	3390
4	黄陂区罗汉寺街伏马基本农田土地整理项目	11552	2276
5	黄陂区前川街基本农田土地整理项目	5198	650
6	汉南区邓南街水洪基本农田土地整理	15000	2195
7	新洲区潘塘街低丘岗地改造项目	3955.95	791
8	新洲区辛冲镇万米石渠土地整理	5828	707
合计		105742.95	14891

表 6-2-8　　2011 年武汉市中心城区二级市场成交土地项目一览表

序号	原用地单位	受让方	土地位置	面积（亩）	成交价格（万元）	证载用途
1	武汉石桥集团有限责任公司	武汉正兴房地产开发有限公司	江岸区后湖街石桥村	42.19	13370.24	商服用地
2	武汉市硚口区长丰乡人民政府农机管理站	武汉市硚口农机工贸公司	硚口区长丰街长丰村	7.06	382.96	工业
3	中铁武桥重工股份有限公司	湖北合汇置业有限公司	汉阳区鹦鹉大道 448 号	11.43	713.87	工业
4	武汉港务集团有限公司	武汉红港工业园投资管理有限公司	江岸区汉黄路 8 号	118.92	7055.82	工业
5	武汉港务集团有限公司	湖北宏港石化储运有限公司	江岸区汉黄路 8 号	5.48	325.38	工业
6	交通银行股份有限公司湖北省分公司	武汉信用投资集团股份有限公司	江岸区台北街建设大道 692 号	4.39	5071.64	商业金融业
7	武汉王家墩中央商务区建设投资股份有限公司	武汉中心大厦开发投资有限公司	江汉区王家墩地区原空军汉口机场内	31.47	29144.10	商服、住宅用地
8	武汉王家墩中央商务区建设投资股份有限公司	武汉泛海城市广场开发投资有限公司	江汉区王家墩地区原空军汉口机场内	101.13	71387.15	商服
9	武汉王家墩中央商务区建设投资股份有限公司	武汉中心大厦开发投资有限公司	江汉区王家墩地区原空军汉口机场内	32.16	29783.56	商服、住宅用地
10	武汉王家墩中央商务区建设投资股份有限公司	武汉泛海城市广场开发投资有限公司	江汉区王家墩地区原空军汉口机场内	43.65	26088.48	城镇住宅用地
11	武汉王家墩中央商务区建设投资股份有限公司	武汉中心大厦开发投资有限公司	江汉区王家墩地区原空军汉口机场内	42.18	53866.96	商务金融用地
12	武汉王家墩中央商务区建设投资股份有限公司	武汉泛海城市广场开发投资有限公司	江汉区王家墩地区原空军汉口机场内	76.33	33722.44	商服、住宅、公共设施、公共建筑用地
13	武汉王家墩中央商务区建设投资股份有限公司	武汉中心大厦开发投资有限公司	江汉区王家墩地区原空军汉口机场内	75.07	70216.72	商服、住宅、公共设施用地
14	中国农业银行股份有限公司武汉江南支行	刘宜超、罗大菊、李芝风、李荣	武昌区自由路 36~40 号	0.72	525.68	城镇住宅用地
15	招商银行股份有限公司武汉分行	万立伟、詹必华、钟宏波、周勇军	硚口区常码头村	4.14	176.46	仓储用地
16	武汉市江岸区西马燃料物资公司	武汉市江岸区盛源汽车客运服务部	江汉区联合村 12 号	5.89	1795.66	城镇混合住宅用地
17	武汉杰虎涂料工程有限公司	陈振琴	江汉区万松街安全村	0.82	48.46	工业用地
18	武汉市江岸区机关事务管理局	武汉湖锦娱乐发展有限责任公司	江岸区汉黄路 5 号	16.70	634.74	工业用地
19	湖北省农业物资仪器公司	湖北明冉置业有限公司	洪山区狮子山街张吴村	5.98	212.02	仓储及配套
20	杜光松	武汉金安堂实业发展有限公司	江汉区常青街青年路 292 号	2.93	174.06	工业

表 6-2-9　　2011 年武汉市核发征收土地公告项目一览表

序号	用　　途	征　收　单　位	地　　址	总面积（公顷）
1	北湖闸路	武汉化工新城建设开发投资有限公司	洪山区建设街群联村	13.55
2	土地储备	洪山区土地整理储备中心	洪山区洪山街洪山村	1.75
3	三金坛污水处理厂收集系统建设渠泵站工程	武汉市城市排水发展有限公司	江岸区后湖街岱山村	0.32
4	东沙连通项目-1	武汉市人民政府（武汉地产开发投资集团有限公司）	洪山区洪山街余家湖村	7.04
5	东沙连通项目-9	武汉市人民政府（武汉地产开发投资集团有限公司）	洪山区洪山街余家湖村	57.97
6	东沙连通储备项目-1	武汉市人民政府（武汉地产开发投资集团有限公司）	洪山区洪山街余家湖村	2.63
7	东沙连通储备项目-2	武汉市人民政府（武汉地产开发投资集团有限公司）	洪山区洪山街余家湖村	0.46
8	东沙连通储备项目-4	武汉市人民政府（武汉地产开发投资集团有限公司）	洪山区洪山街余家湖村	0.38
9	东沙连通储备项目-5	武汉市人民政府（武汉地产开发投资集团有限公司）	洪山区洪山街余家湖村	0.10
10	东沙连通储备项目-6	武汉市人民政府（武汉地产开发投资集团有限公司）	洪山区洪山街余家湖村	0.99
11	东沙连通储备项目-7	武汉市人民政府（武汉地产开发投资集团有限公司）	洪山区洪山街余家湖村	0.36
12	东沙连通储备项目-8	武汉市人民政府（武汉地产开发投资集团有限公司）	洪山区洪山街余家湖村	1.19
13	东沙连通储备项目-9	武汉市人民政府（武汉地产开发投资集团有限公司）	洪山区洪山街余家湖村	0.46
14	东沙连通储备项目-12	武汉市人民政府（武汉地产开发投资集团有限公司）	洪山区洪山街余家湖村	0.66
15	东沙连通储备项目-13	武汉市人民政府（武汉地产开发投资集团有限公司）	洪山区洪山街余家湖村	2.81
16	东沙连通储备项目-14	武汉市人民政府（武汉地产开发投资集团有限公司）	洪山区洪山街余家湖村	0.68
17	东沙连通项目-2	武汉市人民政府（武汉地产开发投资集团有限公司）	洪山区洪山街余家湖村	3.51
18	东沙连通储备项目-3	武汉市人民政府（武汉地产开发投资集团有限公司）	洪山区洪山街余家湖村	3.32
19	东沙连通储备项目-10	武汉市人民政府（武汉地产开发投资集团有限公司）	洪山区洪山街余家湖村	1.49
20	东沙连通储备项目-11	武汉市人民政府（武汉地产开发投资集团有限公司）	洪山区洪山街余家湖村	0.24

续表：

序号	用　　途	征收单位	地　　址	总面积（公顷）
21	东沙连通储备项目-15	武汉市人民政府（武汉地产开发投资集团有限公司）	洪山区洪山街余家湖村	0.18
22	东沙连通储备项目-16	武汉市人民政府（武汉地产开发投资集团有限公司）	洪山区洪山街余家湖村	2.45
23	东沙连通储备项目-17	武汉市人民政府（武汉地产开发投资集团有限公司）	洪山区洪山街余家湖村	0.29
24	住宅用地	武汉市人民政府（城中村余家头村开发用地）	洪山区和平街余家头村	0.22
25	居住	武汉市土地整理储备中心（城中村改造余家头村还建用地）	洪山区和平街余家头村	2.52
26	绿化、市政设施	武汉市人民政府（城中村余家头村控制用地）	洪山区和平街余家头村	3.43
27	居住、商业金融业、绿化	武汉市土地整理储备中心	洪山区和平街余家头村	22.34
28	工业	硚口区土地储备事务中心	硚口区长丰街长丰村	1.53
29	雨水、污水处理、道路	武汉市土地整理储备中心（城中村改造徐东村控制用地）	洪山区和平街徐东村	0.19
30	居住、商业	武汉市人民政府	洪山区和平街徐东村	1.71
31	居住、道路、商业金融业	武汉市土地整理储备中心（城中村改造徐东村开发、还建用地）	洪山区和平街徐东村	18.30
32	银墩路道路工程	武汉市城市建设投资开发集团有限公司	江汉区汉兴街贺家墩村	0.05
33	站北路（常青路—新华西路）道路工程	武汉市城市建设投资开发集团有限公司	江汉区唐家墩街唐家墩村	0.37
34	金墩路(发展大道—红旗渠路)	武汉市城市建设投资开发集团有限公司	江汉区唐家墩街唐家墩村	0.11
35	城中村改造	武汉市人民政府（洪山村综合改造还建用地）	洪山区洪山街洪山村	14.41
36	二环线跨雄楚立交	武汉市城市建设投资开发集团有限公司	洪山区洪山街洪山村	1.50
37	体育馆场	武汉市人民政府	洪山区和平街东方红村、五渔场	6.50
38	洪山村综合改造控制用地	武汉市人民政府（洪山村控制用地）	洪山区洪山街洪山村	4.32
39	住宅用地	武汉市人民政府(城中村烽火村还建开发用地)	洪山区青菱街烽火村	14.94
40	居住、商业、工业	武汉市人民政府（烽火村城中村改造开发、还建用地）	洪山区青菱街烽火村	28.90
41	居住、商业、市政公共设施、道路等	武汉市人民政府	洪山区青菱街长征村、烽火村	24.62

续表：

序号	用途	征收单位	地址	总面积（公顷）
42	商业、工业	武汉市土地整理储备中心（城中村改造光霞村产业、控制用地）	洪山区青菱街光霞村、武昌区园林局	20.80
43	还建	洪山区洪山街姚家岭村村民委员会	洪山区洪山街余家湖村、东湖村	7.66
44	居住、道路广场	武汉市土地整理储备中心	洪山区青菱街园艺村	23.76
45	住宅	武汉市人民政府（毛坦经济适用房）	洪山区青菱街毛坦村、光霞村、武汉青菱渔场	22.56
46	教学楼	洪山区教育局（红庙小学）	洪山区洪山街东湖村、余家湖村	2.01
47	储备用地（红桥村产业用地）	武汉市土地整理储备中心	江岸区后湖街红桥村	0.27
48	工业	武汉市土地整理储备中心	汉阳区永丰街董家店村、徐湾村	9.26
49	工业	武汉市土地整理储备中心	汉阳区永丰街董家店村、徐湾村	7.48
50	工业	武汉市土地整理储备中心	汉阳区永丰街董家店村、徐湾村、什湖农场	8.32
51	工业	武汉市土地整理储备中心	汉阳区永丰街董家店村、徐湾村、什湖农场、三眼桥村	5.28
52	市场用地	武汉市土地整理储备中心	硚口区长丰街额头湾村、舵落口村、易家墩村	2.30
53	城中村改造	武汉市人民政府（洪山村开发控制用地）	洪山区洪山街洪山村	19.26
54	城中村改造	武汉市人民政府（洪山村综合改造产业用地）	洪山区洪山街洪山村	3.63
55	商服、交通运输	武汉市土地整理储备中心	硚口区长丰街汉西村、常码头村、建荣村、长青村	24.40
56	居住、公用设施、绿地、市政设施、中小学控制、道路广场用地	武汉市土地整理储备中心武汉新区分中心	汉阳区江堤街丰收村、渔业村、红卫村	59.27
57	居住	武汉市土地整理储备中心武汉新区分中心	汉阳区四新村	1.49
58	居住、公共绿地	武汉市土地整理储备中心武汉新区分中心	汉阳区江堤街丰收村、渔业村	17.94
59	居住、商业金融用地	武汉市土地整理储备中心	洪山区青菱街长征村	21.17
60	居住、商业、绿地、道路等用地	武汉市土地整理储备中心	洪山区青菱街长征村	0.65
61	居住	武汉市土地整理储备中心	洪山区和平街铁机村、武丰村、和平村	5.68
62	居住	武汉市土地整理储备中心	洪山区和平街武丰村	4.14

续表：

序号	用　途	征收单位	地　址	总面积（公顷）
63	商业	武汉市土地整理储备中心	硚口区长丰街长青村	0.31
64	商业、城市道路、防护绿化、绿化、市政设施	武汉市土地整理储备中心	硚口区长丰街汉西村	0.69
65	道路广场	武汉市城市建设利用外资项目管理办公室	硚口区长丰街长青村、常码头村、汉西村、建荣村	6.23
66	道路	武汉市城市建设利用外资项目管理办公室	硚口区长丰街罗家墩村、长青村	13.45
67	住宅、商业金融、规划控制	武汉市土地整理储备中心	洪山区洪山街东亭村	5.92
68	居住、商业金融业、规划控制	武汉市土地整理储备中心	洪山区洪山街东亭村	2.17
69	住宅	武汉市土地整理储备中心	洪山区洪山街卓刀泉村	2.38
70	武青四干道	武汉宏宇建设工程咨询有限公司	洪山区和平街三角路村、中国农业科学院油料作物研究所	2.70
71	泰格路道路排水工程	洪山区建设局	洪山区洪山街洪山村、幸福村	0.48
72	福星西路	武汉市城市建设投资开发集团有限公司	中国农业科学院油料作物研究所	0.31
73	红霞村综合改造还建用地	武汉市土地整理储备中心	洪山区青菱街红霞村	16.25
74	道路	武汉市城市建设投资开发集团有限公司	洪山区和平街三角路村、团结村	1.05
75	城中村改造产业用地	武汉市人民政府	洪山区青菱街园艺村、红霞村	6.63
76	保安用地	武汉市公安局武昌区分局	洪山区青菱街青菱村	1.68
77	白沙四路	洪山区建设局	洪山区青菱街毛坦村、光霞村	2.64
78	土地统征（黄埔新城 C19 号地块）	武汉市人民政府（武汉市土地整理储备中心）	江岸区谌家矶街先锋村	2.07
79	土地统征（黄埔新城 C18 号地块）	武汉市人民政府（武汉市土地整理储备中心）	江岸区谌家矶街先锋村	7.75
80	土地统征（长联来福）	武汉市人民政府（武汉市土地整理储备中心）	江岸区后湖街幸福村	13.45
81	土地统征（正远电器）	武汉市人民政府（武汉市土地整理储备中心）	江岸区后湖街幸福村	9.04
82	姑嫂树村开发用地	武汉市人民政府	江汉区汉兴街姑嫂树村	0.46
83	姑嫂树村规划控制用地	武汉市人民政府	江汉区汉兴街姑嫂树村	5.49
84	姑嫂树村开发、产业、控制用地	武汉市人民政府	江汉区汉兴街姑嫂树村	48.20
85	居住、商业	武汉市土地整理储备中心	硚口区长丰街永利村	0.84
86	交通运输	武汉市城市建设投资开发集团有限公司	硚口区长丰街长丰村	2.53
87	道路	硚口区建设局	硚口区长丰街长丰村	0.52

续表：

序号	用　　途	征 收 单 位	地　　址	总面积（公顷）
88	商业、仓储、工业	武汉市土地整理储备中心	硚口区长丰街养殖场、额头湾村、东风村	10.55
89	绿地	硚口区园林局	硚口区长丰街额头湾村、舵落口村、易家墩村	6.86
90	居住、公用设施、绿地、市政设施、中小学控制、道路广场用地	武汉市土地整理储备中心	汉阳区江堤街渔业村、红卫村、向阳村	30.78
91	文化娱乐	武汉市土地整理储备中心	武汉汉阳渔场置业有限公司	10.29
92	居住、公用设施、绿地、市政设施、中小学控制、道路广场用地	武汉市土地整理储备中心	汉阳区江堤街红卫村	5.77
93	居住、公用设施、绿地、市政设施、中小学控制、道路广场用地	武汉市土地整理储备中心	汉阳区江堤街红卫村	7.13
94	居住、公用设施、绿地、市政设施、中小学控制、道路广场用地	武汉市土地整理储备中心	汉阳区江堤街红卫村	17.81
95	居住、商业、文化娱乐、中小学、绿化、市政设施、社会停车库、道路用地	武汉市土地整理储备中心	汉阳区永丰街十里铺村	7.04
96	居住、公共设施、绿地、道路广场、市政公园设施、水域、其他用地	武汉市土地整理储备中心	汉阳区永丰街龙阳村	25.09
97	土地统征	武汉市人民政府	洪山区九峰街建强村	0.31
98	沙湖港中段及新沟渠整治工程	武汉市城市建设利用外资项目管理办公室	洪山区和平街和平村、和平街一渔场，洪山街余家湖村、东湖村、渔光村、洪山街渔牧一场	14.94
99	三环线东段（青化路立交—老武黄立交道路工程）	武汉市城市建设投资开发集团有限公司	洪山区和平街先锋村、渣家庙村、九峰街滨湖村、建强村、养殖场，洪山街群英村，武汉市马鞍山苗圃	36.38
100	产业用地还建项目	东湖生态旅游风景区先锋村村民委员会	东湖生态旅游风景区先锋村	6.43
101	龚家岭村产业用地还建	东湖生态旅游风景区龚家岭村村民委员会	洪山区和平街龚家岭村	5.85
102	居住、公共设施、绿地、道路广场、市政公园设施、水域、其他用地	武汉市土地整理储备中心	汉阳区永丰街龙阳村	19.45
103	青郑高速公路	武汉市交通运输委员会	洪山区青菱街长江村、渔业村、青菱村、园艺村、红霞村、武汉市青菱渔场、武汉白沙洲农副产品大市场有限公司、湖北集美建筑装饰工程有限公司、武汉科力新技术研究设计工程有限公司等	38.92
104	居住、公用设施、绿地、市政设施、道路广场用地	武汉市土地整理储备中心	汉阳区永丰街燎原村	28.67

续表：

序号	用　途	征收单位	地　址	总面积（公顷）
105	住宅、公共建筑、公共设施	武汉市土地整理储备中心武汉新区分中心	汉阳区江堤街太山村	3.29
106	居住、商业、文化娱乐、办公、绿化、市政设施、水域控制、道路广场用地	武汉市土地整理储备中心	汉阳区永丰街汉桥村	36.82
107	交通运输	武汉市公共交通集团有限责任公司	汉阳区永丰街十里铺村	0.36
108	道路	武汉市城诚路桥发展有限公司	汉阳区江堤街鹦鹉村	0.41
109	居住	武汉市土地整理储备中心	汉阳区江堤街前进村	1.27
110	住宅	武汉市第二中学	江岸区新江岸四村 98 号	0.04
111	胜华村城中村改造-1	武汉市人民政府（武汉市土地整理储备中心）	江岸区后湖街胜华村	6.76
112	居住、商业、文化娱乐、办公、绿化、市政设施、水域控制、道路广场用地	武汉市土地整理储备中心	汉阳区永丰街汉桥村、武汉市国营汉阳渔场	22.29
113	居住、公共设施、绿地、道路广场、市政公园设施、水域、其他、特殊用地	武汉市土地整理储备中心	汉阳区永丰街五里墩村	0.85
114	居住、公共设施、绿地、道路广场、市政公园设施、水域、其他、特殊用地	武汉市土地整理储备中心	汉阳区永丰街五里墩村	3.57
115	商业金融业	武汉市土地整理储备中心	硚口区长丰街长丰村	1.02
116	唐家墩村城中村改造控制用地-1	武汉市人民政府（武汉市土地整理储备中心）	江汉区唐家墩街唐家墩村	17.70
117	唐家墩村城中村改造开发用地	武汉市人民政府（武汉市土地整理储备中心）	江汉区唐家墩街唐家墩村	31.36
118	唐家墩村城中村改造开发、产业、控制用地-1	武汉市人民政府（武汉市土地整理储备中心）	江汉区汉兴街姑嫂树村	2.05
119	新春村控制用地	武汉市人民政府（武汉市土地整理储备中心）	江岸区后湖街新春村	4.32
120	中胜村改造开发产业还建用地	武汉市人民政府（武汉市土地整理储备中心）	江岸区后湖街中胜村	9.73
121	居住	汉阳区江堤街前进村村民委员会	汉阳区江堤街前进村	1.06
122	居住	汉阳区江堤街前进村村民委员会	汉阳区江堤街前进村	0.39
123	二七村开发还建控制用地	武汉市人民政府	江岸区后湖街二七村、淌湖村、永红村	7.76
124	永红村城中村改造	武汉市人民政府（武汉市土地整理储备中心）	江岸区后湖街永红村	4.44
125	谌家矶工业园经济适用房建设	武汉市土地整理储备中心	江岸区谌家矶街朱家河村、先锋村	15.64

续表：

序号	用　途	征收单位	地　址	总面积（公顷）
126	新华西路改造项目	武汉市土地整理储备中心	江汉区唐家墩街唐家墩村、常青街航侧村	1.47
127	土地征收项目	中共江汉区委党校	江汉区汉兴街贺家墩村	1.42
128	石桥路(井南大道—幸福大道)	武汉地产开发投资集团有限公司	江汉区汉兴街姑嫂树村	0.17
129	连城村城中村改造用地-2	武汉市人民政府（武汉市土地整理储备中心）	江岸区后湖街连城村	36.13
130	土地统征（黄埔新城 C20 地块）	武汉市人民政府（武汉市土地整理储备中心）	江岸区谌家矶街先锋村	5.49
131	石桥村城中村改造	武汉市人民政府（武汉市土地整理储备中心）	江岸区后湖街石桥村、中胜村	43.39
132	武汉—合肥客运专线武汉段建设项目	武汉市城市建设投资开发集团有限公司	江岸区后湖街丹水池村、幸福村、黑泥湖村、二七村、永红村、连城村、石桥村等	19.46
133	武汉—合肥客运专线武汉段建设项目	武汉市城市建设投资开发集团有限公司	江汉区汉兴街贺家墩村、唐家墩街唐家墩村	8.94
134	城中村综合改造（控制用地）	武汉市人民政府（武汉市土地整理储备中心）	洪山区青菱街长江村	0.88
135	城中村综合改造	武汉市人民政府（武汉市土地整理储备中心）	武昌区水果湖街姚家岭村	0.88
136	城中村综合改造(开发控制用地)	武汉市人民政府（武汉市土地整理储备中心）	洪山区青菱街长江村	17.77
137	医疗卫生、工业	硚口区土地储备事务中心	硚口区长丰街永利村	5.89
138	居住、商业、绿化	武汉市土地整理储备中心	硚口区长丰街长青村	1.84
139	交通运输	武汉市城市建设投资开发集团有限公司	硚口区长丰街常码头村、汉西村、武汉市汉西苗圃	2.15
140	武汉北编组站建设项目	武汉市城市建设投资开发集团有限公司	洪山区洪山街先建村、马湖村、板桥村、李板村、新路村	9.55
141	蓉城研磨材料有限公司	武汉市人民政府（洪山区土地整理储备中心）	洪山区建设街胡教村	1.52
142	新武东村产业用地还建项目	东湖生态旅游风景区新武东村村民委员会	东湖生态旅游风景区新武东村	6.84
143	武汉市建德港口装卸有限公司	武汉市人民政府（洪山区土地整理储备中心）	洪山区建设街新集村	11.51
144	商业、金融业	武汉市土地整理储备中心	汉阳区永丰街燎原村	3.98
145	市政、道路、绿化、中小学用地	武汉市土地整理储备中心	汉阳区永丰街燎原村	11.24
146	市政设施	武汉市土地整理储备中心	汉阳区永丰街燎原村	6.37

续表：

序号	用　　途	征 收 单 位	地　　址	总面积（公顷）
147	绿化	武汉市土地整理储备中心	汉阳区永丰街燎原村	2.53
148	住宅	武汉市土地整理储备中心	汉阳区永丰街燎原村	3.11
149	居住	武汉市土地整理储备中心	汉阳区永丰街燎原村	10.35
150	工业	武汉市人民政府	江岸区后湖街岱山村、幸福村	2.64
151	城中村综合改造（产业用地）	武汉市人民政府（武汉市土地整理储备中心）	洪山区青菱街长征村	8.55
152	居住	武汉市土地整理储备中心	汉阳区江堤街江堤村、向阳村	0.29
153	市政设施、道路、绿化	武汉市土地整理储备中心	汉阳区江堤街前进村	2.35
154	工业	武汉市土地整理储备中心	硚口区长丰街养殖场	8.89
155	仓储用地、高压走廊用地	武汉市土地整理储备中心	硚口区长丰街东风村	3.46
156	仓储用地、高压走廊用地	武汉市土地整理储备中心	硚口区长丰街东风村	1.14
157	城中村综合改造	武汉市人民政府（武汉市土地整理储备中心）	洪山区青菱街长江村	35.27
158	城中村综合改造（产业用地）	武汉市人民政府（武汉市土地整理储备中心）	洪山区和平街徐东村	0.16
159	城中村综合改造控制用地	武汉市人民政府（武汉市土地整理储备中心）	洪山区洪山街余家湖村、三角路村	22.33
160	经济适用房	武汉天地源房地产开发有限公司	武汉市蔬菜科学研究所（国有农用地）	3.49
161	仓储用地	武汉市土地整理储备中心	硚口区长丰街东风村	0.39
162	仓储用地	武汉市土地整理储备中心	硚口区长丰街东风村	0.83
163	鲩子湖村开发、产业、控制用地	武汉市人民政府（武汉市土地整理储备中心）	江汉区唐家墩街鲩子湖村	1.33
164	永红村城中村改造储备用地	武汉市人民政府（武汉市土地整理储备中心）	江岸区后湖街永红村	13.68
165	胜华村城中村改造-2	武汉市人民政府（武汉市土地整理储备中心）	江岸区后湖街胜华村	8.39
166	连城村城中村改造用地-1	武汉市人民政府（武汉市土地整理储备中心）	江岸区后湖街连城村	2.58
167	先锋村土地统征-1	武汉市人民政府（东湖生态旅游风景区土地储备中心）	洪山区和平街先锋村	20.39

续表：

序号	用　　途	征 收 单 位	地　　址	总面积（公顷）
168	桥梁村储备用地-2	武汉市人民政府（东湖生态旅游风景区土地储备中心）	洪山区洪山街桥梁村、九峰街养殖场	8.32
169	先锋村土地统征-3	武汉市人民政府（东湖生态旅游风景区土地储备中心）	洪山区和平街先锋村	10.32
170	居住、商业	武汉市土地整理储备中心	汉阳区永丰街汉桥村	5.39
171	（YCH-01）统征地块	武汉市人民政府（武汉市土地整理储备中心）	洪山区和平街五渔场、东方红村	3.83
172	黄家大湾收费管理区	武汉市城市路桥收费管理中心	洪山区建设街龚家岭村	0.71
173	青山节能环保科技产业园	武汉市人民政府（青山区土地整理储备事务中心）	青山区白玉山街火官庙村、五一村、红胜村	14.61
174	土地统征（武丰村还建控制用地）	武汉市人民政府（武汉市土地整理储备中心）	洪山区和平街武丰村	12.71
175	江岸区堤角都市工业园	武汉市人民政府（武汉市土地整理储备中心）	江岸区后湖街幸福村	3.42
176	中胜村开发用地	武汉市人民政府（武汉市土地整理储备中心）	江岸区后湖街中胜村	0.02
177	二七村城中村改造还建开发产业控制用地	武汉市人民政府（武汉市土地整理储备中心）	江岸区后湖街二七村、淌湖村、永红村	10.28
178	工业、道路、防护绿地	武汉市土地整理储备中心	汉阳区永丰街仙山村	1.18
179	新春村城中村改造-E	武汉市人民政府（武汉市土地整理储备中心）	江岸区后湖街新春村	0.17
180	居住、绿地	武汉市土地整理储备中心	汉阳区江堤街邓甲村	0.06
181	住宅	汉阳经济开发区汉城村村民委员会	汉阳区永丰街汉城村	0.80
182	市场用地	武汉市土地整理储备中心	汉阳区永丰街陶家岭村、汉城村	1.18
183	居住、市政设施（高压走廊）、绿化用地	武汉市土地整理储备中心	汉阳区永丰街仙山村	3.63
184	居住、中小学用地	武汉市土地整理储备中心	汉阳区永丰街米粮村	33.78
185	商业、绿化	武汉市土地整理储备中心	汉阳区永丰街汤山村	11.79
186	（YCH-03）统征地块	武汉市人民政府（武汉市土地整理储备中心）	洪山区和平街东方红村	1.10
187	（YCH-08）统征地块	武汉市人民政府（武汉市土地整理储备中心）	洪山区和平街和平村	0.65
188	（YCH-12）统征地块	武汉市人民政府（武汉市土地整理储备中心）	洪山区和平街北洋桥村、四渔场	0.34

续表:

序号	用　途	征　收　单　位	地　址	总面积（公顷）
189	（YCH-17）统征地块	武汉市人民政府（武汉市土地整理储备中心）	洪山区和平街白马洲村、北洋桥村	10.80
190	统征地块	武汉市人民政府（武汉市土地整理储备中心）	洪山区青菱街长征村	4.01
191	城中村综合改造控制用地-2	武汉市人民政府（武汉市土地整理储备中心）	洪山区洪山街红旗村	4.24
192	洪山村还建项目	洪山区洪山街洪山村村民委员会	洪山区洪山街洪山村	1.55
193	花桥村开发还建控制用地	武汉市人民政府（武汉市土地整理储备中心）	江岸区后湖街幸福村、花桥村、竹叶山村	16.58
194	新春村城中村改造-B	武汉市人民政府（武汉市土地整理储备中心）	江岸区后湖街新春村	2.22
195	新春村城中村改造还建用地	武汉市人民政府（武汉市土地整理储备中心）	江岸区后湖街新春村	17.53
196	新春村产业用地	武汉市人民政府（武汉市土地整理储备中心）	江岸区后湖街新春村	10.51
197	新春村城中村改造-C	武汉市人民政府（武汉市土地整理储备中心）	江岸区后湖街新春村	0.06
198	新春村城中村改造-D	武汉市人民政府（武汉市土地整理储备中心）	江岸区后湖街新春村	0.11
199	新春村城中村开发用地	武汉市人民政府（武汉市土地整理储备中心）	江岸区后湖街新春村	14.67
200	胜华村城中村改造-3	武汉市人民政府（武汉市土地整理储备中心）	江岸区后湖街胜华村	0.32
201	白马洲村城中村综合改造-1	武汉市人民政府（武汉市土地整理储备中心）	洪山区和平街白马洲村	6.15
202	厂前村城中村综合改造-1	武汉市人民政府（武汉市土地整理储备中心）	洪山区和平街厂前村	55.42
203	北洋桥村城中村综合改造-1	武汉市人民政府（武汉市土地整理储备中心）	洪山区和平街北洋桥村	43.67
204	（YCH-21）统征地块	武汉市人民政府（武汉市土地整理储备中心）	洪山区和平街白马洲村、厂前村	3.02
205	白马洲村城中村综合改造-3	武汉市人民政府（武汉市土地整理储备中心）	洪山区和平街白马洲村	52.15
206	北洋桥村城中村综合改造-2	武汉市人民政府（武汉市土地整理储备中心）	洪山区和平街北洋桥村	51.54
207	八一路延长线	武汉光谷建设投资有限公司	洪山区洪山街风光村、磨山村、洪山区珞南街、武汉国营东湖渔场	10.54
208	青山区社会福利化工厂	武汉市人民政府（武汉市土地整理储备中心）	青山区白玉山街红胜村	0.20
209	机械加工生产基地	武汉市人民政府（武汉市土地整理储备中心）	青山区武东街武东村	1.67

续表：

序号	用　　途	征　收　单　位	地　　址	总面积（公顷）
210	博旺兴源物流中心	武汉市人民政府(洪山区土地整理储备中心)	洪山区建设街工业港村、建设村	4.21
211	二环线水东段(东湖生态旅游风景区—中北路延长线—和平大道)	武汉市城市建设利用外资项目管理办公室	洪山区洪山街东湖村	3.23
212	二环线水东段(东湖生态旅游风景区段)	武汉市城市建设利用外资项目管理办公室	洪山区洪山街东湖村	9.17
213	跃进村城中村综合改造	武汉市人民政府(武汉市土地整理储备中心)	江岸区后湖街跃进村	17.06
214	跃进村产业还建控制用地	武汉市人民政府(武汉市土地整理储备中心)	江岸区后湖街跃进村	1.34
215	跃进村控制用地	武汉市人民政府(武汉市土地整理储备中心)	江岸区后湖街跃进村	0.67
216	跃进村开发产业控制用地	武汉市人民政府(武汉市土地整理储备中心)	江岸区后湖街跃进村	21.68
217	土地统征	武汉市土地整理储备中心	武昌区中南街姚家岭村	2.70
218	土地统征	武汉市人民政府(武汉市土地整理储备中心)	洪山区和平街铁机村	6.13
219	城中村综合改造控制用地-2	武汉市人民政府(武汉市土地整理储备中心)	洪山区青菱街长征村	18.28
220	城中村综合改造控制用地	武汉市人民政府(武汉市土地整理储备中心)	洪山区青菱街长征村	21.22
221	城中村综合改造控制用地-4	武汉市人民政府(武汉市土地整理储备中心)	洪山区青菱街长征村	12.42
222	武汉瑞丰经济适用房	武汉瑞丰置业有限责任公司	武汉市蔬菜科学研究所	4.29
223	城中村综合改造控制用地-1	武汉市人民政府(武汉市土地整理储备中心)	洪山区青菱街长征村	11.03
224	武丰村综合改造还建产业用地	武汉市人民政府(武汉市土地整理储备中心)	洪山区和平街武丰村	23.68
225	红桥村城中村改造产业用地	武汉市人民政府(武汉市土地整理储备中心)	江岸区后湖街红桥村	0.10
226	石桥村城中村改造储备用地	武汉市人民政府(武汉市土地整理储备中心)	江岸区后湖街石桥村、胜华村	5.42
227	三金潭污水处理厂	武汉市城市排水发展有限公司	江岸区后湖街金潭村	10
228	张公堤污水泵站	武汉市城市排水发展有限公司	江岸区后湖街金潭村	0.56
229	城中村综合改造（产业用地）	武汉市人民政府(武汉市土地整理储备中心)	洪山区青菱街长江村	8.58
230	城中村综合改造（产业用地）	武汉市人民政府(武汉市土地整理储备中心)	洪山区洪山街红旗村	7.12

续表：

序号	用　途	征 收 单 位	地　址	总面积（公顷）
231	居住、公共设施、绿地	武汉市土地整理储备中心武汉新区分中心	武汉市农业科学研究所	3.66
232	住宅、公共基础设施、瞻仰景观休闲用地	武汉市土地整理储备中心武汉新区分中心	江汉区江堤街丰收村、渔业村、武汉市良种场	20.76
233	杨春湖天然气加气母站建设工程	湖北国通能源发展有限公司	洪山区和平街白马洲村、厂前村	2.11
234	轨道交通 4 号线（洪山段）	武汉地铁集团有限公司	洪山区和平街白马洲村、北洋桥村、和平村、武丰村、洪山街余家湖村	14.55
235	罗家港整治工程（青山段）	武汉市城市建设利用外资项目管理办公室	洪山区和平街余家头村	0.96
236	滨湖村产业用地还建	东湖生态旅游风景区滨湖村村民委员会	洪山区九峰街滨湖村	1.06
237	统征杨春湖地区 603 号地块	武汉市人民政府	洪山区和平街东方红村	6.66
238	统征杨春湖地区 606 号地块	武汉市人民政府	洪山区和平街武丰村、东方红村、和平砖瓦厂	7.36
239	建南一路	青山区建设局	洪山区和平街大洲村	1.02
240	八吉新府市政道路配套工程	青山区建设局	洪山区建设街群力村	3.57
241	二环线（八一路—东湖宾馆）东湖生态旅游风景区段	武汉市城市建设投资开发集团有限公司	洪山区洪山街风光村	0.13
242	二环线（八一路—东湖宾馆）洪山段	武汉市城市建设投资开发集团有限公司	洪山区洪山街东亭村	1.89
243	渔光村产业用地还建用地	东湖生态旅游风景区渔光村村民委员会	洪山区和平街四渔场、白马洲村	0.56
244	鲁磨路延长线	东湖生态旅游风景区管理委员会	洪山区和平街新武东村、九峰街滨湖村	1.72
245	雁中路维修	东湖生态旅游风景区管理委员会	洪山区和平街湖光村、先锋村	1.44
246	落雁路改造	东湖生态旅游风景区管理委员会	洪山区和平街龚家岭村、先锋村、湖光村，二渔场，东湖渔场	8.65
247	桥梁村储备用地-1	武汉市人民政府（东湖生态旅游风景区土地储备中心）	洪山区洪山街桥梁村	5.29
248	先锋村储备用地-2	武汉市人民政府（东湖生态旅游风景区土地储备中心）	洪山区和平街先锋村	13.19
249	东兴洲村城中村改造储备用地-1	武汉市人民政府（武汉市土地整理储备中心）	青山区红卫路街东兴洲村	1.41
250	统征杨春湖地区 605 号地块	武汉市人民政府	洪山区和平街武丰村、东方红村、和平砖瓦厂	7.12
251	统征杨春湖地区 608 号地块	武汉市人民政府	洪山区和平街武丰村	0.12

续表：

序号	用　　途	征　收　单　位	地　　址	总面积（公顷）
252	统征杨春湖地区607号地块	武汉市人民政府	洪山区和平街武丰村、东方红村、和平砖瓦厂	6.90
253	统征杨春湖地区604号地块	武汉市土地整理储备中心城市建设分中心	洪山区和平街武丰村、东方红村	7.03
254	厂前村城中村综合改造-2	武汉市人民政府（武汉市土地整理储备中心）	洪山区和平街厂前村	40.78
255	轨道交通2号线一期工程	武汉地铁集团有限公司	武昌区中南街姚家岭村	1.98
256	高法北还建	武汉市人民政府（武汉市土地整理储备中心城市发展分中心）	洪山区洪山街余家湖村	2.46
257	徐东村还建用地	武汉市人民政府（武汉市土地整理储备中心）	洪山区和平街徐东村	0.35
258	罗家港整治工程	武汉市城市建设利用外资项目管理办公室	洪山区和平街余家头村	0.43
259	罗家港整治工程（洪山段）	武汉市城市建设利用外资项目管理办公室	洪山区和平街柴林头村、铁机村、和平村	2.36
260	工业四路(北洋桥路—友谊大道)	洪山区建设局	洪山区和平街东方红村	1.41
261	出版城路南延线(南湖新城路—南湖大道)	洪山区建设局	湖北省农科院蚕种场	2.60
262	工业	武汉市土地整理储备中心	汉阳区永丰街四台村	0.67
263	工业	武汉市土地整理储备中心	汉阳区永丰街四台村	2.02
264	工业	武汉市土地整理储备中心	汉阳区永丰街四台村	0.83
265	工业	武汉市土地整理储备中心	汉阳区永丰街四台村	1.07
266	工业	武汉市土地整理储备中心	汉阳区永丰街四台村、黄金口村	1.06
267	二环线水东段	武汉市城市建设利用外资项目管理办公室	洪山区和平街柴林头村、铁机村	5.30
268	二环线水东段	武汉市城市建设利用外资项目管理办公室	洪山区和平街柴林头村、铁机村、和平村	1.88
269	二环线水东段	武汉市城市建设利用外资项目管理办公室	洪山区和平街柴林头村	0.27
270	姑嫂树村城中村改造开发控制用地	武汉市人民政府（武汉市土地整理储备中心）	江汉区汉兴街姑嫂树村	1.46
271	土地统征项目	武汉市土地整理储备中心	江岸区后湖街红桥村	0.49
272	城中村综合改造控制用地-2	武汉市人民政府（武汉市土地整理储备中心）	洪山区洪山街红旗村	24.45

续表:

序号	用　　途	征收单位	地　　址	总面积（公顷）
273	社区综合楼	武汉市人民政府(武汉市土地整理储备中心)	洪山区和平街武丰村	0.37
274	市政公用设施	湖北省电力公司武汉供电公司	汉阳区江堤街老关村	0.84
275	市政公用设施	湖北省电力公司武汉供电公司	汉阳区永丰街黄金口村	0.14
276	商业金融业用地	武汉市土地整理储备中心	汉阳区永丰街磨山村	8.54
277	市政设施用地	武汉市土地整理储备中心	汉阳区永丰街磨山村	48.10
278	市政公用设施、道路、绿化	武汉市土地整理储备中心	汉阳区永丰街磨山村	11.99
279	绿化用地	湖北省高级人民法院	洪山区洪山街余家湖村	1.23
280	交通运输	武汉市城市建设投资开发集团有限公司	汉阳区永丰街米粮村	3.15
281	市政公用设施、道路、绿化	武汉市土地整理储备中心	硚口区长丰街长青村	3.05
282	公共设施用地	武汉市人民政府(武汉市土地整理储备中心)	洪山区洪山街余家湖村	1.72
283	土地统征	武汉市人民政府(洪山区土地整理储备中心)	洪山区建设街工业港村	9.45
284	武钢粉末厂	武汉市人民政府(洪山区土地整理储备中心)	洪山区建设街胡教村	2.52
285	武汉市佳鹏农贸批发大市场	武汉市人民政府(洪山区土地整理储备中心)	洪山区建设街工业港村	11.15
286	八吉府路	武汉化工新城建设开发投资有限公司	洪山区建设街四新村、高潮村、群力村、林场、奶牛场、二渔场、鱼牧四厂、湖北华电青山热力公司、武钢北湖农场、省拆穿轧钢厂	69.40
287	群联村土地储备-18	武汉市人民政府(武汉市土地整理储备中心)	洪山区建设街群联村	5.70
288	群联村土地储备-4	武汉市人民政府(武汉市土地整理储备中心)	洪山区建设街群联村	6.44
289	群联村土地储备-10	武汉市人民政府(武汉市土地整理储备中心)	洪山区建设街群联村	0.85
290	群联村土地储备-12	武汉市人民政府(武汉市土地整理储备中心)	洪山区建设街群联村	3.81
291	群联村土地储备-16	武汉市人民政府(武汉市土地整理储备中心)	洪山区建设街群联村	5.59
292	白马洲城中村综合改造-2	武汉市人民政府(武汉市土地整理储备中心)	洪山区和平街白马洲村	2.94
293	白马洲城中村综合改造-4	武汉市人民政府(武汉市土地整理储备中心)	洪山区和平街白马洲村	4.27

续表：

序号	用　途	征收单位	地　址	总面积（公顷）
294	道路、绿化	武汉市土地整理储备中心	汉阳区江堤街新新村、南太子湖养殖厂	2.04
295	绿化	武汉市土地整理储备中心	蔡甸区沌口街新民村	0.15
296	住宅	武汉市土地整理储备中心	汉阳区永丰街汉江村	0.20
297	唐家墩村控制用地	武汉市人民政府（武汉市土地整理储备中心）	江汉区唐家墩街唐家墩村	0.23
298	唐家墩村控制用地-2	武汉市人民政府（武汉市土地整理储备中心）	江汉区唐家墩街唐家墩村	0.05
299	市政设施用地	武汉市土地整理储备中心	汉阳区永丰街汉江村	8.41
300	菱角湖旧城改造项目	武汉市土地整理储备中心	江汉区唐家墩街唐家墩村、鲩子湖村、常青街航侧村菱角湖周边	2.67
301	三金潭村城中村改造还建用地	武汉市人民政府	江岸区后湖街三金潭村	3.57
302	道路、绿化	武汉市土地整理储备中心	汉阳区永丰街汉江村	2.94
303	住宅	武汉市土地整理储备中心	汉阳区永丰街汉江村	0.31
304	三金潭村控制用地-1	武汉市人民政府（武汉市土地整理储备中心）	江岸区后湖街三金潭村	3.96
305	三金潭村控制用地-2	武汉市人民政府（武汉市土地整理储备中心）	江岸区后湖街三金潭村	2.43
306	三金潭村控制用地-3	武汉市人民政府（武汉市土地整理储备中心）	江岸区后湖街三金潭村	0.24
307	三金潭村控制用地-4	武汉市人民政府（武汉市土地整理储备中心）	江岸区后湖街三金潭村	0.45
308	三金潭村开发用地	武汉市人民政府（武汉市土地整理储备中心）	江岸区后湖街三金潭村	4.96
309	发展大道及黄浦路沿线	武汉市土地整理储备中心	江汉区唐家墩街唐家墩村、后湖街中胜村	4.16
310	东兴洲村城中村改造用地-2	武汉市人民政府（武汉市土地整理储备中心）	青山区红卫路街东兴洲村	21.76
311	居住用地、商业金融用地	武汉市人民政府（武汉市土地整理储备中心）	洪山区青菱街毛坦村	0.76
312	居住用地、绿地	武汉市人民政府（武汉市土地整理储备中心）	洪山区青菱街毛坦村	4.67
313	居住用地、绿地	武汉市人民政府（武汉市土地整理储备中心）	洪山区青菱街毛坦村	17.26
314	居住用地、商业金融业用地	武汉市人民政府（武汉市土地整理储备中心）	洪山区青菱街毛坦村	23.43

续表：

序号	用　途	征 收 单 位	地　址	总面积（公顷）
315	市政、道路、中小学、医疗	武汉市人民政府（武汉市土地整理储备中心）	洪山区青菱街毛坦村	81.01
316	商业金融用地、居住用地	武汉市人民政府（武汉市土地整理储备中心）	洪山区青菱街毛坦村	25.24
317	居住、商业金融业、绿化用地	武汉市土地整理储备中心	汉阳区江堤街渔业村、红卫村、太山村	40.78
318	居住	武汉市土地整理储备中心	硚口区长丰街农利村	0.36
319	居住	武汉市土地整理储备中心	汉阳区永丰街汉桥村	0.19
320	城中村改造谌家矶街平安铺村还建地块	武汉市人民政府	江岸区谌家矶街平安铺村	0.63
321	谌家矶中路	江岸区建设局	江岸区谌家矶街平安铺村、先锋村	1.21
322	平安铺村还建地块	武汉市人民政府	江岸区谌家矶街平安铺村	9.06
323	城中村改造谌家矶平安铺村（B9 地块）	武汉市人民政府	江岸区谌家矶街平安铺村	11.20
324	谌家矶新建村城中村改造 B5 地块	武汉市人民政府	江岸区谌家矶街新建村	7
325	谌家矶新建村城中村改造 B4 地块	武汉市人民政府	江岸区谌家矶街新建村、朱家河村	6.73
326	胜华村综合改造-4	武汉市人民政府	江岸区后湖街胜华村	0.09
327	城中村改造谌家矶平安铺村（B8 地块）	武汉市人民政府	江岸区谌家矶街平安铺村、新建村	21.42
328	航侧村产业用地	武汉市人民政府	江汉区常青街航侧村	4.97
329	城中村改造谌家矶平安铺村（C28 地块）	武汉市人民政府	江岸区谌家矶街先锋村、平安铺村	8.69
330	商业用地	武汉市人民政府（武汉市土地整理储备中心）	洪山区洪山街红旗村	3.23
331	居住用地	武汉市人民政府（武汉市土地整理储备中心）	洪山区洪山街马湖村	0.25
332	绿化用地	武汉市人民政府（武汉市土地整理储备中心）	洪山区和平街柴林头村	0.48
333	居住用地	洪山区和平街白马洲村村民委员会	洪山区和平街白马洲村	4.78
征收土地总面积				2827.43

表 6-2-10　　2011 年武汉市核发征地安置补偿方案公告项目一览表

序号	用　　途	征　收　单　位	地　　址	总面积（公顷）
1	居住、商业金融业用地	武汉汉阳造地产开发有限公司	汉阳区江堤街新新村、潮江村	8.52
2	土地统征(滨湖村加油站)	武汉市人民政府（武汉市土地整理储备中心）	洪山区九峰街滨湖村	0.30
3	停车场	武汉市保安押运护卫有限公司	江汉区汉兴街贺家墩村	0.77
4	土地统征	武汉市人民政府（武汉市土地整理储备中心）	洪山区青菱街红霞村	0.44
5	住宅、商服、市政公用设施、绿化、道路、医疗卫生	武汉市土地整理储备中心	汉阳区永丰街铁桥村	4.36
6	居住、商业、市政公用设施、绿地、道路广场	武汉市人民政府（湖北省环境保护厅）	武昌区中南街姚家岭村	2.16
7	城中村遗留地块储备	武汉市土地整理储备中心	洪山区和平街团结村	1.74
8	教育用地	武汉工业职业技术学院	洪山区洪山街新路村	38.47
9	还建用地	武汉骏业幸福集团有限公司	洪山区洪山街幸福村	5.44
10	东沙连通项目-2	武汉市人民政府(武汉地产开发投资集团有限公司)	洪山区洪山街余家湖村	3.51
11	东沙连通项目-8	武汉市人民政府(武汉地产开发投资集团有限公司)	洪山区洪山街余家湖村	4.79
12	东沙连通项目-7	武汉市人民政府(武汉地产开发投资集团有限公司)	洪山区洪山街余家湖村	3.17
13	东沙连通储备项目-1	武汉市人民政府(武汉地产开发投资集团有限公司)	洪山区洪山街余家湖村	2.63
14	东沙连通储备项目-9	武汉市人民政府(武汉地产开发投资集团有限公司)	洪山区洪山街余家湖村	0.46
15	东沙连通储备项目-13	武汉市人民政府(武汉地产开发投资集团有限公司)	洪山区洪山街余家湖村	2.81
16	储备项目	武汉地产开发投资集团有限公司	洪山区洪山街余家湖村	1.66
17	东沙连通储备项目-8	武汉市人民政府(武汉地产开发投资集团有限公司)	洪山区洪山街余家湖村	1.19
18	东沙连通储备项目-14	武汉市人民政府(武汉地产开发投资集团有限公司)	洪山区洪山街余家湖村	0.68
19	东沙连通	武汉地产开发投资集团有限公司	武昌区水果湖街姚家岭村	0.31
20	土地统征（塔子湖西路以东、幸福大道以北、井南一路以南地块B储备地块）	武汉市土地整理储备中心（武汉地产开发投资集团有限公司）	江岸区后湖街跃进村	0.71
21	土地统征（塔子湖西路以东、幸福大道以北、井南一路以南地块C储备地块）	武汉市土地整理储备中心（武汉地产开发投资集团有限公司）	江岸区后湖街跃进村	1.10
22	土地统征（塔子湖西路以东、幸福大道以北、井南一路以南地块D储备地块）	武汉市土地整理储备中心（武汉地产开发投资集团有限公司）	江岸区后湖街跃进村	0.38
23	土地统征	武汉市土地整理储备中心（中易科贸）	洪山区洪山街东亭村	2.40
24	城中村改造开发地块	武汉林宇房地产开发有限公司	洪山区洪山街南湖村	1.28

续表：

序号	用　　途	征　收　单　位	地　　址	总面积（公顷）
25	中央华城	武汉市城市建设投资开发集团有限公司	江岸区后湖街塔子湖村	4.01
26	土地统征	武汉市土地整理储备中心（王家墩商务区迁建公司）	江汉区常青街航侧村	1.62
27	绿地	汉阳区园林局	汉阳区永丰街五里墩村	1.50
28	居住、商业金融业、工业用地	武汉市土地整理储备中心	汉阳区永丰街陶家岭村、汉城村	49.25
29	农业科技研究实验检测中心	湖北省农垦对外经济交流中心	洪山区青菱街光霞村	2.53
30	加油站	武汉市土地整理储备中心	洪山区建设街群力村	0.31
31	储备地块	武汉市土地整理储备中心城市发展分中心	武昌区水果湖街余家湖村	1
32	土地储备	武汉建工富强置业有限公司	洪山区青菱街毛坦村	2.13
33	土地储备	洪山区土地整理储备中心	洪山区洪山街洪山村	1.85
34	东沙连通项目-9	武汉市人民政府（武汉地产开发投资集团有限公司）	洪山区洪山街余家湖村	57.97
35	东沙连通项目-4	武汉市人民政府（武汉地产开发投资集团有限公司）	洪山区洪山街余家湖村	7.02
36	公共建筑用地	武汉市人民政府（城中村东亭村控制用地-2）	洪山区洪山街东亭村	6.92
37	居住、商业金融业、规划控制	武汉市土地整理储备中心	洪山区洪山街东亭村	0.26
38	商业	武汉市人民政府（城中村姚家岭村产业用地）	武昌区中南街姚家岭村	2.02
39	居住、商业、市政公用设施、绿地、道路广场	武汉市人民政府（城中村姚家岭村开发、控制用地）	武昌区中南街姚家岭村	13.38
40	居住、商业、市政公共设施、道路等	武汉市人民政府（城中村姚家岭村控制和还建用地）	武昌区中南街姚家岭村	29.25
41	公共管理与公共服务	湖北省电力公司武汉供电公司	汉阳区永丰街汤山村	1.70
42	道路	武汉市城市建设利用外资项目管理办公室	洪山区洪山街北港村	0.99
43	新校区	武汉交通职业学院	洪山区青菱街红霞村	65.96
44	东沙连通储备项目-17	武汉市人民政府（武汉地产开发投资集团有限公司）	洪山区洪山街余家湖村	0.29
45	城中村改造	武汉市土地整理储备中心	洪山区洪山街南湖村	0.05
46	城中村改造	武汉市洪山区南湖实业总公司	洪山区洪山街南湖村	0.82
47	商业金融业	武汉市洪山区南湖实业总公司	洪山区洪山街南湖村	6.68
48	居住、绿化	武汉市洪山区南湖实业总公司	洪山区洪山街南湖村	6.27
49	居住、绿化	武汉市土地整理储备中心	洪山区洪山街南湖村	0.06
50	市场用地	武汉市土地整理储备中心	硚口区长丰街额头湾村、舵落口村、易家墩村	2.30
51	居住、公共设施、规划绿地、市政用地、城市道路	武汉市土地整理储备中心	汉阳区永丰街陶家岭村、汤山村	9.52

续表：

序号	用　途	征 收 单 位	地　址	总面积（公顷）
52	公共设施	武汉市土地整理储备中心	汉阳区永丰街陶家岭村、汤山村	7.29
53	居住、公共设施、规划绿地、市政用地、城市道路	武汉市土地整理储备中心	汉阳区永丰街陶家岭村	38.72
54	居住、公共设施、规划绿地、市政用地、城市道路	武汉市土地整理储备中心	汉阳区永丰街陶家岭村	10.50
55	居住、公用设施、绿地、市政设施、中小学控制、道路广场用地	武汉市土地整理储备中心武汉新区分中心	汉阳区江堤街丰收村、红卫村、渔业村	27.51
56	居住、公共绿地	武汉市土地整理储备中心武汉新区分中心	汉阳区江堤街丰收村、红卫村	17.93
57	居住	武汉市土地整理储备中心武汉新区分中心	汉阳四新农场	1.49
58	居住、公用设施、绿地、市政设施、中小学控制、道路广场用地	武汉市土地整理储备中心武汉新区分中心	汉阳区江堤街丰收村、渔业村、红卫村	54.12
59	居住、绿化、公共设施、绿地、道路广场、市政公用、水域和其他用地、特殊用地	汉阳区土地储备事务中心	汉阳区永丰街五里墩村	0.91
60	绿地、道路、市政公用设施	汉阳区土地储备事务中心	汉阳区永丰街五里墩村	0.59
61	居住、商业、市政公用设施、绿地、道路广场	武汉市人民政府（城中村三角路村开发还建用地）	洪山区和平街三角路村、余家湖村	0.56
62	居住	湖北红光科技集团有限公司	汉阳区永丰街五里墩村	1.93
63	道路广场	武汉新区建设开发投资有限公司	汉阳区江堤街丰收村、武汉市良种场	8.53
64	土地统征项目	武汉市土地整理储备中心	江岸区后湖街新荣村	3.13
65	土地储备项目	武汉市土地整理储备中心	江岸区后湖街十大家村、新荣村	4.64
66	居住	武汉市土地整理储备中心（新荣村改造还建用地）	江岸区后湖街十大家村	1.03
67	土地统征项目	武汉市土地整理储备中心	江岸区后湖街十大家村、新荣村	1.46
68	居住、商业、市政公用设施、绿地、道路广场	武汉市人民政府（城中村三角路村开发还建用地）	洪山区和平街三角路村、余家湖村	1.24
69	统征地块	武汉市土地整理储备中心	洪山区洪山街东亭村	0.24
70	李纸路穿南环铁道路工程	武汉市城市建设投资开发集团有限公司	洪山区洪山街板桥村、李桥村、新路村、李桥养殖场	5.92
71	城中村改造开发地块	武汉林海房地产开发有限公司	洪山区洪山街马湖村	7.51
72	商业	武汉市土地整理储备中心	汉阳区永丰街陶家岭村、龙阳村	16.76
73	谌家矶工业园经济适用房建设	武汉市土地整理储备中心	江岸区谌家矶街朱家河村、先锋村	2.16
74	新闻出版	长江日报报业集团	江岸区谌家矶街平安铺村	0.04

续表：

序号	用　途	征收单位	地　址	总面积（公顷）
75	市政公用设施	武汉市城市排水发展有限公司	武汉市太子湖实业公司	8.90
76	居住	武汉市土地整理储备中心	洪山区青菱街园艺村	1.60
77	体育、市政、绿化用地	武汉市林海房地产开发有限公司	洪山区洪山街马湖村	0.67
78	城中村综合改造（开发控制用地）	武汉市人民政府（武汉市土地整理储备中心）	洪山区青菱街长江村	17.77
79	城中村综合改造	武汉万科新里程房地产有限公司	洪山区青菱街长江村	0.11
80	城中村综合改造	武汉万科新里程房地产有限公司	洪山区青菱街长江村	0.85
81	居住、公共设施、绿地、道路、广场、市政公用设施、水域和其他用地	武汉世纪龙阳置业有限公司	汉阳区永丰街龙阳村	10.27
82	居住、商业	武汉中民置业有限公司	硚口区长丰街长青村	1.35
83	经济适用房	武汉天地源房地产开发有限公司	武汉市蔬菜科学研究所（国有农用地）	3.49
84	洪山村还建项目	洪山区洪山街洪山村村民委员会	洪山区洪山街洪山村	1.55
85	商服、交通运输	武汉中民置业有限公司	硚口区长丰街长青村	1.78
86	商服、交通运输	武汉长青商贸有限公司	硚口区长丰街长青村	5.63
87	武汉瑞丰经济适用房	武汉瑞丰置业有限责任公司	武汉市蔬菜科学研究所	4.29
88	居住、商业	武汉中森华世纪房地产开发有限公司	洪山区和平街徐东村	0.98
89	居住、道路、商业金融业	武汉中森华世纪房地产开发有限公司	洪山区和平街徐东村	2.68
90	居住、道路、商业金融业	湖北徐东集团股份有限公司	洪山区和平街徐东村	4.40
91	土地储备项目	武汉市土地整理储备中心（万科地块）	江汉区唐家墩街皖子湖村	1.10
92	居住、绿化、公共设施、道路广场、市政公用设施用地	湖北人信房地产开发有限公司	汉阳区永丰街龙阳村	2.33
93	居住、绿化、公共设施、道路广场、市政公用设施用地	武汉世纪龙阳置业有限公司	汉阳区永丰街龙阳村	5.31
94	居住、公共设施、绿地	武汉市土地整理储备中心武汉新区分中心	汉阳区江堤街渔业村、红卫村、武汉市良种场、武汉市农业科学研究所	45.70
95	道路广场	武汉新区建设开发投资有限公司	汉阳区永丰街汉城村、江堤街渔业村、红卫村、太山寺村、武汉市良种场	17.49
96	居住	武汉新盛宏业经贸发展有限公司	汉阳区江堤街新新村、潮江村	8.62
97	道路广场	武汉新区建设开发投资有限公司	汉阳区江堤街界牌村、太山寺村、武汉市太子湖实业公司、武汉市良种场	8.22
98	居住	汉阳区江堤街前进村村民委员会	汉阳区江堤街前进村	0.39
99	居住	汉阳区江堤街前进村村民委员会	汉阳区江堤街前进村	1.05
100	80万吨/年乙烯及其配套工程（上游管廊、下游管廊、灰渣厂）	中国石油化工股份有限公司武汉分公司	三渔场	5.46
101	80万吨/年乙烯及其配套工程（上游管廊、下游管廊、灰渣厂）	中国石油化工股份有限公司武汉分公司	洪山区建设街向家尾村	9.54
征收土地总面积				750.65

表 6-2-11　　2011 年武汉市核发建设用地批准书项目一览表

序号	用　　途	征 收 单 位	地　　址	总面积（公顷）
1	拆迁还建	东湖生态旅游风景区建强村村民委员会	洪山区九峰街建强村	1.89
2	工业	武汉市土地整理储备中心	汉阳区永丰街龙阳村、陶家岭村	1.70
3	市政公用设施	武汉大隆天然气投资有限公司	汉阳区永丰街米粮村	0.33
4	住宅、商业	湖北保利普提金置业有限公司	洪山区和平街铁机村	12.81
5	开发	武汉市祥浩房地产开发有限公司	洪山区洪山街幸福村	9.15
6	道路广场	武汉新区建设开发投资有限公司	汉阳区永丰街汉城村、武汉市良种场、武汉市农业科学研究所、汉阳区江堤街渔业村、红卫村、太山寺村、界牌村	24.95
7	住宅	湖北华生房地产开发有限公司	硚口区长丰街东风村	38.47
8	居住	洪山区和平街东方红村村民委员会	洪山区和平街东方红村	6.74
9	住宅	武汉市土地整理储备中心	硚口区长丰街长丰村	9.97
10	居住、行政办公、文化娱乐、公共绿地	武汉市土地整理储备中心武汉新区分中心	汉阳区江堤街界牌村、前进村	10.71
11	居住、文化娱乐、公共绿地	武汉市土地整理储备中心武汉新区分中心	汉阳区江堤街界牌村、前进村、太山寺村	10.59
12	住宅、商服、公共建筑、交通运输、瞻仰景观休闲	武汉市土地整理储备中心武汉新区分中心	汉阳区永丰街汉城村、武汉市良种场	25.91
13	贺家墩村城中村改造开发用地	武汉市土地整理储备中心	江汉区汉兴街贺家墩村	9.25
14	贺家墩村城中村改造控制用地	武汉市土地整理储备中心	江汉区汉兴街贺家墩村	0.74
15	居住、市政、绿化	武汉市林海房地产开发有限公司	洪山区洪山街马湖村	1.73
16	居住、市政、绿化	武汉市林海房地产开发有限公司	洪山区洪山街马湖村	9.81
17	居住	武汉市林海房地产开发有限公司	洪山区洪山街马湖村	5.91
18	停车场	武汉市保安押运护卫有限公司	江汉区汉兴街贺家墩村	0.77
19	扩建学校	武警武汉指挥学校	洪山区洪山街板桥村	6.67
20	城中村改造开发地块	武汉奥山世纪房地产开有限公司	洪山区和平街余家头村	2.78
21	工业	洪山区土地整理储备中心	洪山区青菱街建和村	8.39
22	工业	洪山区土地整理储备中心	洪山区青菱街建和村、建群村	14.93
23	东沙连通项目-2	武汉地产开发投资集团有限公司	洪山区洪山街余家湖村	3.51
24	东沙连通储备项目-13	武汉地产开发投资集团有限公司	洪山区洪山街余家湖村	2.81
25	东沙连通项目-7	武汉地产开发投资集团有限公司	洪山区洪山街余家湖村	0.21
26	东沙连通储备项目-1	武汉地产开发投资集团有限公司	洪山区洪山街余家湖村	2.63

续表:

序号	用　　途	征 收 单 位	地　　址	总面积（公顷）
27	东沙连通储备项目-9	武汉地产开发投资集团有限公司	洪山区洪山街余家湖村	0.46
28	东沙连通项目-8	武汉地产开发投资集团有限公司	洪山区洪山街余家湖村	4.79
29	储备项目	武汉地产开发投资集团有限公司	洪山区洪山街余家湖村	1.66
30	东沙连通储备项目-8	武汉地产开发投资集团有限公司	洪山区洪山街余家湖村	1.24
31	东沙连通储备项目-14	武汉地产开发投资集团有限公司	洪山区洪山街余家湖村	0.67
32	东沙连通	武汉地产开发投资集团有限公司	武昌区水果湖街姚家岭村	0.31
33	印刷城	洪山区土地整理储备中心（湖北科信投资有限公司）	洪山区青菱街长江村、长征村	17.99
34	公共建筑	武汉福泽残疾人科技发展有限公司	硚口区长丰街长丰村、永利村	1.74
35	商住、高压走廊控制用地、绿化用地	武汉市土地整理储备中心	江岸区后湖街新荣村	1.34
36	土地统征	武汉机场综合发展总公司	洪山区和平街铁机村、武丰村	4.49
37	村镇居住区	江岸区后湖街跃进村村民委员会	江岸区后湖街跃进村	4.77
38	居住	武汉市土地整理储备中心武汉新区分中心	武汉市良种场、武汉市农业科学研究所	22.87
39	农业科技研究实验检测中心	湖北省农垦对外经济交流中心	洪山区青菱街光霞村	2.53
40	住宅	武汉市人民政府	洪山区和平街武丰村	8.30
41	泵站	武汉市城市排水发展有限公司	洪山区洪山街洪山村	0.26
42	商业	洪山区和平街东方红村村民委员会	洪山区和平街东方红村	6.35
43	城中村改造	湖北福星惠誉洪山房地产有限公司	洪山区和平街团结村	1.51
44	城中村改造	武汉市土地整理储备中心（团结村城中村改造）	洪山区和平街团结村	1.71
45	城中村改造	武汉团结集团股份有限公司	洪山区和平街团结村	1.05
46	城中村改造	湖北福星惠誉洪山房地产有限公司	洪山区和平街团结村	2.42
47	土地统征	武汉市土地整理储备中心（中易科贸）	洪山区洪山街东亭村	2.40
48	城中村遗留地块储备	武汉市土地整理储备中心	洪山区和平街团结村	1.74
49	湖北省残疾人联合会	武汉市土地整理储备中心	洪山区洪山街北港村	0.78
50	东沙连通项目-9	武汉地产开发投资集团有限公司	洪山区洪山街余家湖村	28.06
51	东沙连通储备项目-17	武汉地产开发投资集团有限公司	洪山区洪山街余家湖村	0.29
52	城中村改造	武汉福星惠誉置业有限公司	洪山区和平街三角路村、余家湖村	1.24
53	市级副中心和公园绿化	武汉市土地整理储备中心	江岸区后湖街黑泥湖村	22.22

续表：

序号	用　　途	征　收　单　位	地　　址	总面积（公顷）
54	中央华城	武汉市城市建设投资开发集团有限公司	江岸区后湖街新春村、塔子湖村	4.01
55	城中村改造	武汉林宇房地产开发有限公司	洪山区洪山街南湖村	7.67
56	城中村改造	武汉林宇房地产开发有限公司	洪山区洪山街南湖村	1.28
57	城中村改造	武汉林宇房地产开发有限公司	洪山区洪山街南湖村	11.93
58	土地储备	洪山区土地整理储备中心	洪山区洪山街洪山村	1.85
59	居住	洪山区洪山街东亭村村民委员会	洪山区洪山街东湖村、余家湖村	8.53
60	储备地块	武汉市土地整理储备中心城市发展分中心	洪山区洪山街余家湖村	1
61	公共设施	武汉市土地整理储备中心	汉阳区永丰街铁桥村	1.30
62	绿地	武汉市园林局	汉阳区永丰街五里墩村	1.50
63	土地统征	武汉市土地整理储备中心	江汉区常青街航侧村	1.62
64	土地统征	武汉市人民政府（武汉市土地整理储备中心）	洪山区青菱街红霞村	0.44
65	居住、商业金融业、工业	武汉市土地整理储备中心	汉阳区永丰街陶家岭村、汉城村	46.29
66	东沙连通项目-4	武汉地产开发投资集团有限公司	洪山区洪山街余家湖村	7.02
67	加油站	武汉市土地整理储备中心	洪山区建设街群力村	0.31
68	土地统征	武汉市土地整理储备中心	江岸区后湖街跃进村	0.72
69	土地统征	武汉市土地整理储备中心	江岸区后湖街跃进村	1.10
70	土地统征	武汉市土地整理储备中心	江岸区后湖街跃进村	0.38
71	土地统征	武汉建工富强置业有限公司	洪山区青菱街毛坦村	2.13
72	城中村改造	湖北福星惠誉洪山房地产有限公司	洪山区和平街团结村	3.21
73	城中村改造	湖北福星惠誉洪山房地产有限公司	洪山区和平街团结村	0.43
74	教育科研设计	武汉工业学院工商学院	洪山区青菱街长征村、光霞村	14.02
75	运动场、教学楼、图书馆	武汉外语外事职业学院	洪山区和平街湖光村、先锋村	30.10
76	还建用地	洪山区和平街东方红村村民委员会	洪山区和平街东方红村	8.32
77	居住、绿化、公共设施、绿地、道路广场、市政公用、水域和其他用地、特殊用地	汉阳区土地储备事务中心	汉阳区永丰街五里墩村	0.91
78	绿地、道路、市政公用设施	汉阳区土地储备事务中心	汉阳区永丰街五里墩村	0.59
79	道路	武汉市土地整理储备中心	硚口区长丰街额头湾村、舵落口村、易家墩村	2.30
80	居住、公用设施、绿地、市政设施、中小学、道路广场	武汉市土地整理储备中心武汉新区分中心	汉阳区江堤街丰收村、渔业村、红卫村	27.51

续表：

序号	用 途	征 收 单 位	地 址	总面积（公顷）
81	居住、绿化	武汉市土地整理储备中心武汉新区分中心	汉阳区江堤街丰收村、红卫村	17.93
82	居住	武汉市土地整理储备中心武汉新区分中心	汉阳区四新村	1.49
83	居住、公用设施、绿地、市政设施、中小学、道路广场	武汉市土地整理储备中心武汉新区分中心	汉阳区江堤街丰收村	54.12
84	道路	武汉新区建设开发投资有限公司	汉阳区江堤街丰收村、武汉市良种场	8.53
85	住宅	湖北红光科技集团有限公司	汉阳区永丰街五里墩村	1.93
86	居住、商业、市政公用设施、绿地、道路广场	武汉市人民政府（城中村三角路村开发还建用地）	洪山区和平街三角路村、余家湖村	0.56
87	办公楼	湖北星海房地产综合开发有限公司	江汉区常青街航侧村	0.24
88	居住、商业	武汉中民置业有限公司	硚口区长丰街长青村	1.35
89	市级副中心和公园绿化	武汉市土地整理储备中心	江岸区后湖街黑泥湖村、淌湖村、二七村、永红村	21.15
90	学校	武汉钢铁公司第三子弟中学	洪山区和平街武丰村	11.29
91	谌家矶工业园经济适用房	武汉市土地整理储备中心	江岸区谌家矶街朱家河村、先锋村	2.16
92	商服、交通运输	武汉中民置业有限公司	硚口区长丰街长青村	1.78
93	城中村综合改造	武汉市林海房地产开发有限公司	洪山区洪山街马湖村	0.67
94	居住、公共设施、绿地、道路、广场、市政公用设施、水域和其他用地	武汉世纪龙阳置业有限公司	汉阳区永丰街龙阳村	10.27
95	居住、公共设施、规划绿地、市政用地、城市道路	武汉市土地整理储备中心	汉阳区永丰街陶家岭村	10.50
96	商业	武汉市土地整理储备中心	汉阳区永丰街陶家岭村、龙阳村	16.76
97	居住、公共设施、规划绿地、市政用地、城市道路	武汉市土地整理储备中心	汉阳区永丰街陶家岭村、汤山村	9.52
98	城中村综合改造（开发控制用地）	武汉市人民政府（武汉市土地整理储备中心）	洪山区青菱街长江村	17.77
99	城中村综合改造	武汉万科新里程房地产有限公司	洪山区青菱街长江村	0.10
100	城中村综合改造	武汉万科新里程房地产有限公司	洪山区青菱街长江村	0.85
101	城中村综合改造	湖北保利普提金置业有限公司	洪山区和平街铁机村	9.52
102	市政公用设施	武汉市城市排水发展有限公司	武汉市太子湖实业公司	8.90
103	市政公用设施	武汉市城市排水发展有限公司	汉阳区江堤街江堤渔牧公司	11.56
104	市政公用设施	武汉市城市排水发展有限公司	洪山区洪山街关山村	0.36
105	武汉瑞丰经济适用房	武汉瑞丰置业有限责任公司	武汉市蔬菜科学研究所	4.29
106	城中村综合改造	武汉福星惠誉置业有限公司	洪山区和平街三角路村	0.08
107	城中村综合改造	武汉中森华世纪房地产开发有限公司	洪山区和平街徐东村	0.98

续表：

序号	用　途	征收单位	地　址	总面积（公顷）
108	城中村综合改造	武汉中森华世纪房地产开发有限公司	洪山区和平街徐东村	2.68
109	储备项目	洪山区土地整理储备中心	洪山区青菱街建和村	10.97
110	城中村综合改造	武汉市林海房地产开发有限公司	洪山区洪山街马湖村	7.51
111	居住用地	武汉市洪荣物业发展有限公司	洪山区和平街和平村	6.64
112	居住、绿化、公共设施、道路广场、市政公用	湖北人信房地产开发有限公司	汉阳区永丰街龙阳村	2.33
113	住宅、商服、市政公用设施、绿化、道路、医疗卫生	武汉市土地整理储备中心	汉阳区永丰街铁桥村	4.36
114	泵站	武汉市城市排水发展有限公司	洪山区洪山街关山村	4.82
115	泵站	武汉市城市排水发展有限公司	洪山区和平街厂前村、白马洲村	21.52
116	泵站	武汉市城市排水发展有限公司	洪山区青菱街胜利村、毛坦村	12.86
117	道路广场	武汉新区建设开发投资有限公司	汉阳经济开发区汉城村、江堤街渔业村、红卫村、太山寺村、武汉市良种场	16.41
118	教育用地	武汉工业职业技术学院	洪山区洪山街新路村	38.47
119	经济适用房	武汉机场综合发展总公司	洪山区和平街铁机村	3.99
120	还建房	洪山区洪山街道办事处	洪山区洪山街洪山村	1.55
121	住宅用地（K 地块）	武汉市城市建设投资开发集团有限公司	江岸区后湖街塔子湖村	7.63
122	居住、绿化、公共设施、道路广场、市政公用	武汉市龙阳置业有限公司	汉阳经济开发区龙阳村	5.31
123	还建房	武汉市马湖商贸有限责任公司	洪山区洪山街马湖村	2.92
124	还建房	武汉市马湖商贸有限责任公司	洪山区洪山街马湖村	1.12
125	还建房	武汉市马湖商贸有限责任公司	洪山区洪山街马湖村	3.66
126	还建房	武汉市马湖商贸有限责任公司	洪山区洪山街马湖村	2.94
127	城中村改造开发项目	武汉福星惠誉置业有限公司	洪山区和平街三角路村	0.98
128	城中村改造开发项目	武汉福星惠誉置业有限公司	洪山区和平街三角路村	1.95
129	城中村改造开发项目	武汉福星惠誉置业有限公司	洪山区和平街三角路村	1.67
130	城中村改造开发项目	武汉福星惠誉置业有限公司	洪山区和平街三角路村	4.17
131	城中村改造开发项目	武汉福星惠誉置业有限公司	洪山区和平街三角路村	0.45
132	城中村改造开发项目	武汉福星惠誉置业有限公司	洪山区和平街三角路村	2.76
征收土地总面积				947.35

第三节　矿产资源统计资料

表 6-3-1　　2011 年武汉市矿产资源储量统计表

矿产名称	类　型	储量单位	年初保有	开采量	损失量	勘查增减	重算增减	年末保有
熔剂用灰岩	基础储量	千吨	90057	1101	56		-189	88711
	资源储量	千吨	90057	1101	56		-189	88711
冶金用白云岩	基础储量	千吨	80779	74	8		-63	80634
	资源储量	千吨	80779	74	8		-63	80634
耐火粘土	基础储量	千吨	33	4				29
	资源储量	千吨	33	4				29
石　膏	基础储量	千吨	31737	130				31607
	资源量	千吨	2256					2256
	资源储量	千吨	33993	130				33863
水泥用灰岩	基础储量	千吨	14090	20				14070
	资源储量	千吨	14090	20				14070
建筑石料用灰岩	基础储量	千立方米	24559	395				24164
	资源量	千立方米	2150					2150
	资源储量	千立方米	26709	395				26314
制灰用石灰岩	基础储量	千吨	41720	585				41135
	资源储量	千吨	41720	585				41135
建筑用白云岩	基础储量	千立方米	2305	106	4			2195
	资源储量	千立方米	2305	106	4			2195
建筑用砂岩	基础储量	千立方米	5832	222				5610
	资源储量	千立方米	5832	222				5610
砖瓦用页岩	资源量	千立方米	194	24				170
	资源储量	千立方米	194	24				170
膨润土	基础储量	千吨	473	16				457
	资源量	千吨	762					762
	资源储量	千吨	1235	16				1219
饰面用花岗岩	资源量	千立方米	4263	8				4255
	基础储量	千立方米	4263	8				4255
片麻岩	基础储量	千立方米	21907	80	4			21823
	资源储量	千立方米	21907	80	4			21823

表 6-3-2

2011 年武汉市矿山开发统计表

矿产名称	经济类型	矿山生产规模	矿山数（个）	从业人员（人）	年产矿石量（万吨）	年工业总产值（万元）	综合利用产值（万元）	年工业增加值（万元）	销售收入（万元）	年利税总额（万元）	年投资额（万元）
熔剂用灰岩	国有企业	中型	1	928	85.04	3370.90	100	50	3316.80	4880	2000
冶金用白云岩	股份有限公司	小型	1	20	6.50	65	65	4	65	2.10	55
耐火粘土	私营企业	小矿	1	3	0.40	10	5	5	10	0.20	2
石　膏	有限责任公司	中型	1	20							
		小型	1	50	13	195	195	3	195	2.10	65
水泥用灰岩	有限责任公司	中型	1	50							
建筑石料用灰岩	国有企业	小型	1	20	6.50	65	65	3	65	2.10	50
	集体企业	小型	3	65	19.50	195	195	75	195	6.30	150
	联营企业	小型	6	130	39	375	375	110	390	12.60	260
	有限责任公司	小型	4	80	26	255	245	17	260	8.40	170
制灰用石灰岩	私营企业	小型	3	105	70	470	90	197	470	27.50	73
		小矿	1	15	6.50	52	10	35	50	3.50	15
建筑用白云岩	国有企业	小矿	1	18	5	100		0.01	100	0.70	5
	私营企业	小型	4	91	24.25	485		0.04	485	2.80	20
建筑用砂岩	集体企业	小型	2	30	10	85	70	21	85	4.10	65
	私营企业	小型	4	73	49	340	90	220	340	19	75
砖瓦用页岩	私营企业	小型	1	15	6.50	65	65	40	65	2.10	32
膨润土	有限责任公司	小型	1	30	2	200	65	5	65	2.10	50
饰面用花岗岩	私营企业	小型	3	59	4	250		0.02	200	1.40	10
片麻岩	集体企业	小型	2	47	10	250		150	250	10	85
	有限责任公司	小型	2	46	10			125	250	10	78
	私营企业	小型	1								
矿泉水	股份有限公司	小型	2	44	0.32	33.50		77.10	332.60	11.95	10.50

第四节　拆迁安置统计资料

表 6-4-1　　**2011 年武汉市中心城区实际拆迁情况统计表**

区　域	住　宅		非住宅		总　计		
	户数（户）	建筑面积（万平方米）	户数（户）	建筑面积（万平方米）	在拆项目数（项）	户数（户）	建筑面积（万平方米）
江岸区	1497	20.59	254	7.95	26	1751	28.54
江汉区	1843	29.49	100	6.24	22	1943	35.72
硚口区	4140	20.60	25	3.41	20	4165	24.01
汉阳区	1751	8.72	23	1	19	1774	9.73
武昌区	3043	30.86	37	12.04	77	3080	42.90
洪山区	988	7.34	107	12.63	15	1095	19.97
青山区	3314	27.12	51	13.13	19	3365	40.25
东湖生态旅游风景区	0	0	0	0	0	0	0
合　计	16576	144.72	597	56.40	198	17173	201.12

图 6-4-1　　**2011 年武汉市中心城区实际拆迁建筑面积比较示意图**

（按区域分）　　**单位：** 万平方米

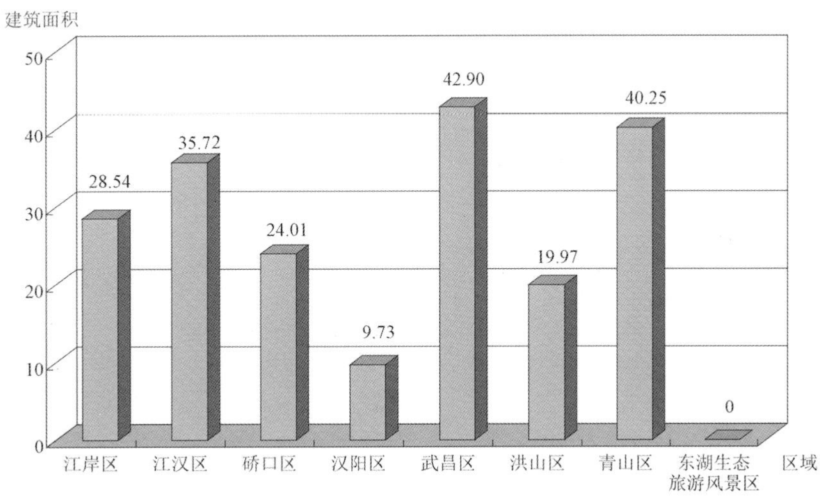

第五节 科研获奖统计资料

表 6-5-1 **2011 年各类科技项目获奖情况一览表**

时间	获奖类别	奖励等级									合计	获奖单位
		国家（部）			湖北省			武汉市				
		一等奖	二等奖	三等奖	一等奖	二等奖	三等奖	一等奖	二等奖	三等奖		
2011 年	科技进步奖		4		1			2			7	武汉市测绘研究院 武汉市国土资源和规划信息中心 武汉市规划研究院
		武汉市测绘研究院获国家级科技进步奖二等奖 2 项，省级一等奖 1 项；武汉市国土资源和规划信息中心获国家级科技进步奖二等奖 2 项，市级一等奖 1 项；武汉市规划研究院获市级科技进步奖一等奖 1 项。										
	优秀规划设计奖			1	13	12	9	15	19	17	86	武汉市测绘研究院 武汉市规划编制研究和展示中心 武汉市交通发展战略研究院 武汉市土地利用和城市空间规划研究中心 武汉市国土资源和规划信息中心 武汉市规划研究院
		武汉市测绘研究院获国家级优秀规划设计奖三等奖 1 项，省级一等奖 1 项、二等奖 1 项、三等奖 3 项，市级一等奖 2 项、二等奖 3 项、三等奖 2 项；武汉市规划编制研究和展示中心获省级一等奖 1 项、二等奖 1 项，市级二等奖 1 项；武汉市交通发展战略研究院获省级二等奖 1 项、三等奖 1 项，市级一等奖 2 项；武汉市土地利用和城市空间规划研究中心获省级一等奖 1 项、二等奖 3 项、三等奖 1 项，市级一等奖 2 项、二等奖 3 项、三等奖 2 项；武汉市国土资源和规划信息中心获省级一等奖 1 项，市级一等奖 1 项、二等奖 1 项；武汉市规划研究院获省级一等奖 9 项、二等奖 6 项、三等奖 4 项，市级一等奖 8 项、二等奖 11 项、三等奖 13 项。										
	优质工程奖		2	1	5	9	7				24	武汉市测绘研究院 武汉市交通发展战略研究院 武汉市土地利用和城市空间规划研究中心 武汉市国土资源和规划信息中心 武汉市规划研究院
		武汉市测绘研究院获国家级优质工程奖二等奖 1 项，省级一等奖 2 项、二等奖 4 项、三等奖 2 项；武汉市交通发展战略研究院获省级一等奖 1 项、二等奖 2 项；武汉市土地利用和城市空间规划研究中心获省级三等奖 3 项；武汉市国土资源和规划信息中心获国家级优质工程奖二等奖 1 项、三等奖 1 项，省级一等奖 2 项；武汉市规划研究院获省级二等奖 3 项、三等奖 2 项。										

第六节　相关统计资料

武汉市2011年国民经济和社会发展统计公报

武汉市统计局

（2012年2月29日）

2011年，在市委、市政府的领导下，全市上下认真贯彻执行中央宏观调控政策和省、市决策部署，积极应对各种不利因素的影响，努力推动经济社会科学发展、跨越式发展，经济增长平稳，结构调整加快，城市功能提升，社会事业进步，人民生活改善，全面完成年初确定的国民经济和社会发展预期目标，实现“十二五”规划良好开局。

一、综合

初步核算，全年地区生产总值6756.20亿元，比2010年增长12.50%。其中，第一产业增加值198.70亿元，增长4%；第二产业增加值3254.02亿元，增长16.40%；第三产业增加值3303.48亿元，增长9.60%。一、二、三产业比重2.90∶48.20∶48.90，与2010年相比，第一产业下降0.20个百分点，第二产业上升2.70个百分点，第三产业下降2.50个百分点。2011年地区生产总值及其增长速度见表6-6-1。

表6-6-1　　2011年地区生产总值及其增长速度一览表

指　标	绝对数（亿元）	比2010年增长（%）
生产总值	6756.20	12.50
第一产业	198.70	4
第二产业	3254.02	16.40
其中：工业	2709.02	17.80
建筑业	545	10.10
第三产业	3303.48	9.60
其中：交通运输、仓储和邮政业	355.18	14.10
信息传输、计算机服务和软件业	163.38	9.50
批发和零售业	686.22	10.80
住宿和餐饮业	214.15	7.70
金融业	386.82	2.60
房地产业	342.26	6.30

在全市生产总值中，公有制经济实现增加值3398.37亿元，比2010年增长12.10%；非公有制经济增加值3357.83亿元，增长13%。非公有制经济增加值占生产总值的比重49.70%，比2010年提高0.50个百分点。

全市企业总数 19.31 万户，比 2010 年增加 1.74 万户。其中，私营企业 16.29 万户，当年新增 3.13 万户。个体工商户 40.48 万户。个体、私营企业从业人数 191.57 万人，增加 32.63 万人。其中，私营企业从业人数 85.37 万人，增加 5.68 万人。

全年全口径财政收入 1795.99 亿元，比 2010 年增长 26.80%。地方财政收入 1194.30 亿元，增长 32%。地方一般预算收入 673.26 亿元，增长 40%。其中，税收收入 547.68 亿元，增长 37.90%；非税收入 125.58 亿元，增长 49.90%。2011 年财政收入及其增长速度见表 6-6-2。

表 6-6-2　　2011 年财政收入及其增长速度一览表

指　　标	绝对数（亿元）	比 2010 年增长（%）
全口径财政收入	1795.99	26.80
地方财政收入	1194.30	32
地方一般预算收入	673.26	40
税收收入	547.68	37.90
增值税	68.53	18.70
营业税	194.51	44.90
企业所得税	91.56	41.30
个人所得税	28.99	41
非税收入	125.58	49.90

居民消费价格一季度同比上涨 4.80%，二季度上涨 5.50%，三季度上涨 6.10%，四季度上涨 4.50%，全年累计上涨 5.20%，其中，食品类上涨 10.10%，非食品类上涨 3.10%；消费品类上涨 5.80%，服务项目类上涨 4%。商品零售价格上涨 4.70%。工业生产者出厂价格上涨 5.95%，其中，轻工业品上涨 5.15%，重工业品上涨 6.14%；生产资料上涨 7.26%，生活资料上涨 2.13%。工业生产者购进价格上涨 9.23%。2010 ~ 2011 年价格指数见表 6-6-3。

表 6-6-3　　2010~2011 年价格指数一览表　　（上年=100）

指　　标	2011 年	2010 年
居民消费价格指数	105.20	103
食品	110.10	104.80
烟酒及用品	105.30	101.40
衣着	103.20	102.60
家庭设备用品及维修服务	103.60	103.50
医疗保健和个人用品	104.30	103.40
交通和通信	99.60	100.30
娱乐教育文化用品及服务	100.30	99.40
居住	106	104.20
商品零价格指数	104.70	103.10
工业生产者出厂价格指数	105.95	104.79
工业生产者购进价格指数	109.23	107.82

新增就业人数 15.34 万人，下岗职工实现再就业 4.01 万人，帮扶困难群体再就业 2.57 万人，农村外出务工人员 68.90 万人。登记失业人员数 10.46 万人，城镇登记失业率 3.94%。

二、农业

全年完成农业总产值 329.49 亿元，比 2010 年增长 4%。其中，农业 174.68 亿元，增长 2.40%；林业 3.49 亿元，增长 60.40%；牧业 90.02 亿元，增长 5.10%；渔业 59.40 亿元，增长 4.70%；农林牧渔服务业 1.90 亿元，增长 9.60%。2011 年农业总产值及其增长速度见表 6-6-4。

表 6-6-4　　2011 年农业总产值及其增长速度一览表

指　　标	2011 年（亿元）	比 2010 年增长（%）
农业总产值	329.49	4
农业	174.68	2.40
林业	3.49	60.40
牧业	90.02	5.10
渔业	59.40	4.70
服务业	1.90	9.60

全年粮食种植面积 221.02 千公顷，比 2010 年减少 17.14 千公顷。棉花种植面积 19.23 千公顷，增加 3.90 千公顷。油料种植面积 98.24 千公顷，减少 2.35 千公顷。蔬菜种植面积 161.81 千公顷，增加 6.88 千公顷，其中，无公害蔬菜种植面积 84.67 千公顷，增加 8 千公顷。

全年粮食产量 120.86 万吨，比 2010 年下降 11.60%。棉花 2.35 万吨，增长 16.50%。油料 17.61 万吨，下降 7.30%。蔬菜 627.13 万吨，增长 6.10%。生猪出栏 278.05 万头，增长 6.10%。家禽出笼 5164.87 万只，增长 2.60%。牛奶产量 5.95 万吨，增长 8.20%。水产品产量 46.01 万吨，增长 6%。2011 年主要农产品产量及其增长速度见表 6-6-5。

表 6-6-5　　2011 年主要农产品产量及其增长速度一览表

产品名称	计量单位	绝对数	比 2010 年增长（%）
粮食	万吨	120.86	-11.60
棉花	万吨	2.35	16.50
油料	万吨	17.61	-7.30
蔬菜	万吨	627.13	6.10
生猪出栏	万头	278.05	6.10
家禽出笼	万只	5164.87	2.60
禽蛋	万吨	20.26	12.50
牛奶产量	万吨	5.95	8.20
水产品	万吨	46.01	6

年末农业产业化农户覆盖率63.30%，比2010年提高1.60个百分点。名特优水产养殖面积72.67千公顷，增加2.67千公顷。畜禽养殖小区254个，增加12个。新建优势农产品正规化基地9.33千公顷，正规化基地总数达91.33千公顷。建设农业化标准示范区43个，标准化示范区总数达到110个。全年实现农产品加工产值1230亿元，增长29.50%。178家农业产业化龙头企业实现销售收入380亿元，增长18.80%。

年末耕地面积206.52千公顷，比2010年减少0.55千公顷。其中，土地流转面积92千公顷，比2010年增加14.69千公顷。农业机械总动力233.36万千瓦，增加1.32万千瓦。其中，农业排灌机械总动力62万千瓦，增加1.32万千瓦。农业灌溉用水量12.30亿立方米，增加1.60亿立方米。农业灌溉用水有效利用系数54%，提高1个百分点。

三、工业和建筑业

全年规模以上工业增加值2458.75亿元，比2010年增长16%。规模以上工业总产值7390.66亿元，增长21.80%。其中，轻工业总产值1564.57亿元，增长24.80%；重工业总产值5826.09亿元，增长21%。2011年规模以上工业企业总产值及其增长速度见表6-6-6。

表6-6-6　　2011年规模以上工业生产及其增长速度一览表

指　标	绝对数（亿元）	比2010年增长（%）
工业增加值	2458.75	16
工业总产值	7390.66	21.80
其中：国有经济	1914.78	14.50
集体经济	22.71	28.90
股份制企业	2920.88	28.40
外商、港澳台经济	2411.86	18.90
其中：轻工业	1564.57	24.80
重工业	5826.09	21

年末规模以上工业企业1696家。产值过100亿元的企业13家，比2010年增加3家；过10亿元的企业78家，增加26家。其中，东风汽车公司、武汉钢铁（集团）公司、湖北中烟工业有限责任公司和武汉邮电科学研究院等4家企业入围2011年中国制造企业500强。在规模以上工业企业中，全年11大工业行业完成工业总产值7219.11亿元，占规模以上工业的97.70%。其中，千亿元行业4个，分别是汽车及零部件产值1334.18亿元，装备制造产值1080.66亿元，钢铁及深加工产值1028.58亿元，电子信息产值1010.92亿元。两大开发区工业总产值2984.21亿元，增长19%。其中，东湖新技术开发区1301.46亿元，增长30.10%；武汉经济技术开发区1682.75亿元，增长11.70%。2011年规模以上工业企业11大行业总产值及其增长速度见表6-6-7。

表 6-6-7　　2011 年规模以上工业企业 11 大行业总产值及其增长速度一览表

指　标	绝对数（亿元）	比 2010 年增长（%）
汽车及零部件	1334.18	10.60
装备制造	1080.66	25
钢铁及深加工	1028.58	17.30
电子信息	1010.92	31.40
食品烟草	842.57	24.50
能源及环保	664.19	22.60
石油化工	452.07	21.80
日用轻工	348.94	21.50
建材	216.82	31
生物医药	123.94	32.10
纺织服装	116.24	37.30

全年主要工业产品中，钢材产量 1729.90 万吨，比 2010 年增长 12.20%。生铁产量 1763.67 万吨，增长 11.70%。汽车产量 68.80 万辆，增长 2.80%。原油加工量 503.38 万吨，增长 1%。显示器 1505.65 万台，增长 7.30%。房间空调器 758.14 万台，增长 4%。卷烟 269.51 万箱，增长 2.50%。软饮料 266.78 万吨，增长 19.90%。发电量 213.77 亿千瓦小时，增长 15.40%。光缆 1106.12 万芯千米，增长 13.90%。

全年规模以上工业产品销售率 98.70%，比 2010 年提高 0.50 个百分点。工业产品销售收入 8775.64 亿元，增长 17.90%；实现利税总额 919.77 亿元，增长 7.60%。其中，利润总额 351 亿元，增长 1.60%。

全年建筑业增加值 545 亿元，比 2010 年增长 10.10%。建筑业产值 3031.27 亿元，增长 29.30%。年末具有资质等级的建筑企业 1243 家。

四、固定资产投资

全年全社会固定资产投资 4255.16 亿元，比 2010 年增长 22.10%，其中，固定资产投资 4232.38 亿元，增长 22.50%。

在固定资产投资中，第一产业投资 29.07 亿元，比 2010 年下降 4.90%；第二产业投资 1223.38 亿元，增长 39.10%，其中，工业投资 1202.14 亿元，增长 42%；第三产业投资 2979.93 亿元，增长 14.60%，其中，基础设施投资 981.39 亿元，下降 3.30%。2011 年全社会固定资产投资及其增长速度见表 6-6-8。

表 6-6-8　　2011 年全社会固定资产投资及其增长速度一览表

指　标	绝对数（亿元）	比 2010 年增长（%）
全社会固定资产投资	4255.16	22.10
固定资产投资	4232.38	22.50
按行业分：第一产业	29.07	-4.90
第二产业	1223.38	39.10
其中：工业	1202.14	42
第三产业	2979.93	14.60
按构成分：建筑工程	2493.80	22
安装工程	247.71	24.10
设备购置	609.04	20
其他费用	881.82	16.10

在工业投资中，纺织服装业投资42.30亿元，增长131.40%；食品、饮料行业投资82.26亿元，增长68.70%；石化行业投资152.32亿元，增长62.20%；钢铁业投资96.32亿元，增长58.10%；专、通用设备制造业投资140.32亿元，增长56.20%；通信、电子设备制造业投资96.72亿元，增长39.30%；交通运输设备制造业投资138.40亿元，增长21.50%。

在基础设施投资中，电信和其他信息传输服务业投资41.42亿元，增长130%；水上运输业投资34.97亿元，增长141.70%；城市公共交通业投资129.27亿元，增长31.40%；道路运输业投资88.60亿元，增长18.20%；铁路运输业投资45亿元，下降59.20%；市政设施投资517.71亿元，下降11.30%。

全年固定资产投资新开工项目2252个，比2010年增加600个；完成投资1176.95亿元，增长31.40%。其中，投资在5亿元以上项目115个，增加26个；完成投资1387.13亿元，增长22.20%。全年市级重点建设项目230个，完成投资1380亿元，增长8.30%。武汉国家生物产业基地、80万吨乙烯、神龙汽车新1、2号平台、东风本田扩产、富士康、二七长江大桥、东沙湖连通工程、轨道交通2号线等一大批重大项目加快推进或竣工。

五、房地产业

全年房地产开发投资1274.17亿元，比2010年增长25.20%。其中，住宅开发投资737.31亿元，增长23.90%；写字楼投资49.79亿元，增长88.20%；商业用房投资163.69亿元，增长59.80%。商品房施工面积5961.06万平方米，增长17.60%。其中，住宅施工面积4500.77万平方米，增长18.10%。房屋新开工面积2097.84万平方米，下降20.10%。其中，住宅新开工面积1583.01万平方米，下降18%。房屋竣工面积1064.06万平方米，增长15.70%，其中，住宅竣工面积921.98万平方米，增长25.70%。

在全年房地产开发中，保障房投资69.45亿元，施工面积711.51万平方米，新开工面积403.71万平方米，竣工面积167.44万平方米。2011年房地产开发主要指标完成情况及其增长速度见表6-6-9。

表6-6-9　　2011年房地产开发主要指标完成情况及其增长速度一览表

指　　标	计量单位	绝对数	比2010年增长（%）
房地产开发投资	亿元	1274.17	25.20
住宅开发投资	亿元	737.31	23.90
其中：保障房	亿元	69.45	—
房屋施工面积	万平方米	5961.06	17.60
住宅施工面积	万平方米	4500.77	18.10
其中：保障房	万平方米	711.51	—
房屋新开工面积	万平方米	2097.84	-20.10
住宅新开工面积	万平方米	1583.01	-18
其中：保障房	万平方米	403.71	—
房屋竣工面积	万平方米	1064.06	15.70
住宅竣工面积	万平方米	921.98	25.70
其中：保障房	万平方米	167.44	—

六、国内贸易

全年社会消费品零售总额 2959.04 亿元，比 2010 年增长 18%。其中，限额以上批零企业零售额 1721.27 亿元，增长 28.20%；限额以下零售额 1237.77 亿元，增长 5.80%。按行业分，批发零售业零售额 2664.05 亿元，增长 18.30%；住宿餐饮业零售额 294.99 亿元，增长 14.50%。按地区分，城镇零售额 2788.61 亿元，增长 18.10%；乡村零售额 170.43 亿元，增长 15.20%。按用途分，吃的商品零售额 926.18 亿元，增长 24%；穿的商品零售额 352.23 亿元，增长 7.10%；用的商品零售额 1680.63 亿元，增长 17.30%。2011 年社会消费品零售总额及其增长速度见表 6-6-10。

表 6-6-10　　2011 年社会消费品零售总额及其增长速度一览表

指　　标	绝对数（亿元）	比 2010 年增长（%）
社会消费品零售总额	2959.04	18
限额以上	1721.27	28.20
按行业分：批发零售业	2664.05	18.30
住宿餐饮业	294.99	14.50
按地区分：城镇	2788.61	18.10
城区	2729.31	18.30
乡村	170.43	15.20
按业态分（限额以上）：百货商店	251.78	15.80
超级市场	366.94	27.30
专业店	668.93	37.70
专卖店	299.33	23.60
便利店	32.71	37.90
其他	2.61	242.80

重点流通企业大中型综合超市 158 个，比 2010 年增加 16 个。便民超市、百货店、专业店、专卖店 4128 个，增加 832 个。重点流通企业市外商业网点 369 个，其中，省外商业网点 55 个，省内市外 314 个。登记注册的商品交易市场 598 个，其中，消费品市场 542 个。

七、对外经济

全年外贸进出口总额 227.90 亿美元，比 2010 年增长 25.90%。其中，进口 110.57 亿美元，增长 18.30%；出口 117.33 亿美元，增长 34%。在出口总额中，一般贸易出口 43.61 亿美元，增长 23.80%；加工贸易出口 64.41 亿美元，增长 34.40%。国有企业出口 44.08 亿美元，增长 34.50%；民营企业出口 24.10 亿美元，增长 23.20%；三资企业出口 49.15 亿美元，增长 39.60%。在出口产品中，机电产品出口 86.13 亿美元，增长 35%；

高新技术产品出口 38 亿美元，增长 12.10%。出口国别和地区数 188 个。口岸进出口货运量 496 万吨，增长 18%。2011 年对外贸易和实际利用外资主要指标完成情况见表 6-6-11。

表 6-6-11　　2011 年对外贸易和实际利用外资主要指标完成情况一览表

指　标	绝对数（亿美元）	比 2010 年增长（%）
进出口总额	227.90	25.90
进口	110.57	18.30
出口	117.33	34
其中：一般贸易	43.61	23.80
加工贸易	64.41	34.50
其中：国有企业	44.08	34.50
民营企业	24.10	23.20
三资企业	49.15	39.60
实际利用外资额	37.60	14.20

全年新签利用外资协议合同金额 51.21 亿美元，增长 10.60%。实际利用外资 37.60 亿美元，比 2010 年增长 14.20%。当年新批“三资”企业 144 家，累计 5973 家。引进外资在 1000 万美元以上的项目 38 项，增加 5 项。世界 500 强企业在汉投资 84 家，增加 4 家。世界 500 强企业在汉投资项目数 116 项，增加 9 项。

全年对外签订承包工程劳务合同总金额 15.44 亿美元，比 2010 年下降 19.40%。对外工程承包和劳务合作营业额 14.43 亿美元，增长 18%。在境外兴办企业 39 家，增加 9 家；投资 3.26 亿美元，增长 193.50%。

全年引进内资项目 330 项，其中，投资规模在亿元以上项目 180 项。实际到位内资 720.93 亿元，比 2010 年增长 42.50%。累计登记驻汉办事机构 360 家，增加 18 家。其中，注册资金在 1000 万元以上的大企业、大公司、大集团驻汉办 86 家，增加 12 家。累计引进国内 500 强企业总部、区域总部、研发中心 38 家，增加 22 家。

八、交通、邮电和旅游

全年交通客货运输换算周转量 3312.11 亿吨公里，比 2010 年增长 17.70%。其中，全社会货运量 41804.45 万吨，增长 3.80%；货物周转量 2644.18 亿吨公里，增长 16.80%。全社会客运量 25743.22 万人，增长 12.50%；旅客周转量 873.84 亿人公里，增长 16.90%。2011 年交通运输客货周转量及其增长速度见表 6-6-12。

表 6-6-12　　2011 年交通运输客货周转量及其增长速度一览表

指　　标	计量单位	绝对数	比 2010 年增长（%）
货物运输量	万吨	41804.45	3.80
其中：铁路	万吨	10059.40	-0.90
水运	万吨	9293.06	3.10
公路	万吨	22442	6.30
航空	万吨	9.99	7.20
货物周转量	亿吨公里	2644.18	16.80
其中：铁路	亿吨公里	1226.60	7.20
水运	亿吨公里	1072.86	32.40
公路	亿吨公里	343.26	11.60
航空	亿吨公里	1.46	31.60
旅客运输量	万人	25743.22	12.50
其中：铁路	万人	8511.70	16.90
公路	万人	16317	10.80
航空	万人	914.52	3.80
旅客周转量	亿人公里	873.84	16.90
其中：铁路	亿人公里	646.30	22.20
公路	亿人公里	124.58	4.30
航空	亿人公里	102.96	3.90

年末民用航线 187 条，增加 9 条。其中，国际航线 23 条，增加 1 条；国内航线 164 条，增加 8 条。通达国内城市 72 个，通航国家和地区数 11 个，航空旅客吞吐量 1246 万人，增长 7%。公路通车里程 13103.29 公里，增长 3.80%。其中，等级公路 12775.49 公里，高速公路 617.40 公里。公路路网密度 163.20 公里/百平方公里，增长 3.80%。汽车拥有量 95.41 万辆，增长 18.10%。其中，小型汽车 73.98 万辆，增长 22.40%。在小型汽车中，私人小汽车 61.96 万辆，增长 24.50%。

全年电信业务总量 121.77 亿元，比 2010 年增长

19.40%。年末移动电话用户1271万户，增长11%，移动电话普及率153.66部/百人。固定电话用户316万户，与2010年持平。其中，住宅电话用户159万户，增长3.20%，固定电话普及率38.20部/百人。互联网宽带用户249万户，增长17.30%。光纤入户数137万户，增长48.90%。

全年接待国内旅游人数11636.12万人次，比2010年增长31.50%；接待海外旅游人数115.91万人次，增长24.90%。实现旅游总收入1054.10亿元，增长39.60%。其中，国内旅游收入1014.74亿元，增长40.70%；国际旅游外汇收入6.06亿美元，增长27.30%。年末旅游景区35个，增加3个。其中，5A级1个，4A级15个，3A级7个，3A级以下12个。旅游星级以上宾馆96家，减少1家。其中，五星级13家，增加2家；四星级29家，增加4家；三星级41家，减少5家；三星级以下13家。

九、金融

年末，武汉地区金融机构本外币各项存款余额11519.58亿元，比2010年末增长8.70%。其中，单位存款6872亿元，增长4.70%。个人存款4036.23亿元，增长12.40%。金融机构本外币各项贷款余额10157.53亿元，增长16%。其中，短期贷款2658.24亿元，增长24.20%。中长期贷款7001.85亿元，增长11.90%。在各项贷款余额中，消费贷款1322.21亿元，增长12.90%。其中，个人住房贷款1100.31亿元，增长10%。个人购车贷款63.87亿元，增长12.10%。2011年金融机构本外币存贷款及其增长速度见表6-6-13。

表6-6-13　　2011年金融机构本外币存贷款及其增长速度一览表

指　标	绝对数（亿元）	比2010年末增长（%）
金融机构本外币各项存款余额	11519.58	8.70
其中：企事业单位存款	6872	4.70
居民储蓄存款	4036.23	12.40
金融机构本外币各项贷款余额	10157.53	16
其中：短期贷款	2658.24	24.20
中长期贷款	7001.85	11.90
其中：消费贷款	1322.21	12.90
个人住房贷款	1100.31	10
个人购车贷款	63.87	12.10

年末，武汉地区共有各类金融机构342家，其中，银行业金融机构28家（含外资银行5家），证券、期货业单位102家，保险公司54家。总部设在武汉的金融机构13家。在汉设立或正筹建后台服务中心的金融机构24家，新增7家。上市公司累计57家，其中，境外上市13家，境内44家。

十、教育和科技

年末全市幼儿园785所，与2010年持平；在园幼儿18.69万人，增加2.12万人。小学623所，减少16所；在校学生41.48万人，增加0.35万人。普通中学380所，减少15所；在校学生35.21万人，减少3.10万人。中等职业技术学校114所，减少12所；在校学生16.26万人，减少3.83万人。高等院校85所，在校学生数118.33万人。其中， 普通高等学校79所，增加1所，在校本专科学生92.04万人，在校研究生10.28万人。成人高校6所，在校学生数16.01万人。全市学前三年教育入学率81.76%， 6 ～ 11岁人口入学率100%，12~14岁人口入学率99.93%，6 ～ 14岁盲聋哑弱智人口入学率99.89%，九年义务教育巩固率95.50%，高中阶段毛入学率91.29%。2011年各类学校数和在校学生数完成情况见表6-6-14。

表6-6-14　　2011年各类学校数和在校学生数完成情况一览表

指　　标	单位	2011年	2010年
学校数			
普通高校	所	79	78
成人高校	所	6	6
中等职业技术学校	所	114	126
普通中学	所	380	395
小学	所	623	639
在校学生数			
研究生	万人	10.28	9.94
本专科学生	万人	92.04	88.14
成人高校学生	万人	16.01	16.34
中学生	万人	35.21	38.31
小学生	万人	41.48	41.13

年末全市拥有政府部门属科学技术研究机构100所，国家重点实验室21个，国家实验室1个，国家工程实验室3个，国家级工程技术研究中心22个，国家级企业技术中心18个。两院院士59人。全年研究与实验发展（R&D）经费支出175亿元，比2010年增加39亿元。承担国家级科技计划项目2051项，实施市科技计划项目329项。市级登记科技成果300项，获奖科技成果392项。其中，国家奖30项。专利申请21879件，增加6834件。其中，发明专利6362件，增加1702件。专利授权11588件，增加1423件。其中，发明专利2585件，增加854件。每万人发明专利拥有量7.40件。技术市场合同成交额107.51亿元，增长21%。

全市国家级孵化器15家、国家级科技产业化基地26个，年末高新技术企业597家，新增153家；民营科技企业7500家，增加700家。全年实现高新技术产业产值3448.90亿元，增长30.70%；高新技术产业增加值1074.11亿元，增长29.70%。

十一、文化、卫生和体育

年末市属艺术表演团体机构数8个，公共图书馆机构数2个，文化部门艺术表演场所7个。市属专业剧团全年新排上演剧目28台，比2010年增加2台，获国家奖7个，获省级奖19个。图书馆藏书349万册，增加28万册；市直图书馆接待读者278万人次，增加12万人次。武汉出版社出版图书20类721种1132万册，出版报纸6.11亿份，出版杂志7.90亿册。市属电视台1座，电视节目11套；有线电视用户228.57万户，数字电视用户167.87万户，电视综合覆盖率99.96%；市属广播电台1座，广播节目9套，广播综合覆盖率99.83%；全年制作广播剧8部。

年末卫生事业机构2816个，比2010年增加25个，其中，医院、卫生院243个，社区卫生服务中心126个，卫生防疫、防治机构22个，妇幼保健院、所、站15个。卫生事业床位数54612张，增加3413张。其中，医院病床43206张。卫生技术人员数63568人，增加1559人。其中，医生25838人，护师、护士25980人。平均每千人拥有医生3.08人，拥有医院病床6.51张。法定报告传染病总发病率295人/10万人，儿童免疫接种率99.50%。农村新型合作医疗参合率99.20%。药品监督覆盖率及抽样合格率分别为100%和96%。食品卫生监督覆盖率及抽样合格率分别为100%和94%。居民人均预期寿命78.65岁。2011年卫生事业主要指标完成情况见表6-6-15。

表6-6-15　　2011年卫生事业主要指标完成情况一览表

指　　标	单位	2011年	2010年
卫生事业机构数	个	2816	2791
医院、卫生院	个	243	232
社区卫生服务中心	个	126	125
防疫、防治	个	22	22
妇幼保健院、所、站	个	15	15
卫生事业床位数	张	54612	51199
医院床位数	张	43206	42322
卫生技术人员数	人	63568	62009
医生	人	25838	25069
护师、护士	人	25980	25191

年末全市体育场馆124个，比2010年增加4个。其中，体育馆12个，增加1个。市属优秀运动员人数139人，发展等级运动员300人。全市举办各类运动会18次，举办市级群众性体育竞赛活动88次。武汉地区运动员在国内外重大体育比赛中获3枚世界级金牌，14枚国家级金牌。全年体育彩票销售额8亿元。

十二、人口、人民生活和社会保障

年末全市常住人口1002万人，比2010年末增加

22.46万人。户籍人口827.24万人，减少9.49万人。其中，农业人口280.65万人，减少14.80万人。非农业人口546.59万人，增加5.31万人。人口自然增长率2.07‰，其中，人口出生率9.49‰，人口死亡率7.42‰。人口净迁移率-5.93‰，计划生育率95.71%，下降1.25个百分点。

全年城市居民人均可支配收入23738.09元，比2010年增长14.10%；人均消费支出17140.96元，增长18.30%。其中，食品支出6782.42元，增长26.40%。人均住房建筑面积32.25平方米，增加1.26平方米。每百户家庭拥有家用汽车16.40辆，计算机97.40台，空调器188台，移动电话211.60部。

全年农民人均纯收入9813.59元，比2010年增长18.30%。人均消费支出7102.70元，增长26.10%。其中，食品支出3068.40元，增长31.70%。人均居住面积51.80平方米，增加3.10平方米。每百户家庭拥有摩托车53.10辆，彩色电视机129.40台，电冰箱96.70台，洗衣机73.40台，空调器80.90台，电脑26.57台。2011年城乡居民收入完成情况见表6-6-16。

表6-6-16　　2011年城乡居民收入完成情况一览表

指　标	单位	2011年	2010年
城市居民人均可支配收入	元	23738.09	20806.32
工薪收入	元	16138.34	14249.52
经营净收入	元	2302.97	1783.43
财产性收入	元	460.93	490.99
转移性收入	元	7835.35	6644.66
农民人均纯收入	元	9813.59	8294.80

年末城镇基本养老保险参保职工333.29万人，比2010年增长7.70%。基本医疗保险参保职工379.71万人，增长10.90%。失业保险参保人数146.85万人，增长13.20%。工伤保险参保人数183.23万人，增长6%。生育保险参保人数203.87万人，增长5.20%。城市居民享受低保人数19.10万人，减少1.32万人；全年发放城市居民最低生活保障金6.39亿元，增长44.60%。农村居民享受低保人数11.20万人，减少0.02万人；全年发放农村居民最低生活保障金1.51亿元，增长71.80%。全市拥有社会福利院247家，床位数37453个。武汉地区福利彩票销售额20亿元，增长16.40%。全年筹集社会福利资金1.93亿元，增长17%。

十三、城市建设和环境保护

年末自来水厂20个，日供水能力451万吨。全年自来水平均每天实际供水量 298.09 万吨，比 2010 年增长 5.10%，其中，居民生活用水 133.98 万吨，增长 4.30%。中心城区自来水普及率 100%；远城区自来水普及率 97.50%。全社会用电量 383.65 亿千瓦时，增长 8.50%。其中，生产经营用电 315.52 亿千瓦时，增长 8.50%；居民生活用电 68.13 亿千瓦时，增长 8.30%。全年燃气供应总量 118600 万立方米，其中，煤气 7600 万立方米，液化石油气 11000 万立方米，天然气 100000 万立方米。家庭用气量 31550 万立方米，其中，天然气 25000 万立方米，占 79.20%。年末家庭燃气用户 190 万户，增加 13.67 万户。其中，管道气用户 136 万户，增加 9.67 万户。全市气化率 92%，提高 1 个百分点。

年末建成区面积 507.04 平方公里，比 2010 年增加 13.33 平方公里。城市道路总长度 2810 公里，增加 117.80 公里。道路总面积 7613 万平方米，增加 340.10 万平方米。轨道交通线路总长度 28.50 公里。全市公交线路 289 条，营运公共汽（电）车 7061 辆，出租汽车 14780 辆。公园 70 个，其中，免费开放 63 个；公园绿地面积 6038.48 公顷，增加 225.22 公顷。人均公园绿地面积 9.42 平方米，增加 0.17 平方米。建成区绿化覆盖率 37.54%，提高 0.06 个百分点。湿地自然保护区面积 2.80 万公顷。森林面积 16.80 万公顷，森林覆盖率 26.80%，提高 0.17 个百分点，2011 年，获“国家森林城市”称号。

全年城市污水集中处理率 92.20%，工业废水排放达标率 98.50%，饮用水源水质达标率 100%。城市生活垃圾无害化处理率 90%，提高 5 个百分点。化学需氧量排放量 17.169 万吨，下降 1.10%；二氧化硫排放量 10.848 万吨，下降 1.20%；氨氮排放量 1.942 万吨，下降 0.90%；氮氧化物排放量 16.200 万吨，增长 6.90%。可吸入颗粒物年平均值浓度 0.10 毫克/立方米，下降 7.40%。环境空气质量优良率 83.80%，全年空气污染好于二级天数 300 天。区域环境噪声平均值 55.80 分贝，交通干线噪声平均值 69.40 分贝。工业固体废弃物综合利用率 98.50%。

注：

①本公报数据为初步统计数，最终核定数以当年《武汉统计年鉴》为准。

②本公报中生产总值、增加值绝对额按现价计算，增长速度按可比价格计算。

③规模以上工业企业是指年主营业务收入 2000 万元及以上的全部工业法人企业；限额以上批发零售企业是指年主营业务收入达到 2000 万元及以上的批发企业、年主营业务收入达到 500 万元及以上的零售企业和年主营业务收入达到 200 万元及以上住宿和餐饮企业。

④从 2011 年开始，固定资产投资统计的起点标准从计划总投资 50 万元提高到 500 万元，因此 2011 年全社会固定资产投资绝对数与 2010 年不可比，但比 2010 年增速是按可比口径计算的。与此同时，月度投资统计制度将统计范围从城镇扩大到城镇和农村企事业组织，并定义为“固定资产投资（不含农户）”。

07

第七章 重要文献

WU HAN

第一节　全局性工作总结

2011 年武汉市国土资源和规划工作报告

武汉市国土资源和规划局局长　张文彤

（2012 年 1 月 12 日）

同志们：

今天，我们在这里召开全市国土规划工作会议，会议的主要任务是：总结 2011 年全市国土规划工作，贯彻落实武汉市第十二次党代会、武汉市第十三届人大一次会议和上级主管部门工作会议精神，部署 2012 年重点工作，统一思想，凝聚力量，为促进全市经济社会科学发展、跨越发展作出新的贡献。

下面，我代表局领导班子作工作报告。

一、主动作为，扎实工作，为全市经济社会又好又快发展提供了有力的服务

2011 年是不平凡的一年，是全市国土规划工作取得丰硕成果的一年。年初，市委、市政府印发了《关于加强国土资源和城乡规划工作的若干意见》（武发〔2011〕5 号），从思想认识、规划编制、工作机制、规范管理、保障措施等方面对进一步做好全市国土规划工作提出了新要求。以此为指导，我们全面推进各项工作，实现了“十二五”的良好开局。

争取新增建设用地计划 5174 公顷。上报新增建设用地总面积 6241 公顷，农用地 5062 公顷（其中耕地 3248 公顷）。获批建设用地总面积 7575 公顷，农用地 5747 公顷（其中耕地 3762 公顷）。

全市储备土地 4460.70 公顷，其中，市土地整理储备中心储备土地 413 公顷。全市土地市场成交土地 557 宗，3209.50 公顷。签订《国有土地使用权出让合同》137 宗，719.60 公顷；办理划拨项目 90 宗，301.10 公顷；办理租赁项目 12 宗，6.90 公顷；核发土地证书 17.40 万本，7689.90 万平方米；办理抵押、出租他项权利登记 8196 宗，4984.40 万平方米。

全市核发《建设项目选址意见书》614 本，用地面积 5515.65 万平方米；《建设用地规划许可证》1059 本，用地面积 8062.35 万平方米；《建设工程规划许可证》2508 本，《建设工程规划验收合格证》755 本，建筑面积 2555.26 万平方米。

全年发现违法违规用地案件 512 宗、625.60 公顷；对其中有实质违法行为的 423 宗案件进行立案查处；制止 79 宗；结案 299 宗、374 公顷；拆除建（构）筑物 2.67 万平方米，没收建（构）筑物 50.15 万平方米，收回土地 17.80 公顷。对 729 项建设项目实施批后跟踪检查，发现违法建设 111 项，全部予以查处。

（一）坚持“编管”结合，规划指导作用不断增强

认真做好各类规划的编制、审查和审批工作，规划体系进一步优化，规划编制由导控型向实施型转变，服务、引导城市发展。全系统编制的各类规划获湖北省 2011 年优秀城乡规划设计奖 20 项，其中一等奖 8 项。

深化落实两个总体规划，编制了《武汉都市发展区“1+6”空间发展战略实施规划》、《武汉市近期建设规划（2011—2015 年）》及 2011 年度实施计划，先后

经市规委会常委会、市政府常务会和市委常委会审议通过。全面编制完成《武汉市生态框架保护规划》，奠定了武汉市未来10年“大发展+大生态”的城市空间发展战略格局。编制了《东湖国家自主创新示范区总体规划（2010—2020年）》。完成全市78个乡镇“两规合一”编制工作以及6个新城区土地利用总体规划大纲、近郊区土地利用总体规划大纲编制工作。

加大综合交通规划编制力度，编制了《武汉市新时期交通发展战略研究及近期建设规划》、《武汉市综合交通体系规划》、《武汉市慢行系统规划》、《武汉市远城区轨道交通线网规划》、《武汉市绿道系统实施规划》等专项交通规划。大力做好三阳路过江通道、杨泗港通道、东湖隧道、轨道交通机场线等重大基础设施建设规划研究工作，为改善城市交通出行奠定基础。

探索“编管”结合，初步建立全国领先的控规维护机制。组织开展主城区控规导则优化及完善工作。发布了全市统一的规划管理用图编码系统，初步建成了“一张图”现状信息库，细化完善了“一张图”调整程序和数据使用程序，建立了“一张图”快速更新机制，全年入库项目314个，“一张图”的基础地位不断增强。启动了以汉南区为试点的远城区“一张图”建设。编制完成《长江大道城市设计》、《城市设计要素库》，全面清理、优化了历史城市设计成果，形成城市设计导则，指导规划管理。

完善了市规划委员会制度，成立了市规委会常务委员会，标志着新一届规委会进入常态化运作，有力推动了规划实施和重大项目建设。

（二）创新服务方式，落实“工业倍增”计划

促进工业项目落地。成立了促进“工业倍增”计划办公室，对工业项目采取一条龙全程跟踪服务，实现了工业项目“一个领导分管、一个机构统筹、一个窗口办理”。全面再造工业项目国土规划审批流程，审批时限由190个工作日压缩到33个工作日。开发了工业项目审批信息系统，建立了覆盖各环节、全过程关联、多事项并行的市区一体化网上协同办公平台，提高了审批效率。

做好工业用地的土地供应工作。全年上报工业项目新增建设用地2265公顷，获批2222公顷，通过市场完成土地供应2170.40公顷，有力保障了力诺、中广核、深圳粤海光电产业园等重点工业项目的实施。

引导工业向园区集中。组织编制了《武汉市新型工业化发展空间规划》，在6个新城区和洪山、青山、汉阳规划了9个示范园区，面积达428平方公里，规划了14个一般园区，面积达140平方公里，明确了各园区产业发展的主导方向和优势产业类型，拓宽了工业发展空间。完成了新型工业化示范园区控规导则和启动区控规细则的编制工作。全年工业项目用地指标有91.10%用于园区建设，引导了工业项目向园区集中。

（三）创新土地资产经营管理，主动实施城市规划

变“散点式储备”为“片区储备”。加快东湖新城、精武路片、青山沿江片一期、武昌滨江武车片、硚口汉西建材片等重点区域土地储备进度。创新筹融资渠道，深化“片区融资”方式，市土地整理储备中心累计取得金融机构综合授信435.70亿元，贷款余额197.90亿元。通过片区储备、片区供地，使新城开发、区域开发变为现实。

创新土地供应方式。面对国家宏观调控形势，积极探索，运用拍卖、综合招标、带方案挂牌等多种方式，采取主动服务举措，促进了新长江航运中心、精武路项目一期用地、额头湾宜家项目、东风集团限价房等项目的土地供应。进一步拓展土地交易品种，完成划拨地转让项目7宗，法院委托土地房屋拍卖61宗。全市土地成交规模基本稳定、价格相对平稳、供应结构不断优化、成交金额位居全国土地市场前列。吸引了招商局地产、佳兆业等一批大型企业进入武汉市投资。

完善土地供应机制。市政府委托我局行使中心城区和开发区建设用地供地方案审批职能后，及时制定了国有建设用地供地会审会议制度，提高了供地审批

效率。完成武汉市基准地价更新工作，并由市政府向社会发布。

（四）履行国土规划保障职能，全力推动重大项目和重点工程建设

编制重大项目规划。编制完成《辛亥革命百年庆典保障规划》、《市民之家规划方案设计》、《新港长江航运中心规划方案设计》等规划，服务重大项目建设。针对开发热点和重点区域，积极开展《东西湖暨吴家山经济技术开发区空间发展战略规划》、《武汉临空经济开发区发展战略规划》、《汉正街地区发展振兴规划》、《汉江两岸文化旅游带概念规划》、《武汉楚文化产业区概念规划及黄鹂路片城市设计》，谋划区域发展，推动城市建设。

发挥技术优势，推动重大项目建设。按照市政府主动作为、创新作为的要求，特事特办，完成了一批重大项目的国土规划审批；同时，充分发挥专业人才集中、横向联系广泛的优势，承担了多个重大工程技术总协调工作，保障了一批重大项目建设进度，武汉大道、沙湖大桥全线通车，武汉国际博览中心如期开展，东沙连通一期工程顺利开街开河开路，市民之家项目顺利封顶。

作为首义文化区联席会议召集单位和二七长江大桥指挥长单位，全面履行“综合、协调、督办、服务”职能，有力推动了项目建设。首义文化区如期建成开放，我局被评为“武汉市纪念辛亥革命·武昌首义100周年工作”立功单位。二七长江大桥工期由国家发改委批准的48个月压缩至39个月，于2011年12月31日竣工通车，实现了质量水平一流、安全生产万无一失、工期进度超前突破的建设目标。

认真落实国家房地产调控政策，呈请市政府出台了有关公共租赁住房供地和配建政策，有力促进了保障性住房建设。完成保障性住房项目选址及审批98个，用地面积2602.90公顷，可建住宅17.40万套；限价房项目公开供地或发布挂牌公告18宗，75.60公顷；完成中心城区保障性住房供地459.90公顷。

扎实推进“城中村”改造。按照整村统征储备的模式，大力推进三环外“城中村”改造。精简审批流程，建立主动服务机制，积极协调解决“城中村”改造中的有关问题。全年完成16个村规划编制，完成18个村土地出让，完成22个村挂牌公告。

（五）加强国土资源保护利用，保障城市可持续发展

严格落实耕地和基本农田保护目标责任制。至2011年底，我市耕地保有量519.40万亩，高于上级下达给我市的507万亩目标。编制《武汉市高产农田建设规划（2011—2020年）》，划定93个高产农田建设片区。积极推进高产农田土地整理，完成高产农田建设项目8个，建设规模10.58万亩。通过土地整治增加新增耕地0.32万亩。

认真开展土地执法监察工作。组织开展了2010年度土地卫片执法检查，对全市1428宗、63697.40亩土地进行核查，全市上下共同努力，扎实有效推进整改工作，违法占耕比率由整改前的11.82%降为5.72%。强化巡查工作，全局系统添置数字执法车4台（套）。对严重的土地违法案件，联合监察部门进行查处，依法依纪追究有关人员责任。严肃查处了卓刀泉公园违法建设、南湖南路4S店违法建设等批后违法建设典型案件。

大力加强矿产资源管理。对全市61家持证采矿企业开展年检，为60家企业办理了采矿权延续手续。完成汉阳区锅顶山矿山、东湖高新凤凰山矿山等4个矿区地质环境恢复治理工作。首次将卫星遥感成像技术运用于矿山开采经营情况执法监察，对20多处关闭矿山采取了动态巡查、重点监管。

（六）优化日常业务管理，提升依法行政能力

积极推进国土规划法制化建设。《武汉市测绘管理条例》经市人大常委会审议通过后，获省人大常委会批准，实现历史性突破。《武汉市地下空间开发利用规定》、《武汉市基本生态控制线管理规定》上报市政府审查。启动了《武汉市城乡规划条例》起草工作。出

台了《武汉市集体建设用地使用权流转管理办法》、《武汉市轨道交通规划管理办法》、《武汉市出让用地容积率调整办理规则（试行）》、《武汉市建设工程规划验收办法》、《武汉市建筑日照规划管理办法（试行）》。在全市率先制定发布了《武汉市国土规划系统法制宣传教育第六个五年规划》。开展了“6・25 土地日”、测绘法宣传、“12・4 法制宣传日”等活动。我局被国土资源部评为“依法行政先进单位”。

认真贯彻《国有土地上房屋征收与补偿条例》，及时研究出台有关文件和操作指引，保障了全市房屋征收工作的开展。全年拆迁房屋 17173 户，积极推进征地制度改革试点工作，全年完成土地征收 6.70 万亩，拆除集体房屋 4.80 万户，补偿率和安置率均为 100%。

加强地质灾害防治工作。确定 53 个地质灾害防治重点监测点，采用地质雷达监测等多项科技手段，开展地质灾害防治工作。建立了气象预警预报地质灾害防治工作平台。编制完成新一轮《武汉市突发地质灾害应急预案》，修编《武汉市地质灾害防治规划》，启动了城市地质调查等基础性工作。

加强测绘行政管理。启动“十二五”基础测绘工作。完成测绘资质初审 11 项，测绘单位质量检查 20 家。维护损毁的 GPS 点、二等水准点 34 个。编制出版《武汉交通指南图》、《武汉观光游览图》、《武汉市大专院校分布图》、《武汉红色地图》、《辛亥首义百年纪念版交通图》等公益地图。

（七）发挥基础地理信息作用，提升科技创新能力

地理信息服务不断拓展。完成数字武汉地理空间框架建设及综合应用示范项目，通过国家测绘地理信息局验收，并在全市推广应用，武汉市成为全国首个建成空间数据框架的副省级城市，被授予“全国数字城市建设示范市”。“智慧空间—武汉地理空间云信息平台”被授予首批“武汉市智慧城市建设示范项目”。武汉市实有人口实有房屋信息共享平台实现了中心城区人口、房屋图文一体化精细管理，受到中央和市有关领导的高度肯定。

大力推进综合信息平台建设与应用。在全局流程改革和模式再造基础上，以工业项目、保障性住房和土地征收业务为试点，推进信息平台实用化建设。加大信息资源汇交与共建共享力度，实现了局系统信息资源可看、可用，扩大了综合“一张图”系统的覆盖范围和应用深度。建成武汉市交通信息系统一期工程，并投入试运行。以三维数字地图系统应用为重点，推进城市设计和规划审批三维化。“金土工程”建设逐步深入。第二次土地调查成果通过省国土资源厅验收。启动了全市统一地籍管理信息系统建设，将地籍管理信息系统的应用范围扩大到新城区。

积极开展基础性研究工作。开展国土规划“十二五”科技发展工作纲要研究，基本确定了科研体系框架。发布《2011 武汉市城乡规划年度报告（白皮书）》，形成我局统一权威的规划实施评价平台。开展了城市设计要素库及干道整治标准研究、强度分区及用地兼容性规定、用地规划设计条件标准化研究、市政道路全景验收标准研究等工作，部分成果在局系统试运行。

2011 年全局系统共承担国家“863”课题 1 项，国家科技支撑计划项目 5 项。各类工程项目和研究课题获得市级以上奖励 109 项，其中，“测绘基准和空间信息快速获取关键技术及其在灾害应急测绘中的应用”获国家科技进步二等奖，“武汉市三维数字地图系统建设与应用示范”获 2011 年全国地理信息科技进步二等奖、武汉市科技进步一等奖。

（八）扩大对外交流力度，提升行业地位和社会影响力

成功举办第 47 届国际规划大会。来自 48 个国家和地区的 200 多名国际顶级规划大师和 2100 多名国内规划设计界代表齐聚江城，交流国际最新规划理念，为武汉规划建设建言献策。会议规模大、规格高，在国内外引起强烈反响。成功组织召开了全国交通规划年会、全国城乡规划工作会、2011 智慧城市建设与应用论坛、全国征地制度改革座谈会等，宣传了我市城市形象，吸取了各地先进经验。

加强与国内外优秀机构和人员的交流。面向全球组织了包括高铁时代武汉城市发展研究、武汉市职住平衡研究及规划指引等11个项目的国际征集活动。发起成立“武汉城市研究网络”，建立城市研究交流平台。积极邀请美国、法国和中国台湾等国家和地区的知名专家，组织开展规划讲座和论坛8次。承办了中德绿色城市论坛专业论坛、中美加交通与土地利用一体化暨亚洲EMME交通模型研讨会、第18届海峡两岸城市发展研讨会等学术交流活动。聘请外籍技术人员3名，派出技术人员出国培训30余人次。

积极开展对外宣传。发布了《武汉市城市总体规划》普及版、公务版、专业版3个版本，在《长江日报》、《武汉宣传》等媒体进行专刊（版）宣传。编辑出版《武汉市国土规划年鉴（2011）》。联合多家媒体，先后组织策划了基础测绘、绿道规划、“工业倍增”计划等专题报道。

发挥规划展示馆功能，扩大规划普及面。武汉规划展示厅全年接待各级领导、贵宾70余批次，人数超过1.80万人。按照“国内领先、世界一流”的目标，加快推进新规划展示馆建设。组建工作专班，推进展陈大纲编写深化工作；开展了主题词征集活动、“聚焦大武汉”城市摄影大赛活动；方案招投标工作顺利完成。

（九）开展“治庸问责”和党风廉政建设，提升干部队伍服务能力

统一思想认识，深入开展“治庸问责”工作。根据市委、市政府工作部署，及早启动，周密组织，通过学习对标城市、充分征求社会各界意见，制定了9大项、40个子项的工作举措，向社会公布了“321”（简化程序“三压缩”、改进作风“二提高”、完善机制“一优化”）公开承诺。加强督察暗访工作，对发现的不良行为和现象限期整改，认真办理各类投诉件295件，对24名干部进行了问责。同时，研究建立了长效机制，全局上下形成了“人人都是投资环境，个个都要热情服务”的浓厚氛围，干部责任意识、服务意识进一步强化。

加强党风廉政建设，建立预警防控体系。强化“一岗双责”，层层落实反腐倡廉责任目标。开展了反腐倡廉宣传教育月活动，组织局机关干部参观监狱，全系统370名干部参加了国土资源部举办的廉洁从政视频教育培训班，80多名领导干部参加了“反渎职侵权案例教育”活动。加大廉政文化建设力度，制作了廉政长廊、廉政展板。在上年开展腐败风险点排查工作的基础上，编制了《腐败风险及防控措施汇编》。对320件信访举报、行政投诉进行认真调查、处理和回复。积极组织参加全市行风连线、电视问政和行风评议活动。深入开展国土资源领域腐败问题专项治理、“两整治一改革”专项行动和工程建设领域突出问题专项治理活动。加大行政效能监察力度，行政效能电子监察在全市排名继续保持前列。

加强干部队伍建设。认真开展全局人才现状调查，组织编制全局人才队伍发展规划。选拔了11名处级干部，平职交流了10名处级干部。选拔正科级干部40名，中心城区分局科室负责人基本配齐，局属事业单位中层干部力量得到增强。加强人才引进和培养工作，选派3名干部到省内挂职，新增市级专家4名，招聘事业单位工作人员54名，对外公开招录公务员5名。规范新城区干部队伍管理，指导江夏、新洲等区局完成科级干部选拔和交流工作。扎实推进设计勘察类事业单位改革。组织完成局属事业单位639人的岗位设置工作。严格执行干部教育培训学分制，全年组织各类培训班、讲座34场次，参训人数1526人次。

（十）加强内部机制建设，优化投资发展环境

大力优化业务审批流程。对原27项审批事项进行清理，压缩调整为14项。坚持“压缩、并联、下放”，对现有业务流程进行优化。审批事项、审批时限、审批环节压缩50%以上。扩大个人土地证办证便民范围，中心城区由“当日可取”变为“即办即取”，新城区、开发区试行“当日可取”。

转变工作作风，开展主动服务。加强制度建设，制定了预约服务制、限时办结制、处长窗口带班制等

9项制度。深入开展国土规划服务“进基层、进园区、进企业”主题活动，收集解决问题200余个，得到各界好评。

扎实开展“万名干部进万村入万户”和创先争优活动。全局系统组建22个工作组，给共建村困难群众发放慰问金12.40万元，兴办实事110余件，资助总金额163.60万元。我局“三万”工作组被市委、市政府授予“先进工作组”。以窗口建设为重点，开展创先争优活动，《长江日报》、武汉电视台等多家媒体对局系统服务明星刘厚道、周立武、陈慧丽以及武昌区政务中心土地登记窗口进行了宣传报道，武昌分局和汉阳分局被评为“群众满意基层站所”。

加强内部运行机制建设，全面提升综合服务保障能力。建立健全政务督查工作制度。办理人大、政协议提案248件，为历年之最，全部按期办结。完善优化对外服务窗口。加强政务信息公开工作，通过网站发布各类信息15313条，第5次被国土资源部评为“国土资源政务信息网上公开示范单位”。进一步加强财务管理，全面完成资金预决算，开展了“小金库”和公务用车治理专项行动。积极配合完成了国家审计署对领导干部离任审计和土地专项审计工作。扎实做好信访稳定工作，形成全局上下齐抓共管的“大信访”格局，局机关共接待群众来信来访2268批次，化解了一批积案。工会、共青团、妇女、老干工作有声有色，新建了“职工之家”和老干部活动中心，组织开展了丰富多彩的职工文体活动。后勤保障工作进一步加强，为全局工作提供了支撑。

一年来，全局各单位共获得市级以上奖项199个，86人次获得市级以上表彰。全局系统文明创建率达100%，市局机关获“省级文明单位”称号，全系统市级以上文明单位达16个。

同志们，2011年国土规划工作成效显著，成绩来之不易，这是市委、市人大、市政府、市政协正确领导的结果，是国家土地督察武汉局、住建部驻武汉督察组、省国土厅、省住建厅、省测绘局等各级领导部门关心、支持和指导的结果，是全市国土规划系统干部职工共同努力、勤奋工作的结果。在此，我代表局领导班子向各位领导和社会各界表示衷心的感谢！向全系统的干部职工表示亲切的慰问！

二、全力以赴，重点推进，不断增强保障和促进城市健康可持续发展的能力

国土是国计民生之本，规划是城乡建设先导。市第十二次党代会提出了全面建设国家中心城市、复兴大武汉的奋斗目标，做好国土规划工作，事关全市工业化、城镇化进程，事关武汉的改革发展，事关城市发展振兴，责任重大，意义非凡。我们必须认清形势，抢抓机遇，真抓实干，主动服务全市城乡建设和经济社会发展。

2012年，全市国土规划工作的总体要求是：以邓小平理论和“三个代表”重要思想为指导，深入实践科学发展观，认真贯彻落实市委市政府和上级的工作部署，以建设国家中心城市为目标，以改革创新为动力，以开展“能力提升年”活动为主题，加强规划引导，强化土地供应，充分发挥国土规划工作的空间统筹、保障发展和综合服务的战略性、基础性作用，努力提升服务发展能力，促进城市功能完善，为武汉经济社会健康发展作出新贡献。

（一）加强研究，积极谋划，科学引导城市发展

推进各类专项规划编制，加强法定规划的更新维护和实施型规划编制，引导城市科学发展。突出“国家中心城市”发展目标，为谋划武汉新一轮大发展积极开展战略研究。围绕建设国家创新中心、国家先进制造业中心、国家商贸物流中心等，开展“武汉市建设国家中心城市规划行动纲要”研究；启动“武汉2040年城市发展战略研究”，从全球化发展战略层面，以国际化视野进一步谋划武汉长远发展定位、发展方向与发展战略。

优化完善“两规合一”的规划体系，构建全市规划编制管理的3个平台。一是以城乡规划白皮书、近期建设规划和年度实施计划为主的规划实施平台；二

是以“一张图”为基础的规划管理平台；三是以技术标准库、科研项目库和城市基础信息库为支撑的基础技术平台。通过3大平台的建设，加大城乡规划的支撑作用，促进规划的顺利实施。

加大总体规划实施力度，推进实施性规划编制和落实。加快形成以主城区为核心、6个新城区轴向发展的空间框架。主城区大力推进城市功能提升，加大“两江四岸”、大东湖、四新等区域的规划力度；落实党代会要求，编制《东湖风景区旅游开发规划》、《武汉市生态框架实施规划》、《“文化五城”空间布局规划》。加强新城区规划编制的指导，实现新城区规划体系化。围绕“工业倍增”和新城建设，全面推进新城组群控规导则深化和优化，实现都市发展区新城组群控规导则全覆盖，初步建立新城区“一张图”基本框架。

全面推进规划编制管理制度化建设。推进预算项目“编管”结合，使法定规划与专项规划、导控性规划与实施性规划高效衔接。加强规划科学化、实用化、标准化、精细化和信息化的“五化”建设。针对规划管理中出现的具体问题，积极开展标准制定和政策研究，全面提升规划编制水平。

（二）加强策划，推动实施，提升城市品质

发挥国土规划的职能作用，通过策划并配合有关部门建设一批功能性、基础性的重大项目和重点工程，主动落实规划，推动城市成片综合开发，提升城市环境和品质。按照“集中建设”的思路，策划一批提升城市功能的项目。邀请国际知名机构和规划大师，编制《江岸沿江实施性城市设计》、《南岸嘴及龟北片规划》、《二环线西段及雄楚大街实施性城市设计》。继续高质量、高标准做好黄鹂路荆楚文化区、汉江两岸文化旅游带的规划设计。加大招商力度，推动汉正街、汉江两岸、杨春湖、二七商务区等项目实施。积极推动东湖中央文化区、王家墩商务区、汉口北大市场、东湖综合保税区、东西湖保税物流中心、青山港等区域建设，提升城市功能。

按照宜居武汉的要求，策划一批特色项目。做好《武汉市医疗卫生设施专项规划》、《武汉市福利设施空间布局规划》、《2012年武汉市保障房空间布局规划》等规划的编制工作。编制《武汉市“1+6”生态框架实施规划》，启动1∶2000地形图上生态底线精确落线。抓好三环线生态隔离带的规划控制和建设，确保主城和新城组群的生态隔离；积极推进东湖、后官湖等生态湿地公园建设，主动实施城市生态绿楔。落实《武汉市绿道系统实施规划》，启动城市绿道示范线规划和建设。加大历史街区规划力度，对重点区域、工业遗迹等历史建筑腾退置换，恢复城市记忆。

按照畅通武汉的要求，推动一批重大基础设施项目实施。全力推动地铁建设，通过地铁延伸，引导城市建设发展。做好长江大道、解放大道综合改造的规划设计，启动第三条景观路的规划研究，发挥规划对“疏堵保畅”的作用。满足武汉新港、天河机场第二跑道、机场交通中心的建设用地需求。做好规划编制工作，推动全国综合交通枢纽建设。大力推进江北快速路、盘龙大道、新天路、李纸路等出口路的规划建设，带动新城发展。开展武汉市机动车发展战略研究，推进交通信息系统二期工程建设。

继续推进“城中村”改造工作。加大主动协调服务力度，力争完成二环线内“城中村”挂牌交易工作。积极推进二环外的27个“城中村”改造工作。

（三）保障发展，保护资源，加快用地方式的转变

坚持“双保”方针，落实最严格的耕地保护制度和集约节约用地制度，有保有压，通过用地方式的转变促进经济发展方式的转变。进一步落实新增建设用地计划差别化管理举措。积极争取部、省两级支持，盘活存量，争取增量。进一步发挥用地计划的调控和导向作用，控制新增建设用地规模和使用节奏，避免“摊大饼”式发展，合理控制城市建设用地总量。建立用地计划使用评估制度，将年度用地计划与各区土地征、供、用和节约集约、依法用地等情况挂钩，落实用地计划奖惩机制。优先保障我市鼓励发展的汽车、装备制造、生物、高新技术等优势产业和产业升级项

目的用地计划，优先保障新型工业化园区的用地需求。推进新增建设用地统征储备工作。在新城区和开发区实行土地预储备制度，以储备方式提前报批一批用地，完成征地手续后根据具体项目用地需求及时供地。

大力推进资源节约集约利用。积极推进城市土地集约利用评价工作，建立城镇土地集约利用评价考核体系。加大闲置及低效利用土地项目清理和处置力度。加快推进历史遗留项目的土地征收、供应和开工，充分挖掘用地潜力。继续开展矿产资源开发整合工作，改变矿山企业“小、散、乱”局面，提升矿产资源开发利用水平。

创新耕地保护制度。利用“规土合一”优势，将规划确定的禁建区、限建区与耕地和基本农田保护区有机结合，制定管制措施和奖惩办法，实现生态保护和适度发展的良性循环。严格落实建设占用耕地“先补后占”。积极探索市场化途径，开展耕地保护。坚持“政府主导、社会参与、部门联动”的原则，整合各项涉农项目和资金，推进建设用地增减挂钩试点。加大对试点工作的检查和指导，严格规范操作，防止出现违背农民意愿、强拆强建、大拆大建、强迫农民上楼等问题。争取省国土厅支持，在汉南区开展全域土地整理试点。推进高产农田建设，建设高产农田 8 万亩。

（四）加强统筹，突出重点，优化土地资产经营管理

分析、梳理我市土地资产经营状况，在加强全市统筹管理上下工夫。加大土地储备力度。按照城市规划需要，整合储备项目及其周边项目的土地资源，坚持按成片开发思路进行整体运作，由单个地块储备发展为项目储备，提升区域价值。重点加快对东湖新城项目、二七沿江商务片、汉西建材片、青山沿江片等片区项目的推进。对储备项目的建设强度给予支持，实现综合效益最大化。

加强土地储备统筹工作。加强中心城区土地储备机构统筹管理，研究打包项目管理制度。建立管理信息平台，实现对各土地储备机构、打包单位管理的动态管理和跟踪指导。充分发挥中心城区土地资产资金优势和新城区、开发区土地资源优势，开展 6 个新城启动区的土地储备工作，服务 6 个新城组群的建设。

进一步加强土地市场建设和管理。继续丰富、完善土地市场功能和运行机制，规范土地交易规则。积极推进网上土地交易，降低交易成本，营造良好的土地市场环境。进一步规范市场秩序，全面启动企业诚信系统，加大清欠追缴力度。强化土地市场动态研究，建立土地市场分析和评价长效机制，准确研判土地市场运行趋势。启动新城区、开发区基准地价更新工作，统一全市土地市场价格体系。

（五）完善机制，强化督察，加大违法用地和违规行为的查处力度

在积极主动服务的同时，严格规范管理，确保正常的国土规划管理秩序。构建执法监察工作新机制。根据市政府调整查处违法建设部门责任的精神，做好职能的调整和划转工作；研究制定职能调整后违法建筑核查、认定、处理的工作程序。认真研究新形势下做好国土规划执法工作的新举措，逐步建立全覆盖监管、全程监管、科技支撑、督察联动以及社会监督五位一体的执法监管体系。

积极开展主动执法。前移土地执法关口，全面落实土地执法动态巡查制度。开展定期执法专项行动，对重点地区进行卫片自查。严格落实《武汉市违反土地管理规定行政首长问责暂行办法》，建立、完善违法查处考核体系。认真做好土地矿产卫片执法检查工作，保持对违法行为查处的高压态势。

加强国土规划督察工作。积极主动开展专项督察。推进系统督察，建立重大事件通报制度、与区政府的联络制度以及执法监察工作责任制度。配合国家土地督察武汉局、住建部驻武汉城乡规划督察组做好例行督察工作。

（六）突出民生，强化服务，全力助推“幸福武汉”建设

把保障和改善民生作为工作的出发点和落脚点，

切实解决市民最直接的现实问题。落实国家房地产调控政策，认真做好保障性住房用地供应和规划审批。科学编制土地储备供应计划，确保2012年保障性住房用地供应。继续加强房地产用地供应和开发利用的动态监管。积极做好、加快办理各类保障性住房项目的规划审批工作。

切实做好房屋征收拆迁工作。认真落实《国有土地上房屋征收条例》，健全工作机构，制定配套文件，明确征收程序。严格集体土地征收程序，规范征地拆迁行为。积极落实还建房源。加强监督检查，坚决制止违反群众合法权益的行为。

抓好地质灾害防治和矿山环境治理，保障人民群众生命财产安全。继续开展城市地质调查、地质灾害和矿山资源信息系统建设，做好《武汉市地质灾害危险性评估技术标准》编制工作。编制年度地质灾害防治预案，有效规避灾害风险。积极开展矿山环境保护治理。

落实便民举措，开展为民服务。建立全市统一的地籍管理信息系统和电子审批平台，进一步扩大个人土地登记"当日可取"覆盖面，方便市民办证。做好全市集体土地所有权登记发证工作，启动开展集体建设用地使用权、宅基地使用权登记发证工作。

（七）紧盯一流，创新进取，全面加强国土规划基础性工作

加强国土规划研究和展示工作。按照建设全国一流规划展示馆的目标要求，加快推进新规划展示馆建设，认真开展施工和布展工作，确保按市政府要求如期开馆。制定规划实施白皮书，对规划实施情况进行系统的梳理和评价。编制年度土地管理形势分析报告，开展建筑规划管理标准及规范制定、城市风道规划管理研究、主城区地下空间规划等研究工作。大力开展新城区国土规划"一张图"建设，形成全市统一的管理平台。

加强基础地理信息整合，推动我市地理信息产业发展。巩固和强化全市基础地理信息平台的地位和作用。加强基础测绘工作，实施地理信息数据动态更新和维护。不断充实和完善基础地理信息库。进一步拓展数字城市地理空间框架的服务能力和应用领域，为全社会提供地理信息服务。建立地理市情监测系统，强化数据分析，开展信息挖掘，为政府科学决策提供有力支撑。

深入推进国土规划信息化工作，参与智慧城市建设。不断提高综合信息平台的服务能力和实用化水平，加强动态监管和电子化监察。继续做好信息汇交工作，推动信息共享共用。发挥全市国土规划系统的资源优势，大力开展云计算、物联网等关键技术的研究与应用，开发各类应用型信息系统，促进成果社会化，满足各行业和人们的需求。

（八）依法行政，强化监督，不断提高国土规划管理和服务水平

加强国土规划法制建设。推进《武汉市城乡规划条例》起草和《武汉市地下空间开发利用规定》报审工作，争取早日出台。重点开展国有土地上房屋征收政策、《武汉市测绘管理条例》配套制度研究，做好《武汉市土地登记办法》、《武汉市征用集体所有土地补偿安置办法》、《武汉市征用集体所有土地房屋拆迁管理办法》的修订调研工作。报请市政府出台《武汉市基本生态控制线管理规定》，推动《武汉市商业设施管理规定》立法进程。

大力推行政务公开。充分利用政务网站、报纸、电视媒体等手段，深入推进国土规划政务公开。加大电子监察力度，将全部行政许可项目纳入电子监察系统。大力推进规划项目公示和公布，在法定规划公示的基础上，逐步建立重大规划公示制度及审批规划发布制度，让更多民众了解规划作用，参与规划编制，监督规划实施。

做好各项综合保障工作。全面加强政务督办工作，创新督办工作手段，加强督办网络建设。切实做好人大议案和政协提案办理工作。进一步加强财务和行政后勤保障。全面落实安全生产的各项工作任务，确保不发生重特大安全事故。创新工作方法，积极开展“信访促和谐”活动，切实做好信访维稳工作。

三、加大改革创新力度，加强自身建设，努力开创全市国土规划工作新局面

2012年国土规划工作任务十分艰巨，对全市国土规划系统干部职工的精神状态、能力素质、工作作风是一个考验。完成好全年工作目标，要围绕“能力提升年”的要求，解放思想，在改革创新上下工夫，不断探索推进各项工作的新措施、新方法；要在强化自身建设上下工夫，努力提高干部队伍的综合素质和能力水平，推动国土规划事业在变革中发展，在发展中跨越。

（一）切实解放思想，创新管理模式和工作方式

市委、市政府对国土规划工作寄予厚望，党代会工作报告和政府工作报告都对国土规划工作提出了明确要求，在围绕国家中心城市和生态宜居武汉、文明武汉、幸福武汉的建设中，国土规划工作任务繁重，需要我们以改革创新的方法和举措迎接新挑战，完成新任务。

在引导转变发展方式上要改革创新。我市国土规划工作面临诸多亟须破解的难题，在耕地保护日益趋紧、空间资源硬约束的背景下，继续以增量空间推动经济发展的模式不可持续，“摊大饼”式的发展难以为继，必须通过改革创新走出一条新路子，以有限的空间资源更好地服务于城市长远发展。必须建立一套推动空间减量发展模式，走空间结构调整的减量发展、效益提升之路。要以更具前瞻性、创造力的城市规划，将武汉打造得更加美好、生态、宜居；要深入开展征地制度改革和农村产权制度改革，破解武汉发展难题；要转变土地空间布局结构形式、土地使用观念，强化生态保护，保障城市未来发展空间。

在内部管理上要改革创新。对我局内部运行机制要进行总结，研究适应新形势的内部职能划分，适当调整处室职能。加快推进业务审批流程改革，建立“标准化”审批体系，逐步实现申报资料标准化、审批程序标准化、审批内容标准化，制定新的《依法行政手册》，形成规范化的审批模式。在分局达标工程的基础上，进一步优化市局、分局的业务分工。试行“管”“办”分离，转变职能划分，市局的工作重心逐步转为宏观管理，具体审批工作由分局完成。建立完善多层次、高效率的决策机制。建立完善岗位责任制，形成较为完善的内部分工协作机制。

（二）提升综合能力，发挥国土规划工作新作用

当前，武汉市正处于快速工业化和城镇化的时期，围绕城市发展，我们必须提升国土规划综合管理能力。

着力提升执行能力。三分战略，七分执行。落实市委、市政府重大决策，把规划蓝图变成美好现实，需要有很强的执行力。要大力倡导真抓实干的工作作风，想实招、鼓实劲、谋实事。要确保政令畅通、令行禁止。要强化协调联动，注重多方配合，形成齐心协力、促进工作落实的良好氛围。

着力提升管理能力。针对城市发展的热点、难点与重点问题，提升决策能力，要在土地储备、旧城改造、历史遗留问题处理等方面取得重点突破。加强调查研究，提出更适合市场经济发展、更能保障城市可持续发展的规划土地政策。加快构建运行高效、对外衔接、对内顺畅、权责明晰的行政管理机制。

着力提升学习能力。要立足武汉，开阔视野，以容纳全球的眼光和胸怀，找准坐标，从实践中来，到实践中去。充分借鉴发达城市的经验，与我们的国土规划工作实现“嫁接”，学习别人的做法，创新我们的方法，推动城市又好又快发展。

着力提升拒腐能力。随着土地资源的日趋紧张和经济社会的持续发展，国土规划工作需要面对的利益

诱惑日趋复杂，越来越敏感，面对诱惑，我们要清醒地认识到自己所处的位置和职责，依法行政，提升拒腐防变能力。

（三）加强队伍建设，为事业发展提供组织保障

进一步强化领导班子自身建设。狠抓中心组学习，认真落实年度计划和月度安排，结合多种形式，灵活开展学习活动。通过学习进一步加强和改进领导班子思想政治建设，促进全局系统的党建工作。按照民主集中制的原则，完善领导班子议事规则和决策程序。不断提高民主生活会的质量，确保不走过场，使之成为沟通的桥梁。

抓好干部队伍选拔和培养工作。进一步充实机关处室、局属单位和新城区局领导干部力量。加强年轻干部培养力度，优化干部队伍结构。逐步完善干部选拔任用和考核机制。加大干部交流轮岗力度。规范和理顺借调人员管理，补充市局机关工作人员。根据全局人才队伍建设的需要，大力引进一批高素质人才，改善专技人才素质结构。认真落实勘察设计类事业单位改革要求，对市场化职能予以剥离，对部分收费行为予以取消。完善学习的长效机制，打造高素质的干部队伍。

深入开展“创先争优”活动。以“创先争优”和创建学习型机关为抓手，指导基层党组织开展形式多样的学习活动，提高干部队伍整体素质。认真开展文明单位创建工作。切实抓好基层党组织结对共建工作。进一步巩固和扩大“三万”活动成果，扎实开展“万名干部进万村挖万塘”活动。加强机关作风建设，树立为民服务的价值观。

（四）加强党风廉政建设，确保权力规范运行

严明党的纪律，确保执行党的重大决策不走样。全局系统要把严明政治纪律作为党风廉政建设责任制的重要内容。加强对上级各项政策落实情况的监督检查，确保党的大政方针落到实处。严格选人用人的监督检查，坚决制止选人用人上的不正之风。

切实抓好党风廉政建设责任制的贯彻落实，推进党风廉政建设和反腐败工作不断深入。继续实行党风廉政建设责任制报告制度，扩大评议范围，改进测评方法。抓好腐败风险预警防控机制，深入推进源头治腐。将该制度建设作为一项长期性、根本性任务切实抓好。充分运用腐败风险点排查成果，针对排查过程中发现的制度漏洞、潜在风险，制定相应的防范措施，逐步建立长效机制，从源头上遏制腐败。

加强党风廉政教育。进一步强化宗旨意识、大局意识、忧患意识、责任意识，深入开展正反典型教育，制定反腐倡廉教育工作计划，使廉政教育常态化、科学化、系统化，树立科学发展观、正确政绩观和群众观，切实做到为民、务实、清廉。开展批评与自我批评，打造一支风清气正的队伍。

围绕权力规范运行，加强对重点部门和关键环节的专项检查。畅通群众监督渠道，建立健全特约监察员制度。大力开展专项治理工作，继续深入开展国土资源领域腐败问题治理工作和“两整治一改革”专项行动，重点查办领导干部滥用权力、以权谋私、权钱交易和违反规定插手经济活动等行为，确保权力运行安全、资金使用安全、干部成长安全。

同志们，站在新的历史起点，面对新的发展机遇，市委、市政府吹响了建设国家中心城市、复兴大武汉的号角，国土规划人肩负光荣任务和崇高使命，让我们只争朝夕，奋发有为，开拓进取，发扬敢为人先、追求卓越的城市精神，不断开创国土规划事业新局面，与全市人民一起为复兴大武汉努力奋斗！

武汉市国土资源和规划信息化工作报告

武汉市国土资源和规划局副局长　刘奇志

（2012 年 5 月 3 日）

同志们：

按照会议安排，受局信息化工作领导小组的委托，我向大会作工作报告，总结 2011 年全市国土规划信息化工作，贯彻落实全市国土规划工作会议精神，落实国土资源部、省国土资源厅和局“十二五”信息化规划工作部署，布置 2012 年全市国土规划信息化重点任务。

一、2011 年工作回顾

2011 年是“十二五”开局之年，全市国土规划系统积极发挥信息化的基础、纽带和助推器作用，紧紧围绕全局重点工作，努力拼搏、克难奋进，以综合信息平台建设巩固和保障机构改革成果，有力支撑了“治庸”工作和业务流程优化，为我市“工业倍增”计划的顺利实施作出了贡献，取得了可喜的成绩。

（一）试点先行，提高效能，用信息化率先优化投资环境

应用信息系统优化投资环境。按照市委、市政府有关治庸、优化工作要求，我局以工业项目、保障性住房审批和土地征收业务为试点，建立了覆盖各环节、全过程关联、多事项并行的市区一体化网上协同办公信息平台，实现了市局、分局、服务单位的一网办理、资料共享；跟踪服务了全市 778 个工业项目、96 个保障性住房项目选址工作、29 个保障性住房项目规划审批及公共租赁住房配建工作，规范了土地征收批后管理业务用图的数据传输及成果标准，提高了工业项目审批和服务审批速度，加快了保障性住房工作的实施，提高了土地征收工作效能；同时，还以数字档案馆建设成果为基础，建立并启用了自助电子查询系统，实现了档案查询机制的变革。我局的做法在全市率先实现了优化投资环境的要求，受到市领导高度评价，有关做法和经验在全市行政审批体制改革会议上进行了交流。

行政审批效能电子监察工作不断完善。对纳入市行政效能电子监察系统的行政许可和审批事项进行了清理，将农用地转用和土地征收远城区报市局审批项目纳入到监察范围；建立了行政效能电子监察预警机制、协调机制与快速处置机制，各处室、各分局审批人员效能监察意识不断提高。将中心城区个人土地登记发证信息系统推广到远城区和开发区，实现了“当日可取”、“立等可取”。2011 年我局行政效能电子监察在全市排名第 5。

信息平台实用化建设成效显著。初步完成了电子化公文发文管理系统的建设，对 2001 年至今的 28932 项公文发文资料进行了整理、归档，建立了公文资料库，实现了市局与二级单位公文交换，青山、汉阳分局和黄陂区局推行了公文电子化和短信督办；升级改造了短信服务系统，启用了 10639266 专用短号码，开展了会议通知、行政效能督办、公文督办、公文待办提醒、公文转办情况通知、一书三证发证通知的短信发送，累计发送各类短信近 14 万条；建立了市属测绘单位的短信服务平台，为测绘单位提供了高效服务。

网站建设取得新的突破。按照政务信息公开的要求，统一规范完善了市、区政务网站群，开通了全国副省级以上城市首个集信息发布、服务企业、网上交易、市场交流等功能于一体的土地市场网。门户网站及时发布各类国土资源政务信息约 21326 条，收复局长信箱来信 931 封；发布网上和现场公示 1198 项，收集反馈意见 1013 条；开展了“土地日”、“地球日”、

测绘法宣传、“治庸、优化”、“三万”活动等专题栏目建设。网站在2010年度全国国土资源政务信息网上公开评比中被评为市级第3名，我局第5次被评为“国土资源政务信息公开示范单位”。

（二）整合资源，先看后用，信息资源共建共享取得突破

信息资源汇交与共建共享工作力度加大。按照“先看后用”的原则，统一了思想认识，分阶段推进工作，信息资源目录不断完善，数据生产、管理与更新机制不断健全，信息资源“可看”目标已全面实现，“可用”的目标也已基本实现。“综合一张图”应用范围不断拓展，以事业单位网络贯通工程为基础，在市局、分局、开发区局、远城区局、局属二级单位统一安装“综合一张图”应用软件574套，日均使用量在200次以上。“综合一张图”系统还部署到市委、市政府主要领导办公室和常委会议室，受到领导好评。

“综合一张图”系统不断完善。我局以规划编制一张图、国土资源一张图、管理审批一张图、基础地理一张图等专项一张图为基础，构筑全市国土规划管理“综合一张图”，形成了986层核心数据库；开展了支持多种移动设备的移动一张图系统建设与试点，满足了国土规划管理、决策、共享与服务的需要。2011年全面完成了年度1∶2000地形图、卫星影像、统一规划管理用图、规划道路、审批信息、加油加气站、工业项目、保障性住房、交通小区、土地定级估价等图形信息的集成建库工作；武汉市中心城区土地供应数据库增量更新工作由单一的批后数据更新转变为以供地为主线的“多节点”的数据库增量更新。

数据分析与应用凸显集成价值。以数据库为基础，开展了2010年度国土规划实施情况的分析与研究，编制了《武汉市城乡规划实施年度报告（2010）》、《武汉市2006—2011年新增建设用地利用分析报告》、《武汉市中心城区“十一五”土地供应分析报告》、《武汉市2010年土地利用绩效考核报告》、《武汉市2010年土地利用现状分析报告》等；利用“两实”平台集成的人口数据，对中心城区88个规划编制单元各年龄段人口数据进行了统计分析，为规划管理、规划编制提供人口信息支持。数据分析的成果为国土规划管理提供了有效的决策依据。

（三）贴近应用，强化监管，应用信息平台促进依法行政

加强了土地资源动态监管。完善了城乡一体化建设用地报批管理信息系统，实现了与省厅远程报件系统数据的无损交换和省、市、区三级建设用地报批信息的梯级管理；建立了土地利用规划实施动态管理信息系统，实现了规划用地指标以及计划实施的全过程动态管理以及全市建设用地“征地率”、“供地率”、“用地率”的实时发布；应用“基本农田保护信息系统”开展了基本农田保护和耕地占补数据动态更新；建立“农田土地整治管理系统”，促进了土地整治项目的统一监督管理与应用水平的提高；运用信息网络开展土地利用和管理形势观测点数据的传输，取得良好成效。

强化了土地市场动态监测与监管。积极推进“土地储备交易共享平台”完善与应用，实现了对土地储备全过程的动态数字化管理。完善了国家土地市场动态监测与监管系统运行工作机制，建立完善“武汉市土地市场动态监测与监管信息系统”，完成土地供应相关信息收集、建库和电子远程报备232宗，建立了远城区土地供应、利用信息的实时备案工作机制。对城市房屋征收拆迁全过程实行了动态监督管理。强化地价管理监测工作，武汉市2011年城镇地价动态监测项目以财政预算项目形式予以开展，并首次实现地价网上查询。

国土规划数字执法体系不断完善。完成了2010年度卫片执法检查预警工作。建立并认真落实了“三联单”审批信息反馈制度。进一步完善数字执法车系统功能，在“十一五”国家科技成果展上，数字执法车实现与北京远程联调，将武汉执法车纳入到统一的部、省、市、县四级土地监察执法体系中。以蔡甸、新洲和黄陂区为试点，推广数字执法车应用，在蔡甸区召

开了全市国土规划执法监察工作现场会；在全市范围内推广应用数字执法车系统，多次开展地质塌陷实地核查取证工作，为地质灾害监测提供信息化技术手段。

（四）创新理念，重点突破，数字武汉向智慧武汉提升

数字武汉地理空间框架建设通过验收。该项目是国家测绘地理信息局试点，按照任务要求，更新了全市域多尺度、多分辨率、多类型的基础地理信息数据库，建立了全市统一、权威和通用的地理信息公共平台，开发了 13 个典型应用示范系统，应用单位达 60 余个。11 月 10 日，项目顺利通过国家测绘地理信息局组织的正式验收，验收专家组认为项目建设成果应用范围和应用深度在全国领先。验收会后，国家测绘地理信息局、湖北省测绘局、武汉市人民政府共同举办项目成果发布暨应用推广会，开通了“数字武汉地理信息公共平台”，发布了武汉市人民政府《关于推广应用数字武汉地理信息公共平台的通知》，我市被国家测绘地理信息局授予“全国数字城市建设示范市”称号。

地理信息平台为全市社会管理创新作出了重要贡献。实有人口实有房屋信息共享平台是市委、市政府开展社会管理创新的重要成果，该平台由我局负责建设。2011 年，进一步理顺了“两实”数据集成建库流程，完成了实有人口 823.40 万人，流动人口 202.60 万人，实有房屋 292.20 万套数据集成，在江岸区政府、市计生委、市人力资源和社会保障局进行了运行测试，为平台大规模推广应用奠定了基础。通过共享平台发布了 2011 年武汉市中心城区建设工程核位红线信息，支持了全市标准地址编制。该项工作受到国家领导人和市委、市政府高度评价。

地理信息平台应用领域不断拓展。地理空间信息平台为市委市政府、各委办局、企业、公众提供地理信息服务，应用层次不断提升。2011 年，武汉市启动智慧城市建设，地理空间云信息平台建设是其中一项重要内容。11 月 11 日，我局承担的“智慧空间——武汉地理空间云信息平台”被市智慧城市建设领导小组办公室授予首批“武汉市智慧城市建设示范项目”。

（五）城乡一体，拓展应用，专题信息系统建设成果丰硕

信息化基础工作不断夯实。编制发布了《市国土规划信息化“十二五”发展规划》，明确了全市国土规划系统信息化建设“1356”的总体架构和 12 类 41 项重点项目。开展了全市国土规划系统“十二五”计算机网络规划与顶层设计研究，明确了近 5 年网络建设要求和建设时序安排。实施了计算机网络升级与数据中心改造，开展了网控中心机房的改造建设。实施网络贯通工程，8 个分局、6 个远城区局、2 个开发区分局的网络运行环境得到了优化，提高了网络互联互通性能。完成第一批 44 个乡镇土管所业务专网接入，实现了网络向远城区乡镇所的延伸。

三维数字地图向远城区扩展。三维数字地图成果在局机关各处室、中心城区各分局以及黄陂、东西湖、江夏、东湖开发区、武汉开发区等 5 个远城区、开发区局应用部署。支撑了市长会项目三维审查，开展了城市设计项目和市政工程的三维建模，完成了环东湖、武昌中山路凤凰山等 34 项城市设计成果的三维建模。推进地上地下三维一体化建设，在东沙联通等重大工程中成功应用。开展了全市市政工程三维更新建设，更新道路总长度 123.40 公里，更新中心城区三维模型 59.60 平方公里，远城区制作三维模型 57.52 平方公里。

启动了武汉市交通信息系统一期工程建设。在小样本交通调查和交通预测模型的更新工作基础上，建立了武汉市交通信息系统，成功接入全市 1.40 万辆出租车 GPS 实时数据，实现了主城区道路网络实时运行监控、重点区域和主要道路实时运行指标分析、常发拥堵路段跟踪分析等功能。系统于 10 月 1 日试运行，建立了交通运行周报机制，对圣诞节、春节期间等特殊时期的交通运行进行了预研判。

第二次土地调查成果数据建库成果顺利通过省级验收。按照第二次调查农村土地调查工作要求，在全市 13 个行政区土地调查数据库验收成果基础上，开展

了市级数据建库、集成和汇总、上报。对区级土地利用现状数据库、基本农田现状数据库、区乡村行政权属数据库等进行了集成和发布，形成了土地利用现状全市“一张图”。完成了第二次土地调查城镇地籍调查数据建库工作，制作了地籍图、宗地图、城镇土地利用图等图件，形成了各类土地分类面积汇总表，并于12月全部通过省级验收。

推进了全市统一地籍管理信息系统建设。建立了第二次土地调查城镇地籍调查数据库与日常土地登记发证数据的对接机制；完成4743宗单位证、80464本个人证、4741件土地抵押登记和202件土地查封登记的信息入库，以汉阳为试点，建立了个人土地登记发证图形数据库，实现了共用宗图形信息与分户发证信息的关联，将个人发证数据落到实地。以东西湖为试点，开展了区级地籍平台与市级地籍平台的联动机制建设。

（六）项目示范，扩大交流，引领全国行业信息化发展

行业地位得到巩固。根据中规协第三届二次会员代表大会决议，新一届中规协信息管理工作委员会挂靠在我局信息中心，这是行业对我局信息化工作的高度肯定。经我局积极申请，新设立了全国优秀城乡规划设计——规划信息化工程奖，并委托信息管理工作委员组织评奖，我局引领行业信息化的地位进一步巩固。

行业交流进一步加强。积极参加和承办全国和省行业学会、协会的技术交流活动，成功举办了“第47届国际规划大会”、中国规划协会信息管理工作委员会换届大会、2011年智慧城市建设与应用论坛、湖北省测绘学会数字城市工作委员会年度会议，我局信息化成果受到与会专家的高度赞誉，国内外28个城市、74批次、近800人来我局考察学习。编发了行业信息化刊物《城市规划信息化》，促进了行业宣传和交流。

“信息化援疆”取得初步成果。从2011年开始，我局承担了援疆工作任务，提出了“规划援博”的工作思路，明确了“优质、高效、出品牌”的“信息化援博”要求，启动了门户网站、协同办公系统、数据库建设、网络优化等4个方面的工作，按要求开通了博乐市规划局门户网站，向新疆博乐市规划局援助了近10万元的信息化设备，完成了博乐市规划局规划管理信息系统、数字博乐地理空间框架前期调研及方案设计工作。

2011年，国家“十一五”科技支撑计划课题“城市空间信息基础设施共享关键技术研究与示范”、国家863重点项目课题“三维GIS综合应用示范系统建设”通过科技部组织的专家验收。主持和参加了多项国家和省级行业标准编制工作，《城市地理空间信息基础设施共享与服务标准》已经正式发布。承担了国家测绘地理信息局、湖北省的3项相关标准编制任务。积极争取国家“十二五”科技支撑计划项目，其中“用地网络化综合监管信息平台优化关键技术研究”、“村镇土地高精度快速调查监测技术开发与示范”两课题均通过科技部评审。全系统信息化工作共获得省部市科技奖励30余项，其中，“测绘基准和空间信息快速获取关键技术及其在灾害应急测绘中的应用”获得国家科技进步二等奖，“武汉市三维数字地图系统建设与应用示范”获得武汉市科技进步一等奖、华夏建设科学技术二等奖、中国地理信息科技进步二等奖，“全景地图设计与研究”获得中国地理信息科技进步奖二等奖，登记了6项计算机软件著作权，并取得了1项实用新型技术专利，1项国家技术发明专利。

同志们，2011年国土规划信息化工作成效显著，成绩来之不易，这是各级领导和相关部门关心、支持的结果，是全市国土规划系统全体干部职工共同努力的结果。在此，我代表局信息化工作领导小组和信息化工作办公室，向一直以来关心、理解、支持国土规划信息化工作的各位领导表示衷心的感谢！向全系统信息化工作者表示亲切的慰问！

二、面临的形势和任务

我局信息化工作有效地支撑了管理、服务了全市、

引领着行业发展，取得了突出的成绩，但距离上级的要求、发展的要求和工作的要求还有差距，发展不平衡的问题有所改善但依然存在，信息共建共享的问题还没有从根本上理顺，信息化的作用还没有最大限度地发挥出来。正确认识、妥善解决当前这些问题，我们的信息化建设才能迈上一个新的台阶。

市第十二次党代会提出了全面建设国家中心城市、复兴大武汉的奋斗目标，国土规划工作事关全市工业化、城镇化进程，事关武汉的改革发展，事关城市发展振兴，责任重大，意义非凡。文彤局长在国土规划工作报告中强调，围绕“能力提升年”的要求，解放思想，在改革创新上下工夫，不断探索推进各项工作的新措施、新方法，要求信息化工作紧盯一流，创新进取，为武汉智慧城市、幸福城市建设作出新的贡献。

2012 年，全市国土规划信息化的主要任务是：认真贯彻落实市委市政府和上级工作部署，按照年初全市国土规划工作会议要求，坚持创新、深化应用，努力提升信息化服务和保障能力，用信息化的理念和方法节约资源、提升效益、服务全市、引领同行，为建设国家中心城市作出贡献。

（一）适应国土规划管理的需要

围绕“能力提升年”的要求，信息化工作要不断适应国土规划管理的需要，推进内部管理的改革创新，用信息平台固化我局内部运行机制、内部职能划分和业务审批流程改革成果；用信息化手段建立“标准化”审批体系，形成规范化的审批模式，促进“管”“办”分离；用信息技术加强市局宏观管理，提升决策效率；用电子监察系统提升执行能力，确保政令畅通、令行禁止；用信息系统应用减少自由裁量权，促进权力规范运行，提升拒腐能力。

（二）适应武汉飞速发展的需求

深入推进国土规划信息化工作，加强基础地理信息整合，巩固和强化全市基础地理信息平台的地位和作用，参与智慧城市建设，推动我市地理信息产业发展。实施地理信息数据动态更新和维护，不断充实和完善基础地理信息库。进一步拓展数字城市地理空间框架的服务能力和应用领域，为全社会提供地理信息服务。发挥全市国土规划系统的资源优势，大力开展云计算、物联网等关键技术的研究与应用，开发各类应用型信息系统，促进成果社会化，满足各行业和人们的需求。

（三）适应引领全国同行的要求

要加强信息化科技创新，积极申报、承担和推进国家、部、省科研项目、试点研究和标准规范编制，在行业内保持技术领先。要充分发挥学会、协会组织作用，积极承办学会、协会工作，引导行业推进信息化技术创新和成果应用。要积极开展技术交流与合作，发挥技术优势，将成熟的信息化解决方案推介到全省乃至全国，创造经济和社会效益。

三、2012 年重点工作安排

2012 年是“国土规划能力建设年”，全市国土规划信息化工作要坚持自主创新、贴近管理、面向发展、深化应用的要求，按照国土规划信息化“十二五”规划的总体要求，落实好年度任务，具体有以下七个方面：

（一）服务管理，深入推进综合信息平台实用化建设

推进业务审批系统建设。按照武汉市市民中心建设的有关要求，建立“国土规划行政审批系统”，与全市行政审批信息系统实现对接。根据流程改革成果，推进局综合信息平台综合改造和优化，强化顶层设计，按市、区、乡三级一体化模式全面部署平台建设与应用，落实国土规划管理的并联审批、标准化审批、分级审批和电子化审批，在全局系统推广应用统一的协同办公系统，将综合信息平台向基层站所拓展和延伸，同时进行标准化接口开发，逐步实现与其他审批部门审批信息的互联互通，并与市行政效能电子监察系统对接，接受监督。

深化综合事务管理系统建设。对公文管理系统进行升级改造并在局系统进一步推广应用；建立局组织人事信息系统、公车管理系统、国有土地出让收支报表系统、离退休干部信息管理系统开发等，继续完善国土规划数字档案馆，全面深入推进机关事务信息数据库管理。

推行移动办公。完善短信平台系统，保障系统稳定性，继续深化短信平台的应用，让使用者享受信息推送服务的便捷。结合我市“无线城市”建设，在全局系统推进电子化移动办公，完善综合信息平台后台支撑，分期分批落实终端设备，统一部署和安装终端软件，强化资料的全口径电子化，探索、完善并逐步实现机关“无纸审批、无笔签字、无册上会”，提高工作效率和质量。

加强动态监管和电子化监察。完善综合监管平台，进一步推进行政效能电子监察，对工作环境、系统运行、审批状态、规划实施、土地市场、实时视频、网上舆情等实施全口径动态监测，利用信息系统“管人、管事、管项目”。

（二）整合资源，加大信息资源共建共享工作力度

推进信息资源汇交和共建共享。进一步加大协调力度，积极研究有关政策，完善信息资源目录，建立“信息超市”，做到“可查、可看、可用”；加大信息集成力度，开展各项数据的收集、清理与整合建库，扩展综合一张图应用范围和深度。开展信息挖掘，强化信息化决策支撑服务，开展地理市情监测。

完善综合一张图系统。按照国土资源部、建设部要求推进国土资源一张图、规划编制一张图建设，抓紧地理信息一张图的完善，与管理审批一张图信息进行深度集成，完善国土规划全业务数据的核心数据库，丰富综合一张图系统，落实信息资源目录的维护、完善与发布，提高共享水平，做到一张图信息“齐全、准确、及时”，实现从“以数管理”到“以图管理”的根本转变。全面推广移动一张图应用，满足各行业和人们的需求。

建立完善决策支持平台。以数据中心为基础，开展数据挖掘，进一步提高数据处理和分析能力，开展覆盖规划实施、耕地保护、土地利用、土地市场、矿产资源的全口径国土规划决策数据库建设，开发决策支持平台，开展决策支持模型库研究，推进决策应用系统建设。

（三）夯实基础，强化信息化保障支撑能力

推进局中心机房改造。按照国家标准化机房建设要求，完成中心机房改造工程二期建设；开展服务器、存储系统虚拟化建设与研究，构建“云”信息平台；建立国土规划监测指挥中心，以“高科技、现代感、先进性、示范性”为原则，建立大屏幕综合显示系统，推进全市国土规划视频会商、应急决策和救援指挥。

加强国土规划网络系统建设。推进远城区乡镇所联网工程，实施69个乡镇所与市局的全面联网，实现部、省、市、乡镇四级联网；优化网络结构层次，建立完善机关WI—FI无线局域网，部署远程接入网，完善移动设备的VPN访问通道，提升网络传输性能，提供高速、便捷、稳定、安全的工作网络。

强化网络安全设施与工作机制。开展数据同城备份和异地备份的场地与环境建设，完善本地热备份，实现同城数据级备份。推行网络与信息安全等级保护制度，健全网络管理制度，加强网络运行动态监管。

（四）努力创新，争取专题信息系统建设再上新台阶

深化三维数字地图系统建设与应用。继续推进三维数字地图系统建设，完善软件和系统功能，提升应用支撑能力，持续开展三维数字模型的更新与建设，加强地上地下三维模型整合，深化系统在城市设计和规划审批中的应用，推进“智慧国土”三维应用，用信息技术和三维建设成果提升城市规划展示馆新馆建设水平，将三维系统建设与应用推广到远城区。

强化系统应用城乡一体化统筹。建设全市统一地籍管理信息系统、农村产权登记发证系统、土地利用规划实施动态管理信息系统。开展“银土”工程，推进网上资源交易平台建设，完善土地储备交易共享平

台，推进农村土地整治监测监管系统、城乡建设用地增减挂钩项目管理系统建设。建立健全执法检查信息数据库，将土地矿产卫片检查、动态巡查、新增建设用地踏勘、12336 举报电话、违法用地月报等信息与“数字执法车”系统和综合信息平台集成，加强批后执法监管。

深入推进政务信息网上公开与服务。完善全市国土规划网站群系统，优化信息发布机制，实现信息自动推送，提高信息发布时效性、联动性。加强市局、分（区）政务网站的信息集成、权威发布、权威解读、政民互动，推进事业单位网站的专业信息服务，开展一站式服务、网上土地交易平台建设。加强网站信息监管，建立网站群检查定期通报制度。加强舆情监管，开通政务微博，建立机制，发布信息，引导公众舆论。

（五）提高水平，加强远城区信息化建设与应用

完善远城区信息化工作组织。进一步建立健全远城区信息化领导小组和工作专班，推进远城区局信息中心建设，选配必要的工作人员，给予必要的帮助，扶持远城区局信息中心运行。

加强远城区业务办公统一平台建设。在远城区全面部署推广综合信息平台，推行网上办公，开展乡镇所业务梳理和规范化，试点乡镇所网上办理业务，将综合信息平台向基层站所拓展和延伸，推进农村个人建房、地质灾害防护、执法巡查等业务的网上审批和数据交换共享。

继续推进远城区一张图系统建设。推进远城区开发区的地理信息建库，建立数字区域平台，开展远城区城关镇和开发区的三维数字地图建设工作，实现远城区三维辅助审批，推广电子报件、指标核算等工作，促进远城区管理与服务方式的转变。

推进统一地籍管理信息平台在远城区应用。在远城区继续推进统一地籍管理信息系统建设与应用，建立农村产权登记发证系统，推进农村集体土地确权登记发证工作，提高发证工作效率。

（六）服务全市，拓展智慧武汉和数字城市建设与应用

进一步加强全市地理空间信息资源的统筹。加强市地理信息中心建设，推进全市地理信息应用，进一步拓展数字城市地理空间框架的服务能力和应用领域，通过应用建立健全管理、更新、维护和推广应用机制，巩固和强化全市基础地理信息平台的地位和作用，推动全市地理信息产业发展。

更新完善地理信息平台数据库。按照市政府要求，持续推进全市域地理信息共享与更新，保障数据的准确性和现势性。集成全局各有关单位工作成果，重点对武汉市政务电子地图、卫星遥感影像图和三维数字地图进行更新。

优化和完善地理信息公共平台。加强移动版地理信息平台建设，以武汉市智慧城市建设示范项目“智慧空间——武汉地理空间云信息平台”建设为契机，开展虚拟化等关键技术的攻关，通过云计算技术提升平台的服务能力，实现数字武汉向智慧武汉的迈进。

开展“天地图·武汉”市级节点建设。按照国家测绘地理信息局关于开展“天地图”省市级节点建设的要求，开展全市 18—20 级在线数据集的生产与发布，并开展与省级节点的互联工作。

开展地理市情监测研究。在已经开展的国土利用监测和规划监测的基础上，加强武汉地理市情监测，编制《武汉市地理市情监测报告》，为政府决策和社会各界提供权威的地理市情支持。

（七）加强交流，继续扩大武汉在全国的行业影响力

积极承担信息化科研任务。以承担国家“十二五”科技支撑计划项目、863 课题、部省行业标准编制任务等科研项目为契机，深化基础和创新研究，提升信息化科技水平和自主创新能力。

积极承担学会协会的工作职责。发挥中规协信息管理专业委员会等行业协会挂靠单位优势，积极履行职责，推进“城乡规划设计——信息化工程奖”的评

选工作，组织好行业学术交流活动，承办好国家测绘局市长培训班，提高行业刊物办刊质量。

推进行业信息化咨询。发挥我局信息化资源优势，推进行业信息化咨询活动，扶持新疆博乐等地区推进国土规划信息化建设，提升应用水平。

同志们，面对国土规划工作的新要求，面对改革发展时期的新使命，信息化工作应一直奋斗在一线。我们要坚定信心，发扬“敢为人先、追求卓越”的武汉精神，锐意创新、求真务实，努力为开创国土规划信息化工作新局面、促进改革发展提供更加有力的支撑和保障服务。

第二节　专　题　文　章

关于国务院对武汉市新一轮城市总体规划批复的解读

张文彤

一、关于国务院批复的主要精神

2010年3月8日，国务院下发《国务院关于武汉市城市总体规划的批复》(国函〔2010〕24号)，正式批复同意武汉城市总体规划。

本次国务院批复中对武汉最大的支持是将武汉确定为“我国中部地区的中心城市”。和上轮国务院批复的“我国中部重要的中心城市”相比，两种表述虽然只是一词之别、两字之差，但本轮批复“含金量”更高，突出了武汉区域性综合中心城市的定位，反映了在“中部崛起”的过程中，国家对于武汉发挥中部地区龙头城市地位与作用的期望和肯定。这一定位与国务院批复的天津“北方经济中心”，重庆的 “长江上游的经济中心” 相对应，说明武汉在国家整体层面上的地位得到显著提升。

在批复中，国务院对武汉城市发展、建设与管理提出了明确要求：一是要高度重视城乡统筹发展；二是合理控制城市发展规模与优化城市空间布局有机结合；三是发挥武汉区位优势，建设国家重要综合交通枢纽和长江中游航运中心；四是建设资源节约型和环境友好型城市；五是体现以人为本理念，建设生态、文明、宜居、特色城市；六是对武汉城市特色的彰显给予了高度重视和肯定，维护好“江、湖、山、城”的自然生态格局，突出江河交融、湖泊密布的城市风貌特色；七是要严格实施《总体规划》，加强规划的权威性、严肃性，把城市规划好、建设好、管理好。

二、本轮与上轮总体规划的比较

与上轮城市总体规划相比，本轮城市总体规划和国务院批复进一步突出了以下方面内容：

(一)根据新时期的发展形势要求，进一步提升城市发展定位

城市性质反映城市定位，是对于城市在国家经济和社会发展中所处地位和所起作用的描述与界定，反映城市在区域、全国乃至国际城市网络中的分工和职能，是确定城市规划目标、规模、发展方向和布局的

重要依据。城市性质由城市主要职能所决定，作为多职能的中心城市，其城市性质往往包含多个要素，具有动态性、多元化和主客观结合的特征。

本轮城市总体规划将城市发展定位由“我国中部重要的中心城市”提升为“我国中部地区的中心城市”，这一定位明确了武汉作为我国中部中心城市的唯一性。同时，“中心城市”的内涵也很丰富，不仅是经济中心，而且是多功能的综合性中心。

本轮总体规划城市性质中还增加了“国家历史文化名城”的表述，强化了武汉的文化名城的风貌特色；增加了“科教基地”，体现了武汉仅次于北京、上海，位居第三的科教人才优势；将原来的“交通、通信枢纽”调整为“综合交通枢纽”，更加凸显了武汉优越的区域地位和“铁、水、公、空”的综合交通优势。

这一定位既说明了国家对武汉发展越来越重视，也表明了从上轮城市总体规划获批以来，武汉的发展取得了长足进步，说明武汉在国家区域发展格局中发挥的作用更大了，这必将进一步影响到武汉未来经济发展和城市建设的方向，对争取国家支持也具有重要的积极作用。

（二）合理扩大了城市规模，拓展了城市发展空间

上轮城市总体规划预测到2020年全市人口为970万人，城镇建设用地767.50平方公里。本轮城市总体规划上报到2020年的人口规模为1180万人，城镇建设用地为908平方公里。与上轮总体规划相比，规划人口增长了210万，建设用地增长了140.50平方公里。根据空间布局，远期实际上可容纳人口达1540万，可以满足武汉市快速发展需要。

在空间发展上，本轮城市总体规划将规划范围扩大到了8494平方公里的全市域，划定3261平方公里的都市发展区作为城市发展的集中区。主城集中发展现代服务业，新城组群集中发展现代制造业，外围农业生态区强调都市农业发展，并对小城镇和新农村建设进行了规划指导，形成了三个空间层次的发展重点，体现了城乡统筹的规划理念。而上轮城市总体规划的重点则主要集中在中环线以内的主城区，面积约600平方公里。

（三）将原规划的“圈层、单中心”的空间结构调整为“多轴、多心、开放式”

上轮城市总体规划借鉴了花园城市理论和北京、成都等平原城市经验，采用“圈层、单中心”的空间结构。但实践表明，在传统的发展模式下，这一布局实现效果不尽理想，卫星城发展滞后，主城一定程度上“摊大饼”式发展，也不利于在用地安排上争取更大的弹性空间。

因此，本轮城市总体规划综合考虑到远郊区的发展要求，并结合武汉两江交汇、湖泊密布的自然地理特征，采用以主城区为核心，沿主要对外交通走廊轴向拓展的布局方式，在主城外围布置6个新城组群。在主城区的三镇范围和每个新城组群布置城市副中心，支撑城市空间拓展。这种结构更加符合武汉实际，使城市更具有生命力和活力。

（四）加强了“两规协调”，强调了区域协调和城乡统筹

在本轮城市总体规划编制过程中，我们充分发挥了规划、国土合一的管理体制优势，城市总体规划和土地利用总体规划编制一套班子，同步推进，形成“两规一图化”为核心的成果体系。城市总体规划保证了空间上的落实，土地利用总体规划保证了量的供给，使“两规”实施更具有可操作性。这种工作模式也得到了国土资源部、建设部的肯定，两部要求各地加以推广。

同时，在编制过程中，还加强了与全国城镇体系规划、湖北省城镇体系规划等区域规划衔接。特别是与城市总体规划同步开展了《武汉城市圈空间布局规划研究》，研究范围扩大到武汉城市圈，从区域考虑城市发展定位和空间。对新农村建设进行了规划安排，体现区域统筹、城乡统筹要求。

（五）突出了“两型”社会建设要求，集约节约利用资源，保护生态环境

根据武汉市域湖泊密布、水系纵横的特点，结合城市风道研究，规划构建了“两环六楔”的基本生态框架，使大自然与城市空间更加融合。同时，还按建设部要求，将不同程度的生态敏感区划分为禁建区和限建区，更有利于保护环境。为提高水体自净能力，规划打通全市重要湖泊水系，构建四片水网。其中，“大东湖生态水网”构建工程、汉阳“六湖连通”工程已依据规划正在实施，得到了国家发改委、环保部、建设部、科技部等国家相关部委的充分肯定和大力支持。

为了集约利用土地，本轮城市总体规划增加了地下空间利用、开发强度研究等内容，使土地利用复合化，空间资源更集约。

（六）强化了重大基础设施的规划布局

本轮城市总体规划更加充分地考虑了城市长远发展对基础设施特别是交通体系的要求，反映了近期市委、市政府重大战略决策和重大建设项目安排。充分衔接了武汉城市圈“三纵五横”的道路网络，增加了6条城际铁路，保障武汉城市圈区域一体化。在上轮总体规划确定的二七长江大桥、鹦鹉洲大桥基础上，还规划增加了远期的4个过长江通道。坚持了公交优先理念，将上轮总体规划确定的到2020年建成3条全长70公里轨道线网，扩充到9条总长282公里，远景规划由6条全长132.50公里增加到13条540公里。同时，还强调发展绿色交通，提高了自行车等慢行交通地位。

由于新一轮城市总体规划在气候学及城市风道研究、“两环六楔”生态框架构建、绿色交通规划建设等方面的规划考虑，第45届国际规划大会认为武汉总体规划符合“低碳城市”理念，授予了“全球杰出贡献奖”。

菱角湖万达广场

三、国务院对相关城市批复的比较

2005 年以来，国务院先后批复了北京、天津、宁波、杭州、重庆、西安、武汉等副省级以上城市总体规划，对批复内容比较，主要有以下区别：

（一）关于城市性质比较

比较国务院近期批复的城市总体规划性质，在各定位要素上主要有以下区别：

一是对中心城市的描述。国务院批复“中心城市”有全国性中心城市、区域性中心城市和地区性中心城市之分，表述十分严谨慎重。2005 年以来，在国务院批复的 7 个副省级以上城市总体规划中，除北京表述为“中华人民共和国的首都，全国的政治中心、文化中心”，天津表述为“我国直辖市之一”，重庆表述为“我国重要的中心城市之一”，其他城市均表述为区域性中心城市和地区性中心城市概念，但天津城市性质在国务院批复中又进一步明确为“环渤海地区和北方经济中心”，重庆城市性质在国务院批复中又进一步明确为“长江上游的经济中心”，又一定程度上反映了天津、重庆在经济这一主体功能上实质定位仍然处于区域性中心城市层面。

而其他获得批复的城市除武汉外，在总体上都实际定位于地区性中心城市层面，或在某些要素方面提升到区域性中心城市层面，往往加有“重要”、“之一”的限制。如杭州是“长江三角洲中心城市之一”，西安是“我国西部地区重要的中心城市”，宁波是“长江三角洲南翼经济中心”。因此，武汉批复为“我国中部地区的中心城市”，在城市地位上是明确界定于区域性中心城市层面，并具有综合性，对比天津、重庆，可以认为区域性中心城市在目标要求上实质接近于全国重要的中心城市之一，武汉的城市定位已上升到国家层面。

二是对工业城市的表述。国务院在定位中明确了“工业基地”或“制造业基地”的主要是一些重要的老工业城市，如重庆是“国家重要的现代制造业基地”，武汉、西安等城市是“全国重要的工业基地”。而北京、杭州等城市都弱化了“工业基地”的定位。

三是对交通要素的表述。国务院明确了全国重要综合交通枢纽城市的只有武汉，而重庆是“西南地区综合交通枢纽”，宁波是我国东南沿海重要的港口城市。同时，在对我市的批复中，还特别指出了武汉是“长江中游航运中心”，赋予了武汉作为全国综合交通枢纽功能新的内涵，为重振“九省通衢”的历史地位提供了强大的助力。

四是对特殊职能要素的表述。北京是“世界著名的古都”，天津是“国际港口城市”，杭州是“重要的风景旅游城市”。而武汉、西安定位为全国的“科教基地”，体现了武汉、西安仅次于北京、上海的科教人才优势。

总之，武汉的城市定位是符合区域发展态势和未来地位提升这一要求的，也充分体现了武汉的综合发展优势。

（二）关于城市规模比较

城市规模的含义比较复杂，既涉及城市人口也涉及用地规模，国务院也要求合理控制城市规模，一般在批复中只明确中心城区或主城区人口和用地规模，而不同城市的中心城区或主城区划定方法也不尽相同。因此，单纯从国务院批复的规模数据难以比较不同城市的规模大小。综合最近批复的几个城市批复数据和总体规划文件数据，并延伸到其他部分上轮批复和正在修编的城市来看，规划人口超过千万的城市有北京、上海、天津、广州、重庆、武汉、成都、西安等城市，而规划城镇人口在千万级别的仅有北京、上海、天津、广州、重庆、武汉等少数城市，同时，武汉规划人口增幅相对靠前。

（三）关于空间布局比较

国务院结合各城市地理特征、现状空间发展特点，对城市空间布局提出指导意见。国务院批复天津的空间结构是“一轴两带三区”，杭州是“一主三副六组团”，西安是“九宫格局、棋盘路网”，武汉是“多轴、多中心、开放式”的城市空间布局。相比之下，武汉城市空间布局是契合江河纵横、湖泊密布、空间分割的地理特征，具有独特性。

（四）关于城市特色比较

国务院重视城市特色塑造。批复重庆是“山、水、城”一体的城市格局和风貌特色；广州是“云山珠水”格局，融山、水、城、田、海为一体的岭南城市特色；杭州是“三面云山一面城”、“城湖合璧”的城市格局；武汉是“江、湖、山、城”的自然生态格局，江河交融、湖泊密布的城市风貌特色。

（五）关于资源节约和环境保护方面比较

在批复中，国务院均要求武汉、广州、重庆、杭州、西安、宁波等城市要“建设资源节约型和环境友好型城市”，一般都涉及对积极推进产业结构和布局调整、经济发展方式转变、节能减排、节约水资源、节约土地等方面的要求。但针对武汉，国务院强调了要贯彻落实《国务院关于武汉城市圈资源节约型和环境友好型社会建设综合配套改革试验总体方案的批复》精神，并就大力发展绿色交通和加强水资源保护提出了更明确的要求。

此外，国务院的批复对武汉、天津和重庆等城市更加明确地提出了重视城乡统筹发展的要求，并对每个城市都提出了严格实施总体规划的要求，体现了依法、有序实施城市总体规划对城市发展建设的重要性。

楚河

关于新形势下控制性详细规划编制的思考与实践

——以武汉市新一轮控制性详细规划为例

张文彤　殷　毅　钟　华

一、我国控规发展历程及困境

控制性详细规划是我国城市规划体系中最重要的组成部分之一，从《城市规划法》到《城乡规划法》，控规的法律地位不断提高，在规划管理中的作用也不断增强。根据《城乡规划法》，控规是国有土地使用权出让或划拨的必要条件，是指导城市建设的直接依据。

控规作为在城市建设管理方面具有“抓手”作用的规划类型，其出现有着深刻的时代背景，反映了城市发展的现实要求。改革开放以来，我国城市建设领域的土地使用制度、建设方式、投资渠道、房地产开发管理方式等发生了新变化、新情况，国内城市规划界开始探索一种技术与管理相结合、整体控制与局部要求相结合，并具有动态管理特征的技术手段。从20世纪80年代引入土地分区规划管理（区划法Zoning）的概念开始，在借鉴和吸收了区划法等国外规划技术的基础上，结合我国实际，逐步形成我国控制性详细规划编制和管理方法。

从控规发展的历程来看，我国控规逐步从单纯技术研究走向了与法律、管理相结合的道路，地位和作用不断增强。主要经过了以下几个阶段：一是1980年代的控规理论研究和探索阶段。从1980年引入土地分区管理概念和上海虹桥开发区编制土地出让规划开始，经过上海、厦门、桂林、兰州、广州、温州、南京等城市的探索和实践，控规编制内容和方法逐步完善。二是1990年代控规编制方法的成熟与规范阶段。从1991年到1995年建设部颁布实施了城市规划编制办法及实施细则，明确了控规的地位、内容和要求，使其走上了规范化的轨道。三是20世纪末至今关于控规与管理相结合的再思考和再实践阶段。1998年深圳把控规的内容转化为法定图则，为控规的立法进行了有益探索。进入新世纪，上海、广州、南京等城市在控规编制和管理办法方面又提出了新理念和做法。

控规的出现为规划管理提供了依据，在指导我国城市有序建设方面发挥了不可否认的重要作用。但是，由于经济社会加速转型期所具有的不确定性，长期以来，控规在实施过程中仍面临着不少难题。理论上，控规作为规划管理的依据和公共政策，应具备法律所拥有的权威性和严肃性，这对规划成果的科学性与合理性提出了很高要求。但控规在实际编制时，受编制时间短、现状资料不足、规划人员专业素质不够高等因素的制约，规划成果往往存在种种缺陷，不能有效发挥控规本身应具备的作用。规划编制体系不完善，控规与其他城市纵向和横向规划之间的关系不明确，也削弱了控规的地位。同时，规划编制与管理之间存在脱节，规划管理者在使用控规成果时往往很难有效把握控制性和灵活性之间的关系。控规中的刚性指标涉及公众利益，理论上一经制定就不能随意修改。但市场经济条件下，往往规划提出的刚性指标难以适应用地开发的客观要求，而控规中的弹性控制内容又不够明确，导致规划管理者在自由裁量时缺乏合理依据。另外，控规的调整程序较为复杂，与市场效率之间有一定差距。

二、武汉过去控规编制的概况及反思

武汉第一次大规模开展控规编制是1996版城市总体规划获国务院审批之后，从2000年至2002年完成的主城区控制性详细规划，基本实现了主城区的全覆盖。此后，根据城市经济发展的需要，又陆续开展了

东湖新技术开发区、武汉经济技术开发区等两个国家级开发区以及阳逻、常福、黄家湖、盘龙城等部分主城外围重点地区的控规编制。该轮控规对1996版总规完成后、新一轮城市总体规划完成之前武汉近十年的城市建设发挥了积极而重要的作用。该轮控规由市规划局和区政府共同组织编制，编制方法与全国控规的主流编制方法类似，主要通过图则的形式，以用地性质、容积率、绿地率、建筑密度、建筑高度、配套设施、停车泊位、建筑后退、禁止机动车出入口、用地兼容性等指标对地块开发进行控制。

从武汉1996版控规编制和实施情况来看，主要存在几方面不足：

一是城市规划编制体系未有效建立，导致控规编制的系统性控制不足。1996版总规完成后直接开展了控规的编制，由于武汉是个特大城市，把总规的部署直接落到控规，技术上跨度过大，导致控规成果在部分系统性要素的统筹安排上仍有缺憾。同时，控规的地位没有充分明确，与其他规划的职能分工不够清晰。主城控规完成后，根据城市发展的新情况和新要求，不少地区又新编制了诸如环境整治、景观建设、交通优化、历史街区保护等不同类型的规划，这些规划与控规之间存在部分不一致，为管理带来了依据不一的难题。二是控规编制缺乏技术标准的支撑。主要反映规划人员在编制控规时多采用经验数值确定控制指标，而对经济因素、现状因素分析不够。同时，规划成果形式较为繁复，一致性不够，不易于管理者使用。三是控规成果在覆盖广度和内容深度之间未有效平衡，由于控规追求短时间、大规模覆盖，导致部分地区的规划论证不够充分，规划成果的合理性与科学性不足，难以完全适应精确化规划管理的要求。四是控规的审查、审批、公示、动态调整等程序机制不够完善，同时，规划的公开性不强，社会监督力度不高。五是控规在主城以外地区的控规编制较为滞后，规划的先导作用未有效发挥。

从1996版控规实践中反映的主要问题来看，控规是一项涉及城市规划编制、管理和实施的系统工程，控规要在规划管理中切实有效发挥作用，不能仅局限于技术层面，而应从规划体系、编制方法、管理机制等方面构建起一整套机制。否则，随着城市建设各项事业的高速发展，控规必然再次陷入地位不清、作用难以有效发挥的尴尬境地。

三、武汉新一轮控规的思考与实践

2006年武汉市新一轮城市总体规划编制完成，标志着我市城市建设和规划管理进入了新的发展阶段。总体规划的战略部署需要尽快落实，城市规划各项工作需要全面梳理、协调和完善，对尽快开展控规的编制提出了迫切要求。2007年《城乡规划法》的颁布实行，进一步强化了控规的作用，对规划成果的科学性与合理性提出了更高要求。为此，武汉市开始进行新一轮控规编制及相关工作。经过近两年的探索和实践，形成了“控规导则+控规细则”两个阶段、“法定文件+指导文件”两个管理文件的控规编制体系。目前，武汉已完成了主城区控规导则的全覆盖，正在开展新城组群控规导则的覆盖工作和主城区控规细则的编制工作。

（一）本轮控规编制的主要思路

基于对过去控规编制的经验总结，本轮控规的主要思路是：根据城乡规划法和我市规划管理的要求，明确控规在城市规划编制体系中的地位，按照有所为、有所不为的原则，准确把握控规的内容和深度。合理确定控制指标，处理好控规的刚性与弹性的关系，对涉及全局和民生的城市公益性设施要进一步严格管控，对依赖于市场、暂时难以确定的用地，增强控制的灵活性。同时，协调、整合、吸收相关规划和研究成果，统一管理依据。适当简化规划成果，便于管理使用。

（二）本轮控规编制的支撑工作

1. 为控规构建体系支撑

武汉市制定了新的城乡规划编制体系，对控规的地位进行了界定，确定了控规与其他规划的关系。2006版总规完成后，武汉提出构建“1+6+1”的城乡规划编制体系。其中，前一个“1”即形成一个总体规划—分区规划—控制性详细规划的主干规划体系，是城市管理的依据，是其他各类规划的整合平台；“6”即六类专项规划，为交通及市政专项规划、历史文化名城保护规划、城市设计、地下空间规划、旧城更新和改造规划、其他专项规划等，作为主干规划的横向支撑体系；后一个“1”即一个地方技术标准和科研项目库。通过明确规划编制体系，明晰了武汉各类规划的职能与分工。主干规划是城市规划管理的“核心”，控规落实总规和分规的要求，把相关专项规划中的相关内容予以整合，专项规划和地方技术标准及科研库为主干规划的编制和调整、维护提供技术支撑。

2. 为控规构建技术支撑

通过先期开展分区规划和各项技术标准的制定，为控规编制奠定了技术基础。武汉市于 2007 年基本完成了都市发展区（包括主城区和新城组群）分区规划的编制，对总规的战略部署进行了分解和落实，对控规提出了指导要求。同时，市规划局还会同市有关部门，分别编制主城区红线、黄线、绿线、蓝线、紫线和中小学的专项规划，合理确定了控规的强制性内容中的主要部分。另外，制定了控规编制技术规程、用地建设强度技术规定、公共设施配套标准指引、用地分类标准、控规制图技术规范、建筑高度分区规划指引等技术标准，为明确规划编制内容和深度、规范控规编制方法、合理确定规划控制指标等工作奠定了基础。

3. 为控规构建程序支撑

研究制定了《武汉市控制性详细规划编制规程（试行稿）》和审批、调整、公示等管理办法。明确了控规的组织编制和审批主体、审批内容及程序、规划成果审查、调整、公示的程序及要求，为控规的实施管理创造了有利条件。武汉准备每年拨出专项经费用于控

菱角湖湿地公园

规成果的动态调整和维护，以进一步增强控规适应经济社会发展的能力。

4. 为控规构建数字化支撑

结合规划查询、成果公开、规划资料汇交的要求，武汉市把控规作为规划管理“一张图”信息系统中的核心内容，研究开发了控规辅助设计软件，制定了控规的制图标准、入库程序、数据库调整和维护机制等，为把控规成果纳入数字化应用创造了条件。

（三）本轮控规的主要技术特点

武汉市新一轮控规分为控规导则和控规细则两个阶段进行编制，分别对应控规编制单元和规划管理单元两个规划范围。其中，控规导则在分区规划的基础上，以控规编制单元（面积 3~5km^2）为平台，对市区级以上的重大设施、绿地、水体、文物、中小学、重大交通、市政基础设施进行控制，并对居住区级的要素提出指导意见，对规划管理单元的开发总量进行控制，提出各类用地的开发强度指引。控规细则以规划管理单位（面积 3~10hm^2）为平台，进一步落实和确定导则中的规划控制要求，同时对居住区及以下级别的设施进行布局，落实管理单元的开发总量，提出各地块的容积率、建筑密度、绿地率、建筑高度等控制指标，并对建筑后退、机动车出入口、停车泊位等提出控制要求。

由于特大城市的现状情况错综复杂，若要在短时间内既要实现控规覆盖，又要保证每个地块规划的合理性具有较大难度。为此，控规分成两个阶段有效平衡了规划管理需求和成果质量之间的关系。控规导则实现控规法理上的全覆盖，使总体规划的关键要素得以尽快落实，对涉及城市公共利益的支撑性设施进行了明确和严格控制，保证了城市的根本利益和可持续发展，为规划管理提供了依据；控规细则的编制范围较小，可以在导则的基础上，结合建设项目的具体要求，对现状及相关要素进行细致和深入研究，提出更为细化与具体的地块的控制要求，更大限度保证了规划成果的合理性。

控规的成果形式分为法定文件、指导文件和附件

烟霞桥

3类。其中前两个用于管理，包括文本和图则，成果简明扼要，便于查阅。附件包括了现状调研报告、规划报告及各类规划图纸，是法定文件和指导文件内容的详细说明。法定文件是需要由市政府审批的文件，主要控制规划区的功能定位、“五线”、中小学、公益性公共设施、开发总量等强制性内容，是城市建设中必须确保、不能随意变更的内容，体现了对城市关键要素的严格控制。同时还对法定文件中的规划要素提出了实线、虚线、点位、指标以及虚位控制等多种控制方式，根据规划要素的具体情况提出了具有刚性与弹性相结合的控制要求。法定文件调整需要经过一个严格的论证程序，并由市政府审批；指导文件由市规划行政主管部门审批，主要包括各地块具体的用地性质、容积率、建筑密度、建筑高度、城市设计指引、地下空间控制等内容，这部分内容由于在没有具体建设项目时，难以具体确定，因此可以在管理单元总量控制的前提下，通过规划咨询和相关审查程序由规划行政主管部门进行调整，体现了灵活性。

四、结语

城市规划编制的重要目的是不断适应社会经济发展的需要，促进城市功能和地位的提升。武汉市本轮控规正是基于此而进行的有益探索。中国经济社会发展日新月异，城市建设中大量涌现过去城市规划中未曾遇到或较少出现的各种新要素、新情况、新要求，如地下空间、生态环境保护、旧城更新、城市景观建设等，要求控规编制也应不断完善和补充。随着国家对控规的定位和作用不断赋予新的内涵，我市的控规还将根据国家和地方发展的实际情况做出相应调整和完善，不断提高武汉的城市规划管理水平，促进经济、社会、环境又好又快发展。

加快推进新型城镇化和新型工业化实现城乡融合发展

张文彤　汪　勰　何灵聪

一、新型城镇化与新型工业化的概念与相互关系

（一）新型工业化的概念与特征

新型工业化，是指科技含量高、经济效益好、资源消耗低、环境污染少、人力资源优势得到充分发挥的工业化。

（二）新型城镇化的概念与特征

城镇化是指人口向城镇集中的过程。这个过程表现为两种形式，一是城镇数目的增多，二是各城市内人口规模不断扩大（概念来自大英百科全书）。城镇化伴随农业活动的比重逐渐下降、非农业活动的比重逐步上升，以及人口从农村向城市逐渐转移这一结构性变动。

所谓新型城镇化，是指坚持以人为本，以新型工业化为动力，以统筹兼顾为原则，推动城市现代化、城市集群化、城市生态化、农村城镇化，全面提升城镇化质量和水平，走科学发展、集约高效、功能完善、环境友好、社会和谐、个性鲜明、城乡一体、大中小城市和小城镇协调发展的城镇化建设路子。

（三）工业化、城镇化之间的关系

一个国家或地区的经济发展，在空间上必须经历城镇化过程，在产业上则必须经历工业化过程。工业革命以来的世界经济发展史表明，城镇化和工业化有着内在的联系，一方面城镇化取决于工业化，工业化决定了城镇化，工业化必然带来城镇化的发展，另一方面，城镇化反过来又会促进工业化的进步。总的来说，工业化催生城镇化，城镇化培育工业化。

新中国成立以来，我国工业化经过了“一五”、“二五”期间的以工业区建设为主导的工业化初期，1990

年代开发区为主导的工业化中期，21 世纪至今以新城为主导的工业化中后期 3 个阶段。从工业化与城镇化发展的关系来看，呈现 4 个方面的特点：一是在空间发展上由单一的工业园区向综合新城转变；二是在功能上由单一功能到综合功能转变，由从制造业主导向制造业和服务业并重发展；三是在产业结构上从传统制造到高新技术转变；四是在区域关系上从独立发展到区域协同转变,产业能级和区域辐射效应进一步放大。

新型城镇化的推进为新型工业化的发展提供一个空间和服务平台，同时，新型工业化又能成为新型城镇化推进的基础和内在动力。如天津滨海新区、广州南沙新城、苏州工业园等。

（四）两者对推动城乡融合的作用

当工业化、城镇化发展到达一定水平和阶段后，许多国家都选择了工业反哺农业、城市支持乡村的发展模式。两者融合的作用主要体现在六个方面：

一是工业化、城镇化导致更大范围的资源配置优化；二是工业化、城镇化推动乡村人口向城镇人口转化、农业人口向工业和服务业转化；三是工业化、城镇化提供人口、劳动力在城乡之间转移的拉动力；四是工业化、城镇化为乡村建设和发展提供管理与技术水平，使城镇向乡村扩散；五是工业化、城镇化使城镇空间向乡村延展；六是工业化、城镇化能带动农村设施、乡镇建设水平的提高。

二、我市新型工业化、新型城镇化发展状况及面临的形势和要求

（一）处于工业化中后期阶段

目前，武汉市正处于工业化中后期阶段。2010 年，武汉市 GDP 达到 5515 亿元，位于副省级城市第 5 位；全年实现工业总产值达到 6425 亿元，同比增长 28.40%，实现增加值 1941 亿元，同比增长 21.70%。

2010 年，武汉 11 大行业均实现两位数增长，其中汽车及零部件行业实现工业产值 1212.28 亿元，成为我市首个突破千亿元的板块。现有百亿企业达到 10 户，比上年增加 2 户；产值过十亿企业有 52 户，比上年增加 10 户。

2010 年，两个开发区共完成工业总产值 2559.61 亿元，占全市工业总产值的 39.80%。其中，武汉经济技术开发区完成工业总产值 1508.42 亿元，同比增长 36.80%；东湖新技术开发区完成工业总产值 1051.19 亿元，同比增长 24%，双双突破 1000 亿元大关，成为我市的工业千亿园区。东西湖台商投资区升格成为国家级经济技术开发区。

（二）城镇化进入加速发展阶段

“十一五”期间，武汉进入城镇化快速发展时期。“十一五”期间，武汉市总人口从 875 万人增长至 923 万人，年增幅约为 10 万人；户籍非农人口从 519 万人增长至 541 万人，年增幅约为 5 万人。按照城市规划口径计算，计入居住半年以上流动人口后，城镇化率从约 68.60%提高至约 71.50%，年均提高 0.60 个百分点。2010 年，都市发展区内城镇建设用地突破 700 平方公里，比 2005 年增长近 20%，年均用地增量达到 28 平方公里，是“十五”期间的近 2 倍。

（三）城市空间向区域一体化发展

目前，我市城市空间发展进入区域一体化和城乡统筹发展阶段。二环线以内的主城区发展空间日趋饱和，东湖高新、沌口、吴家山、黄陂南部、阳逻、北湖等近郊区发展势头强劲，成为工业化和城镇化集中发展的重点区域。都市发展区年均用地增长量达到 28 平方公里，主城与近郊区一体化发展的大都市区空间格局正逐步形成。

在市域范围呈现出一、二、三产业圈层布局态势日益明晰。远郊区发展现代农业形成生态农业圈；近郊区的新城组群地区通过工业集聚形成工业圈；主城区通过实施“退二进三”和现代服务业集聚形成城市核心区。

（四）面临的形势和要求

1. 战略形势：国家实施中部崛起战略，批准武汉城市圈“两型”社会建设综合改革配套试验区，武汉为自主创新示范区；市政府提出要把武汉建设成“国家中心城市”，实施“工业倍增计划”实现城乡一体化发展，构建“1+6”空间发展框架。

2. 总体判断：我国从总体上已进入以工促农、以城带乡的发展阶段。

工业化、城镇化是解决城乡融合发展的重要途径：高度的工业化、城镇化使科学技术装备农业的能力大大增强，全面缩小了城乡差距；工业化、城镇化的发展可以促进城乡劳动力和资源的优化配置，形成互补。

3. 建设要求：一是工业化、城镇化必须以城乡融合发展为前提，不能以牺牲乡村、农业为代价。二是工业化、城镇化要考虑城乡空间协调和城乡资源共享。三是必须以市场推动与政府主导相结合的方式，实现城乡融合。四是最终要实现乡村收入增加、环境改善、素质提高、相互和谐。

（五）我市新型工业化、新型城镇化存在的主要问题

对照新型城镇化、新城工业化的标准和国家战略实施要求，我市新型城镇化和新型工业化发展还存在以下问题：

一是城镇化对工业化的培育不够，两者互动作用不强。部分新城组群地区房地产发展迅速，推动了该区域的城镇化发展，但工业化进程缓慢，呈现出有居住、没就业的现象。

二是新城区工业园区管理面积较大，但建成规模较小，布局分散。据统计，目前6个新城区和洪山区已建和拟建的工业园共有38个，在规划范围内工业园区为22个，净工业用地共约50平方公里，平均每个园区建成规模仅为3.70平方公里，建成面积小于2平方公里的园区占到50%。园区布局不集中，园区建设品质偏低。

三是工业用地增长较快，但地均产值普遍偏低。近5年，新城区工业用地年均增长4.43平方公里，年均增长率达到12.80%，但目前地均工业产值仅为23.40亿元/平方公里，远低于全市37.20亿元/平方公里的平均水平，不到武汉经济技术开发区的1/4。而同期，上海、广州等国内一线城市平均水平约60亿元/平方公里，临近郊区的昆山市、花都区等地约为40~50亿元/平方公里。

四是已批未建用地较多，土地闲置现象较为突出。新城组群内各园区已批租和协议出让的未建成工业用

菱角湖湿地公园

地总量约29.90平方公里，工业用地闲置率达到38.70%。

五是近郊城镇化地区和产业园区的配套设施不完善，制约工业化和城镇化发展。部分新城和工业园区的道路、市政设施布局不均衡，体系不完善，造成各园区配套建设水平差距较大，整体水平仍然偏低。

三、加快新型城镇化和新型工业化发展，实现城乡融合的策略

（一）强化主导产业，促进产业集聚

强化主导产业集聚。各区围绕1～2个主导产业，按照整体加快发展和突出区域特色的思路，进一步优化延伸产业链和培育新兴产业，加强项目布局指引，明确产业空间定位，形成我市“产业集聚、空间集中、用地集约、基础设施完善、生态环境优化”的工业发展新格局。

（二）以工业化为纽带，促进一、二、三产业融合发展

发挥工业化的核心带动和纽带作用。通过强化工业发展，更好地服务农业和乡村，更有力地推动服务业和城镇建设。以城镇化和工业化的发展加速乡村现代化。大力发展劳动密集型产业，发展装备制造业，提高技术装备水平，加快工业企业组织结构调整。

（三）明确“四极”和“六组群”为工业化和城镇化发展的空间重点

着力打造4大产业发展极。依托重点工业区以及区域性基础设施，打造以东湖开发区为极核的光电子信息及生物产业集聚区、以武汉开发区为极核的汽车及机电产业集聚区、以吴家山开发区为极核的食品及临空产业集聚区、以武汉化工新城、武汉新港为极核的钢铁化工及装备制造集聚区，形成4大产业发展极。

大力推进6大新城组群建设。新城组群是产业联系紧密和集聚发展、公共服务和交通及重大基础设施与主城区一体化的新城或新城组团共同组成的城镇化集聚发展区。按照市政府“十二五”期间“1+6”城市发展部署，以主城区为核心，依托区域性交通干道和轨道交通组成的复合型交通走廊，由主城区向外沿阳逻、豹澥、纸坊、常福、汉江、盘龙等方向构筑6条城市空间发展轴，集合新城和新城组团，形成6大新城组群。

重点发展新型工业化示范园区。按照“突出重点、集中集约”的建设原则，重点支持每个新城区抓好1个新型工业化示范园区建设，每个园区突出发展1个支柱产业、1～2个有特色的产业集群。以“工业组团+工业集聚区”为基本布局方式，依托主要交通走廊，推进工业园区化发展，辐射带动其他区级工业集聚区，实现散点分布向空间集聚的转变。

（四）以新城建设为平台，推进城乡融合

一是在主城区外围构建6个50～100万人口的大城市规模的综合性新城（新城组团）。按照新城建设标准，形成规模合理、职住平衡，功能完善，充满活力的综合性新城，有效引导主城人口向外围新城疏解。

二是交通优先，公共交通引领，以“TOD”模式引导城镇空间轴向拓展。各新城组群方向均构建由轨道交通、快速公交、高/快速路、交通性主干路组成的复合型交通走廊，引导城镇空间轴向有序拓展。每一发展轴向上均保证至少“二轨二快二主”的交通走廊体系，即2条以上轨道线、2条以上快速路和2条以上交通性主干路。

三是均衡配套，打造高水平人居环境质量，充分提升居民幸福感。各新城组群构建覆盖城乡、功能合理、充满活力的社会事业及公共服务设施体系，加强基层服务设施建设，体现“人人享有基本公共服务”的和谐社会理念。

四是界定城镇增长边界，既促进发展，又有效保护城市生态安全，形成“两型”化集约发展格局。划定三环线缓冲区，防止主城区蔓延式扩张；划定6大生态绿楔与6大新城组群城镇发展边界，保障城市生态空间体系构架，促进城市可持续发展。

五是突出特色，保护山水资源，塑造滨江滨湖特

色鲜明的城镇宜居环境。优先保护自然山水资源要素，实现网络化绿地系统布局，达到“500 米见绿，1000 米见园，2000 米见水”的规划目标，努力创建国家生态园林城市。

六是加速市政基础设施建设，促进城乡一体化发展。新城组群市政基础设施建设实现“标准化”。向城乡一体化供水格局发展，构建多水源、安全、稳定的区域一体化供水系统；污水处理采取集中与分散相结合的方式，控制污水处理厂尾水排放；建立以消防站为主题的城镇消防体系；建立一体化分类垃圾处理设施系统。

第三节 政 策 文 件

中共武汉市委 武汉市人民政府
关于加强国土资源和城乡规划工作的若干意见

武 发〔2011〕5 号

(2011 年 2 月 9 日)

为贯彻落实《国务院关于武汉市城市总体规划的批复》(国函〔2010〕24 号)和《国务院关于武汉市土地利用总体规划的批复》(国函〔2010〕81 号)精神，进一步加强我市国土资源和城乡规划(以下简称国土规划)工作，充分发挥国土规划的统筹引导与综合调控作用，促进我市经济社会又好又快发展，现提出以下意见：

一、统一思想认识，切实增强做好国土规划工作的责任感和紧迫感

(一)充分认识新时期加强国土规划工作的重要意义

国土资源是国计民生之本，城乡规划是城乡建设先导。国务院于 2010 年 3 月、8 月相继批复我市城市总体规划和土地利用总体规划，充分肯定了武汉在我国区域发展中的战略地位和支撑作用，明确将武汉定位为“国家历史文化名城，我国中部地区的中心城市，全国重要的工业基地、科教基地和综合交通枢纽”。认真贯彻国函〔2010〕24 号、81 号批复精神，全面落实“两个总体规划”，进一步加强全市国土规划工作，对于我市加快转变经济发展方式，促进经济社会全面协调可持续发展，巩固提升中部地区中心城市地位，努力建设国家中心城市，具有十分重要的意义。

近年来，我市国土规划工作不断加强，规划覆盖面逐步扩大，管理水平稳步提升，为科学指导城乡建设、促进城乡健康有序发展发挥了积极作用。但目前全市国土规划工作中还存在一些不容忽视的问题，特别是城乡统筹机制不完善、规划体系不健全、国土资源利用水平不高等问题依然突出，必须采取切实有效措施，认真加以解决。

“十二五”时期是我市加快建设中部地区中心城市、全面建设小康社会的关键时期，是深化改革创新、加快转变经济发展方式的攻坚时期，国土规划工作肩负着繁重而艰巨的任务。各级党委、政府和有关部门要从全局和战略的高度，充分认识新形势下做好国土规划工作的重要性和紧迫性，以高度的责任心、强烈的紧迫感，切实加强和改进国土规划工作，充分发挥国土规划在经济社会发展中的先导和支撑作用。

（二）进一步明确加强国土规划工作的指导思想和目标任务

1. 指导思想：深入贯彻落实科学发展观，以巩固中部地区中心城市地位、努力建设国家中心城市为目标，按照统筹城乡、规划先导、保护资源、科学发展的要求，深化国土规划改革，推进国土规划统一管理，加快形成分工合理、权责一致、决策科学、执行有力、服务高效、监管有序的国土规划管理和运行机制，保障城市跨越式发展。

2. 总体目标：通过 3 年的努力，建立相对完善的国土资源和城乡规划体系、管理体制、监督体系和保障体系，充分发挥国土规划在引导调控城乡建设、优化资源配置、促进经济社会发展中的重要作用。

——形成以城市总体规划和土地利用总体规划为核心，近期建设规划为重点，控制性详细规划和乡镇总体规划为基础，各类专业、专项规划为支撑，科学完善、导向明确、符合实际的城乡规划体系。

——形成集中统一、城乡一体、分级管理的国土规划管理体制。

——形成主体明确、方式多样、措施有力的国土规划监督体系。

——形成组织领导有力、法规政策健全、人才队伍完备、投入机制稳定的国土规划保障体系。

二、加强规划编制，构建科学合理的国土资源和城乡规划体系

（一）加快推进国土规划制定的规范化和法制化

按照城乡统筹、区域协调的要求，以系统性、前瞻性、实用性为原则，构建由“市城市总体规划、市土地利用总体规划——分区规划、区土地利用总体规划——控制性详细规划、街（乡镇）总体规划”构成的规划主干体系。建立规划实施年度评价制度，全面完成控制性详细规划以及街（乡镇）总体规划，实现城乡规划和土地利用规划在实施层面上的充分融合，增强规划的可操作性，构建“两规合一、突出主线、多规支撑、城乡统筹”的规划体系。

国土规划编制要坚持按照“政府组织、专家领衔、部门合作、公众参与、科学决策”的原则，充分征询专家和社会公众的意见，严格按照规定的程序组织规划的审查报批工作。规划经批准后必须对社会公开，确保决策前有咨询、决策中有公示、决策后有公布。要充分吸纳社会各方面人员参与规划编制和实施工作，切实推进我市国土规划编制和实施的科学化、法制化和民主化进程。

（二）切实加强近期建设规划和年度实施计划的统筹协调

市、区政府要根据城市总体规划和土地利用总体规划，深化和细化规划用地布局，组织编制近期建设规划和年度实施计划。近期建设规划要与国民经济和社会发展规划相互衔接，相互支撑，统筹全市各类建设项目，科学安排近期和分年度建设目标和重点任务。年度实施计划要统筹各区、各部门编制年度新增建设用地计划、土地储备计划、土地供应计划、“城中村”和旧城改造计划、城市建设计划、保障性住房建设计划，为各类建设项目提供土地和空间保障。

市、区各有关部门要根据城市总体规划和土地利用总体规划的要求，加强有关城乡建设专项规划的编制工作。对涉及城乡建设空间布局和土地利用的专项规划，要会同国土规划部门进行系统研究和空间统筹。各区、各有关部门要依据近期建设规划和年度实施计划，组织本区、本行业的建设活动以及招商引资工作。招商引资项目选址在规划建设用地范围外的，须事先征求国土规划部门的意见。

（三）进一步加强和深化国土规划编制工作

按照城市总体规划和土地利用总体规划的要求，构建由主干体系规划和各类专项支撑体系规划组成的规划体系。中心城区要进一步深化控制性详细规划和各类专项规划；开发区和远城区要加快推进街（乡镇）总体规划和控制性详细规划的全覆盖，及时组织编制交通、市政、

生态、环保、矿产资源等专项规划，深化落实社会主义新农村建设规划。市国土规划部门要加强对开发区、远城区规划编制的指导，进一步提高规划编制的科学性和可操作性。

三、创新工作机制，提升国土规划管理服务水平

（一）推行全市国土规划“一张图”管理

国土规划“一张图”要以“五线”（即规划道路红线、市政设施黄线、水体保护蓝线、绿化控制绿线、文物保护紫线）控制和基本农田保护为核心，整合各级各类规划信息，建立规范编制、依法审批、动态维护、城乡一体、准确清晰的法定规划管理平台。要按照国土规划“一张图”平台建设的要求，严格执行各类规划编制、审批、备案和调整制度，充分整合协调各部门、各区域规划，实现对全市土地利用和空间资源的“一张图”管理，并将其作为全市国土资源和城乡建设实施管理的依据，切实为社会经济建设发展提供服务。

（二）加强城市设计对城市空间形态建设管理

建立全市城市设计编制和实施的协同组织机制，以城市设计为先导，促进园林绿化、历史文化、旅游、广告亮化、沿街立面及环境整治等相关工作的联动，不断提升城市设计水平。进一步完善城市空间管理体系，建立以土地储备和供应计划、新增建设用地计划等为手段的空间引导机制，将城市设计由空间引导型向引导与控制型转变，实现城市设计对规划实施的有效指引和城乡规划的精细化管理。

按照近期建设规划的要求，积极开展武汉新区、武昌滨江商务区、江岸沿江商务区、杨春湖副中心等城市重点功能片区、重点项目的城市设计工作，打造城市新亮点，改善城市面貌，提升城市形象。加强两江四岸滨水区、东湖风景名胜区等特色区域的城市设计，优化城市空间格局，塑造山水园林城市形象，彰显武汉市“山水之城、魅力之都”的城市风貌特色。

（三）实行新增建设用地计划差别化管理

根据土地利用总体规划和近期建设规划，各区、各有关部门要按照节约集约、突出重点、有保有控、整体规划、分步实施的原则，合理确定建设项目及其用地规模，保障重点产业项目、交通等基础设施和民生工程用地。支持远城区新型工业化建设，确保远城区工业项目用地，其中90%的远城区工业项目用地安排在工业园区，实现用地计划从单一的规模控制向规模、结构和布局三统一转变。

实行用地计划奖惩制度。建立用地计划使用评估和考核机制，将年度用地计划与往年已批准的新增建设用地的征收、供应、使用及节约集约用地情况、依法用地情况等挂钩进行评估和考核，并根据考核情况实施用地计划奖惩。合理安排使用年度新增建设用地计划，每年预留一定比例的激励指标。

（四）科学编制全市土地储备和供应计划

建立土地市场运行分析评价的长效机制，科学预测市场需求，合理确定土地储备和供应的规模、结构和布局，进一步增强土地储备计划和供应计划的调控引导能力。抓紧制定土地储备供应计划实施考核办法，从年度储备和供应面积、土地储备资金投入量、土地收益实现及上缴等方面对各级土地储备机构、打包项目业主单位实施绩效考核。对取得政府批文后3年未完成征地拆迁的项目，由市发展改革部门会同市国土规划等相关部门提出调整意见，报市政府批准后执行。

（五）加强全市土地储备统筹工作

市国土规划部门要加强对全市土地储备机构的管理，市级土地储备机构要统筹协调各土地储备责任主体开展土地储备工作。各土地储备责任主体受市级土地储备机构委托开展土地储备工作，并接受其监管。各土地储备责任主体要严格按照市政府确定的实施范围开展土地储备工作，原则上不得突破确定的实施范围。确需突破的，须报市政府批准并按照有关规定补缴土地收益。对市域基础设施建设与储备土地捆绑的，要确保轨道交通、城际铁路、高速公路等跨区域基础设施和重要公共设施周边土地同步纳入土地储备。

实施土地分级储备，兼顾市区利益。进一步加大土地储备力度，除市政府确定的打包项目范围外，中心城区工业项目、以房屋征收为主的旧城改建项目下放给区级土地储备机构储备，其它宗地收购、新增建设用地等项目主要由市级土地储备机构储备。积极探索土地储备新模式，加大开发区、远城区的土地储备力度。

（六）完善全市土地市场的统一供应机制

坚持统一土地供应计划管理，统一土地供应交易规则，统一土地供应信息发布，对中心城区经营性用地、工业用地及开发区、远城区商业、商品住宅两类经营性用地继续执行统一供应。在维持现有土地供应管理机制和调动开发区、远城区工作积极性的基础上，积极创造条件，逐步将开发区、远城区的旅游、娱乐等经营性用地以及其他土地交易纳入全市统一土地市场。规范储备土地供应，各土地储备责任主体完成储备工作后，要严格按照市储备土地成本核算有关规定拟定储备土地成本，经同级财政部门审核后，在统一的土地有形市场实施供地。

四、严格规范管理，提高国土规划法定权威性

（一）严格规范规划许可管理

规划一经批准，必须严格执行，任何单位和个人不得随意修改。国土规划部门要严格依据城乡规划和土地利用规划进行建设项目的规划许可，切实加强“一书三证”的管理。房地产项目土地使用权出让后，原则上不得更改容积率等规划和建设条件，因非企业原因确需调整的，必须严格依据《中华人民共和国城乡规划法》规定的公开程序进行，报同级政府批准。监察部门要会同国土规划部门加强容积率监督检查工作，一旦发现违规调整的行为，要严肃查处。

（二）落实最严格的耕地保护制度

加强对耕地尤其是基本农田的保护，严格按照《基本农田保护条例》（国务院第257号令）做好基本农田的调整划定工作，对基本农田实施永久保护。落实耕地保护问责制，各区党委、政府主要领导是第一责任人，对本区耕地保有量和基本农田保护面积负总责。对耕地保有量和基本农田保护面积考核不达标的区，坚决按照有关规定进行处理和追究责任。整合资金，大力推进高产农田建设，不断提高耕地质量，增加有效耕地面积。积极探索开展基本农田有偿补划和异地开垦耕地工作。

积极研究和稳步推进生态建设补偿制度。将规划确定的禁建区、限建区与耕地和基本农田保护区有机结合，制定相应的管制措施和奖惩办法，实现生态保护、适度发展、良性循环。

（三）推进土地节约集约利用

认真开展城镇土地集约利用评价、单位GDP和固定资产投资规模增长的新增建设用地消耗等节约集约用地考核工作，积极引导使用未利用地、废弃地和闲置土地，鼓励合理开发利用地上和地下空间。对现有工业用地，在符合规划、不改变用途的前提下，鼓励提高土地利用率和增加容积率，并不再增收土地价款。研究制定集体建设用地流转办法，完善建设用地增减挂钩机制。进一步加大“城中村”改造力度，提高土地使用效率，改善城市环境。

（四）完善国土规划管理方式

完善远城区国土规划管理体制，合理调整市、区国土规划部门业务分工，进一步下放规划的执行权，充分发挥区国土规划部门贴近基层的优势，更好地服务区级经济发展。建立重大建设项目审批绿色通道，推行并联审批，精简办事程序，简化审批环节，优化审批流程，提高审批效能。

（五）加强征地和房屋征收管理

鼓励对重点发展区域和近期建

设项目用地涉及的集体土地实行先行征收，并根据开发需要和年度新增建设用地计划等情况，适时申请土地转用。鼓励根据规划和新增建设用地计划，以批次报地方式进行土地储备，招商引资。建立征地报批与还建用地报批同步实施机制。积极推行征地留用产业用地试点工作，在城镇聚集发展区通过开展“留地安置”，支持村集体经济组织发展。规范国有土地房屋征收行为，维护被征收人的合法权益。加强房屋征收代办机构和评估机构管理，积极落实还建房源，解决好被征收家庭的住房保障问题。

（六）完善执法监察共同责任制

建立以党委、政府为领导，各有关部门紧密协作的执法监察共同责任机制。对卫片执法检查发现的违法用地行为严重的区主要负责人，实行卫片警示约谈，并将相关街（乡镇）主要领导一并纳入问责范围。各级党委、政府要负责组织本行政区域内的国土规划执法动态巡查工作，强化源头治理，将违法用地和违法建设遏制在萌芽阶段。

实行部门共责和执法联动。对未取得合法用地手续的建设项目，不得以“罚”代“法”、以“罚”代“处”，发展改革、财政、城乡建设、住房保障房管、城管、农业、水利、电力、园林、工商、银行等管理部门不得办理相关审批（审核）手续，公、检、法机关要积极配合，确保土地违法案件查处到位。

（七）严格规范房地产用地管理

各类住房建设项目应当在划拨决定书或者出让合同中约定的土地交付之日起 1 年内开工建设，自开工之日起 3 年内竣工。用地单位应当在项目开工、竣工时，向国土规划部门书面申报，对不执行申报制度的，限制其至少在 1 年内不得参加土地购置活动。严格执行商品住房用地单宗出让面积的规定，单宗出让面积不得超过 20 公顷，并实行“净地”出让。严格规范土地出让底价，土地出让最低价不得低于所在地级别基准地价的 70%，竞买保证金不得低于出让最低价的 20%。

建立房地产企业诚信档案，严格土地竞买人资格审查，对存在违法违规利用土地的土地竞买人，不准其参加土地竞买。加大对已批未建住房用地清理力度，严禁囤地炒地行为，依法加快处置闲置房地产用地，对收回的闲置土地，优先安排用于普通住房建设。

保证住房用地的有效供应。对列入年度供地计划的保障性住房、棚户区改造住房、公共租赁住房、中小套型普通商品住房用地，要应保尽保、及时供地。城乡建设、国土规划、住房保障房管等部门要共同建立建设项目行政审批快速通道，加快住房项目的供地、建设和上市步伐。

五、加强组织领导，强化国土规划工作保障

（一）健全国土规划工作责任制

各级党委、政府是本行政区域内国土资源保护和城乡规划实施的共同责任主体，实行党政同责。各级党委、政府要把国土规划工作列入重要议事日程，一把手亲自抓。各级人大、政协要加强对国土规划工作的监督。要进一步完善规划委员会和土地资产经营管理委员会制度，充分发挥其在全市国土规划工作中的决策作用。将各区国土规划管理工作纳入市年度绩效目标，进行绩效考核。

（二）推进国土规划信息化建设

大力推进数字武汉建设，以全市国土规划管理“一张图”数据库为核心，整合各类信息资源数据，完善信息公开、共享服务平台，建立信息服务集群化和产业化机制，提升国土规划服务政府决策、服务经济发展、服务城乡统筹的能力。

加强国土规划信息综合监管体系建设。建立市、区、街（乡镇）三级业务管理监管平台，推进综合监管平台在土地“批、供、用、补、查”、土地登记、地价监测、规划编制、城市设计和项目审批以及矿产资源监管、地质灾害监测等业务中的应用，提高管理水平和效率。

（三）切实加强国土规划领域党风廉政建设

各级党委、政府要高度重视国土规划领域党风廉政建设，严格落实党风廉政建设责任制，实行“一岗双责”，把党风廉政建设和防治腐败工作与国土规划业务工作一起抓。加强廉洁自律教育，增强廉洁从政意识。认真开展腐败风险点排查，积极构建腐败预警防控机制，逐步建立健全教育、制度、监督并重的惩治和预防腐败体系。严肃处理各类不作为、乱作为、慢作为行为，切实解决党风、政风、行风方面存在的突出问题。

（四）落实国土规划工作经费及人员编制

将国土规划编制、基础测绘等经费纳入同级财政预算，切实予以保证。加强基层国土规划所的建设，保证人员、经费、办公场所的配备。加强岗位培训，切实推进国土规划队伍建设。

（五）营造良好的国土规划工作氛围

加大国土规划及相关法律、法规和政策的宣传力度，营造依法用地、依规建设和共同监督的良好社会氛围。将国土规划基本法规和基本知识作为全市干部职工教育培训的重要内容，有计划地定期举办国土规划专题研修班，分期分批对有关部门、区、街（乡镇）的领导进行培训，切实增强全市干部职工的国土规划意识。

武汉市国土资源和规划局关于印发保留和废止的市局征地拆迁规范性文件的通知

武土资规发〔2011〕240号

（2011年9月26日）

东湖、武汉开发区分局，各远城区国土规划部门，局属各单位，机关各处室：

为更好地贯彻落实《国有土地上房屋征收与补偿条例》，根据市政府法制办《关于做好有关征地拆迁的规范性文件专项清理工作的通知》（武法字〔2011〕8号）要求，按照“谁制定，谁清理”的工作原则，对我局制发的有关征地拆迁的现行规范性文件进行了清理。清理结果如下：

（一）下列规范性文件因《城市房屋拆迁管理条例》废止，与《国有土地上房屋征收与补偿条例》的征收制度不一致，予以废止：

1. 关于印发《武汉市城市房屋拆迁安置补偿资金监控管理规定》的通知（武规拆字〔2003〕6号）

2. 关于印发《武汉市历史遗留无证房屋拆迁补偿处理意见（试行）》的通知（武规拆字〔2003〕9号）

3. 关于规范房屋拆迁评估结果告知问题的通知（武规拆字〔2003〕12号）

4. 关于房屋拆迁货币补偿增加房屋拆迁补助费的通知（武规拆字〔2003〕14号）

5. 关于印发《武汉市城市房屋拆迁估价实施意见》的通知（武规拆字〔2004〕3号）

根据《国有土地上房屋征收与补偿条例》第三十五条的规定，在条例施行前已依法取得房屋拆迁许可证的项目，继续沿用原有的规定办理。

（二）《关于印发〈武汉市征用集体土地房屋拆迁补偿历史遗留问题处理意见（试行）〉的通知》（武土资耕字〔2004〕317号）予以保留，继续有效。

08

第八章 管理机构

WUHAN

第一节　武汉市国土规划管理机构

2009 年 7 月，《中共武汉市委、武汉市人民政府关于印发〈武汉市人民政府机构改革实施意见〉的通知》（武发〔2009〕14 号）决定，组建武汉市国土资源和规划局，将武汉市国土资源和房产管理局的国土资源管理、征地拆迁职责和武汉市规划局的职责，整合划入新组建的武汉市国土资源和规划局。不再保留武汉市规划局。2011 年 8 月，根据《武汉市机构编制委员会关于我市房屋征收管理机构体制的通知》（武编〔2011〕30 号）精神，成立武汉市房屋征收管理办公室，牌子挂在市国土资源和规划局，代表市政府履行房屋征收行政管理职能，内设的房屋拆迁管理办公室更名为房屋征收管理处。

2009 年 12 月，根据《武汉市人民政府办公厅关于印发武汉市国土资源和规划局主要职责内设机构和人员编制规定的通知》（武政办〔2009〕223 号）精神，将武汉市城市规划管理局、武汉市国土资源管理局江岸分局、江汉分局、硚口分局、汉阳分局、武昌分局、洪山分局、青山分局、东湖生态旅游风景区分局的名称改为武汉市国土资源和规划局江岸分局、江汉分局、硚口分局、汉阳分局、武昌分局、洪山分局、青山分局、东湖生态旅游风景区分局，为武汉市国土资源和规划局的派出机构，承担各辖区内的城市规划、国土资源、房屋拆迁和测绘勘察管理职责。

2009 年 12 月，根据《武汉市人民政府办公厅关于印发武汉市国土资源和规划局主要职责内设机构和人员编制规定的通知》（武政办〔2009〕223 号）精神，将市国土资源和房产执法监察支队与市城市规划执法监察支队合并组建市国土资源和规划执法监察支队；将市城市规划设计研究院更名为市规划设计研究院；将市城市综合交通规划设计研究院更名为市交通规划设计研究院；将市城市规划信息中心更名为市国土资源和规划信息中心，挂市地理信息中心、市国土资源和规划档案馆牌子；市勘测设计研究院名称不变；成立市土地登记发证中心；将市城市规划咨询服务中心更名为市土地利用和城市空间规划研究中心；将市土地整理储备中心（市高产农田建设管理中心）、市土地交易中心、市土地整理储备中心武汉新区分中心整建制调整为市国土资源和规划局管理；将市城市规划管理局机关后勤服务中心更名为市国土资源和规划局机关后勤服务中心；将原在市国土资源房产信息中心挂牌的市土地规划设计研究院更名为市规划编制研究和展示中心。

2011 年 12 月，根据《武汉市机构编制委员会关于市属勘察设计类事业单位转企脱钩工作中机构编制事宜的通知》（武编〔2011〕86 号）精神，市交通规划设计研究院更名为市交通发展战略研究院，市规划设计研究院更名为市规划研究院，市勘测设计研究院更名为市测绘研究院。

武汉市国土资源和规划局下设武汉市国土资源和规划执法监察支队、武汉市规划研究院、武汉市交通发展战略研究院、武汉市国土资源和规划信息中心（武汉市地理信息中心、武汉市国土资源和规划档案馆）、武汉市测绘研究院、武汉市土地登记发证中心、武汉市土地利用和城市空间规划研究中心、武汉市土地整理储备中心（武汉市高产农田建设管理中心）、武汉市土地交易中心、武汉市国土资源和规划局机关后勤服务中心、武汉市规划编制研究和展示中心等 11 个事业单位。

一、武汉市国土资源和规划局机构设置图

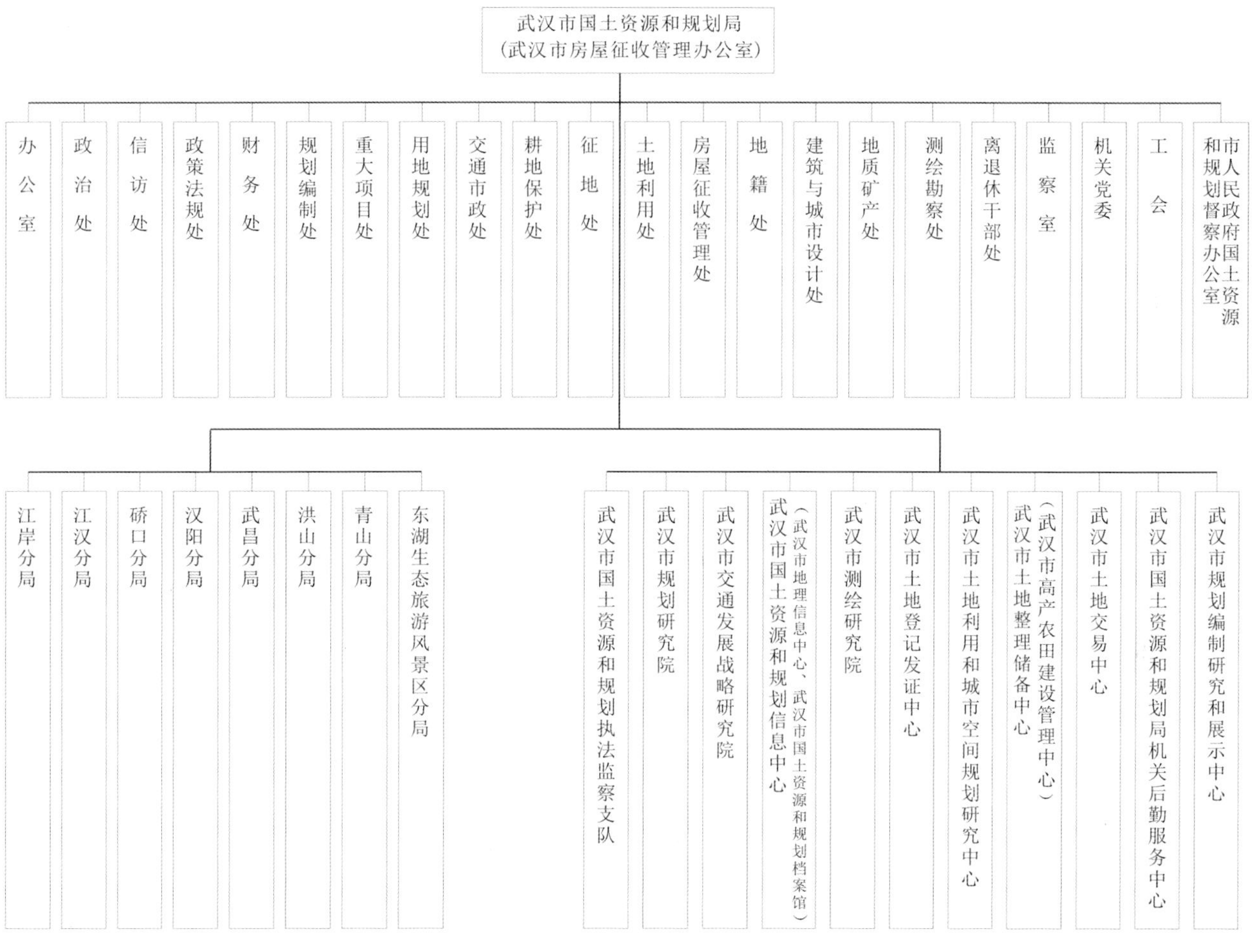

二、武汉市国土资源和规划局人员编制和领导职数

武汉市国土资源和规划局机关列行政编制 100 名（含武汉市人民政府国土资源和规划督察办公室行政编制 12 名）。其中，局长 1 名（兼任市国土资源和规划主任督察、市房屋征收管理办公室主任）、党组书记 1 名、副局长 4 名（其中 1 名副局长兼任市国土资源和规划副主任督察、1 名副局长兼任市房屋征收管理办公室副主任）、纪检组长 1 名、总工程师 1 名、总规划师 1 名，正处级领导职数 21 名（含纪检监察、机关党委、工会）、副处级领导职数 11 名。将市人民政府土地督察办公室更名为市人民政府国土资源和规划督察办公室，为正处级机构，设在市国土资源和规划局，

内设 3 个督察组。主要职责为：拟订国土资源和规划督察工作的管理制度，并组织落实；监督检查开发区和新城区国土资源管理、城乡规划实施情况；负责联系国家土地督察武汉局、住房和城乡建设部驻武汉规划督察组。市人民政府国土资源和规划督察办公室单列行政编制 12 名，行政编制从市国土资源和规划局机关调剂解决，核定正处级督察员 1 名，副处级督察员 5 名。

2011 年底，武汉市国土资源和规划局机关实际在编人数 91 名。其中，局长 1 名、党组书记 1 名、副局长 6 名（含挂职 1 名）、纪检组长 1 名、总工程师 1 名、巡视员 1 名、副巡视员 1 名；正处级领导干部 15 名、副处级领导干部 18 名。

三、武汉市国土资源和规划局主要职责

（一）贯彻执行国家、省、市关于城乡规划、国土资源、房屋拆迁、测绘勘察方面的法律、法规、规章和方针、政策；参与起草城乡规划、国土资源、房屋拆迁、测绘勘察地方性法规、规章、规定，并依法组织实施和监督检查。

（二）负责组织城市发展战略研究，提出统筹城乡规划和建设发展、促进“两型”社会建设的政策建议；负责组织国土资源可持续利用和土地资产经营战略研究，提出深化土地使用制度改革、统筹土地资产经营管理的政策建议；参与拟订国民经济和社会发展规划、区域经济发展规划等。

（三）负责组织编制、修订和统筹协调城镇体系规划、城市总体规划、国土规划、土地利用总体规划、地质环境保护规划、矿产资源保护利用规划、测绘勘察事业发展规划等，并组织报批、实施和监督检查。

（四）负责组织编制、修订分区规划、详细规划和城市设计，综合协调历史文化名城保护、地下空间开发利用、风景名胜区、综合交通体系、市政公用设施等规划，指导编制乡镇、村庄规划；负责组织编制、修订土地开发整理复垦、基本农田保护、高产农田建设和中低产田改造等规划，指导编制区、乡级土地利用规划；依法审查、审批以上各类规划，并组织实施和监督检查。

（五）负责组织编制、修订近期建设规划和年度实施计划，拟订并组织实施全市土地利用及储备供应、矿产资源保护利用、规划编制、房屋拆迁、基础测绘等年度计划；参与拟订城市基础设施、园林绿化等年度建设计划；参与重大建设项目的前期研究工作。

（六）负责耕地保护和土地用途管制工作。拟订实施耕地保护和鼓励耕地开发的措施；负责基本农田保护工作；负责组织未利用地开发、土地整理复垦、高产农田建设和中低产田改造工作；负责城乡建设用地增减挂钩管理工作。

（七）负责规划选址定点和建设用地规划许可。依法办理各类建设工程（包括建筑物、构筑物、交通、市政及其他工程设施，下同）的《建设项目选址意见书》和《建设用地规划许可证》。

（八）负责农用地转用和征收工作。负责各类建设工程的用地预审和下达农用地转用计划指标工作；组织农用地转用、土地征收报批工作；审核土地征收的补偿安置方案。

（九）负责土地资产经营管理。负责国有土地使用权划拨和出让、转让及土地资产处置管理；组织拟订基准地价；负责土地有形市场建设和土地储备供应管理工作;对集体建设用地土地使用权流转进行监督管理。

（十）负责土地权属管理。负责土地权属确认、登记、核发证书工作；组织实施土地资源调查。

（十一）负责建设工程规划许可和规划验收管理，依法办理《建设工程规划许可证》和《建设工程规划验收合格证》；指导乡村建设的规划管理工作。

（十二）负责地质矿产资源管理。负责地质环境保护工作，管理地质勘察成果和地质资料，组织实施地质灾害评估防治、矿区环境治理和地质遗迹保护；负责探矿权、采矿权、矿产资源储量管理工作，监督管理矿产资源开发利用。

（十三）负责城市房屋拆迁管理。负责审核房屋拆迁补偿安置方案，对房屋拆迁委托合同实施备案管理，依法及时办理城市房屋拆迁许可证；对拆迁安置房源和拆迁补偿资金使用情况进行监督管理。

（十四）负责测绘勘察管理。负责测绘项目登记，管理测绘市场、地理信息市场和测绘成果；负责测量标志的使用核准和保护工作，监管地图编制、出版、展示及登载；组织开展规划勘察、基础测绘和其他重大测绘工作；负责基础测绘成果的提供和使用审批。

（十五）承担国土资源和城乡规划督察日常工作。拟订国土资源和城乡规划督察工作的具体办法和管理制度，并组织实施；对开发区和新城区国土资源、城乡规划的审批、实施和执法情况进行监督检查。

（十六）负责建设工程规划批后执法管理，查处建设工程核位放线至规划验收前未按建设工程规划许可证规定建设的违法建设行为，会同城管部门查处其他违法建设行为；负责国土资源、房屋拆迁、测绘勘察执法监察，依法查处有关违法违规行为。

（十七）负责全市基础地理信息的收集整理、系统建设及开发利用；负责城乡规划、国土资源、房屋拆迁、测绘勘察方面的信息化建设、新技术推广运用和行业资质管理工作；负责规划展示工作。

（十八）负责行政复议和应诉工作；负责局系统行政执法责任制等依法行政相关工作;负责政务公开、信访相关工作。

（十九）负责局系统绩效目标、机构编制、组织人事、宣传教育、财务审计、综合统计、档案管理等工作；依据有关法律、法规和规定收取、代收有关费用。

（二十）承担市规划委员会、市土地资产管理委员会的日常工作。

（二十一）承办上级交办的其他工作。

四、2011 年底武汉市国土资源和规划局领导班子组成人员

局　　长：张文彤

党组书记：何　艳

副 局 长：盛洪涛、严　春、刘奇志、马文涵、吴之凌

纪检组长：石东文

总工程师：汪普查

挂职副局长：吴　凌

巡 视 员：刘锦智

副巡视员：袁海军

第二节 武汉市国土规划管理各分局

一、各分局内设机构和人员编制

（一）江岸分局

武汉市国土资源和规划局江岸分局是武汉市国土资源和规划局派驻江岸区的行政管理机构（正处级）。内设：办公室（综合业务科）、规划用地科、建筑规划科、地籍地政科（地质矿产科）、征地拆迁科、法规监察科（测绘勘察科）。人员编制40名（其中含后勤服务人员事业编制3名），现有人员39人。在职人员中，研究生学历10人，大学本科学历24人，专科学历1人。

2011年底领导班子成员：

局长、党组书记：高成喜

副 局 长：皮文胜

纪检组长：邓宝航

副调研员：刘尚勇

（二）江汉分局

武汉市国土资源和规划局江汉分局为武汉市国土资源和规划局派驻江汉区的行政管理机构（正处级）。内设：办公室（综合业务科）、规划用地科、建筑规划科、地籍地政科（地质矿产科）、征地拆迁科、法规监察科（测绘勘察科）。人员编制42人（其中含后勤服务人员事业编制4名），现有人员42人，其中中共党员25人。在职人员中，研究生学历5人，大学本科学历18人，专科学历14人。

2011年底领导班子成员：

局长、党组书记：黄大勇

副 局 长：李汉明、王喻琪

纪检组长：田守文

调 研 员：王飞鹏

（三）硚口分局

武汉市国土资源和规划局硚口分局为武汉市国土资源和规划局派驻硚口区的行政管理机构（正处级）。内设：办公室（综合业务科）、规划用地科、建筑规划科、地籍地政科（地质矿产科）、征地拆迁科、法规监察科（测绘勘察科）。人员编制41名（其中含后勤服务人员事业编制4名），现有人员38人，其中中共党员31人。在职人员中，研究生学历9人，大学本科学历20人，专科学历9人。

2011年底领导班子成员：

局长、党组书记：刘益德

副 局 长：房德龙、朱明乔

纪检组长：钟卫东

副调研员：张水生

（四）汉阳分局

武汉市国土资源和规划局汉阳分局为武汉市国土资源和规划局派驻汉阳区的行政管理机构（正处级）。内设：办公室（综合业务科）、规划用地科、建筑规划科、地籍地政科（地质矿产科）、征地拆迁科、法规监察科（测绘勘察科）。现有人员42人，其中公务员38人、工勤人员4人，在职人员中，研究生学历6人，大学本科学历28人，专科学历4人。

2011年底领导班子成员：

局长、党组书记：沈己东

副局长：宋光灿、聂胜利、李　皓

纪检组长：肖逢春

调研员：夏胜超

副调研员：吴洪波

（五）武昌分局

武汉市国土资源和规划局武昌分局为武汉市国土资源和规划局派驻武昌区的行政管理机构（正处级）。内设：办公室（综合业务科）、规划用地科、建筑规划科、地籍地政科（地质矿产科）、征地拆迁科、法规监察科（测绘勘察科）。人员编制40人（其中含后勤服务人员事业编制3人），现有人员40人，其中中共党员23人。在职人员中，大学专科以上学历39人。

2011年底领导班子成员：

局长、党组书记：张海华

副 局 长：尹文清、毛汉城

纪检组长：徐　晖

调 研 员：李政权

（六）青山分局

武汉市国土资源和规划局青山分局为武汉市国土资源和规划局派驻青山区的行政管理机构（正处级）。内设：办公室（综合业务科）、规划用地科、建筑规划科、地籍地政科（地质矿产科）、征地拆迁科、法规监察科（测绘勘察科）。人员编制31人，现有人员30人。在职人员中，研究生学历4人，大学本科学历19人，专科学历3人。

2011年底领导班子成员：

副 局 长、党组副书记：孙　钊

副 局 长：吴小民

纪检组长：郑　海

调 研 员：江俊海

（七）洪山分局

武汉市国土资源和规划局洪山分局为武汉市国土资源和规划局派驻洪山区的行政管理机构。内设：办公室（综合业务科）、规划用地科、建筑规划科、地籍地政科（地质矿产科）、征地拆迁科、法规监察科（测绘勘察科）。人员编制48人（其中后勤服务人员事业编制4名），现有职工44人，其中公务员41人，中共党员36人。在职人员中，研究生学历4人，大学本科学历31人，专科学历8人。

2011年底领导班子人员：

局长、党组书记：文应华

副 局 长：邓国伏

纪检组长：吴远胜

调 研 员：雷金水、杨春宝

副调研员：陈义新

（八）东湖分局

武汉市国土资源和规划局东湖生态旅游风景区分局为武汉市国土资源和规划局派驻东湖生态旅游风景区的行政管理机构（正处级）。内设：办公室（综合业务科）、规划用地科、建筑规划科、地籍地政科（地质矿产科）、征地拆迁科、法规监察科（测绘勘察科）。人员编制26名（其中含后勤服务人员事业编制2名），现有人员26人，其中中共党员24人。在职人员中，大学本科以上学历25人。

2011年底领导班子成员：

局长、党组书记：汤晓光

副 局 长：冯必高

纪检组长：刘三海

二、各分局主要职责

（一）宣传和贯彻执行国家关于城市规划、土地、拆迁管理等方面的法律、法规、规章和方针、政策。

（二）负责辖区内各项规划的具体实施监督检查；负责分局责任范围内建设项目的规划选址、定点，审查办理建设用地规划审批手续，负责建设项目的建设规划管理，审核有关建设工程方案。

（三）贯彻执行土地利用总体规划；负责组织辖区内征地补偿安置方案的实施；完成市局下达的农用地转用、耕地保有量计划、土地开发和整理计划指标的工作任务。

（四）负责审核分局责任范围内建设用地的划拨、出让、转让以及土地资产处置方案，规范土地市场；负责辖区内土地权属管理，依法进行土地登记，核发土地证书，调查处理土地权属纠纷。

（五）负责辖区内拆迁管理工作；审核拆迁补偿安置协议和拆迁安置方案；核准房屋拆迁单位资质；依法调查处理拆迁中的纠纷。

（六）负责辖区内建设工程批后监察管理，对符合规划经批准保留的违法建设进行处理；依法查处辖区内土地违法行为。承担辖区内矿产资源的管理工作，对矿产资源的勘察、开采进行监督检查。

（七）负责收集、整理辖区内城市规划、国土资源和拆迁管理的基础资料，管理专业档案。

（八）负责职责范围内的城市规划、国土资源管理方面的听证、应诉和赔偿。

（九）处理辖区内有关城市规划、国土资源、拆迁管理等方面的来信来访，承办人大、政协相关议、提案。

（十）完成上级下达的目标管理工作；做好城市规划、国土资源、拆迁管理中市局与有关部门的衔接和沟通工作。

（十一）根据有关法规、规章收取或代收有关费用，并依法管理。

（十二）指导乡、镇、场的土地利用和规划工作。

（十三）依据有关法律、法规和《东湖风景区总体规划》，对景区内城市规划和国土资源进行管理。

（十四）完成上级交办的其他工作。

第三节　武汉市国土规划局各事业单位

一、武汉市国土资源和规划执法监察支队

武汉市国土资源和规划执法监察支队为武汉市国土资源和规划局下属事业单位，参照公务员法管理。负责全市城乡规划、国土资源、房屋拆迁、测绘勘察的执法监察工作。内设：办公室、综合法规室、执法一大队、执法二大队、执法三大队、执法四大队、执法五大队。列事业编制 63 名。现有职工 62 名（不含 24 名聘用人员），其中，正处级干部 1 名，副处级干部 10 名，正科级干部 14 名，副科级干部 13 名，科员 16 名，工勤人员 8 名。

2011 年底领导班子成员：

支队长、政委、党委书记：马文涵（兼）

专职副政委：朱龙华

副支队长：任志辉、徐国强、邹　磊

二、武汉市规划研究院

武汉市规划研究院（原武汉市规划设计研究院）成立于1979年，是国家首批审定的甲级规划院之一。现持有城市规划编制甲级、土地规划甲级、建筑工程甲级、工程咨询甲级、市政公用行业（排水、道路）乙级资质证书。主要承担武汉市城市总体规划、土地利用规划、分区规划、详细规划、市政规划、风景区规划、环境景观建设规划、建筑与城市设计、市政设计、大型重点项目的选址定点和可行性研究、工程设计与咨询等。该院立足武汉，面向全国，业务遍及北京、上海、山东、浙江、湖北、西藏、新疆等省市。

该院技术力量雄厚，专业齐全，是武汉市城乡规划设计与研究的主要力量，是国内规划行业极具影响的规划设计机构之一。下设办公室（党办）、技术管理部、经营管理部、财务管理部、物业管理部、总体规划所（编辑部）、土地利用规划所、区域规划所、交通市政规划所、规划设计一所、规划设计二所、国际交流与合作所、数字规划研究中心、建筑设计分院、东湖分院、新区分院、上海分院、襄阳分院和武汉市规划设计公司等二级部门。截至2011年底，全院职工总数373人，其中具有高级职称84人，中级职称92人；硕士及硕士以上研究生121人，大学本科生182人；各类注册执业人员84人；武汉市政府授衔专家17人。

该院技术标准比较完善，管理体系严谨高效，于2009年12月通过ISO9001：2000质量管理体系认证；建立了适合行业运作、符合标准要求、系统完善、运行有效的质量保障体系，有效地控制和规范了项目运作，为保证成果质量提供了可靠的管理制度。

该院始终秉承“科学规划、以人为本”的规划设计理念，积极投身于我国城市化、现代化实践和城乡建设事业，全心全意为社会公众服务，为政府出谋划策，以先进的理念、一流的质量、优质的服务出色地完成了众多规划、设计和科研任务，取得了丰硕成果。先后主持和参与编制了18项国家及地方标准规范；有约380项科技成果获得各级奖励500余项次，其中46个项目获国家级奖励；在各类专业杂志和学术会议上发表论文600余篇，出版了科技专著12部，位列全国同类设计单位前茅。

该院充分发挥规划、土地、建筑、市政、风景园林等多专业的综合优势，集中力量积极参与省内外重大项目的招投标，多次在与国内外一流规划设计机构的同台竞争中获胜。例如：宜昌点军生态城概念性总体规划及城市设计、长江三峡水利枢纽保护与利用规划、北京市通州区控制性详细规划、杭州庆春路越江隧道工程交通疏解仿真等。

该院大力加强国际、国内合作，密切关注规划设计新理论、新技术，积极推动规划理论研究及应用创新。先后与美国、荷兰、德国、英国、芬兰、澳大利亚以及中国香港等国家和地区的规划同行合作开展规划研究，促进了规划设计技术的不断蜕变与跨越。一年一度的院科技节、中部地区城市规划论坛、第二届全国副省级城市规划院联席会、第四十七届国际规划大会（ISOCARP）、国际城市设计论坛等大型科技交流活动的开展，营造了良好学术氛围，拓宽了视野，提高了业务技术水平，提升了该院综合实力和整体形象，有力地推动了城乡规划事业的进步与发展。

2011年底领导班子成员：

院长：于一丁

副院长：张晓达、何　梅、胡　飞、程明华

纪委书记：李奇彬

三、武汉市交通发展战略研究院

武汉市交通发展战略研究院（原武汉市交通规划

设计研究院）是武汉市国土资源和规划局直属的全额财政拨款正处级事业单位，于1993年5月14日成立(武编〔1993〕74号)。2011年12月30日，根据《武汉市人民政府办公厅关于印发武汉市市属勘察设计类事业单位转企脱钩实施方案的通知》（武政办〔2011〕175号)，经市编委批准，由武汉市交通规划设计研究院更名为武汉市交通发展战略研究院。内设：综合办公室、技术经营部、交通研究室、规划设计室、轨道交通室。现有在职职工75人，其中正高职高级工程师8人（含退休2人)，高级工程师7人，注册规划师7人，注册咨询师9人，享受国务院专家津贴1人（退休)、武汉市政府专家津贴1人；全院共有党员48人，设有1个党总支，3个党支部；全院行政管理和专业技术人员平均年龄33岁，均有大学本科以上学历。具有城市规划编制资质乙级，工程咨询资质乙级。主要职责和任务是：承担全市交通发展战略研究，研究和编制综合交通规划、交通专项规划，全市交通基础数据调查，交通预测分析与评价，建设和维护交通模型以及交通信息系统规划研究，城市特定发展项目交通规划研究设计等公益服务。

2011年底领导班子成员：

副院长：张本湧

副书记：肖敬宪

副院长：郭新建、刘东兴

四、武汉市国土资源和规划信息中心

武汉市国土资源和规划信息中心（武汉市地理信息中心、武汉市国土资源和规划档案馆）为武汉市国土资源和规划局下属正处级事业单位。主要承担全市国土资源和规划信息化建设发展规划；国土资源和规划各类信息数据的收集、汇交和发布；全局管理信息平台、网络系统的建设和维护；全市地理空间信息的共建共享及推广应用；全市国土资源和规划业务档案管理及全局系统干部职工的继续教育和培训工作。内设：综合办公室、网络管理部、系统开发部、地理信息部、土地信息部、规划信息部、档案管理部。现有职工140名，其中博士、硕士33名，正高职高级工程（规划）师5名、中高级以上技术职称55名，有6人享受国务院津贴、省市专家津贴并入围部、市人才计划。

2011年底领导班子成员：

主任、党总支书记：李宗华

副 主 任：黄　新

总工程师：赵中元

五、武汉市测绘研究院

武汉市测绘研究院（原武汉市勘测设计研究院）成立于1950年。具有国家工程勘察综合类甲级资质，测绘甲级资质，地基与基础施工一级资质，地质灾害危险性评估甲级资质，地质灾害治理工程勘查、设计、施工乙级资质，土地代理登记资质等多项业务资质，是全国城市勘测行业和湖北省首家国家档案一级达标科技事业单位。内设：办公室（综合管理部)、党群工作部（工会)、人力资源部、技术质量部（体系办)、财务审计部、市场开发部、基础地理信息中心（档案资料中心)、基础测绘部（地图编研中心)、遥感工程中心、红线办公室、测绘一分院、测绘二分院、测绘三分院、测绘四分院、东湖分院、岩土工程分院、土地登记代理服务中心、东莞分院（南方分院)、《城市勘测》杂志社。全院现有职工609人，专业技术人员304人，其中，事业单位专业技术二级岗位1人、三级岗位6人，国家注册测绘师18人，注册土木（岩土）工程师17人，一级注册建造师6人，享受国务院、湖北省和武汉市政府专项津贴14人次，正高职高级工程师15人，博士、硕士60余人。该院通过ISO9001质量管理体系、ISO14001环境管理体系、OHSAS18001职业健康安全管理体系认证，获湖北省高新技术企业认定，入选湖北省创新型试点企业，是"精密工程与工业测量"国家测绘局重点实验室主体建设单位。业务领域涵盖地理信息工程及系统集成、信息咨询、测绘工程（卫星大地测量、遥感与航空摄影测量、工程测量、地籍测绘、地下管线探测、地图制印）、岩土工程（岩土工程勘察、设计、施工、监测、检测、测试、监理）、地质灾害治理工程（危险性评估、勘查、施工、设计）、桩基工程与地基处理、土地登记代理等。

2011年底领导班子成员：

院长、党委副书记：肖建华

党委副书记：肖　波

副院长：廖建生、彭汉发

总工程师：王厚之

六、武汉市土地登记发证中心

武汉市土地登记发证中心为武汉市国土资源和规划局下属正处级事业单位。主要承担全市中心城区土地登记发证事务性工作；承担城镇地籍调查、年度土地利用变更调查、专项土地调查等相关土地调查工作；承担土地登记和土地权属调查工作；承担土地登记、土地调查等地籍管理数据库的维护、更新及推广利用工作。内设：综合办公室、业务技术部、土地登记部、土地调查部4个部门。事业编制18名。

2011年底领导班子成员：

主　任：李　健

书　记：王和平

副主任：徐　勇

总工程师：王辛之

七、武汉市土地利用和城市空间规划研究中心

武汉市土地利用和城市空间规划研究中心是武汉市国土资源和规划局下属正处级事业单位。中心拥有土地利用规划甲级，城乡规划、工程咨询等乙级资质。主要承担全市土地资产经营相关研究、土地集约节约利用和分等定级研究、规划实施政策的研究、城市设计的编制与修订、建设项目用地规划及空间规划策划、论证和研究工作以及土地学会的事务性工作。内设：综合办公室、技术和信息部（总工办）、土地利用研究部、空间规划研究部、空间规划设计部、土地利用规划部、江南分中心。现有职工100余人，其中30%以上人员拥有博士、硕士学位；60余人具备高、中级职称；7人荣获湖北省、武汉市有突出贡献中青年专家、市政府专项津贴专家、"十百千"人才称号。

2011年底领导班子成员：

副主任：陈　韦

党总支书记：何孝齐

副主任：刘汉桥

总工程师：卢　斌

八、武汉市土地整理储备中心（武汉市高产农田建设管理中心）

武汉市土地整理储备中心（武汉市高产农田建设管理中心）是武汉市国土资源和规划局下属的正处级事业单位。根据《市机构编制委员会关于同意成立市高产农田建设管理中心的批复》（武编〔2008〕71号），市高产农田建设管理中心与市土地整理储备中心实行两块牌子，一套班子的体制。内设：办公室（党委办公室）、监察审计室、财务部、计划部、综合部、招商部、储备一部、储备二部、储备三部、高产农田建设管理科。现有工作人员63人，在编40人，人事代理人员15人，退休职工8人。在职人员中，现有高级技术职称资格14人、中级技术职称20人。

2011年底领导班子成员：

副主任、党委副书记：肖　辉

党委副书记：赵　楠

副主任：王　琳、李全春

副主任、总会计师：陈友香

副调研员：曹道鼎

九、武汉市土地交易中心

武汉市土地交易中心是武汉市国土资源和规划局下属正处级事业单位。内设：综合办公室（财务室）、综合计划部（市场研究室）、交易服务部（司法项目室）、新城区部、招拍挂部和重大项目部。人员编制30人，现有职工71人，其中，教授级高级工程师4人，高级工程师7人，工程师10人；博士学历1人，硕士研究生学历17人。其主要职责包括：办理国有土地使用权出让、租赁的招标、拍卖、挂牌交易及国有土地使用权转让交易；实施土地有形市场的建设计划和目标；发布土地交易信息和土地价格信息；开展土地交易法律、法规和相关信息咨询服务等；承担新城区、开发区的商业、商品住宅等两类经营性用地的招标拍卖挂牌出让工作；承办全市法院执行涉及土地、房产的公开交易工作。

2011年底领导班子成员：

主任、党委书记：余　翔

副主任：高十平、高光星

十、武汉市国土资源和规划局机关后勤服务中心

武汉市国土资源和规划局机关后勤服务中心为武汉市国土资源和规划局下属的正处级事业单位。内设：综合办公室、接待餐饮部、运输保障部、物业管理部、开发经营部。2011年底，核定职工15人，实有职工9人，其中在编干部2人，职工7人。在职干部中，大学本科学历1人，专科学历1人。其主要职责包括：承担局机关交通、用餐、办文、会议、公务接待等后勤保障工作；承担局机关办公场所安全、卫生等保障工作；承担局机关人员医保异动、公费医疗、社会保障等事务性工作；承担与局机关所在地街道办事处和居委会的有关联系工作；承办上级交办的其他工作。

2011年底领导班子成员：

主任：陈祖新

十一、武汉市规划编制研究和展示中心

武汉市规划编制研究和展示中心为武汉市国土资源和规划局下属的事业单位。主要承担城乡、国土规划编制研究与展示及信息整合维护和技术服务及规划展示厅等工作。内设：规划展示部（综合办公室）、规划研究部、项目管理部、规划信息部。现有职工25人，具备中、高级职称者12人。

2011年底领导班子成员：

副主任：胡忆东

总工程师：李延新

第四节　武汉市国土规划局开发区分局

一、武汉市国土资源和规划局东湖新技术开发区分局

武汉市国土资源和规划局东湖新技术开发区分局为武汉东湖新技术开发区管理委员会下属机构，受武汉市国土资源和规划局业务指导。内设：办公室（含档案室）、地籍科、规划科（含人防办）、房产科、房产交易中心、土地交易中心、执法科、征地科。现有人员65人，其中中共党员28人。在职人员中，硕士15人，大学本科学历34人，大专学历16人。

2011年底领导班子成员：

局　长：李秋萍

调研员：张奉青

副局长：卢翔、王平、陈吉庆（外借到区土地储备中心）、赵飞、胡嵩

二、武汉市国土资源和规划局武汉经济技术开发区分局

武汉市国土资源和规划局武汉经济技术开发区分局为武汉经济技术开发区管理委员会下属机构，受市国土资源和规划局业务指导。内设：规划、土地两个综合办公室。人员编制27名，其中中共党员25人。在职人员中，研究生学历3人，大学本科学历22人。

2011年底领导班子成员：

副局长：盛　勃、万分洪、胡伍喜
黄元明、郭宗学

第五节　武汉市各新城区国土规划管理机构

一、东西湖区国土资源和规划局

东西湖区国土资源和规划局是武汉市东西湖区人民政府的工作部门。局机关内设：办公室（政工科）、行政审批科、规划管理科、地籍管理科、耕保土地利用科；局辖：执法监察大队、土地储备（高产农田建设）中心、信息中心、综合档案室、建设（测绘）管理中心、拆迁管理中心、国有土地征收事务中心、勘测队、矿产中心、规划设计室、土地登记发证中心、径河所、吴家山所、走马岭所、东山所、柏泉所、慈惠所、新沟镇所、金银湖所、将军路所等20个事业单位。现有正式在编在岗人员72人，其中机关行政编制10人，实有人员8人；事业编制68人，实有人员64人；另外聘用合同制人员37人，劳务派遣人员5人。

2011年底领导班子成员：

局　　长：林五毛

副 局 长：汪文仲、宋春生、何　强

纪检组长：李文艺

二、汉南区国土资源和规划局

汉南区国土资源和规划局是武汉市汉南区人民政府工作部门。内设：办公室、用地规划科、耕地保护和土地利用科、地籍科4个行政科室，局辖纱帽所、邓南所、东荆所、湘口所、汉南区城市规划设计室（丙级）、土地储备交易中心、土地开发整理复垦中心、信息中心、规划土地执法中队9个二级事业单位。区局机关列行政编制10名。全局2011年底有在编在岗人员64人。

2011年底领导班子成员：

局　　长：龚德勤

党组书记：杨中华

党组成员、副局长：高章木、胡福生

党组成员、纪检组长：何书祥

副调研员：张双平

党组成员：姚继文

三、蔡甸区国土资源和规划局

蔡甸区国土资源和规划局是蔡甸区人民政府工作部门。内设：办公室（行政许可科）、组织人事科、财务审计科、政策法规科、规划科、耕地保护科、土地利用科（地质矿产科）、市政建筑管理科、地籍科9个科室；下设土地监察大队、土地规划勘测队、土地开发整理中心、土地交易中心、城乡规划设计研究院、勘察测绘设计院、城市规划监察大队7个直属单位；蔡甸街、侏儒街、永安街、奓山街、张湾街、大集街、索河镇、玉贤镇、消泗乡9个基层国土所。区局机关列行政编制15名。全局2011年底有在编人员183人。

2011年底领导班子成员：

局长：周社明

书记：袁　俊

副书记、副局长：袁希平、吴正华

副书记、纪委书记：章　琦

副局长：陈祖明、邝培林、朱剑刚、周正华
　　　　蒋　文、刘纪恩、殷贤芳

副调研员：王远平、周正齐

四、江夏区国土资源和规划局

江夏区国土资源和规划局是武汉市江夏区人民政府的工作部门，承担全区2018.30平方公里范围内的土地管理、矿产资源管理和城市规划管理工作，履行《土地管理法》、《城乡规划法》和《矿产资源法》三大法律及相应的法规和政策。局机关内设办公室、人事科、政策法规科、规划科、耕地保护科、土地利用科（地质矿产科）、地籍科、建筑工程管理科（村镇科）、行政许可办理科（总工程师办公室）。局派出机构6个，局属事业单位13个，基层站所25个。全局2011年底有在册人员596人。

2011年底领导班子成员：

局长：郭　红

党委书记：王太清

党委副书记：李明淼

副 局 长：胡　俊、黄多策、康　春、陈晓达

总工程师：程　君

调 研 员：李和平、马　昭

副调研员：王家斌、解德万

五、黄陂区国土资源和规划局

黄陂区国土资源和规划局是黄陂区人民政府工作部门，主要行使土地资源、矿产资源、城乡规划、房屋拆迁、勘察测绘等5大管理职能。内设：办公室、财务审计科、法规监察科、行政许可科、规划科、市政规划科、土地利用（耕地保护）科、拆迁科、地籍科。设有纪律检查组（监察室）、工会、团委等组织或机构。下辖7个事业单位和19个国土资源（规划）管理所（分局）。全局2011年底有在编在岗人员261人。

2011年底领导班子成员：

局　长：叶忠元

党组书记：李智文

党组副书记、局长：杨　枫

副局长：王德顺、张　达、王致刚、周久久、
　　　　梅　伟、何　波

纪检组长：罗洪武

总工程师：闻汉启

调研员：管立泓、方文富、彭昌华

六、新洲区国土资源和规划局

新洲区国土资源和规划局是新洲区人民政府工作部门，主管全区国土资源和城乡规划工作。主要职责包括：贯彻执行国家关于城乡规划、土地、拆迁、勘察测量和矿产资源管理的法律、法规、规章和方针、政策，依法实施监督检查；负责组织编制、修订城市总体规划、土地利用总体规划、矿产资源规划；统一管理全区土地资源和土地资产；统一管理矿产资源；负责全区地质环境保护工作。局机关内设：办公室（财务科）、人事教育科、规划科、耕地保护科（土地利用科）、拆迁科、地籍科、地质矿产科、政策法规科（行政许可科）、监察室、工会；辖7个二级事业单位、14个国土资源和规划所。区局机关列行政编制20名，全局2011年底有人员586人（不含聘用人员）。

2011年底领导班子成员：

局长、党组副书记：姚胜明

副 局 长：魏泽初、陶维仁、操文亮、王玉成

纪检组长：叶春华

总工程师：黄　河

阳逻国土规划分局副局长：刘有生、范万里

副调研员：柳新峰、余朋生

09 附录

WU HAN

附录一

2011年武汉市国土规划管理大事记

1月6日，"武汉市社会组织总结表彰大会"在市委会议中心召开。武汉市城市规划协会荣获武汉市"2006—2010年度先进社会组织"奖。

1月14日，武汉市市长阮成发、副市长孙亚等一行到市国土资源和规划局调研。阮成发市长充分肯定了市国土资源和规划局工作，并就进一步做好国土规划工作提出了强化"城市责任"、树立"全局意识"、具备"世界眼光"的要求和期望。

1月21日，国土资源部在人民大会堂召开了全国国土资源管理系统先进集体和先进工作者表彰大会，市国土资源和规划信息中心获先进集体光荣称号。中共中央政治局常委、国务院副总理李克强接见了与会代表并合影留念。

1月24日，武汉市城市规划协会召开2010年度工作年会。中国城市规划协会常务理事、武汉市国土资源和规划局局长、武汉市城市规划协会会长张文彤，中国城市规划协会常务理事、分管协会领导袁海军，中国城市规划协会专家库专家吴俊勤出席会议并讲话。会上宣布了武汉市规划系统在2009年度全国优秀规划设计评选中13个项目获奖表彰的情况，并颁发奖牌及奖状。饶淑华秘书长报告了协会2010年度工作，提出了2011年工作安排。

1月25日，全市国土规划系统2010年工作总结大会在第二炮兵指挥学院礼堂隆重召开。全局系统近1300名干部职工及离退休局领导参加了会议。张文彤局长在会上作全市国土资源和规划工作报告。会议由局党组书记何艳主持。会后，与会人员观看了迎春文艺演出。

1月26日，省委副书记、代省长王国生到武汉市调研，深入东湖高新区了解示范区和重点项目建设等方面的情况。同时，实地考察了东湖连通工程、天兴洲和二七长江大桥等武汉规划建设的重点工程。

2月10～14日，国际城市与区域规划师学会（ISOCARP）总秘书长艾利克斯·麦克格雷格（Alex Macgregor）一行在中国城市规划学会会长石楠的陪同下来汉考察，并与市国土资源和规划局商讨第47届国际城市与区域规划师年会筹办事宜。11日下午，武汉市代市长唐良智、副市长孙亚等市领导会见了艾利克斯·麦克格雷格一行，局领导张文彤、刘奇志参加了会见。

2月16日，德国驻上海总领事馆文化领事石思平率领"德中同行"后续项目组成员访问武汉。武汉市国土资源和规划局与市人民政府外事侨务办公室进行了接待，双方就武汉市在城市建设、旧城改造及历史文化工业遗产保护等内容进行了充分的交流和研讨。

2月21～26日，法国《中法城市可持续发展协议》执行主席马耶一行在武汉作为期一周的访问，市国土资源和规划局根据市政府统一安排进行了多次接洽，双方就武汉市城乡总体规划、交通规划、交通出行布局及交通管理措施等内容进行了交流和研讨。

2月26日，武汉市市长唐良智一行莅临市国土资源和规划局调研指导工作。市政府副市长孙亚，市政府秘书长龙正才等陪同调研。局领导张文彤、何艳等以及局机关各处室、局属二级单位主要负责人参加了会议。

2月28日至3月1日，住建部在汉召开《城市、镇控制性详细规划编制审批办法》宣贯工作会暨城乡规划工作会，住建部总规划师唐凯、城乡规划司司长孙安军和副司长张勤、武汉市政府副市长孙亚、省住建厅副厅长占世良、武汉市国土资源和规划局局长张文彤等领导出席会议，来自全国32个省、自治区、直辖市和各省会城市、计划单列市的城乡规划管理部门同志与会，学习交流了控制性详细规划编制和管理经验。武汉市国土资源和规划局承办了此次大会。

3月3日，法国驻武汉总领事馆副领事黄勤来武汉市国土资源和规划局拜访，刘奇志副局长率编制处、规划院、交通院等部门和相关单位负责人参加会议。会议交流了市局与法国相关学院、设计机构、政府部门开展规划技术交流和人员培训相关工作，探讨了中法两国可持续发展合作框架、鄂法武汉城市圈可持续发展项目的进一步完善以及法国相关企业参加武汉的规划设计、建设项目的进一步安排。

3月17日，国土资源部土地利用管理司副司长窦敬丽在省国土资源厅副厅长丁玉洋的陪同下，莅临市国土资源和规划局指导调研国土资源部基层联系点相关工作。局领导张文彤等以及利用处、耕保处、征地处、储备中心等部门单位负责同志参加了会议。

3月17日，武汉市国土资源和规划局举行武汉市土地级别与基准地价更新（2010）全国专家论证会。国土资源部总规划师胡存智、国家土地督察武汉局局长王广华、国土资源部土地利用管理司副司长窦敬丽、中国土地规划院副总工邹晓云等专家出席论证会，武汉市人民政府副市长孙亚、湖北省国土资源厅副厅长丁玉洋、市国土规划局领导张文彤、严春、汪普查到会并讲话。与会专家一致认定本轮更新在现有规程基础上有多项创新，在国内的土地定级和基准地价更新中处于领先水平。

3月21～24日，武汉市城市规划协会组织会员单位参加了由中国九三学社中央委员会、中国城市规划协会、中国市长协会在广州共同组织举办的城市规划与科学发展研讨会。武汉市副市长孙亚应邀大会发言，武汉市国土资源和规划局领导张文彤、袁海军，武汉市城市规划协会负责人以及各城区国土规划分局业务骨干20人参加了此次研讨会。

3月28～29日，武汉市国土资源和规划局女规划师代表祝莹、何梅赴三亚参加了第二届中国城市规划协会女规划师委员会第六次年会，大会推荐武汉市规划系统饶淑华、祝莹、何梅同志为全国第三届女规划师委员会委员。

4月17日，市国土资源和规划局召开“责任风暴”“治庸计划”暨优化投资发展环境工作推进会。会议由局党组书记何艳主持，张文彤局长作了讲话，纪检组长石东文、副巡视员袁海军分别宣读了市局优化投资发展环境和“治庸”、“问责”工作方案。

4月19～20日，武汉市人民政府和德国驻华大使馆在汉举办德中同行的后续项目“中德绿色城市论坛”。唐良智市长、德国驻华大使施明贤博士、德国国务秘书扬米克等出席19日高峰论坛并致辞，市发改委、国土规划局和城建委负责同志在会上发言。张文彤局长在论坛上的主题发言为《生态宜居·绿色武汉》。

4月22日，武汉市国有建设用地二级市场建设座谈会在武汉市国土资源和规划局举办。国土资源部咨询研究中心张新宝、刘文甲、李伟博士一行，省国土资源厅副厅长丁玉洋、处长王世新，市国土资源和规划局总工汪普查、副局长吴凌等以及利用处、交易中心、储备中心和3家企业代表参加了会议。

5月5日，《武汉市测绘管理条例（草案）》顺利通过市人大城环委第24次全体会议审议。

5月10日，省委宣传部副部长李子林一行到市国土资源和规划局检查指导省级文明单位创建工作。

5月13日，武汉市规划委员会专题会议在市国土资源和规划局召开，武汉市市长唐良智、副市长孙亚、市政协副主席石大鸿、市政府秘书长龙正才出席会议，市发改委、市监察局、市财政局、市环保局、市城建委、市交委、市法制办、市交管局，江岸区、江汉区、武昌区、洪山区主要负责人，市国土资源和规划局负责人及相关处室参加了会议。会议审议了“两江四岸”、

“武汉大道”等重点城市功能区及窗口地段的重点项目，对“绿地国际金融城”、“华侨城”等项目提出了修改优化意见，并要求在今后的工作中保证市规委会项目审议的常态化。会议还研究了市规委会运行机制等相关问题。唐良志市长作了重要讲话。

5月26～28日，武汉市城市规划协会组织规划管理（武汉市土地利用和城市空间规划研究中心）和新技术专业委员会（武汉市国土资源和规划信息中心）参加了由中国城市规划协会规划管理委员会在东莞主办的“2011年《城市规划电子报批系统》技术研讨会”。

5月27日，武汉市国土资源和规划局、武汉市城市规划协会联合举行了“全国城乡规划设计武汉获奖项目学术报告会暨《武汉市国土资源和规划法规选编》首发仪式”。

6月5日，由市国土资源和规划信息中心承担的国家863计划地球观测与导航技术领域“十一五”重点项目“地理空间的三维建模和分析软件及其应用示范”中的“三维GIS综合应用示范系统建设”课题顺利通过科技部验收组的验收。科技部遥感中心李加洪处长、武汉大学蒋昌忠副校长、武汉东湖新技术开发区强小哲副主任、湖北省科学技术厅乔楚华副处长，市国土资源和规划局张文彤局长、吴之凌副局长参加了验收会。

6月20~22日，武汉市城市规划协会组织10余家规划编制会员单位参加由武汉市国土资源和规划局承办的，法国领事馆商务处协同法国海外建筑师协会召开的“中法城市建筑规划研讨会”。

6月21日，市国土资源和规划局邀请韩国高丽大学国际问题研究部詹姆斯·波特（James Potter）教授，举办了主题为《城市、国家和港口》的学术讲座。

6月25日，市国土资源和规划局举行以“土地与转变发展方式——促节约守红线惠民生”为主题的第21个全国“土地日”宣传活动。

7月4日，孙亚副市长主持召开武汉规划展示馆专题会议，唐良智市长出席，市政府秘书长龙正才及市发改委、监察局、财政局、编办、国土规划局、地产集团等单位主要领导及相关人员参加了会议。会议原则同意了展陈大纲，并就规划展示馆布展策划和设计、经费、机构以及工作进度安排等重点问题进行了研究确定。

7月8日，武汉市规划编制研究和展示中心举行揭牌仪式。住建部驻武汉督察组督察员蔡汝元，市国土资源和规划局领导张文彤、何艳等以及局机关各处室、局属事业单位的负责人参加了揭牌仪式。

7月12日，市规划委员会常务委员会第一次会议召开。市政府市长唐良智、副市长孙亚、秘书长龙正才、副秘书长刘家祥，市发改委、经信委、财政局、国土规划局等部门的主要负责人，相关区政府区长和各开发区管委会主任以及市国土资源和规划局相关处室、局属事业单位的主要负责人参加了会议。会议审议并原则通过了《武汉都市发展区“1+6”空间发展战略实施规划》方案和《市规委会第一次全会会议方案及规委会相关制度》方案。

7月15日，市国土资源和规划局与市委宣传部、市委党史研究室联合举办了武汉红色地图发布会。

7月18日，市政府第143次常务会议审议并原则通过了《武汉都市发展区“1+6”空间发展战略实施规划》。

8月11～19日，省国土资源厅副巡视员林祖寅带领验收组对武汉市2010年度土地矿产卫片执法检查工作进行了验收。最后综合评价，土地卫片工作102.80分、矿产卫片工作100分，同意武汉市通过省国土资源厅验收。

8月16日，省测绘局在市国土资源和规划局召开预验收会，对该局承担的“数字武汉地理空间框架建设”项目进行了预验收。

8月25日，全市征地拆迁工作信访维稳联席会议第七次会议在市国土资源和规划局召开。市委副秘书长、市信访局局长汤洪礼，市国土资源和规划局纪检组长石东文，市政府重点工程督查协调办公室、市政府应急办、市信访局、市公安局负责人和7个中心城区、东湖生态旅游风景区和市规划局相关处室负责人出席会议。

8月26日，省政府办公厅考察团到市国土资源和规划局考察优化办事流程、提高办事效率有关情况，省政府副秘书长黄国雄、办公厅副主任聂昌斌等参加考察，市政府秘书长龙正才、市政府副秘书长唐惠虎、市政府办公厅巡视员闫时才、市政府办公厅纪检书记钟金华等陪同考察。

9月2日，第十八届海峡两岸城市发展研讨会在汉隆重开幕。此次会议由中国城市科学研究会、台湾都市计划学会和武汉市人民政府共同主办，市国土资源和规划局、东西湖区承办。

9月9日，市国土资源和规划局张文彤局长主持召开了关于加速推进全市新型工业化示范园区控制性详细规划编制和进一步强化全市新增建设用地计划管理工作的专题会议。马文涵副局长，市政处、耕保处、编制处、规划院、交通院、信息中心、编展中心及相关国土规划区（分）局主要负责人，东西湖区、汉南区、蔡甸区、江夏区、黄陂区、新洲区、东湖开发区、武汉开发区、汉阳区、青山区、洪山区分管区长（分管主任）参加了会议。

9月15日，国土资源部召开学习贯彻中央领导同志重要讲话深入推进双保工程——2011年行动电视电话会议，市国土资源和规划局设立分会场。市政府办公厅李国耀处长，局领导张文彤、何艳、盛洪涛、石东文出席会议，局机关有关处室主要负责人及相关工作人员，局属有关单位、各区（分）局主要负责人参加了会议。

9月20～22日，武汉市城市规划协会组织规划院、地空中心、交通院、信息中心、编展中心等会员单位，由武汉市国土资源和规划局副局长刘奇志带队，近40名专业技术骨干赴南京参加了“2011中国城市规划年会”。武汉市城市规划协会会员单位，共有35人撰写的20篇论文被大会收录，其中规划院的《从“被动控制”到“主动实施”——武汉市规划实施体系建设探索》被选定为本次年会论坛的宣读论文。

9月27日，庆祝武汉二七长江大桥主桥合龙仪式在二七长江大桥桥面隆重举行。仪式由二七长江大桥项目现场指挥部指挥长、市国土资源和规划局局长张文彤主持，副市长孙亚、副秘书长刘家祥出席仪式，市政府重点办、市发改委、市城建委、市国土资源和规划局、市城管局、市公安交管局，江岸、武昌、青山区政府，武汉供电公司、市城投公司、中铁大桥局、中交二航局等单位参加了庆祝仪式。

10月21日，中国经济工业联合会会长徐匡迪，邹德慈院士一行莅临武汉城市规划展示厅考察。湖北省人民政府副省长张通、省政协副主席涂勇、武汉市人民政府副市长孙亚等领导陪同考察。

10月21～22日，国土资源部征地制度改革试点工作座谈会在汉召开。国土资源部耕保司副司长刘明松主持会议，武汉市人民政府副秘书长王继连、湖北省国土资源厅副厅长丁玉洋、国家土地督察武汉局副局长高伟，局领导张文彤、汪普查出席会议，来自全国18个省市国土资源管理部门和单位的负责同志参加了会议。

10月25～28日，第47届国际规划大会（ISOCARP）在汉隆重举行。来自48个国家和地区的200多位权威规划专家以及中国城市规划主管部门、规划设计机构和高校规划学院代表2100多人参加了大会。大会围绕“宜居城市：世界城市化，应对新挑战”这一主题展开了为期4天的讨论研究。民建中央副主席、全国政协常委、人资环委员会副主任王少阶，湖北省副省长张通，住建部规划司司长孙安军，武汉市市长唐良智，国际城市与区域规划师学会主席伊斯梅尔和肯尼亚住房建设部部长伊塔·希坦达分别在开幕式上致辞，武汉市国土规划局张文彤局长主持了开幕式。在闭幕大会上，大会组委会作了专题总结报告，武汉市人民政府副市长孙亚出席闭幕式并致辞。武汉市人民政府被大会组委会特别授予“最佳组织奖”，国际城市与区域规划师学会与武汉市规划院签订关于武汉城市规划的合作备忘录。

11 月 2 日，第八届“中国光谷”国际电子博览会暨第三届武汉国际地球空间信息技术与产业发展论坛在汉隆重举行。局领导龙宁及局测勘处、信息中心负责人出席了大会开幕式，信息中心李宗华主任受邀在论坛上作了题为《数字城市的广泛应用——以武汉为例》的专题报告。国家测绘地理信息局副局长李朋德、湖北省测绘局局长张建仁等领导到市国土资源和规划局展位视察了该局数字城市建设成果。

11 月 2 日，市国土资源和规划局会同市经信委联合召开了新城区新型工业化工作推进会。局领导张文彤、马文涵，编制处、规划处、市政处、耕保处、督察办、市规划院、市交通院、编展中心及相关国土规划区（分）局主要负责人，市经信委主任余信国、副主任朱刚桥及相关处室负责人，汉阳区、洪山区、青山区、东西湖区、汉南区、蔡甸区、新洲区、黄陂区、江夏区分管工业的副区长、经信局局长、园区办负责人参加了会议。

11 月 7 日，市国土资源和规划局邀请法国环境和发展国际研究中心博士、生态能源和可持续部高级行政公务员 Vincent Vigui 进行主题为《大都市交通与用地长期政策模型评价分析——法国大巴黎地区案例研究》的学术讲座。

11 月 10 日，国家测绘地理信息局在武汉市组织召开数字武汉地理空间框架建设项目验收会，邀请武汉大学宁津生院士、刘经南院士、刘耀林教授等专家，对数字武汉地理空间框架建设项目进行评审。国家测绘地理信息局总工程师胥燕婴、国家测绘地理信息局国土测绘司副司长刘大可，湖北省测绘局局长张建仁、副局长何保国，武汉市政府副市长孙亚、副秘书长刘家祥，局领导张文彤、吴之凌出席会议。项目承担单位和应用单位代表参加了会议。经验收组专家一致同意，“数字武汉地理空间框架建设项目”通过验收。

11 月 10 日，国家测绘地理信息局、湖北省测绘局、武汉市人民政府共同举办数字武汉地理空间框架建设项目成果发布暨应用推广会。会上，开通了“数字武汉地理信息公共平台”，武汉市政府副市长孙亚代表武汉市接受国家测绘地理信息局授予的“全国数字城市建设示范市”奖牌，会上还传达了市人民政府办公厅《关于推广应用数字武汉地理信息公共平台的通知》，国家测绘地理信息局总工胥燕婴、湖北省测绘局局长张建仁、武汉市副市长孙亚，武汉市国土规划局局长张文彤出席会议并讲话。

11 月 11 日，市智慧城市建设领导小组办公室、市信息产业办组织召开了“武汉市智慧城市建设示范项目授牌暨新闻发布会”，市国土资源和规划局“智慧空间——武汉地理空间云信息平台”被授予首批“武汉市智慧城市建设示范项目”。

11 月 11 日，武汉市城市规划协会发布了《关于公布二〇一一年度武汉市优秀城乡规划设计获奖项目的通知》，此次参加评选的共有 12 家设计单位，符合申报条件的项目有 72 个。来自行业规划设计管理及大专院校的 25 位专家通过分组评议、推荐、大会审议，共评出获奖项目 47 项。其中一等奖 10 项，二等奖 14 项，三等奖 18 项，表扬奖 5 项。

11 月 17 ~ 18 日，中国城市交通规划 2011 年年会暨第 25 次学术研讨会在汉举行。中国科学院院士、中国工程院院士周干峙，中国城市规划学会副理事长、国务院参事王静霞，中国城市规划设计研究院院长李晓江，湖北省住建厅副厅长占世良，武汉市人民政府副市长孙亚，武汉市委特邀顾问殷增涛，武汉市政协副主席石大鸿，武汉市人民政府副秘书长刘家祥，武汉市人大城环委主任杨德桢，局领导张文彤、何艳等出席开幕式。来自全国 12 个省市地区的专家学者在会上研讨了主题为“城市交通发展模式转型与创新”的专题报告。18 日，参会代表参加了“辛亥文化之旅”的技术考察。

11 月 24 日，市国土资源和规划局召开选举出席市第十二次党代会代表党员代表会议。经局属单位共 53 名党员代表的选举，局党组书记何艳和市规划院副院长张晓达两名同志当选为该局出席市第十二次党代会的党代表。

11月24日，市委常委、政法委书记胡绪鹍在市国土资源和规划局召开“实有人口实有房屋信息共享平台”工作推进会。

12月8日，国土资源部部长、党组书记、国家土地总督察徐绍史和副部长汪民一行来汉调研。省委常委、市委书记阮成发和市长唐良智等会见了徐绍史一行。市领导彭丽敏、孙亚、胡立山，省国土资源厅厅长杜云生，市政府秘书长龙正才，市国土资源和规划局领导张文彤、何艳、汪普查参加会见。

12月10日，国土资源部信息中心主任韩海青在湖北省国土资源厅副厅长陈新华、厅信息中心主任刘红卫陪同下，莅临市国土资源和规划局检查指导信息化工作。局领导吴之凌、汪普查出席会议，韩海清主任听取了局信息中心李宗华主任作的专题汇报，并观看了系统演示。

12月12日，住建部信息中心主任倪江波一行莅临市国土资源和规划局检查指导信息化工作。

12月19日，“2011’智慧城市建设与应用论坛”在武汉隆重举行。中国科学院院士、中国工程院院士李德仁教授，中国城市规划协会副会长吴建平、副会长任致远、副会长王燕，住建部信息中心处长戴佈和，湖北省住建厅厅长李德炳，湖北省测绘局副局长姜殿惠，武汉市副市长胡立山，以及来自北京、上海和湖北省的30多个城市的代表和武汉大学等多所高校、科研院所的专家学者100余人出席了本次论坛，市国土资源和规划局张文彤局长主持开幕式。会上，李德仁院士、市国土资源和规划局副局长吴之凌、武汉大学教授朱庆分别作了《由数字城市到智慧城市》、《智慧武汉与国土规划信息化》、《智慧城市——实时三维GIS》的主旨报告。

12月19日，中国城市规划协会信息管理工作委员会换届大会暨《城市规划信息化》编委会在汉召开，中国城市规划协会副会长王燕、住建部信息中心处长戴佈和、市国土资源和规划局副局长吴之凌、市国土规划信息中心主任李宗华以及来自北京、上海、天津、重庆、深圳、南京、成都、昆明、郑州、沈阳、长春、厦门、宁波、常州等城市的工作委员会委员20余人参加了会议。

12月20日，中国城市规划协会组织专家，在武汉对市国土规划信息中心开发的“全国优秀城乡规划设计奖申报评审系统”进行了鉴定。中国城市规划协会会长赵宝江，副会长吴建平、任致远，副会长兼秘书长王燕，湖北省住建厅规划处处长童纯跃，深圳市规划和国土资源委员会科技处处长丁强，武汉大学城市设计学院教授詹庆明，市国土资源和规划局副局长吴之凌，市国土规划信息中心主任李宗华等领导专家出席鉴定会。

12月22日，市国土资源和规划局召开“万名干部进万村挖万塘”活动推进会。局领导张文彤、石东文、袁海军出席会议并讲话，局机关各处室、局属事业单位主要负责人和三万活动负责同志以及专班工作人员参加了会议。

12月26日，武汉市城市规划协会转发《湖北省2011年度优秀城乡规划设计评选结果的通知》（鄂规协〔2011〕4号），武汉市规划行业获奖项目共22项，其中一等奖《武汉市近期建设规划（2011—2015年》等8项、二等奖《武汉市保障性安居工程实施性规划研究》等10项、三等奖3项、表扬奖1项。

12月27日，市人大常委会、市人民政府联合召开《武汉市测绘管理条例》新闻通气会暨2011年测绘地理信息发布会。会议通告了武汉市首部测绘地方法规《武汉市测绘管理条例》经省人大审议批准将于2012年2月1日正式实施，发布了武汉市《2011年地理信息蓝皮书》。

12月31日，由武汉市人民政府主办，市国土资源和规划局作为项目指挥长单位会同市城投公司承办的武汉二七长江大桥通车仪式举行。庆祝仪式由武汉市人民政府市长唐良智主持，市委书记阮成发作重要讲话，湖北省人民政府省长王国生宣布大桥通车，省委书记李鸿忠率省直相关部门领导同志参加庆祝仪式。

附录二

重要规章、文件目录

序号	名　　称	文　号	施行日期
法规规章			
1	中华人民共和国土地管理法实施条例	中华人民共和国国务院令第588号修正	2011年1月8日
2	基本农田保护条例	中华人民共和国国务院令第588号修正	2011年1月8日
3	国有土地上房屋征收与补偿条例	中华人民共和国国务院令第590号	2011年1月21日
4	湖北省城乡规划条例	湖北省第十一届人民代表大会常务委员会第二十五次会议通过	2011年10月1日
规范性文件			
5	武汉市建筑日照规划管理办法（试行）	武土资规规〔2011〕1号	2011年1月19日

附录三

建设工程项目国土规划业务办事指南

政府投资项目部分

一、审批事项：建设项目选址意见和建设项目用地预审（非交通市政项目）

1. 申报前提

（1）属政府投资类项目；

（2）符合国家产业政策和供地政策；

（3）已取得项目建议书审批文件。

2. 受理部门及地点

（1）受理部门：重大项目处（重大项目）、用地规划处（一般项目）、分局（分局办理权限内的项目）；

（2）受理地点：国土规划局服务窗口。

3. 受理要件

（1）建设项目选址及用地预审申请表和申请报告（原件）；

（2）投资主管部门项目建议书的批复（原件）；

（3）使用国有建设用地上的自用地，需提供《国有土地使用证》（复印件）；使用国有建设用地上的其他单位用地（不涉及国有土地上房屋征收的），需提供土地转让（补偿）协议及原土地使用单位的《国有土地使用证》（复印件）；涉及国有土地上房屋征收的或农用地转用和土地征收的项目，不需提供土地权属证明，提供有关文字说明即可（原件）；

（4）标注项目申请用地范围的 1∶2000 地形图（电子文件）；

（5）地质灾害危险性评估报告的确认意见（复印件）；

（6）压覆重要矿产资源的说明材料或论证报告的认定意见；土地勘测技术报告书（原件）；

（7）标注用地位置的土地利用总体规划图（复印件）；

（8）企业法人工商执照或组织机构代码证和法定代表人身份证明（委托他人申报手续的还应提供由法定代表人出具的委托书和被委托人身份证明）（复印件）。

备注：以上资料注明复印件的，复印件应加盖申报单位公章。需补充资料的，根据需要提供。

4. 办理结果：建设项目选址意见、建设项目用地预审意见（附用地范围线）。

5. 办理流程：按武土资规发〔2012〕81 号文执行。

6. 办理时限：5 个工作日。

7. 收费事项及标准：不收费。

8. 下步办理告知

（1）向投资主管部门申请办理可行性研究报告的审批；

（2）委托设计机构编制规划设计方案；开展项目规划方案设计、报审工作；

（3）涉及农用地转用和土地征收或国有建设用地上房屋征收的，可委托开展土地权属现状调查确认、勘测定界等工作；

（4）涉及国有建设用地上房屋征收的，向项目所在区政府及房屋征收部门提出征收申请，提前开展房屋征收前期工作。

二、审批事项：建设项目选址意见（交通市政项目）

1. 申报前提

（1）属政府投资类项目；

（2）符合国家产业政策和供地政策；

（3）已取得项目建议书审批文件。

2. 受理部门及地点

（1）受理部门：交通市政处；

（2）受理地点：国土规划局服务窗口。

3. 受理要件

（1）建设项目选址意见书申请表和申请报告（原件）；

（2）企业法人工商执照或组织机构代码证和法定代表人身份证明（委托他人申报手续的还应提供由法定代表人出具的委托书和被委托人身份证明）（复印件）；

（3）投资主管部门项目建议书批复、城建计划或其他启动前期工作的支持性文件（原件）；

（4）标注项目申请用地范围的1∶2000地形图（电子文件）。

备注：以上资料注明复印件的，复印件应加盖申报单位公章。需补充资料的，根据需要提供。

4. 办理结果：建设项目选址意见（附用地范围线）。

5. 办理流程：按武土资规发〔2012〕81号文执行。

6. 办理时限：5个工作日。

7. 收费事项及标准：不收费。

8. 下步办理告知

（1）向投资主管部门申请办理可行性研究报告的审批；

（2）委托设计机构编制规划设计方案；开展项目规划方案设计、报审工作；

（3）涉及农用地转用和土地征收或国有建设用地上房屋征收的，可委托开展土地权属现状调查确认、勘测定界等工作；

（4）涉及国有建设用地上房屋征收的，向项目所在区政府及房屋征收部门提出征收申请，提前开展房屋征收前期工作。

三、审批事项：建设用地规划许可（非交通市政项目）

1. 申报前提

（1）属政府投资类项目；

（2）符合国家产业政策和供地政策；

（3）已取得可行性研究报告审批文件。

2. 受理部门及地点

（1）受理部门：重大项目处（重大项目）、用地规划处（一般项目）、分局（分局办理权限内的项目）；

（2）受理地点：国土规划局服务窗口。

3. 受理要件

必备资料：

（1）建设单位建设用地规划许可申请表和申请报告（原件）；

（2）投资主管部门可行性研究报告的批复（原件）；

（3）土地权属证明文件。使用国有建设用地上自用地的，提供《国有土地使用证》（复印件）；使用国有建设用地上的其他单位用地（不涉及国有土地上房屋征收的），提供土地转让（补偿）协议及原土地使用单位的《国有土地使用证》（复印件）；使用国有建设用地涉及房屋征收的，提供《征收完毕确认书》（复印件）；使用新增建设用地的，提供《建设用地批准书》（复印件）；

（4）标注申请项目用地范围的1∶2000地形图（电子文件）；

（5）企业法人工商执照或组织机构代码证和法定代表人身份证明（委托他人申报手续的还应提供由法定代表人出具的委托书和被委托人身份证明）（复印件）。

补充资料：

（6）初步规划设计方案和规划咨询报告等技术性文件（原件，根据需要提供）。

备注：武汉市国土资源和规划局核发的征收完毕确认书、

建设用地批准书等资料，由市局窗口人员在信息平台上调取。前期申报已提供的资料，可不重复提供。以上资料注明复印件的，复印件应加盖申报单位公章。

4. 办理结果：《建设用地规划许可证》（附规划设计条件及用地范围线）。

5. 办理流程：按武土资规发〔2012〕81 号文执行。

6. 办理时限：9 个工作日。

7. 收费事项及标准：不收费。

8. 下步办理告知

（1）向市局申请办理土地划拨及土地登记手续；

（2）委托编制完成规划设计方案后，向市局申请开展规划设计方案审查及《建设工程规划许可证》。

四、审批事项：建设用地规划许可（交通市政项目）

1. 申报前提

（1）属政府投资类项目；

（2）符合国家产业政策和供地政策。

2. 受理部门及地点

（1）受理部门：交通市政处；

（2）受理地点：国土规划局服务窗口。

3. 受理要件

必备资料：

（1）建设单位建设用地规划许可申请表和申请报告（原件）；

（2）企业法人工商执照或组织机构代码证和法定代表人身份证明（委托他人申报手续的还应提供由法定代表人出具的委托书和被委托人身份证明）（复印件）；

（3）土地权属证明文件。使用国有建设用地上自用地的，提供《国有土地使用证》（复印件）；使用国有建设用地上的其他单位用地（不涉及国有土地上房屋征收的），需提供土地转让（补偿）协议及原土地使用单位的《国有土地使用证》（复印件）；使用国有建设用地涉及房屋征收的，提供《征收完毕确认书》（复印件）；使用新增建设用地的，提供《建设用地批准书》（复印件）；

（4）标注申请项目用地范围的 1∶2000 地形图（电子文件）。

补充资料：

（5）初步规划设计方案和规划咨询报告等技术性文件（原件，根据需要提供）。

备注：市局核发的征收完毕确认书、建设用地批准书等资料，由市局窗口人员在信息平台上调取。前期申报已提供的资料，可不重复提供。以上资料注明复印件的，复印件应加盖申报单位公章。

4. 办理结果：《建设用地规划许可证》（附用地范围线）。

5. 办理流程：按武土资规发〔2012〕81 号文执行。

6. 办理时限：9 个工作日。

7. 收费事项及标准：不收费。

8. 下步办理告知

（1）向市局申请办理土地划拨及土地登记手续；

（2）委托编制完成规划设计方案后，向市局申请开展规划设计方案审查及《建设工程规划许可证》。

五、服务事项：《建设用地规划许可证》延期、更名、补办（非交通市政项目）

1. 申报前提

已取得《建设用地规划许可证》。

2. 受理部门及地点

（1）受理部门：原《建设用地规划许可证》受理处室；

（2）受理地点：国土规划局服务窗口。

3. 受理要件

（1）《建设用地规划许可证》延期

①建设单位办理《建设用地规划许可证》延期申请报告（原件，详见样本）；

②《建设用地规划许可证》（原件）；

③企业法人工商执照或组织机构代码证和法定代表人身份证明（委托他人申报手续的还应提供由法定代表人出具的委托书和被委托人身份证明）（复印件）。

（2）《建设用地规划许可证》更名

①建设单位办理《建设用地规划许可证》更名申请报告（原件）；

②已更名的《国有土地成交确认书》、《国有土地

出让合同》或《国有土地使用证》及其他更名的证明性文件（复印件）；

③企业法人工商执照或组织机构代码证和法定代表人身份证明（委托他人申报手续的还应提供由法定代表人出具的委托书和被委托人身份证明）(复印件)；

④《建设用地规划许可证》及附件（原件）。

(3)《建设用地规划许可证》补办

①建设单位办理《建设用地规划许可证》补办申请报告（原件，详见样本）；

②刊登遗失申明的当日报纸（原件）；

③企业法人工商执照或组织机构代码证和法定代表人身份证明（委托他人申报手续的还应提供由法定代表人出具的委托书和被委托人身份证明）(复印件)；

④《建设用地规划许可证》(复印件，可能条件下提供)。

备注：前期申报已提供的资料，可不重复提供。以上资料注明复印件的，复印件应加盖申报单位公章。

4. 办理结果

(1)《建设用地规划许可证》延期

《建设用地规划许可证》加盖“同意延期”印章。

(2)《建设用地规划许可证》更名

对更名后建设单位核发《建设用地规划许可证》，同时收回原证并注销。

(3)《建设用地规划许可证》补办

对原建设单位补办《建设用地规划许可证》。

5. 办理流程：按武土资规发〔2012〕81号文执行。

6. 办理时限

(1) 第一次延期：即时可取；

(2) 第二次及以上次数延期、更名以及补办：9个工作日。

7. 收费事项及标准：不收费。

六、服务事项：农用地转用和土地征收实施方案审查及上报

1. 申报前提

(1) 项目用地位于武汉市土地利用总体规划主城控制范围内；

(2) 项目用地占用农用地或者未利用地；

(3) 项目用地纳入农用地转用和土地征收年度方案；

(4) 项目用地已取得《建设用地规划许可证》、储备要点或规划设计条件。

2. 受理部门及地点

(1) 受理部门：耕地保护处；

(2) 受理地点：国土规划局服务窗口。

3. 受理要件

(1) 建设用地申请表和申请报告（原件）；

(2)《建设项目选址意见书》或《土地储备要点》及附图（复印件）；

(3) 土地勘测定界报告书（原件）；

(4) 征地告知、确认、听证材料（原件）；

(5) 建设用地权属情况证明文件（原件）；

(6) 现场踏勘情况说明（原件）；

(7) 项目立项、预审批复等文件（原件）；

(8) 1：10000土地利用现状图（原件）；

(9) 地质灾害危险性评估报告的确认意见和压覆重要矿床证明材料或评估报告的认定意见（原件）；

(10) 林业部门意见（项目用地占用林地）(原件)；

(11) 1：50000土地利用总体规划确定的城市建设用地规模控制图（原件）；

(12) 建设用地呈报说明书（原件）；

(13) 农用地转用方案（原件）；

(14) 补充耕地方案（原件）；

(15) 土地征收方案或使用国有土地方案（原件）；

(16) 土地开发利用方案及落实国家有关政策性控制指标表（原件）；

(17) 征地前基本情况告知书（原件）。

备注：市局核发的《建设项目选址意见书》或《土地储备要点》及附图等资料，由市局窗口人员在信息平台上调取。前期申报已提供的资料，可不重复提供。以上资料注明复印件的，复印件应加盖申报单位公章。需补充资料的，根据需要提供。

4. 办理结果

（1）关于武汉市××年第××批次农用地转用和土地征收实施方案建设项目用地的审查意见；

（2）关于呈请武汉市人民政府上报武汉市××年第××批次农用地转用和土地征收实施方案建设用地的请示。

5. 办理流程：按武土资规发〔2012〕81 号文执行。

6. 办理时限：15 个工作日（不含市、省人民政府审批时间）。

7. 收费事项及标准

（1）收费事项：耕地开垦费、新增建设用地有偿使用费；

（2）收费标准：

①耕地开垦费：按《省人民政府关于印发湖北省耕地开发专项资金征收和管理办法的通知》（鄂政发〔1999〕52 号）收取；

②新增建设用地有偿使用费：按《关于调整新增建设用地土地有偿使用费政策等问题的通知》（财综〔2006〕48 号）、《武汉市新增建设用地土地有偿使用费缴纳使用管理办法》（武财综〔2009〕524 号）收取。

8. 下步办理告知

（1）实施方案报武汉市人民政府后，告知申请单位到市局征地处，开展征地“两公告、一登记”前期工作，到市局财务处预缴耕地开垦费，并筹集相关规费；

（2）用地获得批准后，告知申请单位到市局征地处办理批后征地工作。

七、审批事项：征地补偿安置方案审核（土地征收）

1. 申报前提

完成“两公告、一登记”工作（完成土地征收公告、土地补偿登记和土地补偿安置方案公告）。

2. 受理部门及地点

（1）受理部门：征地处；

（2）受理地点：国土规划局服务窗口。

3. 受理要件

（1）经审核《征收土地补偿安置方案》的申请（原件）；

（2）征收土地补偿安置方案（原件）；

（3）《征收土地公告》和《征收土地补偿安置方案公告》（复印件）；

（4）公告现场张贴情况照片等图片资料（原件）；

（5）被征地集体经济组织、农民和相关权利人对补偿安置方案的修改意见（复印件）；

（6）《征地补偿安置方案听证笔录》或《未举行听证会情况说明》（复印件）；

（7）区国土规划分局对征收土地补偿安置方案修改意见的说明（原件）。

备注：市局核发或办理的《建设项目选址意见书》及附图、《土地储备要点》、省国土资源厅的用地批复、市人民政府的转发批文等资料，由市局窗口人员在信息平台上调取。前期申报已提供的资料，可不重复提供。以上资料注明复印件的，复印件应加盖申报单位公章。需补充资料的，根据需要提供。

4. 办理时限：10 个工作日。

5. 办理结果：经审批盖章的《征收土地补偿安置方案》。

6. 办理流程：按武土资规发〔2012〕81 号文执行。

7. 收费事项及标准：不收费。

8. 下步办理告知

（1）分局组织用地单位实施《征收土地补偿安置方案》；

（2）土地征收实施完毕后，分局向征地处报送补偿安置方案实施完毕的工作报告。在相关费用缴纳手续完成后，征地处在 5 个工作日内核发《建设用地批准书》。

八、服务事项：国有建设用地上房屋征收的征收完毕确认

1. 申报前提

（1）征收范围内被征收人已全部签订征收补偿协议（含对未签协议的被征收人下达征收补偿决定）；

（2）房屋征收范围内建筑物、构筑物和附属物全部拆除（经相关部门同意保留的房屋除外）。

2. 受理部门及地点

（1）受理部门：拆迁管理办公室；

（2）受理地点：国土规划局服务窗口。

3. 受理要件

必备材料：

（1）国有土地房屋征收与补偿完毕确认申请书（原件）；

（2）房屋征收范围内房屋的权属、用途、建筑面积等情况的调查登记表（原件）；

（3）房屋征收范围线（原件）；

（4）区人民政府作出的《房屋征收决定》（复印件）；

（5）征收补偿安置汇总明细表、征收补偿安置协议或征收补偿决定及资金和安置房情况资料（原件）。

补充材料：

（6）需要安置过渡的，还应提交还建房建设资金监控协议（复印件）；

（7）市房屋征收管理办公室认为应提交的其他材料。

备注：以上资料注明复印件的，复印件应加盖申报单位公章。需补充资料的，根据需要提供。

4. 办理结果：《国有土地房屋征收完毕确认书》。

5. 办理流程：按武土资规发〔2012〕81 号文执行。

6. 办理时限：5 个工作日。

7. 收费事项及标准：不收费。

8. 下步办理告知

区房屋征收部门可开展房屋注销登记、土地权属调查及地籍勘测等前期工作。

九、审批事项：国有建设用地供应（划拨供地）

1. 申报前提

建设单位取得规划审批资料。

2. 受理部门及地点

（1）受理部门：土地利用处（一般项目）、重大项目处（重大项目）；

（2）受理地点：国土规划局服务窗口。

3. 受理要件

（1）建设项目用地申请表和申请报告（原件）；

（2）土地权源资料（土地证、建设用地批准书或者征收完毕确认书、土地转让协议等）（复印件）；

（3）《建设项目选址意见书》（复印件）；

（4）企业法人工商执照或组织机构代码证、法定代表人身份证明（委托他人申报手续的还应提供由法定代表人出具的委托书和被委托人身份证明）（复印件）；

（5）宗地图 6 份（含城镇地籍测量资料 1 套）。

补充材料：

（6）《建设用地规划许可证》（复印件）。

备注：市局核发的《建设项目选址意见书》，由市局窗口人员在信息平台调取。前期申报已提供的资料，可不重复提供。以上资料注明复印件的，复印件应加盖申报单位公章。需补充资料的，根据需要提供。

4. 办理结果：《国有建设用地划拨决定书》。

5. 办理流程：按武土资规发〔2012〕81 号文执行。

6. 办理时限：10 个工作日内（含供地例会审批时间）。

7. 收费事项及标准：不收费。

8. 下步办理告知

持《国有建设用地划拨决定书》向市局地籍处或分局申报办理《国有土地使用证》，向市局建筑与城市设计处申报办理《建设工程规划许可证》。

十、审批事项：建设工程规划许可（非交通市政项目规划方案审查）

1. 申报前提

（1）已取得建设项目选址意见、发改委立项批复；

（2）设计单位资质或资格符合有关行业管理规定；

（3）设计文件符合国家、省、市有关专业技术规范和规程。

2. 受理部门及地点

（1）受理部门：重大项目处（重大项目）、建筑与城市设计处（一般项目）、交通市政处（交通市政类项目）、分局（分局办理权限内的项目）；

（2）受理地点：国土规划局规划服务窗口。

3. 受理要件

（1）建设工程规划（建筑）设计方案审批申请表（原件）；

（2）1 : 500 地形图含规划控制“五线”资料（电子文件）；

（3）基于 1 : 500 地形图绘制的总平面图及建筑单体平、立、剖面图（电子文件）及纸质蓝图（2 套）；

（4）按照审批要求追加及补充资料。如数字三维地图、效果图、交通评估等资料，规划方案审定后需要进行面积指标校核（原件）；

（5）相应深度的全套（建筑部分）蓝图（原件）；

（6）《建设用地规划许可证》（复印件）；

（7）技术阶段审查（局方案会、市规委会、综合业务例会等）会议纪要（复印件）；

（8）面积指标校核报告及 A3 图纸（原件）；

（9）相关专业协审意见（原件）。

备注：市局核发的《建设用地规划许可证》以及相关会议纪要等资料，由窗口人员在信息平台调取。前期申报已提供的资料，可不重复提供。以上资料注明复印件的，复印件应加盖申报单位公章。需补充资料的，根据需要提供。

4. 办理结果：核发《建筑工程许可通知书》、完成方案批前公示、核发《红线定位册》。

5. 办理流程：按武土资规发〔2012〕81 号文执行。

6. 办理时限：10 个工作日。

7. 收费事项及标准：不收费。

8. 下步办理告知

建设单位在取得《建筑工程许可通知书》后，即同步办理《红线定位册》、坐标放线、取得协审部门书面回执意见等工作。在取得土地权属证明后申领《建设工程规划许可证》。

十一、审批事项：建设工程规划许可（交通市政工程管线类项目规划方案审查）

1. 申报前提

（1）设计单位资质或资格符合有关行业管理规定；

（2）设计文件符合国家、省、市有关专业技术规范和规程。

2. 受理部门及地点

（1）受理部门：交通市政处；

（2）受理地点：国土规划局规划服务窗口。

3. 受理要件

（1）管线工程方案审查申请表和申请报告（原件）；

（2）报批管线规划意见（复印件）；

（3）报批管线沿线用地权属单位用地协议（原件）；

（4）报批管线路由所经道路修建规划或管线综合方案（纸质文件）；

（5）1 : 500 现状管线资料（纸质及电子文件）；

（6）1 : 500 现状地形图（电子文件）；

（7）方案设计图（纸质蓝图 3 套及电子文件）；

（8）企业法人工商执照或组织机构代码证和法定代表人身份证明（委托他人申报手续的还应提供由法定代表人出具的委托书和被委托人身份证明）（复印件）。

备注：上述第（2）条和第（3）条仅针对报批管线路由方案位于规划道路红线外的项目。管线工程方案设计图纸需达到施工图设计深度。前期申报已提供的资料，可不重复提供。以上资料注明复印件的，复印件应加盖申报单位公章。需补充资料的，根据需要提供。

4. 办理结果：方案批准意见书及放线通知单。

5. 办理流程：按武土资规发〔2012〕81 号文执行。

6. 办理时限：10 个工作日。

7. 收费事项及标准：不收费。

8. 下步办理告知

取得方案批准意见书后，建设单位可凭《放线通知单》向武汉市规划研究院提取坐标，并委托武汉市测绘研究院开展定位放线工作。放线完成后，凭《红线定位册》向市局申请《建设工程规划许可证》。

十二、审批事项：建设工程规划许可（交通市政工程非管线类项目规划方案审查）

1. 申报前提

（1）设计单位资质或资格符合有关行业管理规定；

（2）设计文件符合国家、省、市有关专业技术规范和规程。

2. 受理部门及地点

（1）受理部门：交通市政处；

（2）受理地点：国土规划局规划服务窗口。

3. 受理要件

（1）方案审查申请表和申请报告（原件）；

（2）《建设项目选址意见书》、《建设用地规划许可证》（复印件）；

（3）1∶500现状地形图（电子文件）；

（4）方案设计图（纸质蓝图3套及电子文件）；

（5）企业法人工商执照或组织机构代码证和法定代表人身份证明（委托他人申报手续的还应提供由法定代表人出具的委托书和被委托人身份证明）（复印件）。

备注：报批方案设计图需达到修建规划以上深度。交通工程以初步设计或施工图设计作为方案设计文件报批的项目，需同步提交修建规划文本。前期申报已提供的资料，可不重复提供。以上资料注明复印件的，复印件应加盖申报单位公章。需补充资料的，根据需要提供。

4. 办理结果：方案批准意见书及放线通知单。

5. 办理流程：按武土资规发〔2012〕81号文执行。

6. 办理时限：10个工作日。

7. 收费事项及标准：不收费。

8. 下步办理告知

建设单位凭《放线通知单》向市规划院提取坐标，并委托市测绘院开展定位放线工作。市政工程方案获批后，建设单位凭基础设施配套费缴纳单到市局财务处办理基础设施配套费缴纳或减免工作。市政工程方案获批后，建设单位凭方案批准意见书征求相关部门意见。建设单位取得上述文件后，向市局申领《建设工程规划许可证》。

十三、审批事项：建设工程规划许可（非交通市政项目建设工程规划许可证）

1. 申报前提

（1）公示、坐标放线无异议；

（2）已取得相关协审部门书面意见回执；

（3）已取得《国有建设用地划拨决定书》；

（4）规费、人防、固体垃圾费手续办理完毕；

（5）绘制完成红线定位册。

2. 受理部门及地点

（1）受理部门：重大项目处（重大项目）、建筑与城市设计处（一般项目）、分局（分局办理权限内的项目）；

（2）受理地点：国土规划局规划服务窗口。

3. 受理要件

（1）红线定位册（原件）；

（2）人防异地建设费、固体垃圾费手续办理回执（原件）；

（3）相关协审部门正式审查意见书面回执（原件）；

（4）批前公示反馈意见（无异议）（原件）；

（5）城市基础设施配套费收据（原件）；

（6）土地权属证明相关材料。

备注：市局核发的有关资料，由窗口人员在信息平台调取。前期申报已提供的资料，可不重复提供。以上资料注明复印件的，复印件应加盖申报单位公章。需补充资料的，根据需要提供。

4. 办理结果：《建设工程规划许可证》及附图。

5. 办理流程：按武土资规发〔2012〕81号文执行。

6. 办理时限：5个工作日。

7. 收费事项及标准

（1）收费事项：城市基础设施配套费；

（2）收费标准：依据《湖北省财政厅、湖北省物价局关于同意武汉市设立城市基础设施配套费收费项目的通知》（鄂财综复〔2002〕95号）、《湖北省物价局、湖北省财政厅关于恢复性调整武汉市城市基础设施配套费收费标准有关问题的批复》（鄂价费〔2010〕98号）收取。

8. 下步办理告知

建设单位在取得《建设工程规划许可证》后前往市城建委、市消防局、市人防办、市园林局申请施工图许可。

十四、审批事项：建设工程规划许可（交通市政工程管线类项目建设工程规划许可证）

1. 申报前提：红线定位册无异议。

2. 受理部门及地点

（1）受理部门：交通市政处；

（2）受理地点：国土规划局规划服务窗口。

3. 受理要件

（1）红线定位册（复印件）；

（2）企业法人工商执照或组织机构代码证和法定代表人身份证明（委托他人申报手续的还应提供由法定代表人出具的委托书和被委托人身份证明）（复印件）。

备注：市局核发的有关资料，由窗口人员在信息平台调取。前期申报已提供的资料，可不重复提供。以上资料注明复印件的，复印件应加盖申报单位公章。需补充资料的，根据需要提供。

4. 办理结果：《建设工程规划许可证》及附图。

5. 办理流程：按武土资规发〔2012〕81 号文执行。

6. 办理时限：5 个工作日。

7. 收费事项及标准：不收费。

8. 下步办理告知

（1）取得《建设工程规划许可证》后，建设单位可向市城建委申请办理施工许可证，涉及破路开挖的项目，建设单位可向市城管局申请办理破路开挖许可，占用道路施工的项目，建设单位可向交管部门申请办理占道施工许可；

（2）项目竣工后，建设单位应及时向市局法规处申请办理工程竣工验收手续，隐蔽工程应注意在覆土前完成工程竣工测量。

十五、审批事项：建设工程规划许可（交通市政工程非管线类项目建设工程规划许可证）

1. 申报前提：设计文件符合国家、省、市有关专业技术规范和规程。

2. 受理部门及地点

（1）受理部门：交通市政处；

（2）受理地点：国土规划局规划服务窗口。

3. 受理要件

（1）红线定位册（复印件）；

（2）划拨决定书或土地权属证明文件（复印件）；

（3）相关部门征求意见回执（原件）；

（4）基础设施配套费缴纳回执（复印件）；

（5）企业法人工商执照或组织机构代码证和法定代表人身份证明（委托他人申报手续的还应提供由法定代表人出具的委托书和被委托人身份证明）（复印件）。

备注：市局核发的有关资料，由窗口人员在信息平台调取。前期申报已提供的资料，可不重复提供。以上资料注明复印件的，复印件应加盖申报单位公章。需补充资料的，根据需要提供。

4. 办理结果：《建设工程规划许可证》及附图。

5. 办理流程：按武土资规发〔2012〕81 号文执行。

6. 办理时限：5 个工作日。

7. 收费事项及标准：不收费。

8. 下步办理告知

（1）取得《建设工程规划许可证》后，建设单位可向市城建委申请办理施工许可证，涉及破路开挖的项目，建设单位可向市城管局申请办理破路开挖许可，占用道路施工的项目，建设单位可向交管部门申请办理占道施工许可；

（2）项目竣工后，建设单位应及时向市局法规处申请办理工程竣工验收手续，隐蔽工程应注意在覆土前完成工程竣工测量。

十六、审批事项：规划条件核实

1. 申报前提：按建设工程规划许可要求完成相应的工程。

2. 受理部门及地点

（1）受理部门：政策法规处、分局（分局办理权限内的项目）；

（2）受理地点：国土规划局服务窗口。

3. 受理要件

（1）《建设工程规划验收申请表》（原件）；

（2）竣工测量成果（原件）；

（3）经红线放线、灰线检测及红线验线合格后的建设工程红线定位图册（复印件）；

（4）企业法人工商执照或组织机构代码证（复印件）；法人代表身份证明（原件，委托他人申报手续的还应提供由法定代表人出具的委托书和受委托人身份证明）；

（5）《国有土地使用证》等其他相关材料（复印件）。

（6）现场验收时，需提供1套经核准的规划方案图件原件供核对。

备注：市局核发的《建设工程规划许可证》及附图等资料，由市局窗口人员在信息平台上调取。前期申报已提供的资料，可不重复提供。以上资料注明复印件的，复印件应加盖申报单位公章。需补充资料的，根据需要提供。

4. 办理结果：《建设工程规划验收合格证》、《不予规划验收通知书》。

5. 办理流程：按武土资规发〔2012〕81号文执行。

6. 办理时限：10个工作日（不含建设单位缴费时间）。

7. 收费事项及标准：办理事项本身不收费。项目竣工面积超出审批面积部分需补缴城市基础设施配套费、土地出让金。

8. 下步办理告知

建设单位取得《建设工程规划验收合格证》后，方可申办房屋产权登记手续；需要整改的项目，下达《不予规划验收通知书》，建设单位按要求整改完成后，重新申报规划条件核实。

十七、审批事项：土地登记

1. 申报前提

（1）土地权属来源合法，土地权源资料齐全；

（2）土地用途、面积与土地使用权取得文件一致；

（3）对原土地使用者的补偿已到位；

（4）地籍调查表填写完整，宗地周边四邻已指界到位，与邻宗地不存在权属争议、面积重叠、裂缝；

（5）无抵押、查封、重复登记情况。

2. 受理部门及地点

（1）受理部门：分局（分局办理权限内的项目）、土地登记中心；

（2）受理地点：国土规划局服务窗口。

3. 受理要件

（1）土地登记申请书（原件）；

（2）申请人身份证明材料（包括申请单位的营业执照、机构代码复印件、法人代表身份证明书、委托书原件等）（复印件）；

（3）土地权属来源证明资料：使用国有建设用地上的自用地，需提供《国有土地使用证》（原件）；使用国有建设用地上的其他单位用地（不涉及社会拆迁的），需提供《土地转让（补偿）协议证明》及原土地使用单位的《国有土地使用证》（原件）；涉及社会拆迁的，提供《拆迁完毕确认书》和被拆迁人的《国有土地使用证》（原件）；使用新增建设用地的项目，提供《建设用地批准书》（原件）；

（4）土地使用权取得文件（《国有建设用地划拨决定书》原件）；

（5）地籍调查成果资料及测绘图件（包括地籍调查表、宗地图、宗地界址坐标册等原件）；

（6）有地上附着物的，提供其权属证明（如《房屋所有权证》，复印件）。

备注：市局核发的《拆迁完毕确认书》、《建设用地批准书》等资料，由市局窗口人员在信息平台上调取。前期申报已提供的资料，可不重复提供。以上资料注明复印件的，复印件应加盖申报单位公章。需补充资料的，根据需要提供。

4. 办理结果：《国有土地使用证》。

5. 办理流程：按武土资规发〔2012〕81号文执行。

6. 办理时限：10个工作日。

7. 收费事项及标准

（1）收费事项：土地登记费；

（2）收费标准：按省物价局、省财政厅《关于发布省土地管理系统行政事业性收费项目及标准的通知》（鄂价费字〔1992〕130号）收取。

企业投资项目部分

一、审批事项：规划设计条件

1. 申报前提

（1）仅限于土地储备机构、土地交易中心申报；

（2）符合国家产业政策和供地政策。

2. 受理部门及地点

（1）受理部门：用地规划处（一般项目）、重大项目处（重大项目）；

（2）受理地点：国土规划局服务窗口。

3. 受理要件

（1）土地储备机构或交易中心申请表及申请函（原件）；

（2）年度土地供应计划（复印件）；

（3）土地权属的有关证明文件（复印件）；

（4）规划咨询报告等技术性文件（原件）；

（5）标注项目申请用地范围的 1∶2000 地形图（电子文件）。

备注：以上资料注明复印件的，复印件应加盖申报单位公章。需补充资料的，根据需要提供。

4. 办理结果：规划设计条件（及用地范围线）。

5. 办理流程：按武土资规发〔2012〕81 号文执行。

6. 办理时限：15 个工作日。

7. 收费事项及标准：不收费。

8. 下步办理告知

（1）土地交易中心或储备机构开展供地附图测量工作。委托进行土地权属现状调查确认，宗地测量；完成后到市规划院进行道路红线放线，向市局地籍处申请土地权属审核；

（2）土地交易中心（涉及交易项目）或土地储备中心（涉及储备项目）编制供地方案，向土地利用处申请开展供地方案审核工作；

（3）市土地交易中心组织供地工作。

二、审批事项：建设用地规划许可

1. 申报前提

（1）属企业投资类项目；

（2）已签订土地成交确认书或土地使用权出让合同；

（3）已取得发改部门项目核准或备案文件。

2. 受理部门及地点

（1）受理部门：重大项目处（重大项目）、用地规划处（一般项目）、分局（分局办理权限内的项目）；

（2）受理地点：国土规划局服务窗口。

3. 受理要件

（1）建设单位建设用地规划许可申请表和申请报告（原件）；

（2）投资主管部门项目核准或备案文件（原件）；

（3）《国有土地使用权成交确认书》或《国有建设用地使用权出让合同》（复印件）；

（4）企业法人工商执照或组织机构代码证和法定代表人身份证明（委托他人申报手续的还应提供由法定代表人出具的委托书和被委托人身份证明）（复印件）；

（5）标注项目申请用地范围的 1∶2000 地形图（电子文件）。

备注：市局核发《国有建设用地使用权出让合同》等资料，由市局窗口人员在信息平台调取。以上资料注明复印件的，复印件应加盖申报单位公章。需补充资料的，根据需要提供。

4. 办理结果：《建设用地规划许可证》（附规划设计条件及用地范围线）。

5. 办理流程：按武土资规发〔2012〕81 号文执行。

6. 办理时限：9 个工作日。

7. 收费事项及标准：不收费。

8. 下步办理告知

向市局建筑与城市设计处申报进行，扩初审查、核发《建设工程规划许可证》。

三、服务事项：《建设用地规划许可证》延期、更名、补办

与政府投资项目相同。

四、审批事项：国有建设用地供应（公开出让）

1. 申报前提：已取得《国有土地成交确认书》。

2. 受理部门及地点

（1）受理部门：土地利用处（一般项目）、重大项目处（重大项目）；

（2）受理地点：国土规划局服务窗口。

3. 受理要件

（1）建设项目用地申请表和申请报告（原件）；

（2）《国有土地成交确认书》及附件（原件）；

（3）企业法人工商执照或组织机构代码证、法定代表人身份证明（委托他人申报手续的还应提供由法定代表人出具的委托书和被委托人身份证明）（复印件）；

（4）宗地图6份（含城镇地籍测量资料1套）。

备注：市局核发的规划设计条件等资料，由市局窗口人员在信息平台调取。前期申报已提供的资料，可不重复提供。以上资料注明复印件的，复印件应加盖申报单位公章。需补充资料的，根据需要提供。

4. 办理结果：《国有建设用地使用权出让合同》。

5. 办理流程：按武土资规发〔2012〕81号文执行。

6. 办理时限：5个工作日。

7. 收费事项及标准

（1）收费事项：土地出让价款、土地契税、印花税；

（2）收费标准：

①土地出让价款：依据《市人民政府关于实施武汉市市区2011年土地级别与基准地价标准的通知》（武政〔2011〕51号）文件收取；

②土地契税：根据《湖北省契税征收管理实施办法》（省政府令190号，2000年）按成交价格的4%计征（征收主体为市地税局）；

③印花税：根据《武汉市地方税务局财政局国土规划局关于加强土地使用权出让（转让）合同印花税征管工作的通知》按合同金额的0.05%计征（征收主体为市地税局）。

8. 下步办理告知

持《国有建设用地使用权出让合同》向市局地籍处或分局申报办理《国有土地使用证》，向市局建筑与城市设计处申报办理《建设工程规划许可证》。

五、审批事项：国有建设用地供应（协议出让、租赁、作价出资［入股］、授权经营）

1. 申报前提：符合国家供地政策。

2. 受理部门及地点

（1）受理部门：土地利用处（一般项目）、重大项目处（重大项目）；

（2）受理地点：国土规划局服务窗口。

3. 受理要件

（1）建设项目用地申请表和申请报告（原件）；

（2）土地权源资料（土地证、建设用地批准书或征收完毕确认书、土地转让协议等）（复印件）；

（3）《规划设计条件》（或《建设用地规划许可证》等）（复印件）；

（4）企业法人工商执照或组织机构代码证、法定代表人身份证明（委托他人申报手续的还应提供由法定代表人出具的委托书和被委托人身份证明）（复印件）；

（5）宗地图6份（含城镇地籍测量资料1套）。

备注：市局核发的规划设计条件等资料，由市局窗口人员在信息平台调取。前期申报已提供的资料，可不重复提供。以上资料注明复印件的，复印件应加盖申报单位公章。需补充资料的，根据需要提供。

4. 办理结果：《国有建设用地使用权出让合同》（含租赁、作价出资［入股］、授权经营）。

5. 办理流程：按武土资规发〔2012〕81号文执行。

6. 办理时限：10个工作日内（含供地例会审批时间）。

7. 收费事项及标准

（1）收费事项：土地出让价款、土地契税、印花税；

（2）收费标准：

①土地出让价款：依据《市人民政府关于实施武汉市市区2011年土地级别与基准地价标准的通知》（武政〔2011〕51号）文件收取；

②土地契税：根据《湖北省契税征收管理实施办法》（省政府令190号，2000年）按成交价格的4%计征（征收主体为市地税局）；

③印花税：根据《武汉市地方税务局财政局国土规划局关于加强土地使用权出让（转让）合同印花税征管工作的通知》按合同金额的0.05%计征（征收主体为市地税局）。

8. 下步办理告知

持《国有建设用地使用权出让合同》向市局地籍处或分局申报办理《国有土地使用证》，向市局建筑与城市设计处申报办理《建设工程规划许可证》。

六、审批事项：建设工程规划许可（规划方案审查）

1. 申报前提

（1）已取得《国有土地成交确认书》；

（2）设计单位资质或资格符合有关行业管理规定；

（3）设计文件符合国家、省、市有关专业技术规范和规程。

2. 受理部门及地点

（1）受理部门：重大项目处（重大项目）、建筑与城市设计处（一般项目）、分局（分局办理权限内的项目）；

（2）受理地点：国土规划局规划服务窗口。

3. 受理要件

（1）建设工程规划（建筑）设计方案审批申请表（原件）；

（2）1∶500地形图含规划控制“五线”资料（电子文件）；

（3）基于1∶500地形图绘制的总平面图及建筑单体平、立、剖面图（电子文件）及纸质蓝图（2套）；

（4）按照审批要求追加及补充资料。如数字三维地图、效果图、交通评估等资料，规划方案审定后需要进行面积指标校核（原件）；

（5）相应深度的全套（建筑部分）蓝图（原件）；

（6）《建设用地规划许可证》（复印件）；

（7）技术阶段审查（局方案会、市规委会、综合业务例会等）会议纪要（复印件）；

（8）面积指标校核报告及A3图纸（原件）；

（9）相关专业协审意见（原件）。

备注：市局核发和办理的《建设用地规划许可证》及相关会议纪要等资料，由窗口人员在信息平台调取。前期申报已提供的资料，可不重复提供。以上资料注明复印件的，复印件应加盖申报单位公章。需补充资料的，根据需要提供。

4. 办理结果：核发《建筑工程许可通知书》、完成方案批前公示、核发《红线定位册》。

5. 办理流程：按武土资规发〔2012〕81号文执行。

6. 办理时限：10个工作日。

7. 收费事项及标准：不收费。

8. 下步办理告知

建设单位在取得《建筑工程许可通知书》后，即同步办理《红线定位册》、坐标放线、取得协审部门书面回执意见等工作。在取得土地权属证明后申领《建设工程规划许可证》。

七、审批事项：建设工程规划许可（建设工程规划许可证）

1. 申报前提

（1）公示、坐标放线无异议；

（2）已取得相关协审部门书面意见回执；

（3）已取得《国有建设用地使用权出让合同》；

（4）规费、人防、固体垃圾费手续办理完毕；

（5）绘制完成红线定位册。

2. 受理部门及地点

（1）受理部门：重大项目处（重大项目）、建筑与城市设计处（一般项目）、分局（分局办理权限内的项目）；

（2）受理地点：国土规划局规划服务窗口。

3. 受理要件

（1）红线定位册（原件）；

（2）人防异地建设费、固体垃圾费手续办理回执（原件）；

（3）相关协审部门正式审查意见书面回执（原件）；

（4）批前公示反馈意见（无异议）（原件）；

（5）城市基础设施配套费收据（原件）；

（6）土地权属证明相关材料。

备注：市局核发的有关资料，由窗口人员在信息平台调取。前期申报已提供的资料，可不重复提供。以上资料注明复印件的，复印件应加盖申报单位公章。需补充资料的，根据需要提供。

4. 办理结果：《建设工程规划许可证》及附图。

5. 办理流程：按武土资规发〔2012〕81号文执行。

6. 办理时限：5个工作日。

7. 收费事项及标准

（1）收费事项：城市基础设施配套费；

（2）收费标准：按《湖北省财政厅、湖北省物价局关于同意武汉市设立城市基础设施配套费收费项目的通知》（鄂财综复〔2002〕95号）、《湖北省物价局、湖北省财政厅关于恢复性调整武汉市城市基础设施配套费收费标准有关问题的批复》（鄂价费〔2010〕98号）收取。

8. 下步办理告知

建设单位在取得《建设工程规划许可证》后，前往市城建委、市消防局、市人防办、市园林局申请施工图许可。

八、审批事项：规划条件核实

与政府投资项目相同。

九、审批事项：土地登记

1. 申报前提

（1）权属来源合法，权源资料齐全；

（2）土地契税、出让金（或土地租金）已缴清或已减免；

（3）土地用途、面积与土地使用权取得文件一致；

（4）对原土地使用者的补偿已到位；

（5）地籍调查表填写完整，宗地周边四邻已指界到位，与邻宗地不存在权属争议、面积重叠、裂缝；

（6）无抵押、查封、重复登记情况。

2. 受理部门及地点

（1）受理部门：分局（分局办理权限内的项目）、土地登记中心；

（2）受理地点：国土规划局服务窗口。

3. 受理要件

（1）土地登记申请书（原件）；

（2）申请人身份证明材料（包括申请单位的营业执照、机构代码复印件、法人代表身份证明书、委托书原件等，复印件）；

（3）土地使用权取得文件（《国有建设用地使用权出让合同》原件）；

（4）土地出让金及相关税费缴纳或减免凭证（复印件）；

（5）地籍调查成果资料及测绘图件（包括地籍调查表、宗地图、宗地界址坐标册等原件）；

（6）有地上附着物的，提供其权属证明（如《房屋所有权证》，复印件）；

（7）法律规定的其他材料。

备注：市局核发的《国有建设用地使用权出让合同》等资料，由市局窗口人员在信息平台上调取。前期申报已提供的材料，可不重复提供。以上资料注明复印件的，复印件应加盖申报单位公章。需补充资料的，根据需要提供。

4. 办理结果：《国有土地使用证》。

5. 办理流程：按武土资规发〔2012〕81号文执行。

6. 办理时限：10个工作日内。

7. 收费事项及标准

（1）收费事项：土地登记费；

（2）收费标准：按省物价局、省财政厅《关于发布省土地管理系统行政事业性收费项目及标准的通知》（鄂价费字〔1992〕130号）收取。

附录四

全市国土规划系统机构名称、地址及电话

机 构 名 称	地 址	邮 编	电 话
武汉市国土资源和规划局	武汉市江岸区三阳路 13 号	430014	（027）82700008 （027）82700060
武汉市国土资源和规划局江岸分局	武汉市江岸区四唯街麟趾小区 55 号	430010	（027）82712060
武汉市国土资源和规划局江汉分局	武汉市江岸区台北一路 86—88 号	430015	（027）85484032
武汉市国土资源和规划局硚口分局	武汉市硚口区沿河大道 348 号	430033	（027）83872485
武汉市国土资源和规划局汉阳分局	武汉市汉阳区琴台大道 378 号	430050	（027）84800421 （027）84800427
武汉市国土资源和规划局武昌分局	武汉市武昌区友谊大道 178 号	430061	（027）88933100
武汉市国土资源和规划局青山分局	武汉市青山区临江大道 811—2 号	430080	（027）86840030
武汉市国土资源和规划局洪山分局	武汉市洪山区珞狮南路 326 号	430070	（027）87225943
武汉市国土资源和规划局东湖生态旅游风景区分局	武汉市武昌区东湖沿湖大道 27 号	430077	（027）86775465
武汉市国土资源和规划执法监察支队	武汉市江岸区四唯路特 1 号	430017	（027）82736895
武汉市规划研究院	武汉市江岸区京汉大道 1250 号	430014	（027）82804686
武汉市交通发展战略研究院	武汉市江岸区四唯路 6 号	430017	（027）82731691

机 构 名 称	机 构 名 称	邮 编	电 话
武汉市国土资源和规划信息中心	武汉市江岸区三阳路 13 号	430014	（027）82700057
武汉市测绘研究院	武汉市江汉区万松园路 209 号	430022	（027）85790192
武汉市土地登记发证中心	武汉市江岸区澳门路 232 号	430014	（027）82420331
武汉市土地利用和城市空间规划研究中心	武汉市江岸区三阳路 55 号	430014	（027）82745663
武汉市土地整理储备中心	武汉市江岸区四唯路 6 号	430015	（027）82728100
武汉市土地交易中心	武汉市江岸区三阳路 55 号	430014	（027）82739008
武汉市国土资源和规划局机关后勤服务中心	武汉市江岸区三阳路 13 号	430014	（027）82827197
武汉市规划编制研究和展示中心	武汉市江岸区三阳路 55 号	430014	（027）82719162
武汉市国土资源和规划局东湖新技术开发区分局	武汉市珞喻路 546 号	430079	（027）67880307
武汉市国土资源和规划局武汉经济技术开发区分局	武汉市武汉经济技术开发区沌阳大厦 4 楼	430056	（027）84893039
东西湖区国土资源和规划局	武汉市东西湖区东吴大道二雅路 89 号	430040	（027）83891227
汉南区国土资源和规划局	武汉市汉南区纱帽街银莲路 103 号	430090	（027）84851420
蔡甸区国土资源和规划局	武汉市蔡甸区蔡甸大道 971 号	430100	（027）69813380
江夏区国土资源和规划局	武汉市江夏区纸坊街熊廷弼路 92 号	430200	（027）87952626
黄陂区国土资源和规划局	武汉市黄陂区前川街黄陂大道 382 号	430300	（027）61003143
新洲区国土资源和规划局	武汉市新洲区邾城街衡州大街 178 号	430400	（027）89359919

武汉市土地利用总体规划图

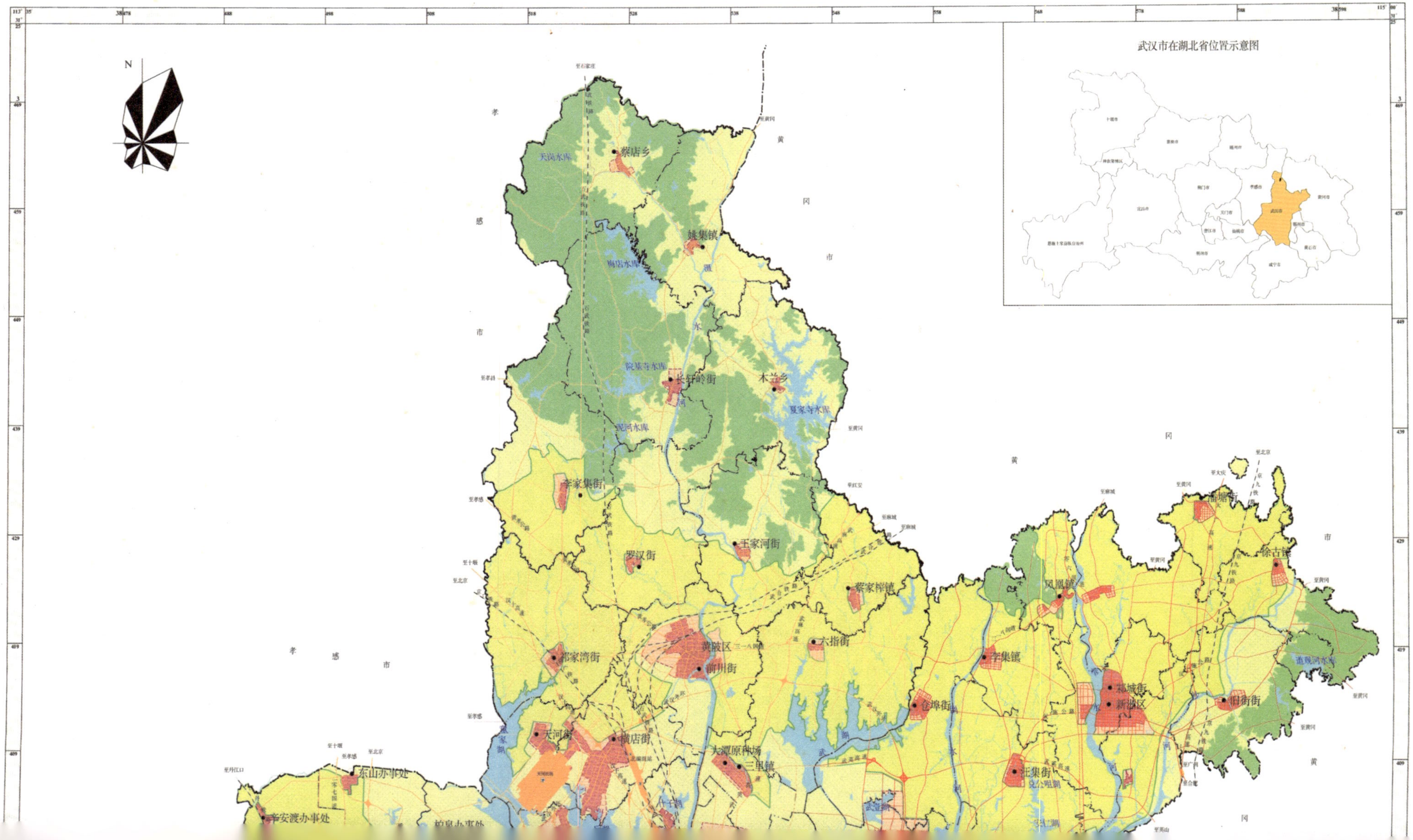